Stephen Kalberg

Einführung in die historisch-vergleichende Soziologie Max Webers

Stephen Kalberg

Einführung in die historisch-vergleichende Soziologie Max Webers

Aus dem Amerikanischen
von Thomas Schwietring

Westdeutscher Verlag

Die Deutsche Bibliothek – CIP-Einheitsaufnahme
Ein Titeldatensatz für diese Publikation ist bei
Der Deutschen Bibliothek erhältlich

1. Auflage Januar 2001

Alle Rechte vorbehalten
© Westdeutscher Verlag GmbH, Wiesbaden, 2001
Lektorat: Dr. Tatjana Rollnik-Manke

Der Westdeutsche Verlag ist ein Unternehmen der
Fachverlagsgruppe BertelsmannSpringer.

www.westdeutschervlg.de

Höchste inhaltliche und technische Qualität unserer Produkte ist unser Ziel. Bei der
Produktion und Verbreitung unserer Bücher wollen wir die Umwelt schonen: Dieses
Buch ist auf säurefreiem und chlorfrei gebleichtem Papier gedruckt. Die Einschweiß-
folie besteht aus Polyäthylen und damit aus organischen Grundstoffen, die weder bei der
Herstellung noch bei der Verbrennung Schadstoffe freisetzen.

Umschlaggestaltung: Horst Dieter Bürkle, Darmstadt

ISBN-13: 978-3-531-13308-9   e-ISBN-13: 978-3-322-87319-4
DOI: 10.1007/978-3-322-87319-4

Inhalt

Vorwort zur deutschen Ausgabe

Die Ideen, die diesem Buch zugrunde liegen, habe ich zu einem großen Teil während meiner Studienzeit in Deutschland entwickelt. Ich hatte das Glück, daß ich mich neun Jahre (von 1973 bis 1982) in Tübingen und Trier mit Max Weber befassen konnte. Diese Erfahrung hat mein Verständnis des Weberschen Denkens außerordentlich bereichert, und sie wirkt bis heute nach. Ich bin sehr dankbar, daß ich diese Gelegenheit hatte, in Deutschland zu forschen.

Dem DAAD und der Thyssen-Stiftung danke ich für die finanzielle Unterstützung, die sie mir in diesen Jahren gewährt haben.

Von der lebhaften Weber-Diskussion in Deutschland während der letzten 25 Jahre habe ich sehr profitiert. Aber vor allem habe ich in zahlreichen Gesprächen mit deutschen Kollegen und Freunden und bei etlichen Tagungen vieles über Weber gelernt, was in der amerikanischen Weber-Diskussion fehlte. Mein ganz besonderer Dank gilt Johannes Weiß (Kassel), Constans Seyfarth (Tübingen) und Hartmann Tyrell (Bielefeld) für ihre beständige Unterstützung und Ermutigung. Ebenso hat Friedrich H. Tenbruck in vielen Gesprächen meine Kenntnis der Weberschen Methodologie sehr vertieft.

Ohne den langjährigen Aufenthalt in Deutschland hätte das Buch nicht die vorliegende Form angenommen. Darum freue ich mich ganz besonders, dass *Max Weber's Comparative-Historical Sociology* nun auf Deutsch erscheint.

Die Übersetzung war eine große und schwierige Aufgabe, und ich bin Thomas Schwietring aus Kassel zutiefst dankbar, daß er sich auf dieses Unterfangen eingelassen hat. Mit seiner hervorragenden Übersetzung, die ich sorgfältig durchgesehen habe, bin ich sehr zufrieden. Ich danke ihn für seine Gründlichkeit, Sorgfalt und Geduld mit mir.

Bei der Durchsicht der Übersetzung habe ich hie und da geringfügige Änderungen des Originals vorgenommen.

Boston, Oktober 2000   Stephen Kalberg

Abkürzungen

Die Texte Webers werden im Text mit den folgenden Abkürzungen zitiert. Weitere Hinweise auf Schriften Webers finden sich in der allgemeinen Bibliographie.

Abriß   *Wirtschaftsgeschichte. Abriß der universalen Sozial- und Wirtschaftsgeschichte. Aus den nachgelassenen Vorlesungen* hrsg. v. Siegmund Hellmann und Melchior Palyi, München 1923

Agrar   *Agrarverhältnisse im Altertum* (1909), in: Gesammelte Aufsätze zur Sozial- und Wirtschaftsgeschichte, 2. Aufl. Tübingen 1988, S. 1-288; zuerst in: Handwörterbuch der Staatswissenschaften, 3. Aufl. 1909

AJ   *Das antike Judentum* (1921), in: Gesammelte Aufsätze zur Religionssoziologie III, 8. Aufl. Tübingen 1988, S. 1-400

Einl   *Einleitung* (1920), in: Gesammelte Aufsätze zur Religionssoziologie I, 9. Aufl. Tübingen 1988, S. 237-275

GAzSW   *Gesammelte Aufsätze zur Sozial- und Wirtschaftsgeschichte* (1924), 2. Aufl. Tübingen 1988

HB   *Hinduismus und Buddhismus* (1921), in: Gesammelte Aufsätze zur Religionssoziologie II, 7. Aufl. Tübingen 1988, S. 1-378

Kat   *Über einige Kategorien der verstehenden Soziologie* (1913), in: Gesammelte Aufsätze zur Wissenschaftslehre, 7. Aufl. Tübingen 1988, S. 427-474

KT   *Konfuzianismus und Taoismus* (1920), in: Gesammelte Aufsätze zur Religionssoziologie I, 9. Aufl. Tübingen 1988, S. 276-536

Logik   *Kritische Studien auf dem Gebiet der kulturwissenschaftlichen Logik* (1906), in: Gesammelte Aufsätze zur Wissenschaftslehre, 7. Aufl. Tübingen 1988, S. 215-290

Obj   *Die „Objektivität" sozialwissenschaftlicher und sozialpolitischer Erkenntnis* (1904), in: Gesammelte Aufsätze zur Wissenschaftslehre, 7. Auf. Tübingen 1988, S. 146-214

PE	*Die protestantische Ethik und der Geist des Kapitalismus* (1904/5), in: Gesammelte Aufsätze zur Religionssoziologie I, 9. Aufl. Tübingen 1988, S. 17-206
PE II	*Die protestantische Ethik II. Kritiken und Antikritiken* (1907-1910), Hamburg 1972
PolB	*Politik als Beruf* (1919), in: Gesammelte Politische Schriften, 5. Aufl. Tübingen 1988, S. 505-560
RuK	*Roscher und Knies und die logischen Probleme der historischen Nationalökonomie* (1903-1906), in: Gesammelte Aufsätze zur Wissenschaftslehre, 7. Auf. Tübingen 1988, S. 1-145
Sekten	*Die protestantischen Sekten und der Geist des Kapitalismus* (1906), in: Gesammelte Aufsätze zur Religionssoziologie I, 9. Aufl. Tübingen 1988, S. 207-236
Vorb	*Vorbemerkung* (1920), in: Gesammelte Aufsätze zur Religionssoziologie I, 9. Auflage Tübingen 1988, S. 1-16
Wertfr	*Der Sinn der „Wertfreiheit" der soziologischen und ökonomischen Wissenschaften* (1917), in: Gesammelte Aufsätze zur Wissenschaftslehre, 7. Aufl. Tübingen 1988, S. 489-540
WEWR	*Die Wirtschaftsethik der Weltreligionen.* Obertitel von Webers religionssoziologischen Untersuchungen: *Einl, Zwi, KT, HB* und *AJ*
WisB	*Wissenschaft als Beruf* (1919), in: Gesammelte Aufsätze zur Wissenschaftslehre, 7. Auf. Tübingen 1988, S. 582-613
WuG	*Wirtschaft und Gesellschaft* (1921/22), hrsg. v. Johannes Winckelmann, 5. rev. Aufl. Tübingen 1972
Zwi	*Zwischenbetrachtung* (1920), in: Gesammelte Aufsätze zur Religionssoziologie I, 9. Aufl. Tübingen 1988, S. 536-573

Einleitung

Die Wiederbelebung der historisch-vergleichenden Soziologie in den vergangenen Jahrzehnten wurde nur indirekt von Max Weber beeinflußt, obwohl er eine empirisch fundierte, vergleichende und historische Soziologie von universaler Breite und Tiefe geschaffen hat. Seit seinem Tod im Jahr 1920 ist sein Ansehen als der fruchtbarste und anregendste Soziologe unserer Zeit stetig gewachsen. In den vergangenen Jahren hat eine weltweite Renaissance des Interesses an seinen Schriften eine wahre Flut von Literatur über alle Aspekte seiner Soziologie hervorgebracht. Dennoch steht selbst Reinhard Bendix als Autor einer Reihe ausgezeichneter empirischer Studien, die wichtige Aspekte aus Webers Soziologie nutzen (vgl. 1960; 1977a; 1980), im Schatten von historisch-vergleichenden Soziologen, die sich eher auf die marxistische Theorie berufen, wie Barrington Moore und Theda Skocpol, und auf die Sozialgeschichte Braudels, wie Charles Tilly. Immanuel Wallerstein, der eine ungemein einflußreiche Schule begründet hat, ist sowohl von der marxistischen als auch von der Braudelschen Tradition beeinflußt worden.

Zum Teil kann Webers **bescheidener Einfluß auf die heutige historisch-vergleichende Soziologie** einfach erklärt werden. Die vielen Würdigungen, die seinem Werk zuteil wurden, waren unablässig begleitet von **Vorbehalten** und **Kritik**. Während seine historisch-vergleichenden Arbeiten einerseits gefeiert wurden wegen ihrer unerreichten Breite und Fülle, die die Arbeiten anderer Begründer der Soziologie weit überragen, scheinen sie andererseits **oft wahllos über** das gesamte Gebiet der Soziologie verstreut zu sein. Sie erstrecken sich über ein weites Spektrum von der Fallstudie und der Betonung von Werten in *Die protestantische Ethik und der Geist des Kapitalismus* (*PE*) bis hin zu universalen Vergleichen und der Ausrichtung auf die Faktoren Wirtschaft, Recht und Herrschaft in *Wirtschaft und Gesellschaft* (*WuG*), in seiner *Wirtschaftsgeschichte* (*Abriß*), in seiner Studie über die

Agrarverhältnisse im Altertum (Agrar) und in seinen Arbeiten über *Die Wirt-schaftsethik der Weltreligionen (WEWR)*.[1]

Diese Studien sind wiederholt als **unvollendet und bruchstückhaft**[2], um nicht zu sagen als beschränkt und widersprüchlich eingeschätzt worden (Alexander 1983). Dieser Mangel an Klarheit hat erhebliche Hindernisse für ihre volle Nutzbarmachung errichtet und zu der ungewöhnlich diffusen Rezeption Webers beigetragen. Heute sehen viele Soziologen seine historisch-vergleichende Soziologie in den allgemeinen Bezeichnungen der „unaufhalt-samen Bürokratisierung", der „universellen Rationalisierung" und dem Wechsel zwischen der „revolutionären Macht" des Charismas und der Veralltäglichung; andere verwerfen seine historisch-vergleichenden Texte als untauglich, mehr als ein ausgedehntes Verzeichnis von Idealtypen zu erbringen (vgl. z. B. Ragin u. Zaret 1983; Skocpol u. Somers 1980). Einige Kommentatoren stellen ihn an das „idealistische" Ende des Spektrums während andere ihn entschlossen am „materialistischen" Pol ansiedeln. Außerdem haben der unabgeschlossene Charakter seiner empirischen Arbeiten und ihre labyrinthische Darstellung[3] ebenso wie die begrenzten Ziele und Absichten, die sie zur Zeit ihrer Niederschrift erfüllen sollten (vgl. Tenbruck 1975a; 1975b; 1977; 1986; 1989; Roth 1979; Schluchter 1979b: 59-64; 1988: 557-634; Winckelmann 1980; 1986), ihre Konturen erfolgreich verwischt.

Ungeachtet dieser Hindernisse ist eine eingehende Untersuchung der his-**torisch-vergleichenden Schriften Webers erforderlich.** Diese Texte bieten viel mehr als eine Reihe von Idealtypen oder von begrenzten und problemorientierten Fallstudien zu einzelnen Themen[4], wie beispielsweise charismatische

---

1   Die synonym verwendeten Ausdrücke „substantielle Texte", „empirische Arbeiten" und „historisch-vergleichende Schriften" werden auf diese Arbeiten verweisen.

2   Für Talcott Parsons war Webers „work [...] not a rounded system" (1937: 502) und seine „social theory remained at his death far more a beginning than an end" (1963: XXIV). Laut Guenther Roth „Weber rendered no systematic account of his strategy of comparative study. [...] His works are longish problem-centered research papers" (1968: XXXIII, CI). Shmuel N. Eisenstadt kommentiert seine Einschätzung, daß Webers Studie über *Das antike Judentum* „did not represent an orderly, systematic analytic exposition", mit der Bemerkung, daß dies für „almost all of his works" gelte (1981: 6).

3   Ebenso sein überladener Schreibstil und eine sperrige Präsentationsweise.

4   Webers Werk wird häufig immer noch wie ein bloßes Lexikon nützlicher Begriffe behandelt, von denen nur wenige in Beziehung zueinander gesehen werden. Diese Sichtweise zeigt Weber als jemanden mit einer enormen Fähigkeit zur Klassifizierung, Begriffsbildung und Systematisierung – und dem Bedürfnis, dies als Selbstzweck zu betreiben. Eine solche Erklärung seines Werkes liefert die zugrundeliegende Legiti-

Herrschaft, Macht, ständische Ehre, moderne Bürokratie und der Beziehung zwischen Religion und dem Aufstieg des Kapitalismus. Selbst eine Konzentration auf das zentrale Thema seiner empirischen Texte – die Entwicklung des okzidentalen Rationalismus (vgl. Tenbruck 1975b; Schluchter 1979a; Lash u. Whimster 1987) – enthüllt nicht **die grundlegenden Orientierungen, die diesen Texten als Gerüst dienen: Webers soziologisch strenge Verfahren und seine praktisch angewandten Forschungsstrategien.**

Diese Verfahren und Strategien zu systematisieren und in mancher Hinsicht zu rekonstruieren, bildet die Aufgabe dieser Studie. Eine synthetisierende Lektüre quer durch *PE, WEWR, WuG* und *AG* ist erforderlich. Da diese Verfahren und Strategien nie eingehend und im Detail untersucht worden sind[5], versucht diese Studie, ein neues Licht auf sein Werk zu werfen.

Sie hat aber noch ein weiteres Ziel. **Diese Studie versucht außerdem, Webers empirische Arbeiten auf ihre gegenwärtige Nützlichkeit für historisch-vergleichende Soziologen zu prüfen. Gegenwärtige Ansätze** in der historisch-vergleichenden Soziologie sind ungeachtet ihrer breiten Anziehungskraft und ihrer Fähigkeit, innovative Forschung zu erzeugen, nicht in der Lage gewesen, eine Reihe grundlegender Dilemmata und Probleme zu überwinden. Wenn die ganze analytische Kraft von Webers substantiellen Schriften zugänglich gemacht ist, wird erkennbar **werden, daß sie einen dringend benötigten und eigenständigen Beitrag zur heutigen historisch-vergleichenden Soziologie bieten.** Daher zielt diese Studie darauf, auf der Basis einer detaillierten Analyse der Verfahren und Forschungsstrategien, die Weber in seinen empirischen Texten verwendet, weitverbreitete Dilemmata und Probleme der heutigen historisch-vergleichenden Soziologie behandeln zu können.

Was sind Webers Beiträge? Seine Werke eröffnen in vielerlei Hinsicht Perspektiven, die von zeitgenössischen Ansätzen vernachlässigt werden; andererseits regen sie zu scharfer Kritik an. Auf welche Art können die Verfahren und Forschungsstrategien, die Weber in seinen empirischen Arbeiten vorgeschlagen hat, heute auf gewinnbringende Weise nutzbar gemacht werden?[6] Die Hauptzüge maßgeblicher heutiger Ansätze in der historisch-

---

mation für das übliche Verfahren der Zergliederung seiner einzelnen Kapitel, während die Frage nach den vorrangigen Zielen, Interessen, zentralen Leitlinien, Verfahren, Forschungsstrategien und thematischen Orientierungen beiseite gelassen wird.

5   Für eine Übersicht zur Sekundärliteratur über Weber s. S. 32-37 in diesem Kapitel. Die Literatur wird außerdem durchgehend in den Fußnoten dieser Studie behandelt.

6   Die Schwerpunktsetzung auf den gegenwärtigen Nutzen der Weberschen empirischen

vergleichenden Soziologie einschließlich der Dilemmata und Probleme, denen sie gegenüberstehen, müssen zu Beginn kurz untersucht werden.

Historisch-vergleichende Soziologie heute: Dilemmata und Probleme

Strukturell-funktionale Theorien der politischen Entwicklung bildeten das vorherrschende Makroparadigma der amerikanischen Soziologie der fünfziger und sechziger Jahre (vgl. z. B. Hoselitz 1960; Hoselitz u. Moore 1963; Parsons 1972; 1975; Levy 1966; Almond u. Coleman 1960; Almond u. Powell 1966). Die Parsonssche Grundlage dieser Theorien richtete die „Modernisierungsstudien" auf die empirische Feststellung des Fortschritts verschiedener Nationen auf Entwicklungspfaden, die durch einen Satz dichotomer „Variablenschemata" („pattern variables") abgesteckt werden (Partikularismus vs. Universalismus, Zuschreibung vs. erbrachte Leitung, diffuses vs. spezifisches Verhalten, Affektivität vs. affektive Neutralität („particularism/ universalism, ascription/achievement, diffuseness/specificity, affect/affect neutrality)). Sie alle behielten einen starken evolutionistischen Akzent und eine Beschäftigung mit „Integration", „Spannung" und „Differenzierung" bei. Das Parsonssche Erbe ist in zwei der berühmtesten Studien dieser Zeit deutlich zu erkennen. Eisenstadts Studie *The Political Systems of Empires* (1963) tritt für das Vermögen des strukturell-funktionalen Modells ein, den Ursprung, den Aufstieg und den Niedergang einer Reihe zentralisierter und bürokratisch organisierter historischer Reiche zu erklären; Smelsers Studie über die Industrielle Revolution (1959) leitet aus der Handlungstheorie von Parsons eine Theorie des Arbeiterklasseprotests ab und sucht nach ihrer Bestätigung durch empirische Belege, die den strukturellen Wandel der Familie und der Organisation der britischen Baumwollindustrie zeigen.

Charakteristisch für alle Modernisierungsstudien war zum einen eine abstrakte Analyseebene und zum anderen das Prüfen einer vorab formulierten Theorie. Sie alle wurden in den späten sechziger Jahren zum Gegenstand anhaltender Kritik. Die allgemeinen Modelle umstürzender gesellschaftlicher Differenzierung, wirtschaftlichen Wachstums und umfassender Modernisierung, die sie formulierten, wurden rundweg als zu unhistorisch und statisch

---

Arbeiten und ihre Beiträge zur historisch-vergleichenden Soziologie bedeutet nicht, daß die Schwächen Webers vernachlässigt werden. Sie werden ebenso Beachtung finden wie die Tatsache, daß sich seine Definition der Aufgabe der Soziologie deutlich von der heute vorherrschenden positivistischen Definition unterscheidet.

verworfen (vgl. z. B. Bendix 1968; 1977b; Collins 1968). Mitte der siebziger Jahre hatten viele der Kritiker selbst begonnen, eine ganze Reihe von stärker historisch fundierten Studien zu erstellen, die ausdrücklich in Gegensatz zu den Stufenmodellen des Strukturfunktionalismus standen. Bis heute ist die Wiederbelebung des „Historischen" ein starker Faktor in der historisch-vergleichenden Soziologie geblieben (Tilly 1984: 79), ebenso wie der Widerspruch gegen das „Dogma des Universalismus" (Skocpol 1984a: 376) und gegen alle Verfechter einer „Differenzierung als fortschreitendem Leitprozeß" (vgl. Tilly 1984: 43-50).

Aber es gelang der verbreiteten Unzufriedenheit selbst in den siebziger und achtziger Jahren, als sich das erneuerte Interesse an historisch-vergleichender Arbeit weiter in der Disziplin verbreitete, nicht, sich zu einer einheitlichen Tendenz zu festigen. Obwohl historisch-vergleichende Soziologen heute vermeiden, sozialen Wandel einfach durch Verweis auf eine Reihe von Stufen zu behandeln, und „der Geschichte ihr Recht" geben wollen, hat sich kein neuer Konsens herausgebildet. **Drei konkurrierende Ansätze stehen** sich gegenüber.[7]

Die Weltsystem-Theorie

Die Weltsystem-Theorie ist seit den frühen siebziger Jahren hervorgetreten (vgl. z. B. Wallerstein 1974; 1979; 1980; 1984, 1989; Bergesen 1983; Goldfrank 1979; Hopkins u. Wallerstein 1980; 1982; Rubinson 1981). Nachdem Wallerstein die Existenz einer „Weltwirtschaft" eher logisch als empirisch hergeleitet hatte (Wallerstein 1974: 8, 346-357), erklärt er einzelne historische Entwicklungen durch Verweis auf die strukturellen Variablen seines Weltsystem-Modells; beispielsweise Urbanisierung, Kapitalakkumulation und politische Stabilität. Die unterschiedlichen Schicksale ganzer geographischer Regionen werden dann durch ihre Lage und ihre funktionale Beziehung zu dem einheitlichen internationalen Markt erklärt. Nachdem die Lage eines bestimmten Landes im „Zentrum", in der „Peripherie" oder in der „Semi-Peripherie" des Weltsystems festgestellt worden ist, ist der Schlüssel zum Verständnis ihrer Hauptmerkmale gefunden. Mit anderen Worten: Da die verschiedenen geschichtlichen Entwicklungen, Kulturen und sozialen Struk-

---

7 Ich werde die Begriffe „Ansätze", „Perspektiven", „Richtungen" und „Schulen" synonym verwenden. Vgl. Skocpol u. Somers (1980); Bonnell (1980); Skocpol (1984b); Tilly (1984).

turen eines einzelnen Landes nur „die allgemeinen Merkmale des Weltsystems veranschaulichen" (Ragin u. Chirot 1984: 304 f.), bilden die Verbindungen und Beziehungen eines jeden von ihnen mit dem Weltsystem den Hauptgegenstand der Untersuchung. Die Funktionsweise und die Gesetze des Weltsystems bilden das theoretische Modell, unter Bezug auf das die einzelnen
Fälle betrachtet und ihre wesentlichen Merkmale erklärt werden müssen.

Das Studium der Geschichte durch die Brille eines bestimmten begrifflichen Schemas stellt das vordringliche Anliegen all jener dar, die den Weltsystem-Ansatz verwenden. Gesucht wird nach einer Demonstration der
Gültigkeit eines Modells. Heute fechten viele problemorientierte historisch-
vergleichende Soziologen diesen Umgang mit dem empirischen Material an.
Ihre deutliche Gegenbewegung ergibt sich unmittelbar aus einem diametral
entgegengesetzten Ziel: Sie bemühen sich, eine historisch gesicherte kausale
Analyse konkreter Fälle zu liefern. Die Bestätigung der Erklärungskraft einer
Theorie stellt für sie keine kausale Erklärung dar, wie kontextbezogen die
empirische Forschung auch sein mag; vielmehr wird einer detaillierten Darstellung konkreter historischer Fälle, Entwicklungen und Probleme der Vorzug gegeben. Einzigartigkeit, historische Umstände und scharf abgegrenzte
Prozesse werden hervorgehoben.

Folglich ziehen die Kritiker es vor, die Komplexität einer kleinen Zahl
gesonderter Fälle zu erfassen und sorgfältige Vergleiche durchzuführen, um
die Besonderheiten herauszustellen. Wann immer Soziologen Daten unter
Bezug auf eine vorab formulierte Theorie sammeln, kommt es zu einer Vernachlässigung dessen, was für diese historisch-vergleichenden Soziologen
von besonderer Bedeutung ist: die spezifischen kulturellen, politischen und
wirtschaftlichen Kräfte, in denen soziale Phänomene angesiedelt sind und
durch die sie ihre Bedeutung erhalten. Doch trotz ihrer gemeinsamen Ausrichtung auf begrenzte Fragestellungen und trotz ihres Widerstands gegen
alle theoriezentrierten Strategien zur Feststellung kausaler Zusammenhänge
teilen sich die Kritiker in zwei verschiedene Lager: in die *interpretative historische* und in die *kausalanalytische* Richtung.[8]

---

8   Die Bezeichnungen stammen von Skocpol (1984a).

Der interpretative historische Ansatz

Den Interessenschwerpunkt des interpretativen historischen Ansatzes bildet der einzelne Fall als solcher – seine Einheit, seine Komplexität, seine historische Entwicklung und sein sozialer Kontext. Begriffe von begrenzter Reichweite werden in enger Anbindung an die empirischen Umstände konstruiert. Nach der sorgfältigen Untersuchung jedes einzelnen nicht ableitbaren Falles in Bezug auf einen leitenden Begriff, eine Frage oder ein Thema strebt die historische Interpretation weniger nach der Aufstellung fallübergreifender kausaler Beziehungen als vielmehr danach, die verschiedenen Fälle zu vergleichen und einander gegenüberzustellen. Diese Methode der „begrifflichen Gegenüberstellung" („contrasting concepts") (Bendix u. Berger 1970; Bendix 1976) erbringt eine sorgfältige Isolierung der einzigartigen Aspekte und der vielfältigen kausalen Verbindungen eines *jeden einzelnen* Falles. Hierdurch wird seine Einbettung in spezielle kontextuelle Einflüsse erhellt. Die Besonderheit wird hervorgehoben.

Damit geht es der interpretativen historischen Richtung weniger um das Testen von Hypothesen oder die Aufstellung theoretischer Aussagen oder kausaler Modelle, sondern sie konzentriert sich auf die treffende Konstruktion von Begriffen und die Rekonstruktion von konkreten Fällen. Kausale Aussagen, so wird argumentiert, müssen nur für die Entwicklung des untersuchten Falles selbst gelten. Sie werden aufgrund der Fülle der historischen Details und der verfügbaren Chronologie der Ereignisse formuliert und nicht durch den Bezug auf eine strenge kausale Methodologie und durch die Prüfung alternativer Hypothesen. Verfechter des interpretativen historischen Ansatzes lehnen es ab, auf der Basis der untersuchten Fälle allgemeine kausale Aussagen und Behauptungen aufzustellen.

In *Könige oder Volk* verwendet Bendix „Herrschaft" als zentralen Begriff und formuliert mittels einer detaillierten Untersuchung ihrer Erscheinungsformen in England, Frankreich, Deutschland, Japan und Rußland klare Definitionen. Indem er den Begriff als ein Orientierungsmittel benutzt, das die Einschätzung der Bedeutung bestimmter historischer Ereignisse ermöglicht, verfolgt er das spezifische Schicksal der Herrschaft in verschiedenen Ländern, von denen einige einen Übergang von der Herrschaft von Königen zur Herrschaft des Volkes erlebt haben. Für jede Nation werden Leitfragen gestellt, jedoch werden keine Vorannahmen über die Ergebnisse gemacht. Durch dieses vergleichende Vorgehen versucht Bendix, die unterscheidenden Merkmale derjenigen Länder zu bestimmen, die erfolgreich ein parlamentarisches Regierungssystem eingeführt haben, aber zugleich läßt er die Möglichkeit abweichender Entwicklungspfade zu und ist offen für deren Entdeckung (vgl. Bendix 1960; 1977a; 1982).

Charles Tilly bemerkt, daß Bendix' Vergleiche dem Zweck der „Individualisierung" des untersuchten Falles dienen, um ihn deutlicher „erkennbar" zu machen und seine historische Besonderheit zu bewahren. Er lehnt es ab, sich seinem Gegenstand vom Standpunkt allgemeiner Annahmen zu nähern, und argumentiert, daß in der Epoche der „Herrschaft von Königen" kein eindeutiger Satz von Bedingungen einen erfolgreichen Übergang zur Ära der „Herrschaft des Volkes" vorherbestimmte (vgl. Bendix 1976: 247). Er bemüht sich im Gegenteil zu zeigen, daß sowohl die Herrschaft im Namen des Volkes als auch die der Könige durch eine große Vielfalt von Formen charakterisiert wird (1980: 14 f.). Sobald jedoch solche vergleichenden Studien detaillierte Zusammenhänge und die Hauptmerkmale und Begrenzungen eines jeden Falles geklärt haben, können kausale Schlüsse *für diese Fälle* gezogen werden.

Charles Tilly ist ebenfalls ein bedeutender Vertreter des interpretativen historischen Ansatzes und ein Gegner aller verallgemeinernden Strategien. Er fordert sogar eine noch „konkretere", historisch gestützte Ebene der Analyse als dies für die Forschungen von Bendix typisch ist (vgl. Tilly 1984: 82-96). Kennzeichnend für seine Forschungen ist nicht, wie bei Bendix, eine Orientierung an Oberschichten, an Herrschaftsformen oder an Glaubensvorstellungen, sondern eine Schwerpunktsetzung beispielsweise auf Besteuerung, Streiks und kollektive Gewalt, auf Militärdienst, Kriegführung, Kapitalakkumulation und die Mobilisierung des „einfachen Volkes" aufgrund von Überzeugungen (vgl. 1984: 60-65, 142-143). Tilly sucht kontinuierlich nach zusammenhängenden Veränderungen (Kovarianzen), doch ebenso wie für Bendix können solche Zusammenhänge nur aus dem empirischen Material hervorgehen. In seinen Untersuchungen dienen transnationale Vergleiche dazu, Begriffe genauer zu fassen und fallspezifische kausale Beziehungen hervortreten zu lassen (vgl. beispielsweise Tilly, Tilly u. Tilly 1975). Die erste Aufgabe ist, im Hinblick auf eine kleine Zahl ausgewählter Fälle „die Geschichte richtig zu erfassen" (vgl. 1984: 76-77, 79, 143). In ihrer Studie *The Rebellious Century* (1975) untersuchen Charles, Louis A. und Richard Tilly beispielsweise die Schwankungen in der verbreiteten kollektiven Gewalt in Hinblick auf die Entwicklung des Staates und des Kapitalismus in den drei Ländern Italien, Frankreich und Deutschland. Besonders Charles Tilly betont die Wichtigkeit der Konzentration auf eine kleine Zahl von Fällen und die Durchführung historisch gesicherter Vergleiche mit Blick auf möglichst greifbare Faktoren.

Bonnell und Mann verwenden in ihren Untersuchungen ebenfalls den interpretativen historischen Ansatz. Bei dem Versuch, den Grad der Arbeiterorganisation unter städtischen Arbeitern im vorrevolutionären Rußland einzuschätzen, studiert Bonnell (1983) Primärquellen und stellt begrenzte Vergleiche mit Arbeitern in Westeuropa an. Michael Mann (1990-1991) beschäftigt sich in einer weit ausholenden Studie, die im Neolithikum ansetzt, mit dem Wesen der Macht und ihren Quellen. Unter den neueren historisch-vergleichenden Soziologen scheinen Bendix, Tilly, Bonnell und Mann dem historischen Geschehen den größten Respekt zu zollen.[9]

Der kausalanalytische Ansatz

Obwohl sowohl die interpretative historische als auch die kausalanalytische Richtungen im Gegensatz zur Theoriebildung des Weltsystem-Ansatzes stehen, sind die Anhänger der kausalanalytischen Schule weniger zurückhaltend gegenüber kausalen Aussagen als ihre interpretativ-historisch arbeitenden Kollegen. Während Bendix, Tilly und andere interpretative historische Forscher vor allem die Einzigartigkeit jedes Falles durch Vergleiche und Gegenüberstellungen herausstellen wollen und dies durch die Nutzung einzig eines leitenden Themas oder Begriffs oder einer Leitfrage als theoretischem Bezugsrahmen tun, setzen sich kausalanalytische Forscher die Konstruktion erklärender Theorien zum Ziel. Dabei entsagen sie jedoch zugleich einem Wechsel an das entgegengesetzte Ende des Spektrums, der Formulierung unumstößlicher Kausalgesetze; vielmehr dient die detaillierte Untersuchung empirischer Fälle als Grundlage für ihre Theorien. Außerdem, und wiederum im Unterschied zu den Anhängern des interpretativen historischen Ansatzes, wird ihre Konstruktion kausaler Theorien durch explizite Forschungsdesigns geleitet, die darauf abzielen, die Ursprünge der Abweichungen einzugrenzen und trotz einer kleinen Zahl von Fällen gültige Schlußfolgerungen zu ziehen. Durch die Nutzung der kausalen Methodologie, die Mills „Differenzmethode" („method of difference") und „Methode der Übereinstimmung" („method of agreement") (Mill 1843) oder Verbindungen von beiden zur Verfügung

---

9   Vgl. auch z. B. Starr (1982), Schwartz (1976), Aminzade (1981) und Traugott (1985).
     Thompson (1987) und Geertz (1988) sind ebenfalls bedeutende Vertreter des interpretativen historischen Ansatzes.

stellen, werden Versuche zu kontrollierten Vergleichen unternommen, um wahrscheinliche Ursachen festzustellen und theoretische Schlüsse zu formulieren. Barrington Moore (1969) und Theda Skocpol (1979; Skocpol u. Weir 1985) sind bekannte Vertreter dieser Richtung.

Moore versucht, die Determinanten langfristiger Entwicklungswege zu bestimmten, die zu drei unterschiedlichen politischen Ergebnissen führen: Demokratie, Faschismus und Kommunismus. Als seinen Schwerpunkt wählt er die Frage, ob die agrarischen Klassen – Bauern ebenso wie Grundherren – auf den Wandel in der Struktur der Landwirtschaft in einer Weise reagierten, die eine massenhafte Teilhabe an politischen Entscheidungsprozessen ermöglichte. Um Besonderheiten und Unterschiede in den historischen Erfahrungen von acht Nationalstaaten herauszustellen, werden jeweils systematische Vergleiche vorgenommen. Die historische Schilderung und die kontextbezogenen Vergleiche zwischen verschiedenen Fällen dienen durchgehend einem übergeordneten Ziel: der Eingrenzung von Ursachen für unterschiedliche Ergebnisse. Hierzu werden verschiedene Modelle des Umfangs der Kommerzialisierung der Landwirtschaft, der Stärke des Bürgertums und des Verhältnisses zwischen Bauern und Grundherren bzw. zwischen Grundherren und Bürgertum formuliert, und diese werden in Bezug auf die drei politischen Entwicklungslinien untersucht. Moore stellt durch die Untersuchung jeder dieser Entwicklungslinien eine kausale Hypothese auf und führt unter Bezug auf zwei oder drei spezifische Fälle Gründe für ihre überlegene Erklärungskraft an. Bei der Zusammenstellung des historischen Materials werden durchgehend plausible alternative Erklärungshypothesen behandelt, jedoch erlaubt der Verweis auf Unterschiede zwischen den Fällen ihre Zurückweisung. Als nächstes werden kausale Theorien für einzelnen Entwicklungswege konstruiert. Fallweise Vergleiche zwischen den drei Entwicklungslinien dienen der Erhellung der besonderen Merkmale der verschiedenen Entwicklungswege und der Bereitstellung von Belegen für die kausale Beweisführung. Für Moore können solche Verfahren „zu neuen allgemeinen historischen Aussagen führen" und die „Hoffnung, generelle Ursachen zu entdecken", wecken (1969: 12).

Auf der Grundlage eingehender Vergleiche und Gegenüberstellungen von erfolgreichen (Frankreich, China und Rußland 1917) und gescheiterten sozialen Revolutionen versucht Skocpol (1979) die gemeinsamen Merkmale der erfolgreichen Fälle herauszuarbeiten. Hierbei bemüht sie sich um die Aufstellung einer kausalen Theorie.

Um Bedingungen zu identifizieren, die günstig für soziale Revolutionen sind, untersucht sie einerseits die Krisen im Verhältnis des Staates zu den ländlichen Oberschichten und zur Agrarwirtschaft (durch die Gegenüberstellung der Meidschi-Restauration und der Reformbewegung in Preußen) und andererseits das Ausmaß, in dem bestimmte Typen von agrarischen Strukturen und Bauernunruhen auftreten (durch Vergleich der Englischen Revolution und deutschen Revolution von 1848). Die Vergleiche zwischen diesen Gesellschaften, die revolutionären Krisen unterworfen waren, werden unternommen, um, trotz klarer Unterschiede, kausale Ähnlichkeiten zu bestimmen (Mills Methode der Übereinstimmung). Die Einmaligkeit der erfolgreichen Fälle wird weiterhin zuerst durch besondere Gegenüberstellungen von China, Frankreich und Rußland im Jahr 1917 herausgearbeitet und danach durch wiederholte Gegenüberstellungen mit jenen Ländern, die, trotz bedeutender struktureller Ähnlichkeiten, keine erfolgreichen sozialen Revolutionen erlebten (Mills Differenzmethode). Die Vergleiche mit den erfolglosen Kontrollfällen dienen ihr ebenfalls dazu, eine übergreifende kausale Hypothese zu belegen: daß nämlich der Staat – die nationale Politik und ihre Fähigkeit zur Ausübung von Zwang – als eigenständiger und unabhängiger Akteur in solchen Revolutionen gesehen werden muß. Skocpol strebt danach, notwendige und sogar hinreichende Ursachen zu benennen und dadurch „gültige, vollständige Erklärungen [sozialer] Revolutionen" aufzustellen (1979: 5).[10]

Sowohl Moore als auch Skocpol verwenden somit, ebenso wie andere Anhänger des kausalanalytischen Ansatzes,[11] bestimmte Verfahren des Forschungsdesigns, um ihr Ziel des Testens von Kausalhypothesen und der Erzeugung neuer erklärender Verallgemeinerungen zu erreichen. Dieses Ziel und ihre kausale Methodologie unterscheiden sie von der interpretativen historischen Schule, die Kausalität durch eine detaillierte Chronik von Ereignissen ermittelt und die kausale Erforschung auf Aussagen über den jeweiligen Fall beschränkt. Unter Hinweis auf die Unmöglichkeit kontrollierter Vergleiche verzichten die Verfechter der interpretativen historischen Rich-

---

10   Für eine ausgewogene Kritik vgl. z. B. Tilly (1984: 109-115), Sewell (1985), Nichols (1986) und Burawoy (1989).

11   Walton (1984) untersucht die Ursachen nationaler Aufstände in Entwicklungsländern; Calhoun (1982) erforscht die „populistischen" Bewegungen in England im späten achtzehnten und frühen neunzehnten Jahrhundert und ihre Haltung gegenüber der entstehenden industriellen Gesellschaft; und Hamilton (1977) liefert eine vergleichende Analyse des Widerstands der Chinesen gegen ausländische Güter im neunzehnten Jahrhundert. Vgl. auch Goldstone (1983; 1987; 1991), Downing (1988) und Brenner (1976).

tung sogar auf die Formulierung begrenzter kausaler Verallgemeinerungen sowie auf eine Methodologie des Forschungsdesigns. Einen Bezugsrahmen für ihre Untersuchungen liefern allein Themen, Begriffe und Fragestellungen.

Die Weltsystem-Schule sowie die interpretative historische und die kausal-analytische Richtung sind heute die dominierenden Ansätze in der historisch-vergleichenden Soziologie.[12] Dennoch, und trotz ihrer allgemein anerkannten Beiträge, lassen diese Schulen eine Reihe von Dilemmata und Problemen ungelöst. Die Verfahrensweisen und die praktisch angewandten Forschungs-strategien, die den empirischen Texten Webers zugrunde liegen, tragen in vielerlei Hinsicht zu ihrer Lösung bei. Wenn die Fähigkeit Webers, diese Probleme zu behandeln, gezeigt wird, wird sein Nutzen für gegenwärtige historisch-vergleichende Soziologen offensichtlich werden.

Dilemmata, Probleme und die Beiträge Webers

Die Verknüpfung von Handlung und Struktur

Die Verfechter der Weltsystem-Schule sowie die des interpretativen histori-schen und des kausalanalytischen Ansatzes formulieren an keiner Stelle aus-drückliche Mechanismen zur Verbindung von Handlung und Struktur. Mik-ro-Makro-Verknüpfungen egal welcher Art sind kein Charakteristikum ihrer Untersuchungen. Subjektiver Sinn und die unterschiedliche Intensität sozia-len Handels spielen in ihren Analysen keine Rolle.

Für Weber bildet die klare Analyse der Verknüpfung zwischen Handlung und sozialer Struktur eine zentrale Aufgabe einer historisch fundierten Sozio-logie. Er stellt zu diesem Zweck explizite Verfahren, Begriffe und Strategien zu Verfügung; ihnen wendet sich Kapitel 1 zu. Jeweils eigene Abschnitte untersuchen die grundlegenden Bestandteile der Weberschen Soziologie: seinen „methodologischen Individualismus", die „vier Typen sozialen Han-delns", den Begriff *Verstehen* und die Betonung einer Vielfalt von Motiven. Dieses Kapitel wendet sich dann den drei Hauptformen regelmäßigen Han-delns zu, die für ihn Handlung und Struktur miteinander verbinden: „Ord-nungen", „legitime Ordnungen" und „soziologische Orte" des Handelns".

---

12 Weitere Hauptmerkmale dieser Schulen werden in den folgenden jeweiligen Kapiteln behandelt.

Diese Aspekte der Weberschen historisch-vergleichenden Soziologie werden in diesem Kapitel durchgehend mit neueren Richtungen verglichen.

Multikausalität

Einzig die Verfechter des interpretativen historischen Ansatzes treten – neben den zeitgenössischen historisch-vergleichenden Soziologen – für einen umfassenden multikausalen Ansatz ein. Diese Forscher, unter ihnen im besonderen Charles Tilly, begründen kausale Zusammenhänge aufgrund einer detaillierten Fülle von Beschreibungen. Während Weber gleichfalls einer radikal multikausalen Vorgehensweise folgt, führen ihn sein Grundsatz der „Wertbeziehung", seine Auffassung von sozialer Realität als unerschöpflich und seine Verwendung von Idealtypen dazu, diese Art der Begründung von Kausalität grundsätzlich abzulehnen.

Weder der Weltsystem-Ansatz noch der kausalanalytische Ansatz hält sich an eine umfassende multikausale Methodologie. Weltsystem-Theoretiker betonen den kausalen Vorrang einer einzigen Variable: der internationalen Wirtschaft. Die Entwicklung einer Nation unterliegt unterschiedlichen Zwängen, je nachdem, ob sie sich im Zentrum, in der Peripherie oder in der Semi-Peripherie befindet. Und diese Zwänge werden als entscheidend für die industrielle Entwicklung angesehen. Beim Testen von alternativen Hypothesen scheitern die Anhänger der kausalanalytischen Richtung in der Praxis ausnahmslos an der Beibehaltung umfassender multikausaler Verfahren, und dies obwohl sie durch ihre Millsche Methodologie des Forschungsdesigns nicht dazu gezwungen sind, mehrfache Ursachen zu leugnen. Strukturelle Kräfte, vor allem Klassenverhältnisse und der Staat, werden betont. Moores Strukturalismus hebt besonders die Klassen, den Wandel in den Klassenstrukturen und die Interessen der herrschenden Klassen hervor; der Familie, den religiösen Überzeugungen oder der Kultur im allgemeinen schenkt er nur geringe Aufmerksamkeit. In ähnlicher Weise spielt auch Skocpol diese Faktoren herunter, indem sie die nationale Politik in den Mittelpunkt rückt und sich bemüht, eine strukturelle Analyse des unabhängigen Handelns von Staaten zu liefern.[13] Charakteristisch für die kausalanalytische Schule ist die An-

---

13 Skocpol hat, gelegentlich und nur mit Bezug auf bestimmte Fälle, die Bedeutung der Kultur zugestanden. Vgl. hierzu beispielsweise ihre Untersuchung der iranischen Revolution (1982).

nahme, daß einer bestimmte Institution, wie dem Staat oder der Wirtschaft, allgemein ein kausaler Vorrang zugesprochen werden kann.

Webers Soziologie besteht demgegenüber auf einer prinzipiellen und radikalen Multikausalität. Besonders kulturellen Kräften wird ein gleichwertiges Gewicht verliehen. So argumentiert er beispielsweise, daß die Untersuchung aller dauerhaften Typen von Herrschaft und von Wirtschaftsformen den Glauben und die Werte einbeziehen muß, die diese „Strukturen" legitimieren. In Webers empirischen Analysen wird daher einer ganzen Reihe von Kräften ein kausaler Rang zugesprochen, darunter beispielsweise Gesetze, materielle Interessen, Religionen, Herrschaft, Stände, historische Ereignisse, technologische Neuerungen, Geographie, Macht, Kampf und Konkurrenz. Die Heraushebung eines bestimmten Faktors in eine Position generellen kausalen Vorrangs wird hartnäckig abgelehnt. Überdies macht Weber, anders als gegenwärtige Ansätze, geltend, daß sich regelmäßige Handlungsorientierungen in ihrer Intensität unterscheiden können. Er verweist auf seine „Protestantismus-These" als ein Beispiel dafür, wie solche Unterschiede bedeutende soziologische Folgen haben können. Außerdem besteht Weber auf der Bedeutung von „sozialen Trägern". Seine umfassende Multikausalität und ihr Beitrag zu gegenwärtigen Ansätzen bildet das Thema von Kapitel 2.

Die Analyseebene: Theorie versus begrenzte Fragestellungen

Als direkte Reaktion auf den überwiegend abstrakten und ahistorischen Charakter der früheren Modernisierungstheorie haben sich die Verfechter des kausalanalytischen und des interpretativen historischen Ansatzes stärker in Richtung einer historisch fundierten Analyseebene bewegt. Ihre Studien konzentrieren sich auf spezielle Fragestellungen und untersuchen auf detaillierte Weise eine kleine Anzahl von Fällen. Typisch ist eine große Sensibilität gegenüber Zeit, Ort und Kontext sowie der Versuch, die einzelnen Fälle in ihrer Besonderheit zu betrachten und konkretes Wissen über sie zu erlangen. Es herrscht nicht mehr die Neigung, einzelne Fälle als Ableitungen oder als bloße Beispiele einer übergreifenden Entwicklungstendenz anzusehen. Entsprechend kann die komplexe historische Entwicklung eines jeden Falles ebenso wie seine kontextuelle Einbettung in die einmaligen Merkmale seiner besonderen Epoche und seines Schauplatzes hervorgehoben werden. Die Weltsystem-Schule konstruiert im Gegensatz hierzu eine vorab formulierte Theorie. Die zahlreichen detaillierten und in hohem Grad historischen Fallstudien, die von den Verfechtern dieses Ansatzes durchgeführt wurden, dienen dem Zweck, seine grundlegenden Lehren von der Weltwirtschaft und den Zwängen, die sie den Nationen auferlegt, zu untermauern.

Weber lehnt diese strikte Alternative – die Beschränkung des kausalanalytischen und des interpretativen historischen Ansatzes auf begrenzte Fragestellungen und die der Weltsystem-Schule auf eine Theorie – grundsätzlich ab. Obwohl seine empirische Soziologie die Wertschätzung historisch fundierter Studien und die Neigung zur Erforschung konkreter einzelner Probleme mit allen neueren Ansätzen teilt, formuliert sie doch eine Ebene der Analyse, die sich von allen drei Richtungen unterscheidet. Sie wird in seinen sämtlichen historisch-vergleichenden Schriften durch sein heuristisches Hauptwerkzeug kenntlich gemacht: den Idealtypus. Kapitel 3 untersucht die Bildung, die Hauptmerkmale und die wichtigste Anwendung des Idealtypus: die klare Definition empirischer Sachverhalte. Weber sieht hierfür spezifische Verfahren und Strategien vor. Seine umfangreiche analytische Abhandlung *Wirtschaft und Gesellschaft (WuG)* konstruiert eine Reihe von Idealtypen, um die präzise Definition, die klare begriffliche Erfassung und die kausale Analyse soziologisch bedeutsamer Sachverhalte zu unterstützen. Eine eingehende Diskussion der mit der Definition empirischer Sachverhalte verbundenen methodologischen Fragen wird sowohl von der Weltsystem-Schule als auch vom interpretativen historischen und vom kausalanalytischen Ansatz vernachlässigt.

Modellbildung

Hypothesenbildende Modelle als integrale Bestandteile historisch-vergleichender Forschungsstrategien werden von allen zeitgenössischen Ansätzen unterbelichtet. Techniken zur analytischen Einordnung von Fällen und Entwicklungen oder zur Lieferung eines strengen theoretischen Rahmens für empirische Fragen und Probleme werden von der Weltsystem-Schule und von den interpretativen historischen und den kausalanalytischen Ansätzen nie klar formuliert. Demgegenüber hat Weber in *WuG* die Modellbildung zum unabdingbaren und entscheidenden Bestandteil eines jeden historisch-vergleichenden Vorhabens erklärt.

Die Modelle aus *WuG* versuchen die historisch-vergleichende Forschung von der ausschließlichen Feststellung kausaler Zusammenhänge durch die detaillierten historischen Studien der interpretativen historischen und der

kausalanalytischen Richtungen abzubringen. Als Idealtypen stehen sie aber
ebenso in Gegensatz zu der vorformulierten Theorie des Weltsystem-
Ansatzes. In diesen Ansätzen werden die Definition, die begriffliche Fassung
und die empirische Untersuchung von Fällen, Beziehungen und Entwicklungen nicht durch spezielle „Werkzeuge" erleichtert, die den Modellen in *WuG*
vergleichbar wären. Darüber hinaus definieren Webers Modelle die historisch-vergleichende Soziologie durch das Angebot „begrenzter analytischer
Verallgemeinerungen" und durch die Formulierung klar umrissener, empirisch überprüfbarer Kausalhypothesen als verschieden von allen problemorientierten Ansätzen einerseits und von allen theoriezentrierten Ansätzen andererseits. Jedes Modell dient dazu, den historisch-vergleichenden Forscher zu
einer permanenten Rück- und Vorwärtsbewegung zwischen dem empirischen
Fall, der untersuchten Beziehung oder Entwicklung, und einem theoretischen
Bezugsrahmen zu *verpflichten*, ihn sogar dazu zu zwingen. Dadurch führt
jedes Modell eine theoretische Dimension ein, die ein Versinken in den empirischen Gegebenheiten verhindert.

Kapitel 4 unterzieht die ausgedehnte Fähigkeit von *WuG* zur Modellbildung einer eingehenden Untersuchung. „Dynamische", „kontextuelle",
„Wahlverwandtschafts-", „Spannungs-" und „Entwicklungsmodelle" werden
aus dieser Abhandlung heraus systematisiert und, in einigen Fällen, rekonstruiert. Unter den letzteren sind die „Veralltäglichung des Charismas" und
die Modelle formaler Rationalisierung vielleicht die bekanntesten.

Das Verfahren der Kausalanalyse

Unter den gegenwärtigen Ansätzen bietet nur die kausalanalytische Richtung
eine klare kausale Methodologie. Für die interpretativen historischen Forscher leiten lediglich Begriffe, allgemeine Fragen und Leitthemen die Forschung; eine detaillierte und reichhaltige Schilderung bietet kausale Erklärungen an. Explizite kausale Verfahren werden außer acht gelassen. Ebenso
unterlassen die Verfechter des Weltsystem-Ansatzes im Vertrauen auf ihre
vorformulierte Theorie die Ausarbeitung einer kausalen Methodologie. Der
Schwerpunkt ihrer Studien – die Entwicklung der kapitalistischen Wirtschaft
– wird unter Bezug auf eine vordefinierte Weltwirtschaft erforscht. Die kausalen Kräfte – so wird unterstellt – entspringen aus diesem Wirtschaftssys-
tem.

Umgekehrt formuliert die kausalanalytische Richtung nachdrücklich Verfahrensweisen und Strategien in Bezug auf die Frage der Kausalität. Die Bildung von Kausalhypothesen leitet ihre Untersuchungen. Die Prüfung von Hypothesen, die Kontrolle von Variablen und die Konstruktion erklärender Theorien beansprucht ihre Aufmerksamkeit. Im Vordergrund stehen eine strikt vergleichende Analysemethode in Form experimenteller Forschungsverfahren und ein vollständiges Vokabular der Kausalität, verbunden mit dem Ziel der Formulierung verallgemeinerbarer Schlußfolgerungen aufgrund unterschiedlicher Fälle.

Auch wenn Weber die Auslassung einer expliziten kausalen Methodologie durch die interpretative historische Richtung und durch die Weltsystem-Schule als ein ernstes Problem ansehen würde, stellt er sich ebenso vehement dem kausalanalytischen Ansatz entgegen. Er würde zwar seine strenge Methodologie und seine Beachtung von Kontexten und selbst von dynamischen Wechselwirkungen begrüßen, jedoch seinen unzureichend multikausalen Charakter kritisieren. Auf der Basis seiner Auffassung von Gesellschaften als nur lose verknüpft, von unzähligen Bruchlinien durchzogen und aus sich endlos vermischenden und unaufhörlich miteinander konkurrierenden Handlungsmustern zusammengefügt argumentiert Weber, daß eine *Vielzahl* wechselseitiger Einflüsse sehr oft wirkungsvolle kausale Faktoren bildet. Ein bestimmter Effekt kann grundsätzlich aus einer Vielzahl von Handlungsorientierungen herrühren. Es müssen nicht nur vielfältige synchrone (innerhalb der Gegenwart) und diachrone (zwischen Vergangenheit und Gegenwart) Wechselwirkungen berücksichtigt werden, wie dies oft in unsystematischer Weise von Vertretern des kausalanalytischen Ansatzes getan wird; besondere Aufmerksamkeit muß ebenso der Art und Weise geschenkt werden, auf die gerade die Wechselwirkung *mehrfacher* Kräfte einen eigenständigen kausalen Schub in Bewegung setzt. Nur eine kausale Methodologie, die in der Lage ist, eine breite Vielzahl von Kräften und die dynamischen Wechselwirkungen zwischen ihnen klar in Begriffe zu fassen, kann den Anspruch erheben, so argumentiert Weber, der Komplexität der empirischen Realität gerecht werden. Nur so können die komplizierten Verflechtungen beispielsweise von Werten, Traditionen, Interessen, Macht und Herrschaft in verschiedenen synchronen und diachronen Verschränkungen klar und deutlich verstanden werden. Darüber hinaus unterscheidet Webers Methodologie – anders als alle drei gegenwärtigen Richtungen – zwischen „begünstigenden" und „notwendigen" Graden der Kausalität.

Er verweist außerdem auf eine weitere grundsätzlich Schwäche in der Methodologie des kausalanalytischen Ansatzes, die bereits erwähnt wurde: Ebenso wie der interpretative historische Ansatz und trotz seiner Verwendung eines Forschungsdesigns bleibt er auf das Einzelproblem konzentriert. Webers Methode der kausalen Analyse umfaßt nicht nur Verfahren für das Forschungsdesign und eine dreistufige kausale Methodologie, sondern auch orientierende Konstrukte, die einen *theoretischen Bezugsrahmen* bieten. Doch unterscheidet sich dieser Bezugsrahmen, der in *WuG* formuliert wird, drastisch von dem, den die Weltsystem-Schule anbietet. Durch seine Idealtypen bleibt er letzten Endes in der empirischen Realität verankert und er beugt – indem er eine *Reihe* von „gesellschaftlichen Ordnungen" und die kausale Bedeutung der für diese gesellschaftlichen Ordnungen spezifischen Idealtypen hervorhebt – der Erhöhung eines einzelnen Bereichs – wie der Wirtschaft – in den Rang kausaler Übermacht vor.

Unglücklicherweise wird Webers Verfahren der kausalen Analyse, das im absoluten Zentrum seiner gesamten historisch-vergleichenden Soziologie steht, nie deutlich formuliert. Obwohl es das Hauptziel seiner empirischen Soziologie ist, eine kausale Erklärung von Fällen und Entwicklungen zu liefern, hat er es versäumt, in seinen methodologischen Aufsätzen in systematischer Weise eine Theorie sowohl seiner multikausalen, kontextuellen und dynamischen Verfahren und Strategien als auch seines auf den gesellschaftlichen Ordnungen beruhenden theoretischen Rahmens zu entwickeln. Ebensowenig zeigen seine empirischen Schriften in dieser Hinsicht Konsistenz. Vielmehr überdeckt der fragmentarische Charakter seiner substantiellen Texte oftmals ihre begriffliche und empirische Präzision. In der vorliegenden unabgeschlossenen Form muß die Analysemethode, die seinen kausalen Untersuchungen zugrunde liegt, durch eine detaillierte und synthetisierende Lektüre seiner empirischen Arbeiten rekonstruiert werden. Dies ist die Aufgabe von Kapitel 5.

Dieses Kapitel greift außerdem ein Beispiel aus seinen Schriften auf, um die Strenge seines Verfahrens der Kausalanalyse zu illustrieren. Es wird seine Analyse des Aufstiegs des Kastensystems in Indien zur Herrschaft nachgezeichnet hinsichtlich (a) der Hauptschritte, Verfahren und Strategien seiner angewandten kausalen Methodologie, (b) des theoretischen Bezugsrahmens, der durch die gesellschaftlichen Ordnungen und ihre zugehörigen spezifischen Idealtypen in *WuG* zur Verfügung gestellt wird, und (c) der historischen Kräfte, die für den untersuchten Fall kennzeichnend sind.

Zusammengefaßt steht die historisch-vergleichende Soziologie heute einer Reihe von Problemen und Dilemmata gegenüber. Bei dem Versuch, die wichtigsten Verfahren und Strategien für eine historisch-vergleichende Forschung, die in Webers lose gebündelten und fragmentierten empirischen Arbeiten verborgen sind, zugänglich zu machen, **versucht diese Studie die genauen Schritte nachzuzeichnen, mit denen Weber zur Lösung dieser Probleme und Dilemmata beiträgt.** Es wird **eine Systematisierung und – in mancher Hinsicht – auch Rekonstruktion der Grundorientierungen** von Webers **substantiellen Schriften unternommen.** Diese Studie untersucht seine Verknüpfung von Handlung und Struktur und seine grundsätzliche Multikausalität sowie die Art, auf die diese Arbeiten durch die Bildung von Idealtypen und begrenzten Modellen das verbreitete gegenwärtige Vertrauen auf Fallstudien und auf historische Schilderung überwinden. Webers empirische Arbeiten beharren darüber hinaus auf einer theoretischen Einrahmung von Fällen und betonen ein kontextuelles und dynamische Wechselwirkungen einschließendes Verfahren der Kausalanalyse. Die von ihm angebotenen Verfahren und Forschungsstrategien tragen in vielerlei Hinsicht, einerseits aufgrund ihrer ursprünglichen Ziele und andererseits aufgrund der ernsten Kritik an gegenwärtigen Richtungen historisch-vergleichender Soziologie, die sie implizieren, wesentlich zu einer Stärkung dieser Unterdisziplin bei.

In allen Kapiteln dieser Studie wird durchgängig ein Dialog zwischen Webers substantieller Soziologie und neueren historisch-vergleichenden Richtungen gefördert. Selbst jene Abschnitte, die eine detaillierte Textauslegung bieten, zielen nicht nur einfach auf eine klare Wiedergabe von Webers Schriften, sondern darauf, seinem Beitrag zu den gegenwärtigen historisch-vergleichenden Bestrebungen Geltung zu verschaffen.[14] Das abschließende Kapitel vergleicht zusammenfassend die wichtigsten Verfahren und Forschungsstrategien in Webers historisch-vergleichender Soziologie mit denen in gegenwärtigen Ansätzen. Es rekapituliert darüber hinaus Webers besondere Stellung und seine Leistungen.

Webers historisch-vergleichende Soziologie weicht noch in einer weiteren Hinsicht von neueren Richtungen ab: Gegenwärtige Richtungen lassen eine universale Dimension vermissen. Sie konzentrieren sich auf politische Modernisierung und soziale Bewegungen und auf Themen wie moderne soziale Revolutionen, Totalitarismus, die Macht des Nationalstaats und die Trans-

---

14 Die Anmerkungen und gelegentlich auch der Text (vgl. Kap. 2, S. 94-101) beinhalten Webers Kritik der Rational Choice-Theorie.

formation des Okzidents hin zu Kapitalismus, Demokratie und Industriege-
sellschaft in den letzten Jahrhunderten.[15] Webers substantielle Schriften
zeichnen sich dadurch aus, daß sie über solche Themen hinausreichen. In
WuG und in *WEWR* wendet er seine Aufmerksamkeit einerseits zurück bis
zum Mittelalter und den antiken Zivilisationen des Okzidents und andererseits bis nach China und Indien. Beim Zusammenstellen dieser Bände, ebenso wie in *Agrar* und in *Abriß*, bewegte sich Weber beispielsweise ungehindert von den frühen Hindus und den Propheten des Alten Testaments zu den
konfuzianischen Literaten, vom Hellenismus zum Untergang des Römischen
Reiches, vom chinesischen Patrimonialismus und dem Feudalismus in Indien
zum okzidentalen Mittelalter, von der Wirtschaftsverfassung der frühen Zivilisationen Vorderasiens zu den mittelalterlichen Handelsgesellschaften und
von der antiken germanischen Sozialstruktur zu den Ursprüngen des kontinentalen Rechts und einer vergleichenden Analyse der Entstehung des modernen Staates. Empirische Untersuchungen mit einem solchen vergleichenden und historischen Horizont sind in der gegenwärtigen historisch-
vergleichenden Forschung unerreicht. Webers universale Reichweite wird im
Lauf dieser Studie an zahlreichen Beispielen hervorgehoben werden.

Eine letzten Frage muß in dieser Einleitung noch angesprochen werden.
Wie unterscheidet sich die vorliegende Studie von vorangegangenen Kommentaren zu Weber? Sie möchte, und zwar in jedem Kapitel, einen Beitrag
zur Sekundärliteratur leisten. Der Tenor der neueren Kommentare zu Weber
muß daher kurz skizziert werden.

Sekundärliteratur: die Weber-Renaissance

Es geht in dieser Untersuchung nicht um eine Zusammenfassung der verschiedenen empirischen Arbeiten Webers (vgl. Bendix 1964; Freund 1969;
Käsler 1975; 1995; Collins 1986a). Sie versucht auch nicht, ein einzelnes
Hauptthema zu identifizieren, das seine verschiedenen Schriften verbindet,
wie dies Hennis (1982; 1984; 1987) und Tenbruck (1975b) tun.[16] Ebensowenig zielt diese Studie darauf, ein einzelnes Werk als Hauptwerk Webers her-

---

15 Nur einige der Bücher von R. Bendix und B. Moore sind universaler in ihrem Hori-
    zont.
16 Keine dieser Interpretationen hat m. E. erfolgreich die Existenz eines solchen Themas
    zeigen können (nicht zuletzt, da keine von ihnen Webers empirische Arbeiten im De-
    tail untersucht hat; vgl. Kalberg 1979).

auszustellen, wie dies Tenbruck (1975b; 1977; 1989) tut. Die **Konzentration** an dieser Stelle **auf die Grundorientierungen von Webers empirischer Arbeit erfordert die Außerachtlassung** seiner politischen Anschauungen (vgl. Salomon 1935b; Beetham 1974; Mommsen 1959; 1989) und **seiner eher „sozialphilosophischen" Schriften.** Daher werden beispielsweise seine eher trüben Äußerungen hinsichtlich des Schicksals der okzidentalen Zivilisation und die Gründe für seinen Pessimismus nicht behandelt. Webers Arbeiten werden hier nicht als Sozialphilosophie oder als allgemeine Sozialtheorie thematisiert, sondern ausschließlich im Hinblick auf ihr Vermögen, eine strenge historisch-vergleichende Soziologie zu formulieren. Dieses Anliegen erfordert ebenfalls die Außerachtlassung des intellektuellen Hintergrundes der Weberschen Soziologie (vgl. z. B. Scaff 1989; Hughes 1958; Coser 1971; Ringer 1983) sowie der Diskussion von Webers intellektuellen Gegenspielern (vgl. z. B. Tenbruck 1959; Mommsen u. Schwentker 1988; Albrow 1990: 96-113; Burger 1976: 3-55; Oakes 1990). Diese Studie umgeht auch ein weiteres beliebtes Thema: Webers Biographie (vgl. z. B. Marianne Weber 1926; Gerth 1946; Käsler 1975; 1995) und seine inneren Ängste (vgl. z. B. Albrow 1990: 13-94; Green 1974; Goldman 1988; Mitzman 1970).

Das klassische Buch von Reinhard Bendix (1962; leicht gekürzte dt. Übersetzung 1964) lieferte in mehrfacher Hinsicht Anregungen für diese Studie. *Max Weber – Das Werk: Darstellung, Analyse, Ergebnisse* bietet eine unentbehrliche Behandlung einer breiten Vielfalt von Aspekten in Webers empirischer Soziologie. Seine Zusammenfassungen einer ganzen Reihe von Themen und Problemen bleiben noch heute relevant. Außerdem orientiert sich Bendix' Studie an einer **Leitfrage, die** auch den Ausgangspunkt dieser Untersuchung bildet: **ob und wie Webers substantielle Soziologie unser heutiges Verständnis fördern kann** (s. z. B. 1962: 464 f.). Bendix dient darüber hinaus aber auch als eine Folie für diese Untersuchung. Betrachtet man die Ziele seiner Studie, zeigen sich bestimmte Beschränkungen. Vor allem sieht er Weber in erster Linie als einen historischen Soziologen und weniger als einen strengen soziologischen Theoretiker. Obwohl diese Perspektive in vielerlei Hinsicht hilfreich ist, führt sie Bendix dazu, Webers Strategien und Verfahren herabzusetzen. Bendix schürft das theoretische Kapital in Webers empirischen Schriften nur dürftig aus.

Von der neueren Sekundärliteratur – obschon in mancher Hinsicht erhellend – hat diese Studie nur indirekt profitiert. Die internationale Weber-Renaissance in den vergangenen zwanzig Jahren hat erst begonnen, die grundlegenden Orientierungen in Webers historisch-vergleichender Soziologie ans Licht zu bringen.

Einerseits hat die Entwicklung der Sekundärliteratur in den Vereinigten Staaten – weg von einer von Parsons dominierten Interpretation, die sich auf normgeleitetes Handeln konzentrierte – eine ausgewogenere Einschätzung ermöglicht, die den zuvor unterschätzten zweckrationalen Typus sozialen Handelns und die Dimensionen von Macht, Herrschaft und Kampf, die in Webers Soziologie eine wichtige Rolle spielen, einschließt (vgl. z. B. Collins 1975; 1986b; Fulbrook 1978; Cohen, Hazelrigg u. Pope 1975; Molloy 1980; Antonio 1984; Bendix u. Roth 1971).[17] Auf der anderen Seite sind an die Stelle der in den fünfziger und sechziger Jahren vorherrschenden Beschäftigung mit bestimmten Ausschnitten aus Webers Werken – beispielsweise mit Ständen, Charisma, Idealtypen, Bürokratie und der „Protestantismus-These" – eine Reihe von Kommentaren getreten, die größere Teile des Gesamtwerks und umfassendere Themen in den Blick nehmen. Sie alle haben die ältere Vorstellung zurückgewiesen, nach der Webers vermeintlich nicht aufeinander aufbauende Untersuchungen seinen wertvollsten Beitrag darstellen. Diese Interpreten haben statt dessen argumentiert, daß sich einige grundlegende Themen und Verfahrensweisen durch Webers gesamtes Werk ziehen. Deren Verständnis, so wird argumentiert, enthüllt einen Theoretiker von erheblich größerer Tiefsinnigkeit: einen, der es wagte, seine Aufmerksamkeit systematisch über begrenzte Analysen hinaus und auf die viel komplexere – und riskantere – Ebene des Jahrtausende übergreifenden langfristigen Wandels zu richten.

Ihre Kommentare können in zwei Gruppen eingeteilt werden. Erstens jene, die sich umfassenden und Webers Werk durchgängig zugrundeliegenden Themen zuwenden. Diese Studien haben sich eingehend beschäftigt mit Webers Sicht des historischen Wandels (Abramowski 1966; Mommsen 1974a; 1989; Nelson 1981; Collins 1986b), mit dem okzidentalen Rationalismus (Schluchter 1979a; 1979b; Habermas 1981; Lash u. Whimster 1987), mit Rationalisierungsprozessen (Bendix 1965; Tenbruck 1975b; Münch 1982; Glassman and Murvar 1984; Levine 1985; Lash u. Whimster 1987) und mit der „Entwicklung des Menschentums" (Hennis 1982; 1984). Zweitens jene,

---

17 Obwohl Weber in Deutschland in den fünfziger Jahren teilweise als Folge der Schriften und Übersetzungen von Parsons „wiederentdeckt" wurde, wurde die deutsche Rezeption Webers nur selten durch Parsons beeinflußt. Die hervorstechendsten Ausnahmen bilden Schluchter (1979a; 1988), Münch (1982; 1984; 1986) und Habermas (1981).

die versuchen, **typologische Modelle** und strenge Verfahren zu identifizieren, die Weber in seiner empirischen Soziologie verwendet (Eisenstadt 1968a; Roth 1968; 1971a; 1971b; 1971c; 1979; 1981; Collins 1980; Smelser 1976; Warner 1970; 1972; 1973; Fulbrook 1978). Alle diese Kommentare haben das Verständnis seiner Anliegen und seiner Ziele erheblich erweitert.

Dennoch, und ungeachtet ihrer Errungenschaften, sind diese Untersuchungen nicht über ein Umreißen der Verfahren und Forschungsstrategien von Webers historisch-vergleichender Soziologie hinausgelangt. Dies trifft selbst auf Schluchters ehrgeizige Analyse „Die Entwicklung des okzidentalen Rationalismus" (1979) zu. Diese Studie bietet für stärker empirisch orientierte Soziologen, die versuchen, Weber für ihre eigene Forschung nutzbar zu machen, nur wenig Unterstützung. Indem Schluchter die meiste Zeit auf der Ebene von Typologien und Klassifikationen verbleibt, bietet er eine interessante Taxonomie der Grundbegriffe, die Weber in seiner Untersuchung der Entwicklung des Okzidents verwendet; jedoch vernachlässigt er weitgehend den mehr praktischen soziologischen Weber, der sein Augenmerk beispielsweise auf vielfältige Handlungsmotive, multikausale Strategien, hypothesenbildende Kausalmodelle, Macht, Herrschaft, soziale Träger, synchrone und diachrone Wechselwirkungen von Handlungsmustern und eine kontextuelle und dynamische kausale Methodologie richtet.

Indem die bekanntesten neueren Studien ihre Aufmerksamkeit auf das übergreifende Thema der Rationalisierung und die Besonderheiten des Okzidents richten, haben sie die Kommentatoren von einer eingehenden Untersuchung der Strategien und Verfahren abgehalten, die Weber in seinen historisch-vergleichenden Schriften anwendet.[18] Es trifft zu, daß Webers Interesse an einem umfassenden und übergreifenden Thema – dem „spezifisch gearteten ‚Rationalismus' der okzidentalen Kultur" (PE 11) und seinen Ursprüngen

---

18 Die Sekundärliteratur und ihre anhaltenden Debatten können hier nicht in einer erschöpfenden und kritischen Weise behandelt werden. Diese Unterlassung erfolgt nicht nur aus dem Eingeständnis der Schwierigkeiten aufgrund der schieren Masse (vgl. Seyfarth u. Schmidt 1982; Murvar 1983); darüber hinaus würden die Hauptlinien der Argumentation zu häufig unterbrochen. Vor allem aber soll hier der Schwerpunkt auf Webers Schriften und nicht auf Streitfragen der Sekundärliteratur gelegt werden. Nur ausgewählte Aspekte aus der Sekundärliteratur werden eigens angesprochen, und diese Diskussionen werden zumeist auf die Anmerkungen und kurze Randbemerkungen im Text beschränkt bleiben. (Die Anmerkungen enthalten einen fortlaufenden Kommentar zur Weber-Lektüre von Parsons.) Schließlich gründet diese Studie nicht auf der Annahme, daß eine Systematisierung oder „Rekonstruktion" von Webers Arbeiten der Hilfe späterer Theoretiker wie Parsons, Habermas oder Luhmann bedarf (vgl. Schluchter 1979a; Münch 1982; Habermas 1981).

und seiner Entwicklung – im Zentrum seiner Soziologie steht. Gleichwohl lehnte er es bei der Erforschung dieses Themas ab, seine Untersuchung unter Bezugnahme auf eine durchgreifende „Entzauberung der Welt" und auf umfassende „Rationalisierungsprozesse" zu betreiben. Vielmehr schritt er auf einer sorgfältig empirisch fundierten Analyseebene voran und versuchte in einer Reihe von Studien, kausale Zusammenhänge hinsichtlich begrenzter Fälle und Entwicklungen nachzuweisen (vgl. Kalberg 1989a).

Daher betont Weber beispielsweise in seiner Erörterung der modernen Staaten keineswegs die gemeinsamen Merkmale, sondern er konzentriert sich auf einzelne Themen, die für bestimmte Nationen zentral sind, wie etwa die Bedingungen für einen erfolgreichen deutschen Imperialismus, die Möglichkeit einer bürgerlichen Demokratie in Rußland, die soziologischen Voraussetzungen der amerikanischen Demokratie und die Hindernisse für eine parlamentarische Demokratie in Deutschland. Die dreibändige *WEWR* diskutiert eine Reihe von abgegrenzten historischen Entwicklungen, wie den Aufstieg des Patrimonialismus, des Konfuzianismus und des Literatenstandes in China, die Ursprünge der „außerweltlichen" Mystik, der Brahmanen, einer unpersönlichen Gottheit und des Kastensystems in Indien und den Aufstieg der levitischen Priesterschaft, des Monotheismus, des missionarischen Prophetentums und der Pharisäer in Israel. *WuG* wendet sich ebenfalls abgegrenzten Themen zu wie der Entwicklung des formal logischen Rechts auf dem europäischen Kontinent und des „Common Law" in England, dem Auftreten und den einzigartigen Merkmalen freier, unabhängiger Städte im mittelalterlichen Okzident, den zentralen Charakteristika der verschiedenen Erlösungswege sowie den Haupttypen der Herrschaft und der Entwicklung der katholischen Kirche zu einer hierokratischen Anstalt. *Agrar* und *Abriß* bieten ebenfalls tiefgreifende, historisch gesättigte Analysen. An keiner Stelle versucht Weber in diesen Schriften eine gesellschaftliche Evolution nachzuweisen.[19]

Die Anerkennung dieser Analyseebene am Beginn der vorliegenden Systematisierung und Rekonstruktion der Grundorientierungen von Webers substantiellen Schriften erfordert die Zurückweisung der üblichen Interpretation, Weber habe Geschichte so verstanden, als folge sie einfach einer gewaltigen Entwicklungslinie, die am einen Ende in charismatischen Ausbrüchen

---

19 Es ist eine Ironie, daß Webers Sicht der Geschichte in den Vereinigten Staaten lange Zeit als „idealistisch" aufgefaßt wurde. Dies resultierte in erster Linie aus der Popularität der *PE*, dem Fehlen einer vollständigen Übersetzung von *WuG* bis 1968 und der von Parsons dominierten Rezeption Webers. Bedauerlicherweise wurden die Aufsätze von Salomon nicht beachtet (1934; 1935a; 1935b; 1945; vgl. Kalberg 1993b).

gegen starre Traditionen und am anderen Ende in der formalen Rationalität der „bürokratischen Gesellschaft" verankert sei. Sie erfordert außerdem die Aufgabe der verbreiteten Ansicht, für Weber bringe historischer Wandel vorhersagbare Zyklen mit sich, in denen die „revolutionäre Macht" des Charismas mit der Routine und Stabilität des alltäglichen Lebens wechsle (vgl. z. B. Salomon 1935b; 1945; Mommsen 1974a: 18-20; 1987: 47-50).

Eine Beschäftigung mit derart globalen Fragen oder sogar eine allgemeine Diskussion seiner zentralen Themen würde keine angemessene Würdigung der vollen analytischen Kraft von Webers empirischen Schriften ergeben.[20] **Wenn die Strategien und Forschungsverfahren, die deren Grundorientierungen bilden, systematisiert und rekonstruiert worden sind, wird eine einzigartige, strenge und methodologisch ausgefeilte historisch-vergleichende Soziologie zu Tage treten, die tatsächlich von universaler Reichweite ist.** Sie verspricht bedeutend zu einer Überwindung der Dilemmata und Probleme beizutragen, denen die historisch-vergleichende Soziologie heute gegenübersteht. Nachdem sie bislang größtenteils übersehend worden ist, muß sie zugänglich und nutzbar gemacht werden.

Diese Studie gliedert sich in zwei Hauptteile. Teil I, der grundlegende und allgemeine Aspekte von Webers historisch-vergleichender Soziologie untersucht, umfaßt zwei Kapitel: „Die Verknüpfung von Handlung und Struktur" und „Webers Multikausalität". Teil II wendet sich Webers vorrangigem Ziel zu: der kausalen Analyse von Fällen und Entwicklungen. Er verzeichnet die verschiedenen Strategien und Verfahren, die seine empirischen Arbeiten für die Feststellung kausaler Zusammenhänge anbieten: seine Analyseebene und die Idealtypen (Kapitel 3), seine hypothesenbildenden Modelle (Kapitel 4) und sein Verfahren der Kausalanalyse (Kapitel 5).

---

20 Die Kommentare zum Thema der Rationalisierung haben einen wichtigen Beitrag geleistet, weil sie das Verständnis Webers weggeführt haben von der Betrachtung seines Werkes als lediglich fragmentarisch und undurchsichtig (vgl. Nelson 1974; Tenbruck 1975b; Schluchter 1979a; Lash u. Whimster 1987). Es ist nicht meine Absicht, diesen Beitrag zu leugnen. Es muß jedoch von Anfang an betont werden, daß diese Studie keinen Beitrag zu dieser Masse an Literatur liefern will. (Ich habe dies an anderer Stelle versucht; vgl. Kalberg 1979; 1981; 1987a; 1990; im Erscheinen.)

Teil I
Grundlegende Strategien
und Verfahren

1

Die Verknüpfung von Handlung und Struktur: die Vielfalt der Motive und Webers Strukturalismus

Die einprägsamsten Schlagworte Max Webers – „unentrinnbare Bürokratisierung", „Entzauberung der Welt" und „universelle Rationalisierung" – beschreiben übergreifende und Jahrtausende umfassende Entwicklungen. Bei anderen Gelegenheiten diskutiert er historischen Wandel unter Verweis auf einen ständigen Wechsel zwischen der „revolutionären Macht" charismatischer Herrschaft und den fortdauernden Kräften der alltäglichen Sitten und Konventionen, des traditionalen Handelns und der bürokratischen Organisationsform.

Wie fesselnd diese Themen auch sein mögen, sie führen nicht die soziologische Präzision vor Augen, die für Webers substantielle Schriften charakteristisch ist.[1] Dies gilt, auch wenn jedes dieser Themen einen Hauptbestandteil seiner Soziologie bildet. Beispielsweise nimmt Weber epochale Entwicklungen in der Geschichte deutlich wahr und möchte die Frage nach den Ursprüngen des okzidentalen „Rationalismus" untersuchen. Dennoch führt eine sorgfältige Lektüre seiner empirischen Arbeiten zu dem Schluß, daß deren Strategien und Verfahren nicht in dieser Form beschrieben werden können. Webers Texte bleiben auf einer weit weniger allgemeinen Analyseebene und schildern historische Entwicklungen sehr viel komplexer als eine evolutionäre Entfaltung von Ideen und Werten oder eine Auseinandersetzung von charismatischen Anführern mit beständigen Kräften. Diese Texte beschränken sich durchgängig auf abgegrenzte Themen, Fragen und Entwicklungen und bleiben weit entfernt von der allgemeinen Ebene der „Gesellschaft"; Weber benutzt diesen Begriff in Wirklichkeit kaum (vgl Kalberg 1989a).[2]

---

1 Auffälligerweise finden sich diese Schlagworte kaum in Webers historisch-vergleichenden Schriften, sondern fast ausschließlich in drei besonderen Zusammenhängen: in den eher sozialphilosophischen Aufsätzen wie *WisB* und *PolB*, den politischen Schriften und den Schlußabschnitten seiner substantiellen Schriften wie der *PE*.

2 Ich habe nur ein paar Verwendungen entdeckt. Salomon stellt fest, „daß Weber vollkommen ohne den Begriff der Gesellschaft arbeitet", ihn durch die Vorstellung von

Doch Weber entfernt sich noch einen weiteren Schritt von der ausschließlichen Blickrichtung auf die Makroebene. Für ihn erfordert eine historisch fundierte Soziologie die deutliche Darlegung der *Verknüpfung* zwischen Handeln und sozialen Strukturen. Seine Formulierung von Verfahren, Strategien und Begriffen, die dies leisten, bildet eine seiner größten Stärken. Sie sind der Gegenstand dieses Kapitels. Die Weltsystem-Schule und der kausalanalytische sowie der interpretative historische Ansatz versagen bei der expliziten Analyse, auf welche Weise diese Verknüpfung von Handlung und Struktur geschieht.

Bevor diese Verknüpfung verständlich wird, müssen verschiedene Grundzüge der Weberschen Soziologie untersucht werden. Sein „methodologischer Individualismus" und seine Beschäftigung mit den verschiedenen Formen der Handlungsorientierung aufgrund subjektiv gemeinten Sinns bildet die Verankerung seiner gesamten Soziologie. Diese vertrauten Aspekte bedeuten ebenso wie die zentrale Bedeutung von „Verstehen" in Webers gesamtem Werk für ihn keinen Bruch mit strukturellen Kräften.[3] Vielmehr kristallisieren sich klar umrissene Stände, Verbände und Klassen einzig aus den *regelmäßigen Mustern* der Orientierung von Handelnden, wie noch im Detail gezeigt werden wird. Darüber hinaus kann nicht unterstellt werden, daß solches Handeln stets ausschließlich interessengeleitet ist, wie dies die Rational Choice-Theoretiker tun, oder daß es eine ähnlich starke Motivation voraussetzt. Nach Weber ist ein umfassender und vielfältiger Begriff von „sozialem Handeln" erforderlich.

Diese Grundbestandteile der Weberschen Soziologie – sein methodologischer Individualismus, die „vier Typen sozialen Handelns", die Vorstellung von *Verstehen* und die Betonung einer Vielfalt von Motiven – müssen zunächst behandelt werden. Nachdem dies geschehen ist, wird die Grundlage geschaffen sein für eine Untersuchung der drei „Hauptformen regelmäßigen Handelns", die für ihn Handlung und Struktur verbinden.

---

subjektivem Sinn einerseits und von Idealtypen und gesellschaftlichen Ordnungen andererseits ersetzt (vgl. 1935a: 68). Vgl. ebenfalls Albrow (1990: 159, 161-162). Den Titel für seine analytische Abhandlung *Wirtschaft und Gesellschaft* lieferte Webers Frau. Der ursprüngliche Titel war *Die Wirtschaft und die gesellschaftlichen Ordnungen und Mächte*. Vgl. Kapitel 4, Anm. 18.

3   Zu diesem in der Sekundärliteratur über Weber heiß diskutierten Punkt vgl. S. 49-52 und Anm. 21 in diesem Kapitel sowie Anm. 16 in Kapitel 3.

Die Grundbestandteile:
methodologischer Individualismus, *Verstehen*, vier Typen sozialen Handelns und die Vielfalt von Motiven

Webers Soziologie geht von der Annahme aus, daß Menschen ihre Handlungen erklären und rechtfertigen; indem sie dies tun, geben sie ihnen einen subjektiven Sinn. Seine gesamte Soziologie beruht wesentlich auf der Auffassung von Handelnden als „Kulturmenschen, die mit der Fähigkeit und dem Willen begabt sind, bewußt zur Welt *Stellung* zu nehmen und ihr einen *Sinn* zu verleihen" (*Obj* 180, Hervorhebungen i. Orig.). Selbst in den Fällen, in denen das Handeln scheinbar unreflektiert gemäß eingelebter Sitte abläuft, bedeutet dies allein nicht bereits eine blinde Ergebenheit. Es kann vielmehr ein bewußtes Anerkennen der Sitte bedeuten, für das unterschiedliche Gründe vorliegen können. Außerdem berührt das Selbstverständliche sehr häufig Werte und zugrundeliegende Annahmen, die sich die Handelnden bewußt machen können.[4] Auf lange Sicht gesehen, würden sich Sitten, Konventionen, Werte, Gesetze und sogar Formen legitimer Herrschaft und ganze Glaubenssysteme auflösen, falls die Einzelnen ihr Handeln nicht nach ihnen ausrichten und sie mit Sinn füllen. Die Mechanismen, mit denen die Handelnden die Verbände, Klassen und Stände interpretieren, ihnen Sinn geben und sie beeinflussen, außer acht zu lassen, so wie dies die Verfechter der Weltsystem-Schule sowie die der interpretativen historischen und der kausalanalytischen Richtungen tun, heißt ein drastisch unvollständiges und „übersozialisiertes" Bild zu zeichnen. In der Weberschen Soziologie sind die Einzelnen als wirklich Handelnde in der Lage, ihre soziale Wirklichkeit zu interpretieren und schöpferisch zu handeln.

Sein methodologischer Individualismus stellt die Intentionen der Handelnden, ihre Fähigkeit, ihr soziales Umfeld zu beeinflussen, und ihre Art, ihrer Wirklichkeit Sinn zu verleihen (*subjektiver Handlungssinn*), in den Vordergrund. Für Weber sind es Einzelne, die handeln, nicht soziale Organismen oder Kollektive. Und soziale Wirklichkeit kann nicht angemessen erklärt werden, wenn Handelnde so aufgefaßt werden, als würden sie lediglich wissenschaftlichen Gesetzen folgen, den „sozialen Tatsachen" Durkheims, evolutionären Zwängen oder der vermeintlichen Notwendigkeit für Gesellschaften, bestimmte „Funktionen" zu erfüllen. In der Geschichte exis-

---

4 Dies gilt, obwohl „das *reale* Handeln [...] in der großen Masse seiner Fälle in dumpfer Halbbewußtheit oder Unbewußtheit seines ‚gemeinten Sinns'" verläuft (*WuG* 11, Hervorhebung i. Orig.).

tiert kein „objektiver Sinn", weder Hegels „Geist" noch Marx' Dialektik des historischen Wandels. Sinn kann nur im Bewußtsein menschlicher Wesen gefunden werden, und „Handeln im Sinn sinnhaft verständlicher Orientierung des eigenen Verhaltens gibt es für uns stets nur als Verhalten von einer oder mehreren *einzelnen* Personen" (*WuG* 6, Hervorhebung i. Orig.). Webers Interesse gilt den subjektiven Motiven von Handelnden als „Sinnzusammenhang" (*WuG* 3-9). Da Weber die Definition von handelnden Einzelnen als schlichte „Produkte" sozialer Kräfte überaus scheut, definiert er Soziologie im Sinne von *Verstehen* als das deutende Verstehen sozialen Handelns. Das „soziale Handeln" von einzelnen Menschen, das *beides*, „sozialen" und „subjektiven" Sinn einschließt, bildet die Grundeinheit seiner Analyse.

> Soziologie [...] soll heißen: eine Wissenschaft, welche soziales Handeln deutend verstehen und dadurch in seinem Ablauf und seinen Wirkungen ursächlich erklären will. „Handeln soll dabei ein solches Handeln heißen, welches seinem von dem oder den Handelnden gemeinten Sinn nach auf das Verhalten *anderer* bezogen wird und daran in seinem Ablauf orientiert ist. (*WuG* 1)[5]

Für Weber kann soziales Handeln begrifflich am besten mit einem von vier Typen sinnhaften Handelns erfaßt werden: als zweckrationales, wertrationales, affektuelles oder traditionales Handeln.[6] Jeder Typus bezieht sich auf eine idealtypische sinnhafte Orientierung der Handelnden. Weber definiert das Handeln desjenigen als *zweckrational,* der „sein Handeln nach Zweck, Mitteln und Nebenfolgen orientiert und dabei sowohl die Mittel gegen die Zwecke, wie die Zwecke gegen die Nebenfolgen, wie endlich auch die verschiedenen möglichen Zwecke gegeneinander rational abwägt" (*WuG* 13). In ähnlicher Weise haben Handelnde die Fähigkeit, *wertrational* zu handeln, auch wenn dieser Typus in seiner reinen Form empirisch nur selten aufgetre-

---

5   Vgl. auch *WuG* 9, 454-455; *Kat* 429, 439 f.; *RuK* 185 f., 126. Vgl. außerdem Henrich 1952; Girndt 1967; Truzzi 1974; Albrow 1990: 199-226. Bendix hat darauf hingewiesen, daß in Webers Schema selbst Handlungen, die sich durch ein hohes Maß an Konformität mit sozialen Erwartungen auszeichnen, eine individuelle Komponente enthalten und daß umgekehrt Handlungen, die in ersten Linie durch den individuellen Willen motiviert sind, ein soziales Element beinhalten (1964: 351 f.; 1984: 40-42; vgl. *WuG* 11, 441).

6   Gegenstand dieser Studie, wie auch der gesamten Soziologie Webers, ist ausdrücklich das *soziale* Handeln. Aus stilistischen Gründen wird „sozial" jedoch häufig ausgelassen. „Handeln" und „Handlungsorientierung" werden durchgängig synonym verwendet.

ten ist. Er tritt dann auf, wenn das soziale Handeln „durch den bewußten Glauben an den – ethischen, ästhetischen, religiösen oder wie immer sonst zu deutenden – unbedingten Eigenwert eines bestimmten Sichverhaltens rein als solchen und unabhängig vom Erfolg" bestimmt wird (*WuG* 12). „Stets ist [...] wertrationales Handeln ein Handeln nach ‚Geboten' oder gemäß ‚Forderungen', die der Handelnde an sich gestellt glaubt" (ebd.). *Affektuelles* Handeln wird demgegenüber durch „aktuelle Affekte und Gefühlslagen" bestimmt und unterscheidet sich deutlich von wertrationalem Handeln durch die „konsequente planvolle Orientierung" des letzteren an Werten (*WuG* 12). *Traditionales* Handeln wird „durch eingelebte Gewohnheit" bestimmt und ist oft nur ein „Reagieren auf gewohnte Reize", dem ebenfalls ein hohes Maß an Selbstbewußtsein fehlt (ebd.).[7]

Alle Typen des Handelns finden sich in jeder Epoche und jeder Zivilisation. Selbst das sinnhafte Handeln „Primitiver" kann zweckrational (vgl. *WuG* 245, 258 f.; *Kat* 472-474) oder wertrational (vgl. *WuG* 260) sein, und der moderne Mensch ist mit keiner stärkeren Befähigung für einen bestimmten Typus des Handelns ausgestattet als seine Vorfahren.[8] Aber natürlich bringen einige Epochen einen bestimmten Typus des Handelns häufiger hervor als andere (vgl. Kalberg 1981: 27-33; im Erscheinen).

Diese grundlegende Betonung einer Vielfalt von Motiven in der Soziologie Webers impliziert eine strikte Ablehnung der Ausrichtung aller organizistischen und funktionalistischen Ansätze auf allgemeine Normen und soziale Strukturen.[9] Organismustheorien sind nach Weber hilfreich und sogar unverzichtbar, bergen jedoch, wenn sie anders als ein Mittel zur Erleichterung einer vorläufigen Begriffsbildung verwendet werden, ein hohes Risiko der Verdinglichung: „Gesellschaft" und das „organische Ganze" können

---

7 Aus diesem Grund sieht Weber sowohl traditionales als auch affektuelles Handeln auf der Grenze zwischen „sinnhaft" orientiertem Handeln und bloß „reaktivem" Verhalten. Er betont, daß seine Klassifizierung nicht alle Möglichkeiten abdecken will, sondern es handelt sich um „für soziologische Zwecke geschaffene, begrifflich reine Typen, denen sich das reale Handeln mehr oder minder annähert" (*WuG* 13). Weber erwartet nicht, empirische Fälle vorzufinden, in denen sich soziales Handeln *nur* an einem dieser Handlungsgründe orientiert. Zu den Typen sozialen Handelns vgl. ferner *WuG* 12-13.

8 Demgemäß weist Weber die Überzeugung der Aufklärung zurück, daß Vernunft und Rationalität erst mit dem Anbruch der Neuzeit auf die Bühne der menschlichen Geschichte getreten seien.

9 Motive sind für Weber Ursachen des Handelns: „,Motiv' heißt ein Sinnzusammenhang, welcher dem Handelnden selbst oder dem Beobachtenden als sinnhafter ‚Grund' eines Verhaltens erscheint" (*WuG* 5).

anstelle des handelnden Einzelnen als die einzig wichtige Ebene der Analyse erscheinen (vgl. *WuG* 7-9). Er hält stets an einer grundsätzlichen Unterscheidung zwischen den „äußeren Formen" und den Motivationen der Handelnden fest. Dies kann in einem solchen Ausmaß geschehen, daß unter denjenigen, die ihr Handeln auf eine einzige Gruppe, eine Klasse oder einen Verband hin ausrichten, ein ganzes Spektrum verschiedenartigen gemeinten Sinns anzutreffen ist (vgl. *WuG* 14-20, 182). Die Weltsystem-Schule sowie der kausal-analytische und der interpretative historische Ansatz sind sämtlich nicht in der Lage, diese Möglichkeit einzuräumen. Weber bringt diese grundlegende Lehre seiner historisch-vergleichenden Soziologie auf mehrere Arten zum Ausdruck.

Beispielsweise kann in jedem Herrschaftsverband das Streben nach und die Legitimation von Herrschaft auf affektuellen Motiven (einer emotionalen Hingabe an den Herrscher), auf zweckrationalen Berechnungen (Anpassung an Konventionen oder Gehorsam gegenüber Gesetzen), auf wertrationalen Motiven (dem Glauben an Treue und Pflicht oder an die Gerechtigkeit der Herrschaft), auf religiösen Werten oder, wie es im allgemeinen empirisch der Fall ist, auf einer Kombination dieser Handlungsorientierungen beruhen (vgl. *WuG* 16).[10] Vergleicht man kulturübergreifend die Funktionsweise strukturell identischer Bürokratien, wird deutlich, daß nicht alle Amtsträger von jener Konstellation von Werten motiviert werden, die mit dem klassischen „bürokratischen Ethos" gemeint ist.[11] Ebenso wird eine Rechtsordnung nicht nur aufgrund des Bewußtseins der Handelnden Bestand haben, daß ein „Zwangsstab" bereitsteht, um Übertretungen zu bestrafen, sondern auch aus Gründen des Eigennutzes, der schieren Gewohnheit oder der Anpassung an Konventionen. Die gesetzliche Ordnung kann außerdem, muß jedoch nicht, einen ethischen Status für sich beanspruchen. Weber glaubt, daß sie dies seltener tut als Ordnungen, die bloß durch die Befolgung von Konventionen gestützt werden (*WuG* 183, 19).[12] In ähnlicher Weise kann eine „ethische Ordnung" durch säkulares wertrationales Handeln oder durch religiöses wertrationales Handeln aufrecht erhalten werden. Die gleiche Ordnung kann jedoch auch

---

10 Webers Überzeugung, daß die verschiedenen Quellen der Legitimität und nicht bloß die „äußere Form" einer Herrschaftsordnung den zentralen Punkt in der Frage nach Autorität und Herrschaft bilden, steht im Zentrum seines Interesses am Gegenstand der Herrschaft (vgl. z. B. *WuG* 549 f., 623 f., 650-653).

11 Bendix liefert hierfür ein Beispiel (1962: 465).

12 Roth stellt richtig fest, daß die Sekundärliteratur Webers Berücksichtigung von Zwang und Legitimität im sozialen Handeln übermäßig betont hat (vgl. 1968: XXIX).

aus „äußerlichen" Gründen beibehalten werden: gesetzlich und als Folge der Erwartung rechtlicher Sanktionen (zweckrationales Handeln)[13] oder, sogar noch wichtiger, gewohnheitsmäßig (traditionales Handeln) (vgl. *WuG* 19). So können Einzelne einer protestantischen Sekte nicht als Folge aufrichtigen Glaubens beitreten, sondern ausschließlich, um ihren guten Charakter und ihre Vertrauenswürdigkeit unter Beweis zu stellen, was sich, angesichts von Plänen, ein Geschäft zu eröffnen, als durchaus hilfreich erweisen wird (vgl. *Sekten* 209-11; *WuG* 15). Die konfuzianische Ethik der Pietät gegenüber Eltern und Vorfahren wurde zum größten Teil nicht durch wertrationalen Glauben an ihre unbedingte Richtigkeit aufrechterhalten, sondern weil sie als Konvention akzeptiert wurde (*KT* 515).[14]

Diese Unterscheidungen hinsichtlich des gemeinten Sinns, die durch die vier Typen sozialen Handelns erfaßt werden können, bilden die analytische Grundlage, die Weber benutzt, um die große Vielfalt von Handlungsorientierungen begrifflich zu erfassen. Sie kennzeichnen die verschiedenen Arten, auf die Handeln für ihn in Begriffe gekleidet werden muß. Wie sehr es von außen betrachtet auch als ähnlich erscheinen mag, kann dennoch keine Gleichartigkeit auf der Ebene des sinnhaften sozialen Handelns unterstellt werden, wie dies von den Vertretern der Weltsystem-Schule sowie denen des kausalanalytischen und des interpretativen historischen Ansatzes getan wird. Weber ist in diesem Punkt extrem unnachgiebig. Selbst eine religiöse Sekte vermag trotz der extrem zwanghaften Natur ihrer formalen Struktur nicht, gleichartige Handlungsorientierungen hervorzurufen.[15] Selbst wenn soziales Handeln scheinbar eng an die soziale Struktur gebunden ist, kann es aus verschiedenartigen Motiven entspringen.

---

13 Beispielsweise werden in islamischen Theokratien religiös legitimierte Rechtssysteme unmittelbar durch staatliche Zwangsmittel gestärkt (vgl. *WuG* 443).

14 Weber verallgemeinert diese Aussage: „In der Vergangenheit wie in der Gegenwart sind in der Realität des Alltags ‚sittliche Gebote' im Gegensatz zu ‚Rechtsgeboten', soziologisch betrachtet, normalerweise entweder religiös oder konventionell bedingte Maximen des Verhaltens" (*WuG* 191).

15 Zum Beispiel: „Die Sektierer und andere Bruderschaften des okzidentalen Mittelalters: Träger der religiösen Durchdringung des Alltagslebens, fanden ihr Gegenbild in den eher noch universeller entwickelten Bruderschaften des Islam; auch die dafür typische Schicht: Kleinbürger und namentlich Handwerker, war beiderseits die gleiche, – aber der Geist der beiderseitigen Religiosität war sehr verschieden. Äußerlich betrachtet, erscheinen zahlreiche hinduistische religiöse Gemeinschaften als ‚Sekten' ebensogut wie die des Okzidents, – aber das Heilsgut und die Art der Heilsvermittlung lagen nach radikal entgegengesetzter Richtung" (*Einl* 264).

Diese grundlegende Annahme liegt beispielsweise Webers zentraler Unterscheidung zwischen „Wirtschaftsform" und „Wirtschaftsethik" in *PE* zugrunde (33-52). Er sah beispielsweise verschiedene Möglichkeiten hinsichtlich der Wirtschaftsform des Kapitalismus und der „traditionalen" bzw. der „rationalen" Wirtschaftsethik: So kann sich die traditionale Wirtschaftsethik mit einem modernen Kapitalismus verbinden (im italienischen Kapitalismus vor der Reformation) oder mit einem irrationalen Kapitalismus (des mittelalterlichen Textilunternehmers), und die rationale Wirtschaftsethik kann in Verbindung sowohl mit modernem (dem Laissez-faire- und Industriekapitalismus des neunzehnten Jahrhunderts) als auch mit irrationalem Kapitalismus (Benjamin Franklins Druckereibetrieb, die Sekten der Quäker im achtzehnten Jahrhundert in Pennsylvania) auftreten (*PE* 49-53, 60; *PE II* 47, 164). Genau solche Beobachtungen über die komplexe Beziehung zwischen Struktur und gemeintem Sinn treten in Webers empirischen Analysen wiederholt zutage. Sie führen beispielsweise zu Schlußfolgerungen hinsichtlich der Ursprünge des modernen Kapitalismus: Nach einem Vergleich des Kapitalismus in Florenz im vierzehnten und fünfzehnten Jahrhundert (wo auf Profit um seiner selbst willen gerichtete Tätigkeit als „sittlich bedenklich" angesehen wurde) mit der wirtschaftlichen Rückständigkeit Pennsylvanias im achtzehnten Jahrhundert (wo der „Geist" des Kapitalismus „als Inhalt einer sittlich löblichen, ja gebotenen Lebensführung gelten konnte") argumentiert Weber, daß der Kapitalismus allein keine „rationale" Wirtschaftsethik hervorgebracht haben könne (*PE* 60). Wirtschaftsethiken und Wirtschaftsformen können in gänzlich verschiedenartigen Beziehungen zueinander stehen (vgl. auch *WuG* 35, 292, 378; *PE II* 31, 171).[16]

Eine anhaltenden Berücksichtigung der verschiedenen Möglichkeiten des gemeinten Sinns von Handeln unterscheidet Webers Soziologie von allen orthodoxen strukturellen Ansätzen, einschließlich der Weltsystem-Schule und der interpretativen historischen und der kausalanalytischen Richtungen. Ein im Sinne Webers arbeitender Soziologe muß das Handeln der Einzelnen in einer untersuchten Gruppe unter Bezugnahme auf die Vielfalt der Motive, wie sie in den vier Typen des Handelns zum Ausdruck kommt, „verstehen". Die Feststellung des gemeinten Sinns ist selbst in den Fällen unverzichtbar, in denen eine statistische Analyse klare Ergebnisse liefert.[17] Innerhalb einer

---

16 Nur auf der Basis einer solchen Unterscheidung konnte Weber eine seiner berühmtesten Formulierungen verfassen: „Der Puritaner *wollte* Berufsmensch sein, – wir *müssen* es sein" (*PE* 203, Hervorhebung i. Orig.).

17 „Fehlt die Sinnadäquanz, dann liegt selbst bei größter und zahlenmäßig in ihrer Wahr-

einzigen „äußeren Form" ist eine große Menge von Motiven sowohl analytisch als auch empirisch möglich – *und* soziologisch bedeutsam.[18] Wie wiederholt vermerkt werden wird, bildet diese Betonung *unterschiedlicher* Motive eine sichere Grundlage für die Achtsamkeit der Weberschen historischvergleichenden Soziologie gegenüber kulturellen Kräften.

Diese kurze Erörterung einer Reihe grundlegender Bestandteile – des Weberschen methodologischen Individualismus, der vier Typen sozialen Handelns, des Begriffs *Verstehen* und der Betonung einer Vielfalt von Motiven – hat grundsätzliche Unterschiede zwischen Webers historisch-vergleichender Soziologie und den gegenwärtigen Richtungen aufgedeckt. Sie hat außerdem die Grundlage für die Hauptaufgabe dieses Kapitels geschaffen: die Untersuchung der Art und Weise, auf die Weber Handeln bzw. Handlung und Struktur verknüpft. Nun können die Verfahren, Strategien und Begriffe betrachtet werden, mit denen er dies tut. In Webers empirischen Texten verknüpfen drei Hauptformen regelmäßigen Handelns auf ausdrückliche Weise Handeln mit sozialer Struktur: „Ordnungen", „legitime Ordnungen" und „soziologische Orte" (*sociological loci*).

Handlung und Struktur: Formen regelmäßigen Handelns

Da sich Weber für das soziale Handeln von Einzelnen als Analyseeinheit entschieden hat und allen organischen, funktionalistischen und orthodox strukturalistischen Ansätzen entgegentrat, scheint seine Soziologie außerstande zu sein, eine strukturelle Dimension darzustellen. Dennoch können die Verfahren und Strategien, die seinen historisch-vergleichenden Texten zugrunde liegen, nie allein durch den Bezug auf den gemeinten Sinn von Handelnden und die vier Typen sozialen Handelns verstanden werden. Ungeachtet seines methodologischen Individualismus und einer starken Betonung unablässigen Konflikts in seiner gesamten Soziologie, sah Weber das soziale

---

scheinlichkeit präzis angebbarer Regelmäßigkeit des Ablaufs (des äußeren sowohl wie des psychischen) nur eine *unverstehbare* (oder nur unvollkommen verstehbare) *statistische* Wahrscheinlichkeit vor. [...] Nur solche statistische Regelmäßigkeiten, welche einem *verständlichen* gemeinten Sinn eines sozialen Handelns entsprechen, sind (im hier gebrauchten Wortsinn) verständliche Handlungstypen" (*WuG* 5-6, Hervorhebungen i. Orig.; vgl. außerdem *RuK* 14).

18 Es ist bemerkenswert, wie selten dieser grundlegende Aspekt der Weberschen Soziologie in der amerikanischen Weberrezeption anerkannt wird.

Leben nie als ein „endlosen Strom" einsamer Handlungsorientierungen. Seine Aufmerksamkeit richtet sich auf die verschiedenen Arten, auf die Menschen *gemeinsam* handeln, und nicht auf die Absicht eines einzelnen Akteurs oder die soziale Handlung eines vereinzelten Individuums. Er erkennt, daß sich in allen Gesellschaften und zu allen Zeiten häufig und regelmäßig Muster von Handlungsorientierungen und Zuschreibungen von „Sinn" zeigen, die Handelnde miteinander gemein haben.[19] Weber definiert den Gegenstand der soziologischen Forschung als das Handeln von Menschen in begrenzten Gruppen und als Feststellung von *Regelmäßigkeiten des Handelns*: „Es lassen sich innerhalb des sozialen Handelns tatsächliche Regelmäßigkeiten beobachten, d. h. in einem typisch gleichartig *gemeinten Sinn* beim gleichen Handelnden sich wiederholende oder (eventuell auch: zugleich) bei zahlreichen Handelnden verbreitete Abläufe von Handeln. Mit diesen *Typen* des Ablaufs von Handeln befaßt sich die Soziologie" (*WuG* 14, Hervorhebungen i. Orig.; vgl. außerdem *WuG* 9-10, 181; *Obj* 165). Sie werden als Idealtypen zum Ausdruck gebracht.[20]

Für Weber kann sich regelmäßiges Handeln nicht nur aus Werten ergeben, sondern auch aus affektuellem, aus traditionalem und sogar aus zweckrationalem Handeln. Die Art und Weise, wie Handlungen aus ihrem natürlichen, ungerichteten Fluß *herausgelöst* und in Regelmäßigkeiten umgewandelt werden, die auf diesen vier Typen des sozialen Handelns beruhen, bildet eines seiner zentralen und grundlegenden Themen. Besonders in *Abriß*, *PE* und *WEWR* entwirft Weber durchgängig solche Handlungsmuster. Aus einer vergleichenden und historischen Perspektive stellt sich die Frage, wie sich ungeachtet des unaufhörlichen Kampfes und der anhaltenden Tendenz des sozialen Handelns, in einem diffusen und gestaltlosen Fluß zu versinken, verschiedene empirische Gleichförmigkeiten des Handelns herauskristallisiert haben. Unter welchen Umständen ist ein an Werten und Traditionen orientiertes regelmäßiges Handeln an die Stelle von rein zweckrationalen Berechnungen getreten? Diese Fragen stehen genau im Zentrum seiner historisch-vergleichenden Soziologie. Aufgrund seiner schwer zu handhabenden Be-

---

19 Die anglo-amerikanische Rezeption von Webers methodologischem Individualismus und des Begriffs *Verstehen* hat diese grundlegende Lehre vernachlässigt (vgl. z. B. Truzzi 1974).

20 Dieser Grundbegriff ist zentral in Webers gesamter Soziologie. Idealtypen sind konstruierte „Utopien", die eine Akzentuierung „des Wesens" der empirischen Handlungsorientierungen enthalten. Ihre Bildung und ihre Hauptmerkmale werden in Kapitel 3 diskutiert; ihre hauptsächlichen Anwendungsmöglichkeiten werden in den Kapiteln 3 und 4 untersucht.

grifflichkeit ist seine Beschäftigung mit den verschiedenen Arten, auf die sich soziales Handeln einvernehmlich und in bestimmte „Richtungen" orientiert, nicht immer ersichtlich.

Tatsächlich scheint es so, als würde Weber in seinen empirischen Texten sehr oft nur die strukturelle Ebene behandeln. Die Grundorientierung seiner empirischen Soziologie darauf, wie subjektiv gemeinter Sinn gebildet wird und das Handeln beeinflußt, ist in diesen Texten häufig verdeckt. Dies tritt in einen solchen Ausmaß auf, daß es dem Leser oft nicht gelingt, Webers methodologischen Individualismus und seine Beachtung des Verstehens von Handeln zu erkennen. Manchmal erscheinen seine Idealtypen statisch oder sogar verdinglicht. Dennoch verdrängen sie keineswegs seinen methodologischen Individualismus und seine Betonung der vier Handlungstypen, sondern sie zeichnen stets die *regelmäßigen und sinnhaften Handlungsorientierungen* von Individuen nach – und nichts sonst. Statt statistische Regelmäßigkeiten, abstrakte Prinzipien, generelle Maximen oder übergreifende Gesetze des sozialen Lebens anzuzeigen, „dokumentieren" sie die Orientierung – oder „Richtung" – des sinnhaften sozialen Handelns von Menschen. Webers Idealtypus „der Calvinist" identifiziert schlicht Sätze gleichartiger Handlungsorientierungen (beispielsweise eine Orientierung an methodischer Arbeit und einem asketischen Lebensstil), wie dies auch „der Beamte" (eine Orientierung an Verläßlichkeit, Pünktlichkeit und der unpersönlichen Ausführung von Aufgaben) und „der charismatische Anführer" (Heldentum und eine Ablehnung von Veralltäglichung) tun.[21] Sonstiges – d. h. nicht sinnhaftes – Handeln wird durch den Idealtypus ausgeschlossen.[22]

---

21 Um diesen Punkt zu betonen, werde ich wiederholt den Ausdruck „Handlungsorientierungen" benutzen (trotz seiner stilistischen Unbeholfenheit) anstelle von „der Calvinist" oder „der Beamte", wie in den Texten Webers. Die Sekundärliteratur hat genau um diesen Punkt gekreist (vgl. z. B. Rex 1971; Turner 1981: 9, 352, 354; Scaff 1989: 34 f., 78, Anm. 15). Es existiert eine scharfe Spaltung, so wird behauptet, zwischen Webers methodologischen Schriften, die den methodologischen Individualismus und die Bedeutung subjektiv gemeinten Sinns hervorheben, und seinen substantiellen Texten. Es wird argumentiert, daß diese Texte in erster Linie strukturell argumentieren und gerade die Hervorhebung des subjektiv gemeinten Sinns auslassen, die in den methodologischen Schriften so sehr hervorsticht. Webers Sorglosigkeit im Hinblick auf die Formulierung könnte dieser Position scheinbar tatsächlich Glaubwürdigkeit verleihen. Nichtsdestoweniger kann dieses gesamte Kapitel als Versuch gesehen werden, diese „Spaltungsthese" zu widerlegen. Vgl. ebenfalls Kap. 3, Anm. 15.

22 Wie beispielsweise „reaktives" Verhalten, das ohne einen Anteil subjektiv gemeinten Sinns ist. Vgl. *WuG* 1-4.

Die Darstellung sinnhaften geordneten Handelns durch Idealtypen lenkt
die Webersche historisch-vergleichende Soziologie einerseits weg von isolierten Handlungsorientierungen und andererseits von globalen Themen wie
gesellschaftlicher Entwicklung, sozialer Differenzierung und der Frage sozialer Ordnung. Anstelle von umstürzenden Entwicklungen nehmen die mannig-
faltigen Quellen empirischer Gleichförmigkeiten von Handeln und, darüber
hinaus, der jeweilige Inhalt solch regelmäßigen Handelns – ob vorwiegend
traditional, affektuell, wertrational oder zweckrational – seine Aufmerksamkeit in Anspruch. Geordnetes Handeln entsteht auf drei Hauptarten: durch die
Orientierung der Handelnden an „Ordnungen", an „legitimen Ordnungen"
und an „soziologischen Orten".[23] Die ausdrückliche Verknüpfung von Handlung und Struktur in seinen empirischen Texten geschieht durch diese *Hauptformen regelmäßigen Handelns*. Jede bezeichnet eine Art, auf die das Handeln aus seinem amorphen Fluß herausgerissen wird, eine Richtung erhält
und einen regelmäßigen und spezifischen Inhalt erlangt. *Webers Strukturalismus* läßt sich schlicht auf diese drei Hauptformen regelmäßigen Handelns
zurückführen. Solche oder andere explizite Verfahren oder Begriffe zur Verbindung von Handeln und sozialer Struktur werden weder von der Weltsystem-Schule noch vom kausalanalytischen oder vom interpretativen historischen Ansatz angeboten.

Ordnungen und legitime Ordnungen

Eine Ordnung kann auf drei Arten begründet sein: durch Brauch, durch Sitte
oder durch zweckrationale Interessenlage (*WuG* 15). Diese Handlungsorientierungen begründen Regelmäßigkeiten, die ungerichtetem Handeln entge-
genstehen und es ordnen.

Ordnungen, die durch Sitte und Interessenlage aufrecht erhalten werden,
sind für Weber von erheblich größerer Bedeutung als solche, die durch bloßen Brauch aufrecht erhalten werden. Sitten regeln das Handeln und erzeugen
Gleichartigkeiten schlicht dadurch, daß die Nichtorientierung des Handelns
an ihnen kleine Unbequemlichkeiten und unterschiedlich schwer zu ertragen-
den Ärger verursacht (*WuG* 16). Was immer die Motive von Handelnden sein

---

23   Weber diskutiert diese Frage nie ausdrücklich unter diesen Begriffen. Dies ist meine
     Interpretation. Die folgenden Abschnitte über „Ordnungen" („orders"), „legitime
     Ordnungen" („legitimate orders") und „soziologische Orte" („sociological loci") stüt-
     zen sich hauptsächlich auf *WuG*.

mögen, sich einer Sitte anzupassen – und sie tun dies aus freiem Willen heraus, egal ob ohne darüber nachzudenken oder aus Gründen der Bequemlichkeit oder aus welchen Gründen auch sonst –, sie wissen, daß sie, *sollte* es zu einer Verletzung der Sitten kommen, mit keinerlei konsistenten, von außen kommenden Sanktionen rechnen müssen, weder gewohnheitsmäßigen noch rechtlichen; die Befolgung ist nichts „Geltendes" (*WuG* 15). Dennoch kann das Festhalten von Handelnden an Sitten so stark sein, daß direkt dagegen gerichtete Gesetze nicht die Macht haben können, sie zu ändern (*WuG* 187).[24]

Weber bringt besonders deutlich zum Ausdruck, wie selbst eine zweckrationale Äußerung von Eigeninteresse zu geordnetem Handeln führen kann. Einerseits können die Regelmäßigkeiten, die durch eigennütziges Handeln hervorgebracht werden, aus der Orientierung eines Handelnden an den Interessen anderer herrühren; indem er sich so verhält, kann er hoffen, kein solches Maß an Widerstand herauszufordern, daß seine eigenen Interessen in Gefahr geraten (*WuG* 16). Andererseits kann ein ähnliches Handeln einfach aus der gemeinsamen Interessenlage von Einzelnen hervorgehen:[25] „Indem sie derart, *je strenger* zweckrational sie handeln, desto ähnlicher auf gegebene Situationen reagieren, entstehen Gleichartigkeiten, Regelmäßigkeiten und Kontinuitäten der Einstellung und des Handelns, welche sehr oft weit stabiler sind, als wenn Handeln sich an Normen und Pflichten orientiert, die einem Kreise von Menschen tatsächlich für ‚verbindlich' gelten" (*WuG* 15, Hervor-

---

24 Webers Anerkennung der potentiellen Stärke von Sitten führt ihn beispielsweise zur Zurückweisung des „Bakuninismus": „Der naive Gedanke des Bakuninismus: durch Vernichtung der Akten zugleich die Basis der ‚erworbenen Rechte' und der ‚Herrschaft' vernichten zu können, vergißt, daß unabhängig von den Akten die Eingestelltheit der *Menschen* auf die Innehaltung der gewohnten Normen und Reglements fortbesteht." (*WuG* 570, Hervorhebung i. Orig.). Insbesondere bemerkt er, daß Sitte von einer ungeheuren Bedeutung für die „ökonomischen Bedürfnisstand" und die wirtschaftliche Tätigkeit sein kann (*WuG* 187-198).

25 Daß allein die *Interessenlage* zu Gleichförmigkeiten und Regelmäßigkeiten führen kann, wird ebenfalls in *WuG* deutlich (23, 112 f., 60, 294). Parsons' Behauptung, für Weber könnten Regelmäßigkeiten des Handelns nur aus einer „common orientation to norms" (1937: 678) hervorgehen, mißdeutet Webers Soziologie schwerwiegend, denn er läßt vollständig das Gewicht außer acht, das Weber auf die Art legt, in der zweckrationales und traditionales Handeln ebenfalls geordnetes Handeln begründen können. Kritiker von Parsons haben geltend gemacht, daß Parsons, indem er Weber so interpretiert, als würde er soziales Handeln mit normativer Anpassung gleichsetzen, „die begriffliche Reichweite von ‚Norm' so weit [gedehnt habe], daß sie praktisch jede Bedeutung von ‚Regelhaftigkeit' einschließt, unabhängig von den subjektiven Absichten des Handelnden" (Cohen, Hazelrigg u. Pope 1975: 240 [dt. v. TS]). Vgl. unten Anm. 32 u. 38.

hebung i. Orig.).[26] Ist der Ablauf einer Handlung einmal als vorteilhaft in dem Sinn anerkannt worden, daß er die Eigeninteressen aller beteiligten Parteien befriedigt, ist die Wahrscheinlichkeit gegeben, daß die Handelnden Risiken vermeiden werden, die eine solch befriedigende Situation umstoßen könnten. Ein solches gleichbleibendes Handeln findet sich oft im ökonomischen Bereich, es tritt jedoch auch in allen anderen Bereichen menschlichen Handelns auf.

Zweckrationales Handeln ruft beispielsweise in der Sphäre der Herrschaft Kontinuität und Regelmäßigkeiten des Handelns hervor, wenn die Angehörigen des Verwaltungsstabs eines patrimonialen Herrschers und die Vasallen eines Feudalherren der gefestigten Autorität ihrer Herrscher in der Hoffnung folgen, dadurch die Legitimität ihrer eigenen Herrschaft zu sichern. Eine entsprechende Situation tritt unter der charismatischen Herrschaft auf: Die Blutsverwandten eines Herrschers können versuchen, Ansprüche auf Legitimität dadurch geltend zu machen, daß sie für den charismatischen Charakter seiner Herrschaft Partei ergreifen – und damit letztlich für den der ganzen „Sippe" (*WuG* 676 f.; vgl. Kap. 4, S. 175-179). In ähnlicher Weise riefen Interessen häufig geordnetes Handeln überall da hervor, wo der Herrscher, sein Stab und die Untertanen in Konflikt miteinander standen, wie sie es unter jeder Form von Herrschaft taten (*WuG* 150, 595). Interessen werden ebenso in den üblichen Versuchen patrimonialer Herrscher sichtbar, ihre Herrschaft aufrechtzuerhalten gegen das Streben der feudalen Aristokratie nach ständischer Unabhängigkeit und den Versuch der Bourgeoisie, wirtschaftliche Unabhängigkeit zu erringen. Auch die Priesterschaft und die Kirchenhierarchie geriet bei der Verfolgung verschiedener weltlicher Interessen beständig in Konflikt mit allen Formen weltlicher Herrschaft.[27] Selbst innerhalb der Religionen kann das geordnete Handeln innerhalb verschiedener Gruppen von Interessen geleitet sein: denen von Priestern, Laien, Propheten und Theologen (vgl. *Einl* 260-262; *WuG* 268-285). Auch hinter „rein religiösen Kräften" erkennt Weber die Interessen, die gemeinsames Handeln hervorriefen; beispielsweise bevorzugten die Mystiker „möglichst *wenig* Bu-

---

26 Dieses Phänomen wird mit besonderem Bezug auf den Austausch von Gütern in *WuG* (192) diskutiert. In deutlichem Widerspruch zur Leseweise von Parsons betont Weber hier wiederum, daß Regelmäßigkeiten des Handelns dann, wenn die Eigeninteressen klar definiert sind, nicht auf einem Glauben an verbindliche Normen oder eine legitime Ordnung beruhen müssen.

27 Das „Musterbeispiel" für die Rivalität zwischen religiösen und politischen Interessen könne im „Heiligen Römischen Reich deutscher Nation" gefunden werden (vgl. *WuG* 689, 699-702).

reaukratie", da ihre „Selbstvervollkommnung durch staatliche geschäftige Zivilisationspolitik ja unmöglich gefördert werden konnte" (*KT* 469, Hervorhebung i. Orig.). Zusammenfassend:

> Zahlreiche höchst auffällige Regelmäßigkeiten des Ablaufs sozialen Handelns, insbesondere (aber nicht nur) des wirtschaftlichen Handelns, beruhen keineswegs auf Orientierung an irgendeiner als „geltend" vorgestellten Norm, aber auch nicht auf Sitte, sondern lediglich darauf: daß die Art des sozialen Handelns der Beteiligten, der Natur der Sache nach, ihren normalen, subjektiv eingeschätzten, *Interessen* so am durchschnittlich besten entspricht und daß sie an dieser subjektiven Ansicht und Kenntnis ihr Handeln orientieren: so etwa Regelmäßigkeiten der Preisbildung bei „freiem" Markt. (*WuG* 15, Hervorhebung i. Orig.) [28]

---

28   Webers historisch-vergleichende Schriften verzeichnen mit besonderer Häufigkeit historische Beispiele, die die Art, in der rein ökonomische Interessen gleichförmiges Handeln hervorrufen, veranschaulichen. Selbst das Priestertum kann klar zugunsten ökonomischer Interessen handeln, wie es beispielsweise der Fall war, als im Mittelalter Priester versuchten, sich klösterliche Pfründen anzueignen und sie in erblichen Besitz umzuwandeln (*WuG* 689-691, 699-702). Weil Weber ökonomische Interessen als allgegenwärtig und schlicht „natürlich" ansieht, sind solche Beispiele für ihn weder überraschend noch problematisch. Zum Beispiel: „Auch die Fähigkeit, solche Lehen für rituelle und Unterrichts-Dienste zu empfangen, wurde natürlich von den Vaidika-Brahmanen vollen Kastenrangs monopolisiert" (*HB* 353). Ebenso beschreibt er die ökonomischen Interessen von byzantinischen, chinesischen und katholischen Mönchen (vgl. *WuG* 354; *KT* 285, 347). Auch Anwälte handelten oft nach ökonomischen Berechnungen, so geschehen in England, als diese Schicht zum Schutz ihrer „Sportelinteressen" forderte, daß neue Richter ausschließlich aus ihren eigenen Reihen ernannt würden (*WuG* 597). Gleichfalls notiert Weber, wie die „festen Kompetenzen" patrimonialer Beamter hauptsächlich aus ihren konkurrierenden ökonomischen Interessen herrührten (*WuG* 596). Überdies betont er die zentrale Stellung ökonomischer Interessen in der Sphäre des Rechts, wenn er die Aufmerksamkeit darauf lenkt, wie bürgerliche Schichten handelten, um Beschränkungen der Marktfähigkeit von Boden zu verhindern, die zur Entwicklung grundherrschaftsartiger Rechte führen und den feudalen Schichten dienen würden (*WuG* 416). In ähnlicher Weise hebt er die Rolle hervor, die ökonomische Interessen in seiner Analyse der Ausdehnung der Marktfreiheit (vgl. z. B. *WuG* 44), der Appropriation der Produktionsmittel von Ständen (vgl. z. B. *WuG* 384) und der Entwicklung einer politischen Gemeinschaft (vgl. z. B. *WuG* 519) spielten. Für Weber würde selbst eine sozialistische Wirtschaftsordnung verschiedene Verbände und Stände nicht davon abhalten, ihr Handeln an Interessen auszurichten (*WuG* 119, 526). Von großer Faszination sind für ihn solche Fälle, in denen ökonomische Interessen entweder Werten gegenüberstehen oder von Werten geleitet oder *gesteigert* werden, wie dies beim kalvinistischen Unternehmer geschah (vgl.

Die Anpassung an geänderte *äußere Bedingungen* bildet ein weiteres Beispiel dafür, wie regelmäßiges Handeln mit Bezug auf Interessen zustande kommt. Die Anerkennung einer neu entstandenen Situation führt die Handelnden möglicherweise zu dem Schluß, daß neue Handlungsorientierungen erforderlich sind, wenn ihre Interessen in angemessener Weise geschützt und befördert werden sollen. Die Handelnden erreichen dies, indem sie „die äußeren, technischen, für ihre Interessen praktischen Resultanten sich aneignen oder ihnen sich anpassen" (*WuG* 658). Für Weber bildet eine solche Anpassung an Handlungsabläufe, die „Erfolg" gewährleisten, eine starke Neigung, die sogar zur Beeinträchtigung, Gefährdung oder gar Aufgabe von Idealen führen kann (*Wertfr* 513, 529). Die Fähigkeit, eine neue Situation geltend zu machen und hierdurch das soziale Handeln zu verändern, da sich die Handelnden daran anpassen, kennzeichnet beispielsweise Bürokratien: „Bürokratische Rationalisierung [...] revolutioniert durch *technische* Mittel, im Prinzip – wie namentlich jede Umgestaltung der Ökonomik es tut – ,von außen' her, die Dinge und Ordnungen zuerst, dann von da aus die Menschen, die letzteren im Sinne der Verschiebung ihrer Anpassungsbedingungen und eventuell der Steigerung ihrer Anpassungsmöglichkeiten an die Außenwelt durch rationale Zweck- und Mittelsetzung" (*WuG* 657, Hervorhebungen i. Orig.; vgl. 578 f.). In ähnlicher Weise führt die „Veränderung der Lebensumstände und Lebensprobleme" bezogen auf äußere Definitionen von sozialer Ehre zu dem Schluß, daß ein neuer Ablauf des Handelns den Standesinteressen effektiver dient (*WuG* 21, 142, 442). Neue Gesetze führen ebenfalls zu Abschätzungen, inwieweit sie Interessen nützlich sein können, und, möglicherweise, zu einer Änderung des Handelns (*WuG* 445 f.). Für Weber gehört gerade die „planmäßige Anpassung an Interessenlagen" zu den zentralsten Arten, auf die Regelmäßigkeiten des Handelns entstehen (*WuG* 15). Beschreibungen von Interessenlagen – und des einheitlichen Handelns, das sie hervorrufen – können auf beinahe jeder Seite von Webers historisch-vergleichenden Schriften gefunden werden.[29]

Jedoch sieht Weber das regelmäßige Handeln von Menschen nicht einfach als Ausdruck einer gemeinsamen Bestimmung subjektiver Interessen an, wie dies ein Rational Choice-Theoretiker tun würde. Er erkennt ebenso, daß

Kap. 2, S. 95 f.). Natürlich kann die Wahrung ökonomischer Interessen schlicht als Mittel zur Erfüllung eines weiteren Interesses dienen, wie der Bewahrung des Standes.

29 Für weitere Beispiele vgl. z. B. die Analyse der Ursprünge des demokratischen Wahlrechts (*WuG* 666-669), des Amts des Friedensrichters in England (*WuG* 616 f.) und der formalen Rationalisierung des Rechts (*WuG* 468 f.).

Regelmäßigkeiten des Handelns aus der Orientierung an „Kollektivgebilden" hervorgehen. Solche Orientierungen können „eine ganz gewaltige, oft geradezu beherrschende, kausale Bedeutung für die Art des Ablaufs des Handelns der realen Menschen haben" (*WuG* 7). Diese Regelmäßigkeiten des Handelns kennzeichnet eine bestimmte innere Festigkeit, Beständigkeit und Dauerhaftigkeit. Die Regelmäßigkeiten, die sich bilden, wenn sich das Handeln an Verbänden, Klassen oder Ständen mit klar umrissenen Grenzen orientiert, nehmen für Weber eine besondere Bedeutung an.[30] Soziologen können beispielsweise davon ausgehen, daß die Gesetze des modernen Staates das Handeln normalerweise immer dann regelmäßig beeinflussen, wenn die „realen Menschen" glauben, daß der Staat existiert und seine Gesetze gültig sind (*WuG* 7 f.). Selbst ökonomische Akteure verhalten sich bei der Kalkulation ihrer ökonomischen Interessen nicht gleichgültig gegenüber den Garantien des Rechtszwangs durch den Staat, wenn auch nur, weil diese Garantie die Sicherheit der ökonomischen Berechnungen erhöht (*WuG* 193-195). Webers Begriff der *legitimen Ordnung* schließt solche regelmäßigen Handlungsorientierungen ein.

Obwohl sich Ordnungen, die auf Sitte oder Interessenlage beruhen, hinsichtlich des Maßes ihrer Flexibilität unterscheiden[31], enthält weder eine dieser Formen der regelmäßigen Orientierung von Handlung noch das regelmäßige Handeln aufgrund von Brauch ein *verbindliches* oder *vorbildliches* Element. Ordnungen, die dies tun, sind „geltend" oder „legitim". Für Weber erhöht sich die Chance, daß eine Ordnung von einer Gruppe von Handelnden getragen wird, beträchtlich, wenn sie zusätzlich zu egal welchen anderen Gründen, die sich für die Konformität mit ihr finden mögen, entweder als Ideal oder als moralisch verpflichtend definiert wird. Diese geltende Ordnung formt soziales Handeln wirksamer in Regelmäßigkeiten (*WuG* 16 f.). Weber hält ausdrücklich die zentrale Bedeutung legitimer Ordnungen für die „soziologische Betrachtungsweise" fest: „Die soziologische Betrachtungsweise [...] fragt:

---

30 Diese Betonung der Handlungsorientierung von Einzelnen an Gruppen steht beispielsweise genau im Zentrum von *PE*: „Damit jene der Eigenart des Kapitalismus angepaßte Art der Lebensführung und Berufsauffassung ‚ausgelesen' werden, d. h.: über andere den Sieg davontragen konnte, mußte sie offenbar zunächst entstanden sein, und zwar nicht in einzelnen isolierten Individuen, sondern als eine Anschauungsweise, die von Menschen*gruppen* getragen wurde. Diese Entstehung ist also das eigentlich zu Erklärende" (*PE* 37, Hervorhebung i. Orig.).
31 Weber glaubt, daß zweckrationales, interessengeleitetes Handeln im allgemeinen flexibler ist (*WuG* 16).

was innerhalb einer Gemeinschaft *faktisch* um deswillen *geschieht*, weil die
Chance besteht, daß am Gemeinschaftshandeln beteiligte Menschen [...]
bestimmte Ordnungen als geltend *subjektiv* ansehen und praktisch behandeln,
also ihr eigenes Handeln an ihnen orientieren" (*WuG* 181; vgl. auch *Obj*
165).[32]

Typischerweise richtet sich Webers Interesse hauptsächlich auf die verschiedenen *Mittel*, mit denen eine geltende Ordnung aufrechterhalten wird,
und nicht auf die legitime Ordnung selbst. In einer besonders für den Aufbau
von *WuG* und von *WEWR* zentralen Dichotomie unterteilt er die Motivationen von Handelnden zur Aufrechterhaltung einer legitimen Ordnung in entweder „innerliche" oder „äußerliche" und gibt dann die verschiedenen Formen regelmäßigen Handelns an, die unter jede dieser beiden Kategorien
fallen:

Die Legitimität einer Ordnung kann *garantiert* sein:
I. rein innerlich und zwar
   1. rein affektuell: durch gefühlsmäßige Hingabe;
   2. wertrational: durch Glauben an ihre absolute Geltung als Ausdruck
   letzter verpflichtender Werte (sittlicher, ästhetischer oder irgendwelcher anderer);
   3. religiös: durch den Glauben an die Abhängigkeit eines Heilsgüterbe-
   sitzes von ihrer Innehaltung. (*WuG* 17)

Das allmorgendliche Erscheinen der Beamten in ihren Büros, pünktlich um
neun Uhr, kann beispielsweise – muß aber nicht – ein Ausdruck ihres Glaubens an eine legitime Ordnung als Wert sein: Es mag für sie eine Pflicht aller
Beamten sein, pünktlich zu sein. Indem sie sich selbst als verantwortungsbe-
wußte Beamte betrachten, schreiben sie diesem Gebot Geltung zu und inter-
nalisieren es als eine persönliche Ethik. Auf diese Weise wird es für sie zu
einer „inneren Bindung", und das Handeln wird entsprechend ausgerichtet.

---

32 Weber gibt zwar zu, daß die Unterscheidung zwischen Ordnungen und legitimen
    Ordnungen in der empirischen Realität durchaus flüssig ist (*WuG* 16), aber er verwirrt
    die Sache beträchtlich, indem er sich in *Wirtschaft und Gesellschaft* auf legitime Ord-
    nungen allgemein als Ordnungen bezieht.
    Den Ausdruck „Gemeinschaftshandeln" verwendet Weber in diesem Zitat im Sinn
    von „soziales Handeln". Weber definiert seinen Grundbegriff des „sozialen Handelns"
    in dem von ihm zuletzt fertiggestellten Abschnitt „Soziologische Grundbegriffe" in
    Teil I von *WuG* (1). In den früher entstandenen und von ihm vor seinem Tod nicht
    mehr überarbeiteten Teilen von *WuG* findet sich hierfür hingegen der Ausdruck „Ge-
    meinschaftshandeln".

Weber schätzt die allgemeine Flexibilität solcher Beamten als geringer ein als die anderer, die lediglich aufgrund von Sitte oder bloßer Interessenlage handeln (*WuG* 15 f.).[33] Seine Studie über den Kalvinismus veranschaulicht, auf welche Art und Weise er die Herausbildung regelmäßiger Handlungsorientierungen mit Bezug auf religiöse Werte untersucht.

Weber versuchte in *PE* zu klären, wie Kalvinisten ein bestimmtes Handeln mit subjektiver Bedeutung ausstatten. Vom Standpunkt einer „natürlichen" Einstellung zum Leben, die einfach und ohne Bedenken Gefallen an verschiedenen weltlichen Vergnügungen findet, kann die asketische Haltung der Kalvinisten nur als sonderbar angesehen werden.[34] Wenn man sie aus der Perspektive einer eudämonistischen Haltung untersucht, müssen die Handlungsorientierungen des Asketen tatsächlich als vollständig „irrational" bewertet werden (*PE* 36, 54 f., 62, 117).[35] Weber befolgte die Lehren seiner *verstehenden* Soziologie und unterstellte, daß auch das regelmäßige Handeln dieses „Menschentyps" als subjektiv rational enthüllt werden würde, sobald ein Sinnzusammenhang rekonstruiert werden könnte. Er nahm an, daß die religiöse Lehre dieser frommen Anhänger enthüllen würde, wie vermeintlich „irrationale" Handlungen *subjektiv* sinnhaft sein können, und begann eine Untersuchung der wesentlichen theologischen Texte des Kalvinismus. Aufgrund dieser Texte konstruierte er einen idealtypischen, an der Prädestinationslehre orientierten Gläubigen und folgerte dann daraus die Wirkung dieser „religiösen [legitimen] Ordnung" auf das Handeln – besonders auf das ökonomische Handeln – von Gläubigen (*PE* 87-106).

---

33 Die Befolgung der Vorschriften einer geltenden Ordnung muß nicht, behauptet Weber, die einzige Art und Weise sein, durch die ein Handelnder deren Legitimität anerkennt. Beispielsweise orientiert ein Dieb „an der ‚Geltung' des Strafgesetzes sein Handeln: indem er es verhehlt" (*WuG* 16; vgl. *Kat* 443). Überdies kann ein einzelnes Individuum sein Handeln an sich widersprechenden legitimen Ordnungen orientieren, wie dies beispielsweise der Anhänger eines Ehrenkodex tut, der nicht nur entscheidet, daß in einer bestimmten Situation ein Duell verlangt wird, sondern auch das Gesetz gegen das Duellieren befolgt, indem er sich anschließend der Polizei stellt (*WuG* 17).

34 Der Genuß von Essen, Trinken und Entspannung war diesem Gläubigen verwehrt. Darüber hinaus war die einzige Tätigkeit, der er seine Energien unmißverständlich widmen konnte – regelmäßige und systematische Arbeit in einem „Beruf" –, für die meisten Menschen mit der Vorstellung von bloßer Plackerei und Mühe verbunden. Da sie eine Bedrohung der Beziehung von höchster Bedeutung – zu seinem Gott – bedeuteten, waren den asketischen Protestanten selbst die Pflege von Freundschaft und das Glück der zwischenmenschlichen Vertrautheit verboten (*PE* 94-101).

35 Diese Stellen zeigen Webers deutliche Ambivalenz hinsichtlich der innerweltlichen Askese (vgl. auch z. B. *PE* 202-206).

Webers *verstehende* Untersuchungen in *WEWR* der Ursprünge der jeweils besonderen und einmaligen Gleichförmigkeiten des Handelns, die typisch für den Konfuzianer, den Taoisten, den Hindu, den Buddhisten und den
Juden sind, verwenden entsprechende Verfahren.[36] Beispielsweise kann der
Rückzug des buddhistischen Mystikers aus der Welt als „sinnvoll" verstanden werden, wenn man ihn in den Rahmen seiner Wahrnehmung des transzendenten Bereichs (als von einem immanenten und unpersönlichen Wesen
statt von einer anthropomorphen und allmächtigen Gottheit beherrscht), seiner Auffassung des Ziels der Erlösung (Aufgehen im All-Einen) und seiner
Sicht der geeigneten Mittel für dessen Erreichung (ein „Stillstellen der Seele"
durch Kontemplation) stellt.

Natürlich kann die regelmäßige Orientierung des Handelns an einer legitimen Ordnung auch als Folge „äußerer" Motivationen auftreten: „Die Legitimität einer Ordnung kann *garantiert* sein: [...] auch (oder: nur) durch Erwartungen spezifischer äußerer Folgen, also: durch Interessenlage" (*WuG*
17). Diese Interessenlage verweist hier, anders als die weiter oben in Bezug
auf Ordnungen mit mangelnder Geltung diskutierte, besonders auf Erwartungen einer bestimmten Art: entweder in Hinblick auf (a) Konventionen oder
(b) Gesetze.[37]

Das Gefühl einer Verpflichtung oder „inneren Bindung", das entsteht,
wenn eine legitime Ordnung auf Konvention oder Recht gründet, hat seinen
Ursprung in dem Bewußtsein der Handelnden, daß es konsistente und entschieden unangenehme Konsequenzen zur Folge haben würde, wenn sie
willkürlich den feststehenden Konventionen oder Gesetzen zuwiderhandeln.[38]
Eine Konvention sichert eine legitime Ordnung schlicht durch „die Chance,
bei Abweichung innerhalb eines angebbaren Menschenkreises auf eine (relativ) allgemeine und praktisch fühlbare *Mißbilligung* zu stoßen" (*WuG* 17,

---

36   Vielleicht bildet Webers maßgeblicher Vergleich der Sinnzusammenhänge des Kalvi-
     nismus und des Konfuzianismus in dieser Hinsicht die beste Veranschaulichung seiner
     Verfahren (vgl. *KT* 512-536).
37   Diese gesamte Typologie wird in *WuG* (17-18) dargestellt. Weber unterstreicht die
     zentrale Bedeutung dieser Begriffe, indem er sie häufig durch Sperrung hervorhebt
     oder in Anführungszeichen setzt.
38   Obwohl selten darauf Bezug genommen wird, sind „Normen" für Weber stets „gel-
     tend". Er verweist ausdrücklich auf *Rechtsnormen* als verbindlich (*WuG* 195, 183). In
     WuG (191 f.) werden die normative und die verbindliche Kraft von Konventionen, im
     Gegensatz zu Sitten, einander gegenübergestellt. Weber siedelt in *Obj* (170) sowohl
     Konventionen als auch „Rechtssätze" auf der begrifflichen Ebene von Normen an und
     stellt in einem Abschnitt über die „Entwicklung der Gotteskonzeption", die an die
     Stelle von Geistern tritt, „Brauch" und „Norm" gegenüber (*WuG* 582).

Hervorhebung i. Orig.)[39], während eine auf Recht gestützte legitime Ordnung dann aufrechterhalten wird, wenn ein Handelnder sich bewußt ist, daß ihre Nichtbefolgung zur Anwendung physischen oder psychischen Zwangs durch einen Stab von Menschen führen wird bis die Befolgung eintritt oder die Verletzung des Rechts geahndet ist. In dieser rein empirischen Definition besteht Recht für Weber immer dann, wenn ein Stab oder Zwangsapparat vorhanden ist. Solche Vollstreckungsorgane können sowohl in Stammesgesellschaften wie in modernen Staaten bestehen.[40]

Weber betont, daß regelmäßige innerliche und äußerliche Handlungsorientierungen, die eine legitime Ordnung aufrechterhalten, nicht mit der legitimen Ordnung selbst verwechselt werden dürfen. Wenn dies geschieht, kommt es zu ihrer „Verdinglichung". Ebensowenig werden legitime Ordnungen in der empirischen Realität nur durch die Regelmäßigkeit einer einzigen innerlichen oder äußerlichen Handlungsorientierung geschützt. Es ist im Gegensatz für ihn selbstverständlich und für seine historisch-vergleichende Soziologie ein Erfordernis von größter Bedeutung, daß die Geltung einer Ordnung von höchst unterschiedlichen Motiven gestützt werden kann und es häufig auch wird (*WuG* 182, 18).

Webers Analyse der Entstehung von Struktur – oder von regelmäßigem Handeln – erschöpft sich jedoch nicht in dem Verweis auf regelmäßiges Handeln, das sich an Ordnungen oder legitimen Ordnungen orientiert. In seinen empirischen Texten geht er in verschiedenen Untersuchungen der Ursprünge von empirischen Gleichförmigkeiten des Handelns einen großen Schritt über diese Formen der Regelmäßigkeit von Handeln hinaus. Bei näherer Betrachtung enthüllen diese Texte einen tiefgreifende kontextuelle Dimension, die weitere Merkmale des Weberschen Strukturalismus offenlegt. Aber dieser Strukturalismus verzichtet – anders als der der Weltsystem-Schule sowie der des interpretativen historischen und des kausalanalytischen Ansatzes – nicht

---

39 Weber veranschaulicht diese Definition in *WuG* (18; vgl außerdem *WuG* 187, 190).

40 Weitere Details zu diesen Definitionen und der dahinterstehenden Problematik können hier nicht behandelt werden. Zu Webers Definition von Recht vgl. *WuG* 17 f., 182-184, 190; Rheinstein 1954: LXIV, LXVII. Zum Verhältnis von Recht und Konvention vgl. *WuG* 191, 187. Natürlich kann nicht behauptet werden, daß die Orientierung an Recht *im allgemeinen* empirisch stärker sei als die Orientierung an Konventionen oder an religiösen Einflüssen. Weber ist überzeugt, daß häufig das Gegenteil der Fall ist; vgl. z. B. *WuG* 18, 184. Eine Soziologie der Konventionen, die eine Analyse ihrer möglichen Unabhängigkeit gegenüber beispielsweise Recht, Ständen und Klassen einschließt, ist in *WEWR* verborgen.

auf Handlung: Die Anerkennung des unterschiedlichen subjektiven Sinns, des jeweiligen Typus sozialen Handelns und der verschiedenen Intensitäten sozialen Handelns bleibt zentral. Der Begriff eines „soziologischen Ortes" („sociological locus") des Handelns, der eine kontextuelle Einordnung des Handelns impliziert, drückt diesen Strukturalismus am besten aus.[41] Alle soziologischen Orte bilden Kontexte, die sowohl Zwänge als auch Möglichkeiten für Handeln mit sich bringen.[42] Die Berücksichtigung solcher „sozialen Bedingungen des Daseins" läßt in Webers historisch-vergleichenden Texten, zusätzlich zu Ordnungen und legitimen Ordnungen, eine weitere Möglichkeit sichtbar werden, auf die regelmäßiges Handeln entsteht. Wiederum bietet er, anders als die Weltsystem-Schule und die interpretativen historischen und kausalanalytischen Ansätze, eine Reihe von Verfahren, Begriffen und Strategien an, die der Verknüpfung von Handlung und Struktur dienen.

Die kontextuelle Soziologie: soziologische Orte für Handlungen

Häufig bemüht sich Weber, eine Gruppe von abgegrenzten sozialen Kontexten zu bestimmen, in denen sich wahrscheinlich Regelmäßigkeiten des Handelns herausbilden werden. Die Idealtypen in *WuG* verzeichnen häufig nicht nur die wiederkehrenden Handlungsorientierungen, sondern auch soziale

---

41   Die durchgehende Betonung des sozialen Kontextes in Webers historisch-vergleichender Soziologie wird in diesem Abschnitt sowie in den Kapiteln 4 und 5 am deutlichsten werden. Gemeinsam mit seinem Beharren auf den vier Typen sozialen Handelns und auf der unterschiedlichen Intensität des Handelns stellt diese Betonung seine Soziologie in stärksten Gegensatz zu allen Rational Choice-Theorien (vgl. Kap. 2, S. 94-101).

42   Die Vorstellung verschiedener soziologischer Orte von Handlungen wird verdeckt durch Webers Versäumnis, sie im Kapitel „Soziologische Grundbegriffe" in *WuG* (1-30) oder an anderer Stelle ausdrücklich zu diskutieren. Darüber hinaus kann als Folge seiner Eigenart, in *WuG* eine Vielzahl von Themen zu vermengen, die zentrale Bedeutung dieses Begriffs nicht leicht erfaßt werden. Obwohl Orte stets entweder Ordnungen oder legitime Ordnungen sind, habe ich mich entschieden, wegen der Bedeutung der verschiedenen Arten von Zwängen und Möglichkeiten, die soziale Kontexte dem Handeln in Webers historisch-vergleichenden Texten vorgeben, diesen zusätzlichen Begriff einzuführen. Soziologische Orte heben genau diesen Aspekt von Ordnungen und legitimen Ordnungen hervor. Weber benutzt diesen Begriff jedoch nur an wenigen Stellen. Ich kenne keine Diskussion des Begriffs der Orte in der Sekundärliteratur zu Weber.

Kontexte, die Zwänge und Möglichkeiten für das Handeln markieren.[43] Indem sie die gemeinsamen Lebenschancen, empirischen Aktivitäten und alltäglichen Erfahrungen sowie die sozialen Bedingungen des Daseins und die besonderen Anforderungen und Belohnungen umreißen, denen das soziale Handeln von Menschen in bestimmten Situationen – oder in abgegrenzten Kontexten sinnhaften Handelns – unterliegt, schließen diese Idealtypen – *diese soziologischen Orte des Handelns* – Hypothesen über regelmäßiges Handeln ein.[44] Webers Argument ist, daß Handlungsorientierungen nicht einfach als Folge rationaler Entscheidungen von Individuen entstehen und sich entfalten, sondern eine Prägung und Formung durch Milieus erlangen.

Jeder dieser Orte umschreibt nicht nur, wie das Handeln aus seinem a-morphen Fluß herausgelöst und in Bahnen geleitet wird, die es, trotz seiner vielfältigen Ursprünge, mit Kohärenz und Kontinuität versehen, sondern er zeigt auch Wahrscheinlichkeiten hinsichtlich des Inhalts solch regelmäßigen Handelns auf. Für Weber werden Menschen, die sich in einer ähnlichen Situation befinden und die auf Dauer mit gemeinsamen alltäglichen Aktivitäten und Erfahrungen beschäftigt sind und empirischen Zwängen und Möglichkeiten gegenüberstehen, nicht nur Regelmäßigkeiten der affektuellen, traditionalen und zweckrationalen Handlungsorientierungen gemein haben, sondern in einigen Fällen auch Wertorientierungen. Jeder Ort umreißt einen sozialen Kontext und damit einen Bereich von *wahrscheinlichen* Handlungsorientierungen, der sich wesentlich von dem Bereich unterscheidet, der durch andere Orte markiert wird.[45] Folglich impliziert jeder Ort ein *idealtypisches Modell*,

---

43 . Diese Formulierung – „Zwänge und Möglichkeiten für das Handeln" – wird im Rest dieses Kapitels durchgehend verwendet. Sie verweist auf die verschiedenen Arten, auf die ein sozialer Kontext das Handeln beeinflußt und formt, indem er einerseits Erfordernisse und Grenzen festlegt und andererseits Möglichkeiten und Chancen anbietet.

44 Es muß betont werden, daß nicht alle Idealtypen einen sozialen Kontext für das Handeln umreißen und somit nicht alle Idealtypen soziologische Orte sind. Die Bildung und die Hauptmerkmale von Idealtypen werden nochmals in Kapitel 3 behandelt. Soziologische Orte sind idealtypische *Modelle* und gehören somit in einem gewissen Sinn in Kapitel 4. Weil sie jedoch eine zentrale Art der Verknüpfung von Handlung und Struktur darstellen, ist eine eingehende Behandlung in diesem Kapitel erforderlich.

45 Ungeachtet dieses offensichtlich strukturellen Analyseverfahrens betont Weber wiederholt, daß diese regelmäßigen Handlungsorientierungen – und besonders das wertrationale Handeln – die sich aus sozialen Kontexten heraus verfestigen, nicht als einfache „Funktion" oder als „Widerspiegelung" täglicher Erfahrung oder als durch typische und „eingelebte" Tätigkeiten „determiniert" begriffen werden können. Für ihn wäre „ein gründlicheres Mißverständnis [...] kaum möglich" (*Einl* 240; vgl. z. B. *AJ* 89). Diese Ausdrücke sind schlicht zu stark. Weber verwendet in seinen *Modellen* von

das die Chance des Entstehens und, was wichtiger ist, des Fortdauerns regelmäßiger Handlungsorientierungen eingrenzt und sie soziologisch bedeutsam
werden läßt. Umgekehrt beschreibt jedes Modell ebenso die Wahrscheinlichkeiten für die Beschränkung und den Ausschluß anderer wiederkehrender
Handlungsorientierungen. Somit betreffen Orte auch die Frage, welche Regelmäßigkeiten des sozialen Handelns in einem gegebenen Zusammenhang
auftreten *können*.[46]

Insgesamt deutet diese dritte Form der Regelmäßigkeit von Handeln, anders als Ordnungen und legitime Ordnungen, auf die häufige Tendenz Webers hin, soziales Handeln als eingebettet in und geformt durch soziale
Kontexte anzusehen. Hierdurch bringt sie ebenfalls eine strukturelle
Dimension – die Regelmäßigkeit sinnhaften Handelns – in Webers
historisch-vergleichender Soziologie zum Ausdruck. Sie tut dies, weil
soziologische Orte die Zwänge und Möglichkeiten für das Handeln auf eine
anschaulichere und stärker kontextuelle Weise darstellen, als dies Ordnungen
und legitime Ordnungen tun. Dennoch bleibt dieser Strukturalismus, ebenso
wie der durch Ordnungen und legitime Ordnungen zum Ausdruck gebrachte
Strukturalismus, verankert in den vier Typen sozialen Handelns; hierdurch
wird ebenfalls eine Brücke zwischen Handlung und Struktur geschlagen. Ein
vergleichbarer Begriff taucht weder in der Weltsystem-Theorie noch im
interpretativen historischen oder im kausalanalytischen Ansatz auf, die alle
an einem orthodoxen Strukturalismus festhalten.

Webers Begriff eines soziologischen Ortes von Handlungen, der für seine historisch-vergleichende Soziologie zentral ist, kann nur durch eine Reihe
von Beispiele vollständig erfaßt werden. Modelle soziologischer Orte werden
am deutlichsten in *WuG* konstruiert. An dieser Stelle können nur zwei Stände, zwei universelle Gemeinschaften und eine Form der Herrschaft erwähnt
werden.

Orten Begriffe wie „Chance", „Möglichkeit", „Wahrscheinlichkeit" und „Wahlverwandtschaft". Er rückt nie davon ab, das Moment der Entscheidung im menschlichen
Handeln zu sehen, und zwar selbst in solchen Fällen, in denen der Ort des Handelns
auf den ersten Blick die Handlungsorientierungen stark einzuschränken scheint (z. B.
bei religiösen Sekten, vgl. oben Anm. 5 und 15).

46   Dieses Thema wird auch in den Kapiteln 4 und 5 behandelt.

Stände: Krieger und bürgerliche Schichten

Menschen mit gemeinsamem Lebensstil und Konsumverhalten, mit gemeinsamen Konventionen, spezifischen Vorstellungen von Ehre und wirtschaftlichen und insbesondere ständischen Monopolen bilden einen *Stand*. Ständische Unterschiede werden immer dann sichtbar, wenn die beiden Hauptmaßstäbe sozialen Handelns – *commercium* (oder sozialer Austausch) und *connubium* – eingeschränkt sind oder fehlen. Eine ständische Gliederung impliziert eine „Monopolisierung ideeller und materieller Güter oder Chancen" sowie soziale Distanz und Ausschließlichkeit (*WuG* 531, 537; Kalberg 1985a: 48-52).

Webers Analysen der „ständische Lage" und der „Stände" sind nicht nur daraufhin angelegt, klare Begriffe zu formulieren, und sie dienen auch nicht ausschließlich dem Ziel, die Grundlage einer Theorie der Schichtung über die materiellen Interessen hinaus zu erweitern, um Lebensstile und soziale Ehre einzubeziehen, wie die Sekundärliteratur hervorgehoben hat. Vielmehr beabsichtigt er außerdem, Modelle zu formulieren, die die regelmäßigen Handlungsorientierungen zum Ausdruck bringen, die aus in ständischen Lagen verwurzelten pragmatischen Alltagshandlungen hervorgehen. Eine Diskussion der ständischen Ethik von Kriegern und bürgerlichen Schichten muß genügen, um zu zeigen, wie dies geschieht. Bei jedem idealtypischen Modell wird hervorgehoben werden, auf welche Weise regelmäßiges Handeln mit einer gewissen Wahrscheinlichkeit aus typischen, das soziale Handeln orientierenden sozialen Lebensbedingungen hervorgeht.

Vielleicht kann das typische Handeln von Kriegern am einfachsten so verstanden werden, daß es in einem wahlverwandten Verhältnis mit bestimmten sozialen Lebensbedingungen steht. Diese charismatischen Helden sammeln junge Gefolgsleute um sich, die ihnen vollständig ergeben sind, und zeigen ihre gewaltige Stärke in verheerenden Raubzügen nach Beute und Frauen. Die Anhänger geben sich emotional ihrem dauerhaften Kriegerbund und ihrem legendären Anführer hin und leben in einer kommunistischen Kriegergemeinschaft zusammen. Da die Kriegführung ihr einziger Beruf ist und nur die Pflege militärischer Tugenden als ehrenhaft gilt, beeinflussen die Werte, die in der Bruderschaft der Krieger und im Kampf erlernt werden, typischerweise ihr Handeln: Loyalität, Tapferkeit und persönliche Ehre. Die Loyalität des Kriegers gegenüber Freunden, wie sie in Hymnen und Sagen gepriesen wird, und sein Kult persönlicher Bande werden im wesentlichen als das Ergebnis der im Krieg erlernten Loyalität und Hingabe gegenüber dem Anführer angesehen.

Gerade ihr Stolz auf militärische Tugenden veranlaßt die Krieger, ihr Handeln an weltlichen Dingen zu orientieren und alle metaphysischen Anschauungen zu verachten. Dasselbe Streben nach weltlichem Nutzen macht sie abgeneigt, über den Sinn des Lebens allein auf dem Weg der Erkenntnis zu grübeln, während ihre Hochschätzung für Loyalität, Tapferkeit und persönliche Ehre ebenso wie ihr Hang, durch entschiedenes Handeln nach der Beherrschung des Geschehens und der Not zu trachten, sie aus der unmittelbaren Bindung an organische Prozesse und Naturereignisse löst, die typisch für die ländliche Bevölkerung ist. Obwohl diese Distanz von Naturgewalten sie nicht, wie dies bei Intellektuellen der Fall ist, zu einer Suche nach einem umfassenden Verständnis des Universums und seiner Geschehnisse führt[47], prädisponiert es die Krieger dennoch dafür, ein Vertiefen in emotionale Bedürfnisse und Erfahrungen als würdelos und als ihrem Kult der Ehre widersprechend zu verachten.[48]

Keinerlei Kultivierung militärischer Tugenden kennzeichnete die typischen und regelmäßigen Handlungsorientierungen *bürgerlichen* Schichten: gelernte Handwerker und Kunsthandwerker, kleinbürgerliche Händler und Kaufleute. Obwohl das regelmäßige Handeln dieser Schichten genauso diesseitig wie das der Krieger ist, unterscheidet es sich beträchtlich. In Webers Modell stehen auch diese Handlungsmuster in einer wahlverwandtschaftlichen Beziehung zu den sozialen Lebensbedingungen.

Befreit von Magie und Tabu, gelöst von natürlichen Bindungen und allgemein den Fesseln der Sippe und Kaste entrissen finden diese Schichten ihr Zuhause normalerweise in einer städtischen Umwelt. Weder unvorhersehbare Naturereignisse noch die unerklärliche Schöpfung, die hinter den Prozessen organischer Fortpflanzung steht, beeinflußt die Tätigkeit bürgerlicher Schichten; sie ist vielmehr gekennzeichnet durch die Durchtrennung der unmittelbaren Beziehung zu lebendigen Naturkräften. Anders als die landwirtschaftliche Tätigkeit, die durch Jahreszeiten bedingt, wechselnd und abhängig von weder

---

47   Weber merkt an, daß der „ritterlichen Kriegerschicht", wie es für das Heldentum im allgemeinen typisch ist, „in aller Regel sowohl Bedürfnis wie Befähigung zu rationalistischer Bewältigung der Wirklichkeit" fehlte. Dies ergibt sich zum Teil aus ihrer Hinnahme der Vorstellung, das Schicksal sei mächtiger als selbst das heroische Handeln (*Einl* 255).

48   Zu den vorangegangenen zwei Abschnitten vgl. *WuG* 517 f., 676, 684 f.; *HB* 64 f.; *KT* 302.

bekannten noch gleichbleibenden Naturkräften ist, ist die regelmäßige und rational organisierte Arbeit der Handwerker (Töpfer, Weber, Drechsler und Tischler) im allgemeinen verbunden mit einer im wesentlichen erkennbaren und verstehbaren Beziehungen zwischen Mitteln und Zwecken sowie Erfolg und Mißerfolg (*Einl* 256; *WuG* 703).

Weber sah eine der prägnantesten Äußerungen des typisch gleichförmigen Handelns der Mitglieder dieses Standes in dem Ausspruch des Paulus, eines wandernden Handwerkers: „Wer nicht arbeitet, soll auch nicht essen" (*Abriß* 128; *Einl* 251). Diese nüchterne, in der harten Notwendigkeit des Arbeitslebens begründete Haltung versieht die komplette Sichtweise wirtschaftlicher Vorgänge mit einem weit strengeren Maß an Berechenbarkeit, als es sich unter der bäuerlichen Bevölkerung findet, und sie bietet eine positive Schätzung von Rechtschaffenheit, Arbeit und Pflichterfüllung.

Es ist klar, daß das Leben des Kleinbürgers, zumal des städtischen Handwerkers und Kleinhändlers, der Naturgegebenheit, verglichen mit den Bauern, weit ferner steht, so daß die Abhängigkeit von magischer Beeinflussung der irrationalen Naturgeister für ihn nicht die gleiche Rolle spielen kann, wie für jene, daß umgekehrt seine ökonomischen Existenzbedingungen ganz wesentlich rationaleren, d. h. hier: der Berechenbarkeit und der zweckrationalen Beeinflussung zugänglichen Charakter haben. Ferner legt seine ökonomische Existenz namentlich dem Handwerker, unter bestimmten spezifischen Bedingungen auch dem Händler, den Gedanken nahe, daß Redlichkeit in seinem eigenen Interesse liege, treue Arbeit und Pflichterfüllung ihren „Lohn" finde und daß sie auch ihres gerechten Lohnes „wert" sei. (*WuG* 294)

Diese Vertiefung in Alltagsaktivitäten macht bürgerliche Schichten abgeneigt gegenüber einer Suche nach einem zusammenhängenden Sinn der bruchstückhaften Geschehnisse der Welt oder nach einer theoretischen Beherrschung der Welt, gegenüber der Pflege militärischer Tugenden und gegenüber der Hingabe an emotionale Bedürfnisse und Erfahrungen. Statt dessen herrscht ein zielgerichteter Pragmatismus vor, der in den praktischen Anforderungen des Lebens wurzelt (*Einl* 256).

Universelle Gemeinschaften:
Hausgemeinschaft und Nachbarschaftsgemeinschaft

Ähnlich wie die Stände bilden die „universellen Gemeinschaften" für Weber
Modelle, die das Heraustreten des Handelns aus seinem ungerichteten Fluß
erfassen. Die Hausgemeinschaft, die Sippe und die Nachbarschaft bilden die
bedeutendsten universellen Gemeinschaften (*WuG* 212 ff.). Als „undifferen-
zierte Lebensformen" weisen alle eindeutig eine starke persönliche oder
gemeinschaftliche Seite auf (*WuG* 226). Genauso wie das regelmäßige Handeln, das sich entwickelt, um zu Ständen zu gerinnen, kann das für universelle Gemeinschaften typische regelmäßige Handeln in der Weise aufgefaßt
werden, daß es sich aus den sozialen Lebensbedingungen und Alltagserfahrungen herauskristallisiert.[49]

Die wichtigste universelle Gemeinschaft in Webers empirischen Texten
ist der *Haushalt* bzw. die *Hausgemeinschaft*. Als die Grundeinheit der wirtschaftlichen Versorgung und als die am weitesten verbreitete Wirtschaftsgemeinschaft bietet sie den Ort für ein „sehr kontinuierliches und intensives
Gemeinschaftshandeln" (*WuG* 214)[50]. Das intensive Band aus Intimität und
fortwährender Wechselwirkung zwischen Vater, Mutter und Kindern in der
Hausgemeinschaft läßt charakteristische Werte entstehen. Die Loyalität gegenüber den Angehörigen der Gruppe bildet die Grundlage für eine starke
Haushaltssolidarität im Umgang mit der äußeren Welt und fördert eine Bruderschaftsethik, die finanzielle „Rechenhaftigkeit" innerhalb der Familie
verbietet. „Der haushaltskommunistische Grundsatz, daß nicht ‚abgerechnet'
wird, sondern daß der Einzelne nach seinen Kräften beiträgt und nach seine
Bedürfnissen genießt", drückt diese Vorstellung innerer Loyalität und
persönlicher Bindung aus. Blutsbande und andauerndes soziales Handeln
bilden auch die Basis für Aufrichtigkeit, Verläßlichkeit und Autorität (*WuG*
213 f.; *Abriß* 57-60, 110-116).

Der Kreis der Teilnehmer an der universellen Gemeinschaft der *Nachbarschaft* ist erheblich schwankender als im Fall der Hausgemeinschaft. Weil
sie auf der einfachen Tatsache beruht, daß Menschen in dichter räumlicher
Nähe wohnen, ist das soziale Handeln, das aus ihr hervorgeht, weit weniger
intensiv und dauerhaft als das, das für die Hausgemeinschaft typisch ist. In

---

49   Weber bezeichnet diese Verbände uneinheitlich als gemeinschaftlich, traditional,
     urwüchsig, persönlich und universal.
50   Weber verwendet an dieser Stelle den Ausdruck „Gemeinschaftshandeln" im Sinn von
     „soziales Handeln", vgl. Kap. 1, Anm. 32.

der Tat verlieren Nachbarschaftsgemeinschaften ihren offenen Charakter, in dem ein bloß vorübergehendes soziales Handeln überwiegt, nur dann sehr häufig und nehmen feste Grenzen an, wenn sie zu einem Wirtschaftsverband oder zu einem wirtschaftsregulierenden Verband werden. Auch wenn sie nur selten ein soziales Handeln hervorbringen und sich in ihrer Form – einzelne Höfe, städtische Straßen oder großstädtische Slums – und im Zusammenhalt stark unterscheiden mögen, behalten Nachbarschaftsgemeinschaften selbst in modernen Städten das Potential, das Handeln in einer bestimmten und regelmäßigen Weise zu orientieren (*WuG* 215-218). Webers Kontextmodell beschreibt diese Handlungsorientierungen, indem es typische Zwänge und Möglichkeiten untersucht.

Schlicht als Folge der gegenseitigen Abhängigkeit von Nachbarn in Notlagen bildet die Nachbarschaft den ursprünglichen Ort für eine Ethik gegenseitiger Unterstützung. Tatsächlich kann in Nachbarschaftsgemeinschaften gut eine „unsentimentale Bruderschaftsethik" entstehen. Diese Ethik kann auch das nach innen gerichtete Verbot des Feilschens und Schacherns in der Hausgemeinschaft stärken.

Der Nachbar ist der typische Nothelfer, und „Nachbarschaft" daher Trägerin der „Brüderlichkeit" in einem freilich durchaus nüchternen und unpathetischen, vorwiegend wirtschaftsethischen Sinne des Wortes. In der Form der gegenseitigen Aushilfe nämlich in Fällen der Unzulänglichkeit der Mittel der eigenen Haushaltsgemeinschaft [werden im Rahmen der Nachbarschaft] durch „Bittleihe", d. h. unentgeltliche Leihe von Gebrauchsgütern [und] zinsloses Darlehen von Verbrauchsgütern, [sowie durch] unentgeltliche „Bittarbeit", d. h. Arbeitsaushilfe im Fall besonders dringlichen Bedarfs, [Hilfsleistungen] in ihrer Mitte geboren aus dem urwüchsigen Grundprinzip der ganz unsentimentalen Volksethik der ganzen Welt heraus: „Wie du mir, so ich dir" [...]. Wo ein Entgelt gewährt wird, besteht es [...] im Regalieren der Bittarbeiter. Wo ein Tausch stattfindet, gilt der Satz: „Unter Brüdern feilscht man nicht", der das rationale Marktprinzip für die Preisbestimmung ausschaltet. (*WuG* 216; vgl. auch 710)

Folglich betrachtet Weber das „Wesen des nachbarschaftlichen Gemeinschaftshandelns" als „nüchterne ökonomische ‚Brüderlichkeit' in Notfällen" (*WuG* 218). Aus dieser Ethik wechselseitiger Unterstützung entwickelt sich die Idee der Gegenseitigkeit – „Wie du mir, so ich dir" und „Deine Bitte von heute kann meine von morgen sein" – und orientiert das Handeln.

Feudale Herrschaft

Herrschaftsverbände umschreiben ebenso wie Stände und universelle Gemeinschaften klare Orte (*loci*) für regelmäßige Handlungsorientierungen.
Wiederum ergeben sich, gemäß Webers idealtypischem Modell, aus typischen Lebenserfahrungen und pragmatischen Alltagstätigkeiten die Wahrscheinlichkeiten der Ausbildung regelmäßigen Handelns. Hier kann nur behandelt zu werden, wie dies im Fall der feudalen Herrschaft geschieht.

Sowohl der Lehens- wie der Pfründenfeudalismus bedeuten die volle
„Appropriation" der Verwaltungsmittel und eine extreme Dezentralisierung.
In beiden Fällen neigen Vasallen dazu, Unabhängigkeit von den Grundherren
zu entwickeln, und der Gehorsam besteht eher freiwillig als aufgrund von
Zwang. Dieser strukturelle Kontext erzeugt einen dauernden Konflikt: eine
Situation, in der Sitten in Frage gestellt werden können und sich sowohl
Herrscher als auch Vasallen nach ihrer Interessenlage richten.[51]

Eine solch starke Dezentralisierung bedeutet nach Weber, daß die Autorität davon abhängt, ob die Vasallen pflichtbewußt an der *Treuebeziehung*,
dem in einer Reihe von Werten verwurzelten brüderlichen Ergebenheitsver-
hältnis, festhalten (*WuG* 149). Dieses feudale Ethos, das teilweise aus dem
Lehensfeudalismus entspringt, regelt das prekäre Verhältnis zwischen Grundherren und Vasallen und verleiht ihm Legitimität. Es tut dies hauptsächlich
durch seinen „hochgespannten Pflichten- und Ehrenkodex", der eine „Sicherung des Lehensmannes" bietet und die Orientierung des Handelns an der
Vorstellung von Untertanentreue und Loyalität betont. Darüber hinaus legitimieren die Vasallen ihren gehobenen Stand einzig durch ein intaktes Verhältnis zum Grundherrn. Das Standesbewußtsein, die Privilegien und die dem
Stand obliegenden Pflichten, eine ausgeprägte Vorstellung von Standesehre
und Solidarität, die die Auferlegung von willkürlichen Pflichten auf den
Vasallen ausschließt, leiten, gemäß dieses Kodex, das regelmäßige Handeln.
Es ist für beide Parteien verpflichtend und bildet in Webers Worten einen
„integrierenden Bestandteil" (*WuG* 633; vgl. auch 630, 628, 650).

In diesem Modell ist die Einschärfung eines solchen Ethos ständischer
Ehre und Lehenstreue Gegenstand einer ausführlichen besonderen Erziehung.
Die militärische Erziehung orientiert sich beispielsweise an freier Kamerad-
schaft und Ritterlichkeit: Mut, Tapferkeit, Loyalität, Freundschaft, Vervollkommnung der persönlichen Waffenkunst und individuelles Heldentum im

---

51   Zu den verschiedenen Arten, auf die die Herrscher im Lehensfeudalismus versuchten,
      ihre Position gegenüber den Vasallen zu festigen, vgl. *WuG* 150 f.

Kampf sind entscheidend und nicht Disziplin, Drill und die Einpassung eines jeden Einzelnen in einen organisierten Einsatz, wie in einem Massenheer. Die Vorbereitung auf den Lebenswandel des Ritterstandes erfordert nach Weber außerdem Verfeinerung, Bildung und ein Streben nach individueller künstlerischer Schöpfung.[52] Allgemein machen ritterliche Konventionen, ständischer Stolz und ein ausgeprägter Sinn für aristokratische Haltung die feudale Erziehung empfänglich für die Betonung eines heroischen Individualismus. Dies widerspricht scharf dem Ehrbegriff des patrimonialen Beamtentums, der auf „Leistungen" und „Funktionen" beruht (*WuG* 650 f., 639 f., 653).

Diese wenigen idealtypischen Modelle müssen genügen, um zu zeigen, daß Webers historisch-vergleichende Soziologie außer Ordnungen und legitimen Ordnungen eine weitere Form regelmäßigen Handelns entwirft: die soziologischen Orte. Seine substantiellen Texte stellen in der Tat eine stark *kontextuelle* Soziologie dar, die eindringlich und lebhaft für die Anerkennung einer Beziehung zwischen alltäglichen Lebenschancen und empirischen Gleichförmigkeiten des Handelns eintritt.[53] Orte kennzeichnen soziale Existenzbe-

---

52 Dieser zentrale Aspekt stattet den Lehensfeudalismus mit „heldischer Feindschaft" (*WuG* 653) gegenüber allen wirtschaftlichen Beziehungen aus, deren unpersönliche und formal rationale Natur ihnen aus der Sicht des feudalen Ethos einen würdelosen und gemeinen Charakter verleiht. Diese feudale Lebensführung zeigt eine Unbekümmertheit gegenüber geschäftlichen Angelegenheiten anstelle eines rationalen wirtschaftlichen Ethos (*WuG* 650 f.)

53 Stände, universelle Gemeinschaften und Herrschaftsverbände veranschaulichen am besten Webers Vorstellung eines soziologischen Ortes des Handelns. Die Formulierung von Modellen, in denen *regelmäßiges Handeln kontextuell eingebettet ist* durch Bezugnahme auf soziale Existenzbedingungen und Alltagserfahrungen, tritt jedoch auch noch in einem allgemeineren Sinne ziemlich regelmäßig in *WuG* auf. Beispielsweise tritt ein Hang zur Entwicklung von Erlösungsreligionen immer dann auf, wenn die herrschenden Schichten einen Verlust politischer Macht erlitten haben. Solche Zeiten erzwungener oder freiwilliger Entpolitisierung der gebildeten Schichten führen dazu, daß für die sozial Privilegierten „die Entwicklung ihrer intellektuellen Bildung in ihre letzten gedanklichen und psychologischen inneren Konsequenzen für sie [...] über ihre praktische Betätigung in der äußeren diesseitigen Welt das Übergewicht" gewinnt (*WuG* 306; für Beispiele vgl. *WuG* 306 f., 357). In ähnlicher Weise führt Weber seine anhaltende Beachtung der sozialen Kontexte auch zu dem Schluß, daß bestimmte Umstände die Entwicklung bestimmter Werte und sogar religiöser Ethiken begünstigen. Beispielsweise erlangen Werte der Resignation und Passivität in religiösen Ethiken zunehmend an Bedeutung, wenn die Umstände politischer Unterdrückung zu einer Instrumentalisierung von Priestern als Agenten zur Zähmung der Massen führen. Schließlich kann, angesichts einer antipolitischen Ablehnung der Welt und eines vollständigen Verlustes weltlicher Interessen unter den Priestern und den gebildeten

dingungen, die regelmäßiges Handeln hervorrufen, da sie Zwänge und Möglichkeiten umfassen. Es finden sich Wahrscheinlichkeiten, daß regelmäßige Handlungsorientierungen auftreten und, was wichtiger ist, daß sie dauerhaft und somit soziologisch bedeutsam werden.[54] Obwohl nicht alle Idealtypen soziale Kontexte zum Ausdruck bringen, sind diejenigen Idealtypen, die dies tun – die soziologischen Orte –, grundlegend in Webers gesamter historisch-vergleichender Soziologie.

Soziologische Orte bilden zusammen mit Ordnungen und legitimen Ordnungen Webers Strukturalismus. Diese Begriffe bezeichnen *regelmäßiges* Handeln und zeigen dabei, wie sich Wiederholbarkeit und Stabilität herausbildet. Für Weber bringen sie, mit anderen Worten, klar die Verknüpfung von Handlung und Struktur zum Ausdruck. Die Herauslösung des Handelns aus einem gestaltlosen Fluß und seine Orientierung in klare Richtungen – also seine Gestaltung zu *Regelmäßigkeiten* sinnhaften Handelns – bildet eines der grundlegendsten Anliegen in Webers empirischen Schriften.

Schichten, brüderliche Liebe und eine Entsagung von Gewalt diese religiösen Ethiken kennzeichnen. Dies geschieht um so stärker und bis zu dem Grad, daß eine Religion eine Gemeinde ausbildet und sich popularisiert, je mehr in großen Weltreichen die inneren Kämpfe verschwinden und – mit der Bürokratisierung der Herrschaft – eine universelle Befriedung die „äußere Situation" kennzeichnet; dies kann so weit gehen, daß Klassenkämpfe beseitigt werden (*WuG* 356 f.). Weber wendet dieses Argument schließlich auch auf schöpferisches Denken an. Er argumentiert, daß eine soziale Randstellung ein günstiges Milieu für die Entwicklung religiösen Denkens liefert. „Paria"-Intellektuelle (wie z. B. Schriftkundige, „wandernde Sänger", die „autodidaktische Intelligenz", die „russische proletaroide Bauernintelligenz", „kleinbürgerliche Puritaner" und die „jüdischen Frommen", die alle unter Bedingungen eines minimalen Lebensstandards überlebten und eine „geringe" Ausbildung besaßen) stehen entweder am unteren Ende der sozialen Rangordnung oder ganz und gar außerhalb davon. Als Folge ihrer Freiheit von sozialen Konventionen, sind sie in der Lage zu einer „originären Stellungnahme zum ‚Sinn' des Kosmos" (*WuG* 308). Sogar die Stärke des „ethischen und religiösen Pathos" dieser Gruppe rührt von ihrer Außenseiterstellung her und von ihrem Widerwillen, Rücksicht auf wirtschaftliche Erwägungen zu nehmen (*WuG* 308).

54 Für weitere Beispiele, die in Webers Texten reichlich vorhanden sind, vgl. Kalberg 1985a. Wiederum (vgl. Anm. 45) verweist Weber in diesen Modellen auf die *analytische* Verknüpfung zwischen geteilten Alltagserfahrungen und einheitlichem Handeln mittels solcher Begriffe wie „Wahrscheinlichkeit" und „Wahlverwandtschaft". Diese regelmäßigen Handlungsorientierungen, und besonders das wertrationale Handeln, können nicht als „Funktionen" oder als „Widerspiegelungen" alltäglicher Erfahrungen oder als durch typische Alltagstätigkeiten „determiniert" bezeichnet werden, wie Weber wiederholt hervorhebt (vgl. z. B. *Einl* 240, 256 u. allgemein 238-265; *AJ* 89).

Die Verknüpfung von Handlung und Struktur

Indem die Vorstellung eines soziologisches Ortes begrifflich erfaßt, wie die empirischen Gleichförmigkeiten des Handelns – mit unterschiedlichen Wahrscheinlichkeiten – aus begrenzten sozialen Kontexten hervorgehen, läßt sie – neben Ordnungen und legitimen Ordnungen[55] – eine weitere Möglichkeit erkennen, wie Weber Handlung und Struktur verknüpft. Ebenso wie Ordnungen und legitime Ordnungen zeigen die soziologischen Orte, daß für ihn für das Entstehen und die Herausbildung regelmäßiger Handlungsorientierungen nicht einfach instrumentelle Erwägungen verantwortlich gemacht werden können. Außerdem stellen diese drei *Formen regelmäßigen Handelns* Weber in einen strikten Gegensatz zu der Auffassung, daß die Gleichförmigkeiten des Handelns aus einer vermeintlichen Notwendigkeit für Gesellschaften zur „Selbsterhaltung", zur Schaffung sozialer Ordnung und zur Erfüllung bestimmter Funktionen entspringen. Weber stellt eine Ebene der Analyse auf, die sich von der ausschließlichen Konzentration auf einzelne und interessengeleitete Individuen einerseits und auf „Gesellschaft", umfassende Allgemeingültigkeit, organische „Systeme" und eine schlichte Orientierung an

---

55 Dies sind die Hauptformen regelmäßigen Handelns in Webers empirischen Texten. Sie sind jedoch nicht erschöpfend. Andere, weniger soziologische Formen kann z. B. Webers Sozialpsychologie der „Legitimation/Kompensation" enthalten. Er spricht von „dem sehr allgemeinen Tatbestand des Bedürfnisses jeder Macht, ja jeder Lebenschance überhaupt, nach Selbstrechtfertigung" (*WuG* 549), denn: „Die einfachste Beobachtung zeigt, daß bei beliebigen auffälligen Kontrasten des Schicksals und der Situation zweier Menschen, es sei etwa in gesundheitlicher oder in ökonomischer oder in sozialer oder welcher Hinsicht auch immer, möge der rein ‚zufällige' Entstehungsgrund des Unterschieds nach so klar zutage liegen, der günstiger Situierte das nicht rastende Bedürfnis fühlt, den zu seinen Gunsten bestehenden Kontrast als ‚legitim', seine eigene Lage als von ihm ‚verdient' und die des anderen als von jenem irgendwie ‚verschuldet' ansehen zu dürfen" (*WuG* 549; vgl. auch 299; *Einl* 242). Dieses „allgemeine Bedürfnis" ist besonders dann offensichtlich, wenn Herrschaftsverbände (*WuG* 122; *Einl* 551 *HB* 16 f., 131; *AJ* 246 f.) und Stände (*WuG* 298-303, 536, 549; *Einl* 245-248) ihren Vorteil rechtfertigen wollen. Andererseits besteht eine vergleichbar allgemeine Neigung für das „Würdegefühl der negativ privilegierten Schichten", sich „auf eine jenseits der Gegenwart liegende, diesseitige oder jenseitige Zukunft [zu] beziehen" (*WuG* 536). In dieser Zukunft wird sich erfüllen, was in der Gegenwart fehlt: eine besondere „Funktion", eine historische „Mission" oder ein „Beruf" wird den Mitgliedern dieser Schichten zukommen und dadurch ihren „Hunger nach Würde" und „Bedeutsamkeit" stillen (*WuG* 299). Weber hält im Fall des regelmäßigen Handelns von Intellektuellen noch eine weitere *psychologische* Dimension für zentral: ein „inneres Bedürfnis", eine theoretische Beherrschung der Wirklichkeit auf sich zu nehmen (vgl. Kalberg 1981: 14 f.; 1985a: 51; 1990).

Normen andererseits unterscheidet. Hierbei verbindet er seine Berücksichtigung des subjektiven Sinns und des Handelns mit einem deutlich sozialen Aspekt: der Orientierung des Handelns einerseits an Kollektiven und andererseits an sozialen Kontexten.

Indem Weber Handeln und Handlungsmuster, also Struktur, klar verknüpft, vermeidet er eine auffallende Schwäche der Weltsystem-Schule sowie des kausalanalytischen und des interpretativen historischen Ansatzes. Sie alle bieten keine ausdrücklichen Begriffe, Verfahren und Strategien, die dies tun. Da Handlung in diesen Ansätzen kaum vorkommt, dominiert die strukturelle Analyse. Darüber hinaus setzt Weber bei der klaren Darlegung seiner Formen von Regelmäßigkeiten des Handelns nie die abstrakte allgemeine Theorie der strukturell-funktionalen Schule der politischen Entwicklung und Modernisierung an die Stelle der empirischen Beobachtung. Seine Ordnungen, legitimen Ordnungen und soziologischen Orte schließen einen Drang in Richtung des für diesen Ansatz typischen ahistorischen Evolutionismus und Differenzierungsprozesses aus. Die in der Sekundärliteratur zu Weber weitverbreitete Betonung allgemeiner Begriffe wie „universelle Rationalisierung", „unaufhaltsame Bürokratisierung" und „Wechsel zwischen Charisma und Tradition" vernachlässigt Webers Beschäftigung mit der Verknüpfung von Handeln und sozialen Strukturen in seinen empirischen Texten.

Webers Begriff des *Verstehens* legt den Grundstein für seine Synthese von Handlung und Struktur. Unter amerikanischen Kommentatoren ist die Tendenz weit verbreitet gewesen, *Verstehen* ausschließlich unter dem Aspekt seiner erkenntnistheoretischen Stellung zu diskutieren und Webers methodologischen Individualismus sowie seine Betonung des subjektiven Sinns als im Widerspruch zu allen strukturellen Überlegungen stehend zu interpretieren. Diese Einengung von *Verstehen* hat zu einer Vernachlässigung von Webers Darstellung einer Einheit zwischen regelmäßigen Handlungsorientierungen und sozialen Strukturen durch Ordnungen, legitime Ordnungen und soziologische Orte geführt. Dieses Kapitel versuchte die grundlegenden handlungsbezogenen Bestandteile der Weberschen Soziologie klar herauszustellen – seinen methodologischen Individualismus, den Begriff des *Verstehens*, die vier Typen sozialen Handelns und die Betonung vielfältiger Motive – und sie danach in Bezug auf diese Formen regelmäßigen Handelns zu diskutieren. Im Verlauf dieses Vorhabens wurde ein weitergehendes Ziel hinter seiner historisch-vergleichenden Soziologie sichtbar: Makrosoziologen auf ganz praktische Weise dabei zu unterstützen, vermeintlich „irrationale" Handlungsorientierungen zu „verstehen" und dadurch die Bedeutung des subjektiv gemeinten Sinns zur Kenntnis zu nehmen.

Wo immer Soziologen dabei unterstützt werden zu erkennen, wie sich das Handeln an Ordnungen und legitimen Ordnungen orientiert und in soziale Kontexte eingebettet ist, können sie seine subjektive Sinnhaftigkeit leichter *verstehen*. Darüber hinaus geht es nicht nur um das Verstehen, wie Menschen beispielsweise ihr Handeln an einer bestimmten religiösen Lehre orientieren, einer gegebenen Form von Herrschaft Legitimität zuschreiben oder sich an eine spezifische Standesehre halten; Webers Formen regelmäßigen Handelns – Ordnungen, legitime Ordnungen und soziologische Orte – ermöglichen vielmehr selbst in „fremden" und „ungewohnten" Umgebungen das Verstehen sozialen Handelns als subjektiv sinnhaft. Sobald Forscher einen Zusammenhang rekonstruiert haben, können sie beurteilen, ob sich die Handlungen einem der Handlungstypen annähern. In dem Maß, in dem sinnhaftes Handeln als in einer Ordnung, einer legitimen Ordnung oder einem eigengesetzlichen Kontext von Zwängen und Möglichkeiten angesiedelt identifiziert und dadurch „verstanden" wird, wird es aus einem „irrationalen" Handeln in ein „plausibles" und, in manchen Fällen, sogar in ein „völlig logisches" Handeln „transformiert". Innerhalb des rekonstruierten Milieus kann erkannt werden, daß Menschen aus ihrer Lage „Sinn machen" und entsprechend handeln. Durch das „Verstehen" – eine „Nacherlebbarkeit" der Erfahrungen anderer in einem Milieu – können Soziologen die Arten, auf die Handeln in regelmäßiger Form motiviert wird, und sogar die *verschiedenartigen Motive und Intensitäten* des Handelns erfassen.[56] Sie tun dies entweder durch „rationales Verstehen", das ein intellektuelles Erfassen des Sinns meint, den die Handelnden ihrem Handeln zuschreiben, oder durch „intuitives" oder „einfühlendes Verstehen", das ein Verstehen des „erlebten Gefühlzusammenhangs" einschließt (*WuG* 5).[57] Auf diese Weise liefert Webers *verstehende* Soziologie auf einer absolut grundlegenden Ebene *kausale* Erklärungen des Handelns.[58] Indem sie

---

56 Die Rekonstruktionen von Sinnzusammenhängen, die ursächliche Motivationen für das Handeln bilden, durchziehen Webers empirische Texte, wenn auch in *Agrar* und in *Abriß* in geringerem Maß als in *WEWR* und in *WuG*.

57 Der Großteil der Sekundärliteratur hat sich mit Webers Auffassung von Kausalität ausschließlich unter diesen Begriffen beschäftigt. Dieses Ungleichgewicht wird unter Bezugnahme auf Webers empirische Schriften in den Kapiteln 2, 3 und 4 behandelt und, so ist zu hoffen, behoben werden.

58 Natürlich müssen Forscher eine Erfahrung nicht selbst durchleben, um zu verstehen, wie sie ein Handeln verursacht: „man braucht nicht Cäsar zu sein, um Cäsar zu verstehen" (*WuG* 2). Insbesondere emotionale Erfahrungszustände können selten nach-

dies tut – durch Bezug auf Ordnungen, legitime Ordnungen und soziologische Orte –, werden Handlung und Struktur verknüpft.

Mit der sorgfältigen Betrachtung dieser Verknüpfung durch die Untersu-
chung des Strukturalismus der Weberschen empirischen Texte (seinen drei
Hauptformen regelmäßigen Handelns) und seiner handlungsbezogenen
Grundlagen (methodologischer Individualismus, der Begriff des *Verstehens*,
die vier Typen sozialen Handelns und die Vielfalt von Motiven) hat dieses
Kapitel das Fundament seiner kausalen Soziologie gelegt. Bevor wir uns den
Strategien und Verfahren seiner kausalen Soziologie zuwenden, muß aber
noch ein weiterer grundlegender Bestandteil der historisch-vergleichenden
Soziologie Webers auf systematische Weise behandelt werden: die Multikau-
salität seiner empirischen Texte.

---

empfunden werden. In diesem Fall geschieht ein Verstehen dadurch, daß der emotionale Kontext, in dem ein Handeln stattfindet, angemessen erfaßt wird (*WuG* 2; *Kat*
428 f.). Der gemeinte Sinn der untersuchten Handelnden kann natürlich erheblich von
dem abweichen, der von Soziologen als „angemessen" oder „richtig" angenommen
wird. Extreme Fälle, wie der des buddhistischen Mönchs oder des Kalvinisten (vgl.
PE 54 f., 103; *PE II* 161), machen das „objektive" Verstehen des gemeinten Sinns
schwierig, insbesondere wenn ein Soziologe nicht empfänglich für religiöse Emotio-
nen ist oder wenn er vorwissenschaftliche Formen des Wissens verschmäht (vgl. die
Diskussion der „Richtigkeitsrationalität" in *Kat* 432-436; *Wertfr* 532-535). Die Anerkennung dieser Schwierigkeiten stellt die *Methode* des Verstehens jedoch nicht grundsätzlich in Frage (vgl. *WuG* 2).

2
Webers Multikausalität

Weber sind alle Behauptungen einer umfassenden und unveränderlichen Beziehung zwischen Werten und materiellen Interessen ebenso fremd wie jegliche Versuche festzulegen, ob der Einfluß der Herrschaft, der Verbände, der Religion, des Rechts, des Standes oder der Wirtschaft als allgemein vorherrschend betrachtet werden könne. Beispielsweise kann nicht behauptet werden, daß ökonomischer Wandel generell zu neuen Rechtsformen führt; vielmehr müssen diese Formen bereits in Ansätzen bestehen: „Die rationalen rechtstechnischen Verkehrsschemata [...] müssen vielmehr [...] erst einmal ‚erfunden' werden, um in den Dienst aktueller ökonomischer Interessen treten zu können" (*WuG* 412). Mit der gleicher Argumentation verwirft Weber die Erhebung religiöser Faktoren über wirtschaftliche Faktoren: „Bei weitem nicht überall, wo sie [die Macht des Religiösen] mit Umgestaltung Hand in Hand geht, ist sie das treibende Element. Sie [die Macht des Religiösen] stampft insbesondere nirgends ökonomische Zustände aus dem Boden, für welche nicht mindestens die Möglichkeiten, oft sehr intensive Antriebe in den bestehenden Verhältnissen und Interessenkonstellationen gegeben waren" (*WuG* 349: vgl. z. B. *Einl* 238-240, 259). Ebenso lehnt er es ab, unter Bezug auf klar begrenzte Entwicklungen allgemeine kausale Behauptungen aufzustellen (vgl. z. B. *WuG* 349)[1]: „Ein konkreter Markt kann einer autonom von den Marktbeteiligten vereinbarten oder einer von den verschiedensten Gemeinschaften, namentlich von politischen oder religiösen Verbänden oktroyierten Ordnung unterworfen sein" (*WuG* 385). Dementsprechend mißt Weber in seiner bekannten Formulierung einer Reihe von sowohl „ideellen wie materiellen Interessen" *analytisch gesehen* das gleiche Gewicht zu. Er tut dies unbenommen der Möglichkeit, in einem *bestimmten empirischen* Fall den Vorrang eines einzelnen Faktors anzuerkennen.

---

1   „Eine allgemeine Formel für die relative inhaltliche Macht der verschiedenen Entwicklungskomponenten und der Art ihrer ‚Anpassung' aneinander ist nicht zu geben" (*WuG* 349).

Webers historisch-vergleichende Texte widmen sich einem breiten
Spektrum kausaler Faktoren, so wie dies auch die interpretative historische
Schule tut. Seine Schriften widersetzen sich jedoch dem Bemühen der Anhänger dieses Ansatzes, kausale Zusammenhänge allein durch eine detaillierte Fülle der Beschreibung herzustellen, wie es besonders bei Charles Tilly zu
erkennen ist. Weber verneint angesichts seines Grundsatzes der Wertbeziehung, seiner Auffassung der sozialen Wirklichkeit als unausschöpflich und
seiner Bevorzugung von Idealtypen grundsätzlich die Möglichkeit, dies zu
tun.[2]

Dagegen lehnen die Verfechter der Weltsystem-Schule umfassende multikausale Ansätze ab. Sie beschäftigen sich vor allem mit dem Einfluß der
internationalen Wirtschaft auf die innerstaatliche politische und wirtschaftliche Entwicklung. Die *Interessen* wirtschaftlicher und politischer Akteure im
Zentrum sowie die Macht der multinationalen Konzerne bilden ihr Hauptthema. Die Werte von Ständen, der Familie oder von Religionen werden
dementsprechend ebenso beiseitegelassen wie allgemeine kulturelle Unterschiede in den Gebieten der Semi-Peripherie und der Peripherie.

Die kausalanalytische Schule konzentriert sich ebenfalls auf strukturelle
Kräfte, vor allem auf Klassenbeziehungen und den Staat. Die Anhänger dieses Ansatzes halten sich bei der Untersuchung alternativer Hypothesen aus-
nahmslos nicht an eine breite multikausale Methodologie. Moore hebt die
Klassen, den Wandel der Klassenstruktur und die Interessen der herrschenden
Klassen hervor, während Skocpol die nationale Politik und das unabhängige
Handeln der Staaten betont. Keiner von beiden beschäftigt sich in regelmäßiger Weise mit kulturellen Faktoren. Selten wird eine komplexe Beziehung
zwischen Werten, Traditionen und Interessen eingeräumt. Obwohl ihre von
Mill herrührende Methodologie des Forschungsdesigns sie nicht dazu zwingt,
multikausale Verfahren abzulehnen, geben die Forscher des kausalanalytischen Ansatzes normalerweise wirtschaftlichen und politischen Faktoren
einen kausalen Vorrang.

Webers kausale Untersuchungen halten an einem grundsätzlichen Bekenntnis zu einer umfassenden multikausalen Methodologie fest. Er besteht
insbesondere darauf, daß die Untersuchung aller dauerhaften Strukturen und
wirtschaftlichen Beziehungen die Überzeugungen und Werte einbeziehen
muß, die sie legitimieren und aufrechterhalten. Durch eine solche Schwer-

---

2 Der Grundsatz der Wertbeziehung und Webers Sicht der sozialen Wirklichkeit werden
   in Kapitel 3, S. 121-125, diskutiert. Den Hauptgegenstand von Kapitel 3 bilden die I-
   dealtypen.

punktsetzung sind beispielsweise seine Analysen der Macht der Sippe in China, der Kastenordnung in Indien und des preußischen Staates gekennzeichnet. Seine bekannten „Typen der Herrschaft" umfassen nicht einfach nur eine Untersuchung der äußeren Strukturen, sondern auch einen konzentrierten Blick darauf, wie Herrschaft dazu gelangt, als legitim angesehen zu werden.

Webers radikal multikausale Analysen unterscheiden sich in weiteren Hinsichten bedeutsam von neueren Schulen historisch-vergleichender Soziologie. Erstens zeigen seine empirischen Texte eine wiederholte Beachtung der unterschiedlichen *Intensität* des Handelns. Zweitens hebt Weber die Unabdingbarkeit machtvoller „sozialer Träger" hervor, wenn ein Handeln soziologisch bedeutungsvoll werden soll. Die Träger können sogar selbst eine unabhängige kausale Wirkung auf regelmäßige Handlungsorientierungen ausüben. Doch selbst dann, wenn sich Webers multikausale Analysen einer Vielzahl von sozialen Trägern zuwenden, vernachlässigen sie nicht den Einfluß von Handeln, das sich an historischen Ereignissen, technologischen Neuerungen und geographischen Faktoren orientiert. Diese Handlungsorientierungen werden im dritten Abschnitt dieses Kapitels untersucht werden. Weber besteht sogar stärker als selbst die interpretative historische Schule darauf, daß diese Faktoren in einen soziologischen *Kontext* gestellt werden müssen, wie in den Kapiteln 4 und 5 deutlich werden wird. Schließlich verknüpft seine historisch-vergleichende Soziologie die sozialen Träger einerseits mit der Frage der Macht und andererseits mit der Fähigkeit von Kampf, Konkurrenz und der bloßen Spannung zwischen regelmäßigen Handlungsorientierungen, regelmäßiges Handeln hervorzubringen.[3] Diese Themen werden uns in diesem Kapitel beschäftigen.

Die grundsätzliche Verpflichtung zur Multikausalität

Webers historistischer Nachdruck auf individuelle Konstellationen und die Dynamik historischer Zufälligkeit sowie seine Weigerung, „abstrakte Gleichförmigkeiten" und selbst Idealtypen als etwas anderes als heuristische Begriffe zu sehen, zeugen ebenso wie seine nachdrückliche Ablehnung aller Theorien, die für die empirische Gültigkeit und notwendige Entfaltung universeller Entwicklungsstadien und Gesetze eintreten (vgl. Kap. 3, S. 117-120), von

---

3   Obwohl neuere Kommentatoren Webers Multikausalität zur Kenntnis nehmen, kenne ich in der Sekurdärliteratur keine Studie, die dieses Thema ausdrücklich und in der hier dargelegten detaillierten Weise untersucht.

einer tiefen Verpflichtung zu einer umfassenden multikausalen Methodologie. Sein Widerstreben, notwendige kausale Beziehungen als gegeben vorauszusetzen, wird selbst in seiner Analyse des Nebeneinanders von Kalvinismus und Kapitalismus sichtbar: Diese Verflechtung einer bestimmten „Wirtschaftsethik" und einer „Wirtschaftsform" muß weniger als das Produkt einer logischen Abfolge oder unvermeidbaren Entwicklung verstanden werden, sondern vielmehr als das Ergebnis konkreter historischer Kräfte.[4] Auf den ersten Blick mag Webers radikale Multikausalität nicht offen sichtbar sein.[5]

Viele Kommentatoren haben die *PE* als Beleg für eine allgemeine „idealistische Tendenz" gesehen; Weber beharrt jedoch auf der begrenzten Aufgabe dieser Fallstudie. Die *PE* ist nicht daraufhin angelegt, eine kausale Erklärung der Ursprünge des modernen Kapitalismus zu liefern, sondern sie versucht die *Quellen* der methodischen Haltung zur Arbeit – den „Geist" des Kapitalismus –, die an die Stelle der „traditionalen" Wirtschaftsethik trat, zu untersuchen (*PE* 31-33, 37, 60-62). Nachdem es sich als unmöglich erwiesen hatte, die Ursprünge dieser „rationalen" Wirtschaftsethik in materiellen, biologischen oder strukturellen Faktoren zu entdecken, wendete er sich religiösen Texten zu und fand in den Mahnungen und Predigten der puritanischen Geistlichen klare Belege, insbesondere in den im siebzehnten Jahrhundert von Richard Baxter verfaßten (*PE* 90-97). Ob diese „Ethik" tatsächlich für den Aufstieg des modernen Kapitalismus in seinen verschiedenen Geburtsländern von Bedeutung war, war für Weber eine offene Frage, die empirisch

---

4   Im besonderen als Folge von Herrschaft und politischen Machtfaktoren (vgl. *PE* 192, Anm. 1; *WuG* 378, 716 f.; *Zwi* 549 f.; *HB* 372. Marshall (1980) macht dies ebenso deutlich wie Collins (1980) in seiner Rekonstruktion von „Weber's Last Theory of Capitalism".

5   In Webers gesamten empirischen Texten können viele Aussagen gefunden werden, die seine eigenen Verfahren zur Feststellung kausaler Zusammenhänge grob vereinfachen und die als noch unentwickelte Versuche der begrifflichen Erfassung betrachtet werden müssen. Ich denke hierbei an seine nicht seltenen Aussagen, die die Vorherrschaft einer einzelnen sozialen Sphäre, häufig der politischen (Herrschaft und Macht), verkünden (vgl. z. B. *WuG* 486, 505, 564). Besonders in *WEWR*, *Abriß* und *Agrar* reduziert Weber zu oft die wahre Komplexität und Stärke seiner kausalen Methodologie, indem er beispielsweise religiöse und materielle Faktoren isoliert betrachtet statt eine Analyse der komplizierten Verflechtungen zu liefern. (Dennoch teile ich nicht Alexanders Ansicht (1983), Weber „verabschiede" sich von der „Mehrdimensionalität". Sein Argument beruht auf einem mangelnden Verständnis der verschiedenen Analyseverfahren in seinen politischen, vergleichenden und analytischen (*WuG*) Schriften. Vgl. weiter unten sowie die Kapitel 4 und 5.) Allgemein zu diesem Punkt vgl. Kapitel 5.

in Bezug auf eine Reihe von regelmäßigen Handlungsorientierungen hinsichtlich von Herrschaft, Wirtschaft, Ständen, universellen Gemeinschaften und Recht untersucht werden muß. Weber selbst hatte nie die Absicht, mit diesem „kulturgeschichtlichen Essay" eine multikausale Analyse zu liefern; er hob vielmehr bewußt „ideelle" Konfigurationen hervor, um nachdrücklich für ihre Aufnahme in alle Analysen der Entstehung des modernen Kapitalismus einzutreten (*PE* 205; vgl. auch 192, Anm. 1; 205, Anm. 3; *PE II* 182).

Weber berücksichtigt in *WEWR* sowohl den Einfluß der religiösen Lehre als auch die „materialistische" Seite. Er behandelt eine Reihe von nichtreligiösen Hindernissen der wirtschaftlichen Entwicklung sowohl in China, wie die extrem starken Sippen-Bindungen und „das Fehlen des formal garantierten Rechts und einer rationalen Verwaltung und Rechtspflege" (*KT* 394 f.; vgl. auch 374, 381, 389-391), als auch in Indien, wie die Beschränkungen der Binnenwanderung, der Arbeiterrekrutierung und des Kreditwesens durch das Kastensystem (*HB* 109-116, 64-56, 100-104). Ebenso deckt er eine ganze Reihe von befördernden materiellen Kräften auf, denen es trotz allem nicht gelang, einen modernen bürgerlichen Kapitalismus hervorzubringen, wie in China die Handelsfreiheit, die Zunahme des Edelmetallbesitzes, Bevölkerungswachstum, berufliche Freizügigkeit und das Vorhandensein einer Geldwirtschaft (*KT* 530, 340 f., 390, 529 f., 289 f.). Demgemäß legt er nochmals seine Weigerung dar, religiöse Faktoren auszuschließen: „Denn wie von rationaler Technik und rationalem Recht, so ist der ökonomische Rationalismus in seiner Entstehung auch von der Fähigkeit und Disposition der Menschen zu bestimmten Arten praktisch-rationaler *Lebensführung* überhaupt abhängig. Wo diese durch Hemmungen seelischer Art obstruiert war, da stieß auch die Entwicklung einer *wirtschaftlich* rationalen Lebensführung auf schwere innere Widerstände" (*Vorb* 12, Hervorhebungen i. Orig.). Weber beschreibt die Studien in *WEWR* nicht einfach als Untersuchungen der komplexen Beziehungen zwischen den Sphären der Wirtschaft und der Religion, sondern allgemeiner als „vergleichende Studien über die *universal*geschichtlichen Zusammenhänge von Religion und Gesellschaft" (*PE* 206, Anm. 1, Hervorhebung i. Orig.; vgl. auch *Vorb* 12 f.).

Gerade der Aufbau und die Anlage von *WuG* belegen Webers Bekenntnis zu umfassenden multikausalen Verfahrensweisen. Statt von einem Begriff der „Gesellschaft" auszugehen oder die Frage aufzugreifen, wie soziale Ordnung entsteht und aufrechterhalten wird, legt diese analytische Abhandlung den Schwerpunkt auf das regelmäßige Handeln von Menschen in verschiedenen Ständen, Klassen und Verbänden. Diese werden wiederum innerhalb von abgegrenzten *gesellschaftlichen Ordnungen* angesiedelt, von denen jede eigengesetzlich durch ein zugehöriges Problem bestimmt wird: Ordnungen wie der Stand, die universellen Gemeinschaften, die Religion, das Recht, die Herrschaft und die Wirtschaft. Mit jeder Ordnung wird analytisch eine Reihe von Idealtypen verbunden.[6] Wie in Kapitel 1 erörtert wurde, impliziert jeder von Webers Idealtypen – beispielsweise die Familie, der Beamte, die kapitalistische Wirtschaft, der asketische Erlösungsweg und die bürokratische Herrschaft – *regelmäßige* Handlungsorientierungen mit einem bestimmten Maß an Dauerhaftigkeit, Gerichtetheit und Festigkeit. Jeder bezeichnet sowohl eine Kontinuität sinnhaften Handelns als auch einen deutlichen Widerstand gegen ungerichtetes Handeln wie auch gegen alle konkurrierenden Handlungsorientierungen. Somit werden bei jedem Idealtypus Wahrscheinlichkeiten hinsichtlich der Fortdauer eines bestimmten gleichförmigen Handelns und des Ausschlusses eines anderen Handelns ersichtlich. Auf diese Art entwirft jeder Idealtypus *empirische Möglichkeiten*, und die durch die Idealtypen umrissenen Handlungsorientierungen sind, als regelmäßige, mit einer von innen kommenden kausalen Schubkraft und Standfestigkeit oder, in Webers Worten, einem *eigengesetzlichen* Zug versehen.[7] Seine empirischen Texte belegen, daß ganze Reihen von unabhängigen Handlungsorientierungen soziologisch bedeutsam sind: Jede ist potentiell mit empirischer kausaler Wirksamkeit ausgestattet.[8]

Da Weber die Quellen regelmäßigen Handelns als äußerst vielfältig ansieht, weist er alle Theorien zyklischer Entwicklung und die im marxistischen Denken seiner Zeit verbreiteten monokausalen materialistischen Theorien zurück. Besonders kritisch war er gegenüber der Erhebung des marxistischen Grundsatzes von Basis und Überbau in den Rang eines allgemeinen und wissenschaftlichen Gesetzes, obwohl er seinen fruchtbaren heuristischen

---

6   Die Eigenart und der Aufbau von *WuG* wird im Detail in Kapitel 3, S. 125-130 sowie in Kapitel 4, S. 135-139 und S. 144-166 behandelt; vgl. auch Kapitel 5, S. 207-210.

7   Zur zentralen Bedeutung der „Eigengesetzlichkeit" vgl. Kalberg (1979; 1981; 1985a). Zuerst vermerkte Salomon die Wichtigkeit dieses Begriffs in Webers Arbeiten (1945: 597-600); vgl. auch Gerth (1946: 62-64) und Tenbruck (1975b).

8   Weber unterstellt keinen Hang zur Harmonie, wie die Modelle der „Spannung" zeigen werden (Kapitel 4, S. 144-166). Für ihn bildet die Frage, ob es einer *Gesellschaft* gelingt, eine übergreifende kulturelle Ordnung, eine normative Integration und eine „Verallgemeinerung von Wertmustern" („value generalization") zu erzeugen (Parsons 1972; 1975), kein zentrales theoretisches Anliegen für die Soziologie. Vielmehr muß diese Frage empirisch und fallweise untersucht werden (Kalberg 1987b; 1992; 1993a; im Erscheinen). Die Weber-Lektüre von Parsons, die offensichtlich von solchen Fragen der Erhaltung sozialer Ordnung ausgeht, verzerrt das Webersche Werk.

Wert anerkannte. Obwohl Weber beispielsweise den Einfluß von Trägerschichten auf die Bildung und Verbreitung religiöser Lehren betonte, argu-
mentierte er ebenso, daß die Glaubenssysteme nicht als bloße Funktion
schichtspezifischer Interessen betrachtet werden können (vgl. z. B. *Einl*
240 f.). Ebenso kann eine Wirtschaftsethik nicht als „einfache ‚Funktion'
wirtschaftlicher Organisationsformen" verstanden werden (*Einl* 238). Aus
dem gleichen Grund wäre es beispielsweise ein Mißverständnis anzunehmen,
daß sich eine Klasse formal geschulter Juristen schlicht aufgrund von kapitalistischen Interessen herausbildet. So fragt Weber: „Und warum taten die
kapitalistischen Interessen das gleiche nicht in China?" (*Vorb* 11).

Er ist überzeugt, daß eine viel komplexere Beziehung beispielsweise
zwischen rechtlichen und wirtschaftlichen Faktoren besteht als dies der marxistische Grundsatz von Basis und Überbau zuläßt. Das Fehlen ökonomischer
Interessen ist keineswegs die einzige Erklärung für das Ausbleiben der Entwicklung einer Rechtsinstitution, und „die spezifische rechtstechnische Eigenart einer Rechtsordnung" ist „für die Chance, daß ein bestimmtes Rechts-
institut in ihrer Mitte erfunden werde, von weit erheblicherer Bedeutung, als
man oft anzunehmen pflegt" (*WuG* 412; vgl. auch 395; Weber 1889: 13 f.).
Beispielsweise begünstigten die „irrationalen" Denkweisen des germanischen
Rechts die Erfindung bestimmter Rechtstechniken (vgl. *WuG* 409), und die
„rückständigen" Rechtsmittel des mittelalterlichen Rechts, die im logischen
und technischen Sinn entschieden weniger rationalisiert waren als das römische Recht, ermöglichten die Erfindung einer Reihe von kapitalistischen
Rechtsinstitutionen (*WuG* 412; *Abriß* 290-293). Allgemein gesprochen: „Ö-
konomische Situationen gebären neue Rechtsformen nicht einfach automatisch aus sich, sondern enthalten nur eine Chance dafür, daß eine rechtstechnische Erfindung, wenn sie gemacht wird, auch Verbreitung finde" (*WuG*
412).[9]

Weber erkennt, daß Interessen die rechtliche Entwicklung oft entlang eines unabhängigen Entwicklungspfades trieben. „Innerjuristische" Bedingungen wie „die Eigenart der Personenkreise, welche auf die Art der Rechtsges-
taltung *berufsmäßig* Einfluß zu nehmen in der Lage sind" und insbesondere
die Art der rechtlichen Schulung waren von besonderer Bedeutung (*WuG*

---

9 Weber weist bei vielen Gelegenheiten darauf hin, daß der moderne Kapitalismus in
 Ländern mit erheblich unterschiedlichen Rechtssystemen, besonders hinsichtlich ihrer
 „formalen Strukturprinzipien" (*WuG* 509), gleichermaßen gut gediehen ist. Seine Beispiele beziehen sich gewöhnlich auf das kontinentale und das angelsächsische Recht
 (*WuG* 458, 511, 563 f.).

456). Im siebten Jahrhundert entwickelten technisch geschulte Notare Rechtstechniken entlang „ihrer eigenen Wege" (*WuG* 408). Weber sah auch die
methodischen Unterschiede des Rechtsdenkens zwischen dem kontinentalen
und dem angelsächsischen Recht als eng verknüpft mit „sehr stark intern,
durch Verhältnisse und Existenzbedingungen des Juristenstandes, bestimmte[n] Umstände[n]" (*WuG* 509). „*Sachliche* Notwendigkeiten des Rechtsbe-
triebs" einschließlich der Notwendigkeit der „Rationalisierung des Prozeß-
verfahrens" setzten einen kraftvollen Schub in Bewegung, der eine Schicht
von geschulten Juristen hervorbrachte, die rechtliche Fragen unzweideutig
formulieren konnten (*WuG* 491). Diese Juristen spielten wiederum sehr häufig eine eigenständige und einflußreiche Rolle bei der Erneuerung von
Rechtstechniken (*WuG* 456).

Mit seiner unentwegten Weigerung, den in den Idealtypen festgehaltenen
regelmäßigen Handlungsorientierungen eine Rangordnung in den gesellschaftlichen Ordnungen der Stände, der universellen Gemeinschaften, der
Herrschaft, der Religion, der Wirtschaft und des Rechts zuzuweisen, macht
Weber geltend, daß alle Kombinationen prinzipiell empirisch möglich sind.
In der Einleitung in seine Kapitel über traditionale und charismatische Herrschaft in Teil II von *WuG* faßt er beispielsweise seine Ziele dahingehend
zusammen, daß sie nicht nur eine Bewertung einschließen, inwieweit die
„Entwicklungschancen" der hauptsächlichen „Strukturprinzipien" eines jeden
Herrschaftstypus „ökonomischer Bedingtheit unterliegen oder etwa durch
andere, z. B. rein politische, Umstände" bedingt werden, sondern auch eine
Einschätzung des Ausmaßes, in dem die Entwicklungschancen dieser Herrschaftstypen statt dessen einer „in ihrer technischen Struktur selbst liegende[n] ‚Eigengesetzlichkeit'" folgen (*WuG* 578). Diese Eigengesetzlichkeit
muß als *imstande* angesehen werden, einen unabhängigen Effekt selbst auf
das auf die Wirtschaft gerichtete regelmäßige Handeln auszuüben (*WuG* 349,
578, 395). Weber entdeckte zahlreiche empirische Fälle, in denen dies der
Fall war (vgl. z. B. *WuG* 392, 780).

Im besonderen ist er sich bewußt darüber, in welchem Maß die Zuschreibung von Legitimität gegenüber einer Herrschaft eine unabhängige Triebkraft
in Gang setzt. Der Versuch, Herrschaft zu legitimieren, dient normalerweise,
ebenso wie eine hohe soziale Stellung, dazu, überkommene Machtpositionen
zu festigen. Genau diese Fähigkeit versieht für Weber das „allgemeine Bedürfnis", einen Vorteil zu rechtfertigen, mit bedeutsamen Folgen hinsichtlich
des regelmäßigen Handelns: Die durch den Glauben an die Legitimität bedingte Stärkung von Herrschaft und positiver sozialer Ehre dämpft die Stoß-

kraft innovativer Kräfte. Beispielsweise konnten die chinesischen Literaten mit ihrer vom Konfuzianismus gestützten Macht und ihrem Ansehen als wirksamere Verfechter der Familienpietät dienen, die, besonders in China, in einem starren Gegensatz zur Entfaltung sowohl des modernen Kapitalismus als auch des „Geistes" des Kapitalismus stand (*KT* 523). In Indien sicherte nicht allein die *Macht* der Brahmanen den Fortbestand des Kastensystems und stand als zentrales Hindernis der Entwicklung einer Stadtwirtschaft und einer „Bürgerschaft" entgegen; vielmehr erwies sich der verbreitete *Glaube* als zentral, daß die Brahmanen zu Recht Ansehen und Autorität besaßen (*HB* 89, 112, 127-129). Dieselbe Vorstellung von Legitimität spielte eine wesentliche Rolle bei der Festigung der Feudalherrschaft: „Unter solchen Umständen lag für alle mächtigen Vasallen die Versuchung, das Lehensband gänzlich abzustreifen, so außerordentlich nahe, daß nur die Tatsache erklärungsbedürftig ist, warum dies nicht häufiger vorkam, als es tatsächlich geschah. Der Grund dafür lag in der schon erwähnten *Legitimität*sgarantie, welche die Vasallen für ihren Besitz an Land und Herrschaftsrechten darin fanden" (*WuG* 636, Hervorhebung i. Orig.).

Weber richtet seine Aufmerksamkeit auch auf religiöse Lehren und Erlösungswege, die alle das praktische Leben der Gläubigen äußerst stark beeinflussen können: beispielsweise der kalvinistische Prädestinationsglaube, die lutherische Rechtfertigung durch den Glauben, die indische *Karma*-Lehre und die katholische Lehre vom Sakrament (*Einl* 258 f.). Für ihn tragen die „religiösen Gedankeninhalte [...] ihre Eigengesetzlichkeit und zwingende Macht [...] rein in sich" (*PE* 192, Anm. 1).[10] Außerdem:

Wenn [...] die Art der erstrebten Heilsgüter stark beeinflußt war durch die Art der äußeren Interessenlage und der ihr adäquaten Lebensführung der herrschenden Schichten und also durch die soziale Schichtung selbst, so war umgekehrt auch die Richtung der ganzen Lebensführung, wo immer sie planmäßig rationalisiert wurde, auf das tiefgreifendste bestimmt durch die letzten Werte, an denen sich diese Rationalisierung orientierte. (*Einl* 259; vgl. auch 238-241, 259 u. 263)[11]

---

10 Dieser Abschnitt findet sich im Kern bereits in der ersten Fassung (1904) der *PE*; Webers Überarbeitung von 1920 verstärkt ihn.
11 Vgl. weiter unten (Kap. 4, S. 190-195) die Erörterung theoretischer Rationalisierungsprozesse, beispielsweise der Art, wie die Religion einen unabhängigen empirischen Einfluß auf das Handeln ausüben *kann*.

Indem Weber für ein solch breites Spektrum möglicher kausaler Faktoren eintritt – entspringend aus der Wirtschaft, dem Recht, der Herrschaft und der Religion sowie den Ständen, Klassen und universellen Gemeinschaften[12] – wollte er insbesondere das wirtschaftliche Handeln in einem erweiterten theoretischen Rahmen begrifflich erfassen und „beide Seiten" der kausalen Verknüpfung behandeln.[13] Selbst wenn er die Notwendigkeit eines radikal multikausalen Ansatzes betont, ist er, ebenso wie die Weltsystem- und die kausalanalytische Schule, daran interessiert, die zentrale Bedeutung wirtschaftlicher Faktoren anzuerkennen. Er erklärt dies, ebenso wie seine Abneigung gegen alle epochenübergreifenden Verallgemeinerungen, deutlich in einer Schlüsselstelle in *WuG*:[14]

Gemeinschaften, die nicht irgendwie ökonomisch determiniert sind, sind [...] höchst selten. Dagegen ist der Grad, in dem dies der Fall ist, sehr verschieden, und vor allem fehlt – entgegen der Annahme der sog. materialistischen Geschichtsauffassung – die Eindeutigkeit der ökonomischen Determiniertheit des Gemeinschaftshandelns durch ökonomische Momente. [...] Auch die Formulierung: daß ein ‚funktioneller' Zusammenhang der Wirtschaft mit den sozialen Gebilden bestehe, ist ein historisch nicht allgemein begründbares Vorurteil, wenn darunter eine eindeutige gegenseitige Bedingtheit verstanden wird. Denn die Strukturformen des Gemeinschaftshandelns haben, wie wir immer wieder sehen werden, ihre ‚Eigengesetzlichkeit' und können auch davon abgesehen im Einzelfall stets durch andere als wirtschaftliche Ursachen in ihrer Gestaltung mitbe-

---

12 Für Beispiele mit Bezug auf Stände, Herrschaft und universelle Gemeinschaften vgl. den Abschnitt über soziologische Orte in Kapitel 1.

13 Webers Erkenntnis der kausalen Komplexität zeigt sich in dieser Passage über die Ursprünge der Wirtschaftsethik: „Eine Wirtschaftsethik ist keine einfache ‚Funktion' wirtschaftlicher Organisationsformen, ebensowenig wie sie umgekehrt diese eindeutig aus sich heraus prägt. Keine Wirtschaftsethik ist jemals nur religiös determiniert gewesen. Sie besitzt selbstverständlich ein im höchsten Maß durch wirtschaftsgeographische und geschichtliche Gegebenheiten bestimmtes Maß von reiner Eigengesetzlichkeit gegenüber allen durch religiöse oder andere (in diesem Sinn:) ‚innerliche' Momente bedingten Einstellungen des Menschen zur Welt. Aber allerdings: Zu den Determinanten der Wirtschaftsethik gehört als eine – wohlgemerkt: nur eine – auch die religiöse Bestimmtheit der Lebensführung. Diese selbst aber ist natürlich wiederum innerhalb gegebener geographischer, politischer, sozialer, nationaler Grenzen durch ökonomische und politische Momente tief beeinflußt." (*Einl* 238 f., Hervorhebungen i. Orig.; vgl. auch 240, 259)

14 Weber verwendet in dem folgenden Zitat den Ausdruck „Gemeinschaftshandeln" im Sinn von „soziales Handeln", vgl. Kap. 1, Anm. 32.

stimmt sein. Dagegen pflegt allerdings an irgendeinem Punkt für die Struktur fast aller, und jedenfalls aller ,kulturbedeutsamen' Gemeinschaften der Zustand der Wirtschaft ursächlich bedeutsam, oft ausschlaggebend wichtig, zu werden. Umgekehrt pflegt aber auch die Wirtschaft irgendwie durch die eigengesetzlich bedingte Struktur des Gemeinschaftshandelns, innerhalb dessen sie sich vollzieht, beeinflußt zu sein. Darüber, wann und wie dies der Fall sei, läßt sich etwas ganz Allgemeines von Belang nicht aussagen. (*WuG* 200 f.; vgl. auch 537)[15]

Webers Betonung der Multikausalität ist eng verbunden mit seiner Vorstellung von sozialen Trägern. Wenn regelmäßige Handlungsorientierungen einflußreich und soziologische bedeutsam werden sollen, muß sich ein zusammenhängender und machtvoller Träger für sie herausbilden. Er stellt fest: „Der Begriff der Autonomie ist, um nicht jeder Schärfe zu entbehren, an das Bestehen eines nach Merkmalen, sei es auch wechselnden, jeweils irgendwie abgrenzbaren Personenkreises geknüpft" (*WuG* 419). Darüber hinaus können die Träger in Webers empirischen Texten eigenständig regelmäßiges Handeln hervorbringen. Somit stehen die Träger im unmittelbaren Zentrum seiner Multikausalität; er widmet ihnen wiederholt seine Aufmerksamkeit. Webers Begriff der sozialen Träger ist erheblich weiter gefaßt als jener, der vom kausalanalytischen Ansatz oder von der Weltsystem-Schule angeboten wird, und die kausale Rolle der Träger wird in seinen historisch-vergleichenden Schriften viel ausdrücklicher betont als dies in den Untersuchungen von Anhängern der interpretativen historischen Schule der Fall ist.

---

15 Weber brachte seine Kritik am Marxismus nachdrücklich auf dem ersten Deutschen Soziologentag zum Ausdruck: „Ich möchte, ohne das weiter auszuführen, nur gegen den – ich weiß nicht, von welchem Redner – hier gefallenen Ausdruck, daß irgend etwas, heiße es Technik, heiße es Ökonomik, die ,letzte' oder ,endgültige' oder ,eigentliche' Ursache von irgend etwas sei, Protest einlegen. Wenn wir uns die Kausalkette vorlegen, so verläuft sie immer bald von technischen zu ökonomischen und politischen, bald von politischen zu religiösen und dann ökonomischen usw. Dingen. An keiner Stelle haben wir irgend einen Ruhepunkt. Und diejenige immerhin nicht seltene Auffassung der materialistischen Geschichtsauffassung, als ob das ,Ökonomische' in irgend einem, wie immer gearteten Sinn, etwas ,Letztes' in der Ursachenreihe sei, diese Ansicht ist meines Erachtens allerdings wissenschaftlich vollständig erledigt" (Verhandlungen des Ersten Deutschen Soziologentages vom 19. - 22. Oktober 1910 in Frankfurt a. M., Tübingen 1911, S. 101; zitiert bei Roth 1968: LXIV).

Soziale Träger

In allen Epochen und Zivilisationen sind Werte, Ideen und Gedankengänge
jeder nur vorstellbaren Art aufgekommen. Beispielsweise schreibt Weber,
„daß es auf dem Gebiet des Denkens über den ‚Sinn' der Welt und des Lebens durchaus nichts gibt, was nicht, in irgend*einer* Form, in Asien schon
gedacht worden wäre" (*HB* 365). Jedoch sind nach Weber stets zusammenhängende Handlungsträger nötig, damit Ideen und vor allem regelmäßige
Handlungsorientierungen soziologisch bedeutsam werden können. In jeder
Gesellschaft erlangen nur bestimmte traditionale, affektuelle, wertrationale
und zweckrationale Handlungsmuster zusammenhängende Fürsprecher und
stechen im sozialen Gefüge hervor. Beispielsweise entstand in China kein
mächtiges und selbstbewußtes Bürgertum, um eine Ethik formaler Gleichheit
zu unterstützen (*KT* 426, 431 f.), noch konnte sich im von den Samurai dominierten Japan der Vor-Meidschi-Zeit eine geschlossene Schicht herausbilden, „welche Träger einer ‚bürgerlichen' Entwicklung im occidentalen Sinn
hätte sein können" (*HB* 298).

In einigen Zivilisationen war eine starke Kontinuität der sozialen Träger
über Epochen hinweg charakteristisch. Beispielsweise waren in China die
patrimoniale Bürokratie und die Literatenschicht für mehr als zweitausend
Jahre die zentralen Träger des Konfuzianismus. In Indien stützten die Brahmanen den Hinduismus für mehr als ein Jahrtausend. In Japan fiel „eine Be-
rufskriegerschicht sozial am stärksten ins Gewicht. Rittersitte und Ritterbil-
dung [...] bestimmte das praktische Verhalten" (*HB* 300).

In Webers historisch-vergleichender Soziologie dienen Stände, Klassen
und Verbände[16] als die bedeutendsten sozialen Träger. Dieser Begriff spielt
in seinen empirischen Texten durchgehend eine entscheidende Rolle. Die
Träger gliedern sich in zwei Grundkategorien. Der erste Typus wird von
solchen Ständen, Klassen und Verbänden gebildet, die bereits als *soziologische Orte* des Handelns vertraut sind (vgl. Kapitel 1, S. 62-76). Weil sie
sowohl deutliche Zwänge als auch Möglichkeiten für ein bestimmtes Handeln und Wahrscheinlichkeiten für die Herausbildung gesonderter, bestimm-
barer und regelmäßiger Handlungsorientierungen vorgeben, bringen diese
Träger häufig selbst eine unabhängige Triebkraft ein, die über das Potential

---

16 Webers Vorstellung von *Verband* ist eine allgemeine. Er spricht nicht nur von Herr-
    schaftsverbänden sowie von Sekten und Kirchen als Verbänden, sondern auch von frei
    vereinbarten Verbänden (Vereinen). Der *Betrieb* stellt ebenfalls einen Verband dar,
    ebenso der Staat (*WuG* 26, 28).

verfügt, einen historischen Fall oder eine historische Entwicklung kausal zu beeinflussen. Ein zweiter Typus beinhaltet nur eine „äußerliche Struktur" oder „Form". Weil diese kein bestimmbares und regelmäßiges Handeln hervorzubringen vermag, kann in ihr eine große Vielfalt von Handlungsorientierungen auftreten. Aus diesem Grund dient dieser Handlungsträger nicht selbst als Triebkraft. Diese Träger sind im allgemeinen voluntaristische Verbände, Betriebe, Staaten, Sekten, Kirchen und politische Parteien, obwohl Weber auch auf die Stadt, die Nation, das Kastensystem in Indien und auf ethnische Gruppen als Beispiele für diesen Trägertypus verweist.

Obwohl beispielsweise Sekten in ihrer äußeren Struktur überall ähnlich und gleichermaßen streng sind und obwohl sie nur religiös qualifizierte Personen als Mitglieder aufnehmen, bringen sie doch keine gleichartigen und regelmäßigen Handlungsorientierungen hervor (*Einl* 259-265, bes. 264; vgl. oben Kapitel 1, Anm. 15). Webers historisch-vergleichende Soziologie zeigt dennoch wiederholt die unübertroffene Fähigkeit der Sekten, Handlungsorientierungen zu *tragen*, sobald sie aus religiösen oder politischen Lehren hervorgegangen sind. Obwohl sie in ihrer Struktur weniger streng sind, haben sich auch Kirchen als äußerst machtvolle Träger religiöser Ethiken erwiesen. Auf der anderen Seite dieses Spektrums stehen die freien Städte. Trotz ihrer hochgradig flexiblen äußerlichen „Struktur" wurden sie im mittelalterlichen Okzident Träger einer zentralen Kraft, die von den städtischen Gilden und den bürgerlichen Schichten ausging: dem Begriff des Bürgertums (*Abriß* 270-289). Weber spricht von Städten auch als den zentralen Trägern des frühen und des mittelalterlichen Christentums (*WuG* 600).

Dieser Typus des sozialen Trägers war Weber zufolge von enormer historischer Bedeutung. Doch dies trifft ebenfalls für die Träger zu, die wie Klassen, Schichten und Verbände fähig waren, aus sich heraus Handlungsorientierungen hervorzubringen und in der Geschichte als Triebkräfte zu dienen: den soziologischen Orten. Diese Träger leisten einen starken Beitrag zu der umfassenden Multikausalität von Webers empirischen Texten. Die Werte und die Lebensführung der mächtigen Schichten können beispielsweise selbst die Ausbildung religiöser Ethiken in starkem Maß beeinflussen (*Einl* 239 f., 253 f.). Dies trifft ungeachtet der Überzeugung Webers zu, jede religiöse Ethik empfange „ihr Gepräge doch aus religiösen Quellen. Zunächst: aus dem Inhalt ihrer Verkündigung und Verheißung" (*Einl* 240, 256), und trotz seiner Annahme, daß religiöse Glaubenssysteme ständische Ethiken beeinflussen und verändern können (*Einl* 241). Die charakteristischen Merkmale der ursprünglichen Trägerschicht einer jeden Weltreligion drangen deutlich

in die Gestaltung ihrer Glaubenssysteme und Lehren ein. Hier können nur
einige wenige Beispiele angeführt werden, wie dies geschah.

Der Einfluß einer Intellektuellenschicht war besonders stark in den Weltreligionen des Ostens. Die Standesethik einer gebildeten Schicht von Literaten trug wesentlich zur Ausbildung der konfuzianischen Lehren in China bei
(*KT* 395-458; *Einl* 239). In Indien prägte stark eine erbliche, nach dem vedischen Ritual erzogene Kaste, die Brahmanen, die Entstehung der Erlösungslehre des Hinduismus, und der Einfluß kontemplativer wandernder Bettel-
mönche kann deutlich in den Lehren des frühen Buddhismus entdeckt werden
(*HB* 232; *Einl* 239). Für Weber handelt es sich bei den Religionen Chinas,
Indiens und des antiken Griechenlands um „Vorstellungen, die jeglicher
vornehmen Intellektuellenschicht sehr naheliegen" (*HB* 352, Anm. 1). Dies
gilt ebenfalls für das antike Judentum. Die Umformung und Rationalisierung
alter Orakel und Verheißungen im antiken Palästina und die Schaffung „charakteristisch abweichender Konzeptionen", welche die intellektuellen Traditionen dieser Religion formulierten, hätte nicht stattfinden können, wenn sich
nicht eine „eigene Bildungsschicht" herausgebildet gehabt hätte (*AJ* 219).

Andere Schichten haben ebenfalls, in einer deutlich anderen Weise, religiöse Ethiken stark beeinflußt: „Ganz anders, wo die für die Entwicklung
einer Religion ausschlaggebenden Schichten praktisch handelnd im Leben
standen, ritterliche Kriegshelden oder politische Beamte oder wirtschaftlich
erwerbende Klassen waren, oder endlich, wo die Religion von einer organisierten Hierokratie beherrscht wurde" (*Einl* 254). Die Lehre des frühen Islam
war tief durchdrungen von der Standesethik ihrer ursprünglichen Trägerschicht: eines Ritterordens von disziplinierten Kämpfern und Eroberern. Das
Glaubenssystem des Christentums wurde in der Antike stark durch seine
ursprünglichen Träger geformt: wandernde Handwerkergesellen, kleinbürgerliche Händler und, ganz allgemein, städtische bürgerliche Schichten.[17] In der
späteren Kirche beeinflußte die Tatsache, daß ihre Funktionäre bürokratische
Ämter innehatten, die kirchliche Rechtsschöpfung (*WuG* 480). Die Wirkung
der typischen Handlungsorientierungen und der Lebensführung des mittleren
und unteren Bürgertums auf die Lehren des asketischen Protestantismus ist
allgemein deutlich (*Einl* 239 f.; *WuG* 292 f., 704), obgleich der Kalvinismus
„dem harten rechtlichen und aktiven Sinn bürgerlich-kapitalistischer Unternehmer wahlverwandter" erscheint (*PE* 145).

---

17   Weber hält „bürgerliche" Schichten für besonders vieldeutig hinsichtlich ihrer „Wahlverwandtschaft" zu einem bestimmten Typus von Religion (*Einl* 256 f.).

Die starke Wirkung der Standesethik der Trägerschichten auf die religiösen Ethiken ist auch immer dann leicht erkennbar, wenn eine Weltreligion ihre Trägerschicht wechselt. Weber bemerkt, daß „für jede Religion der Wandel der sozial ausschlaggebenden Schichten tiefgreifende Bedeutung zu haben pflegte" (*Einl* 241). Beispielsweise wurde der Hinduismus, der in seiner klassischen Periode von in den Veden geschulten Brahmanen getragen wurde, im indischen Mittelalter, als „plebejische Mystagogen" und untere Schichten zu seinen Trägern wurden, zu einer sakramentalen Religion des Rituals, des Glaubens an Erlöser, der Magie und sogar der Orgiastik (*Einl* 239).[18] In knapper Form kennzeichnet Weber die Bedeutung der Träger für die religiöse Lebensführung im allgemeinen:

Auch hier wurden die einzelnen Typen der rational methodischen Lebensführung vor allem durch diejenigen irrationalen, als schlechthin gegeben hingenommenen, Voraussetzungen charakterisiert, die sie in sich aufgenommen hatten. Welches diese waren, das gerade ist es nun, was in zum mindesten sehr starken Maße rein historisch und sozial bestimmt wurde durch die Eigenart, das heißt aber hier: die äußere, sozial, und die innere, psychologisch, bedingte *Interessenlage* derjenigen Schichten, welche Träger der betreffenden Lebensmethodik in der entscheidenden Zeit ihrer Prägung waren. (*Einl* 253; vgl. auch 251-258)[19]

Trägerschichten bilden somit eigenständige kausale Kräfte. Sie werden in sämtlichen empirischen Texten Webers wiederholt behandelt und tragen stark zu deren radikaler Multikausalität bei. Diese Texte lenken die Aufmerksamkeit ausdrücklich auf die kausale Bedeutung regelmäßiger Handlungsorientierungen an zahlreichen Trägerschichten, -verbänden, und -klassen. Nur der interpretative historische Ansatz nimmt eine solch vielfältige Reihe von Trägern zur Kenntnis. Die Vertreter dieses Ansatzes tun dies jedoch nicht in einer ausdrücklichen und systematischen Weise, die deren analytische Unabhängigkeit kenntlich machen würde.

Da die Träger regelmäßigen Handelns, wie diese wenigen Beispiele zeigen, für Weber zu wichtigen kausalen Kräften werden können, wenden sich seine empirischen Schriften regelmäßig der Frage zu, *welche Träger* in Bezug auf eine neue Entwicklung „ökonomisch abkömmlich" werden. Beson-

---

18 Zu einem früheren Wechsel der Träger im frühen Hinduismus vgl. *HB* 183. Vgl. auch Kapitel 5, S. 253-255.

19 Natürlich sieht Weber hier, wie gerade festgestellt wurde, keine strenge kausale Beziehung (vgl. auch z. B. *Einl* 240; Kapitel 4, S. 153-157).

ders achtsam ist hinsichtlich der wirtschaftlichen „Abkömmlichkeit" von Klassen und Ständen. Da jede Klasse und jeder Stand eine Reihe gesonderter Handlungsorientierungen mit sich bringt, hat die wirtschaftliche „Abkömmlichkeit" einer bestimmten Klasse oder eines bestimmten Standes weitreichende soziologische Konsequenzen: Das Maß, in dem es die „äußerliche Situation" einer bestimmten Klasse oder Schicht ermöglicht, an einer neuen Entwicklung teilzuhaben, kann entscheidend sein für die Richtung, die diese neue Entwicklung nimmt. Aus diesem Grund durchzieht das Bemühen zur Einschätzung eben dieser „Abkömmlichkeit" Webers substantielle Texte. Nur ein paar Beispiele hierfür können angeführt werden.

Seine Untersuchung der Teilnahme am politischen Geschehen beschäftigt sich mit der Frage nach der „ökonomischen Abkömmlichkeit". Beispielsweise wurden politische Parteien bis zum Ende des achtzehnten Jahrhunderts von der älteren Oberschicht gebildet, da nur Aristokraten für unentgeltliche Ämter zur Verfügung standen (*WuG* 668). Besonders charakteristisch ist die Verwaltung durch solche „Honoratioren" dort, wo bürokratisierte Verbände fehlen (*WuG* 171). Als im späteren neunzehnten Jahrhundert Massenparteien entstanden, waren wiederum bestimmte Klassen für Führungsrollen erheblich verfügbarer als andere. Beispielsweise waren Journalisten, und besonders Journalisten ohne Vermögen, bedingt einfach durch „die ungeheure Steigerung der Intensität und Aktualität des journalistischen Betriebes" (*PolB* 526), nur selten als Parteiführer verfügbar. Das gleiche ist von städtischen Geschäftsleuten zu sagen, die wegen ihrer wirtschaftlichen Unabkömmlichkeit auf ähnliche Weise behindert waren, zumindest bis zu ihrem Ruhestand. Andererseits erwies sich die Wahrscheinlichkeit, daß wohlhabende Grundbesitzer, schlicht aufgrund ihrer wirtschaftlichen Unabhängigkeit, „Berufspolitiker" wurden, als erheblich höher.[20] Dies war besonders in England der Fall, wo der Landadel zunehmend sein Land verpachtete und da-

---

20 Eine Beschäftigung mit der Frage nach der wirtschaftlichen „Abkömmlichkeit" bestimmter Klassen verweist auf eine der großen Gefahren, vor denen Demokratien stehen. Diese Gefahr – „daß die Besitzenden als solche die Verwaltungsfunktionen in die Hände bekommen" (*WuG* 546) – erwächst nicht daraus, daß die Wohlhabenden fähiger wären zu herrschen; sie rührt vielmehr aus der Tatsache her, daß das Einkommen vieler unter den Wohlhabenden aus bestenfalls zeitweiliger Arbeit entspringt. Aus diesem Grund sind sie sowohl mit einem Überschuß an Freizeit gesegnet als auch mit der „Abkömmlichkeit" für die Übernahme von Dienstaufgaben gegen geringe oder keine Entlohnung. Ein Opfer von Zeit oder Einkommen ist für sie nicht notwendig (*WuG* 546 f.).

durch frei wurde, das Amt des Friedensrichters auszuüben (*WuG* 617 f.; *PolB* 514).[21]

Eng verbunden mit Webers gesamter Multikausalität – eine radikale *Vielfalt* von Kräften bringt in geordneter Form regelmäßige Handlungsorientierungen hervor – ist seine Annahme, daß sich das Handeln in seiner Intensität unterscheidet bzw. in seinem Vermögen, angesichts anderer Kräfte ein regelmäßiges Handeln aufrecht zu erhalten. Dieser zentrale Aspekt in Webers empirischen Texten bildet einen Grundbestandteil seiner multikausalen historischvergleichenden Soziologie. Er stellt ihn in striktesten Gegensatz besonders zur Rational Choice-Theorie.[22]

---

21 Weber argumentiert in gleicher Weise auch hinsichtlich anderer Träger. Einige wenige Beispiele können angeführt werden. Die zeitaufwendige Schulung für magisches Charisma oder Heldentum war für junge Männer aus verschiedenen Schichten nur insoweit eine Möglichkeit, wie die Geschäfte reibungslos ohne sie laufen konnten. Da sie häufiger abkömmlich waren, erlangten die Wohlhabenden häufig ein Monopol über die charismatische Erziehung (*WuG* 679). In ähnlicher Weise erkennt Weber, daß nur bemittelte Männer, die von intensiver Arbeit befreit sind, für eine Teilnahme an den aufwendigen Andachtsritualen des Hinduismus abkömmlich sind (*WuG* 322). Schließlich zieht er den Schluß: „inmitten einer rational zur Berufsarbeit organisierten Kultur blieb für die Pflege der akosmistischen Brüderlichkeit selbst – außerhalb der ökonomisch sorgenfreien Schichten – kaum noch Platz" (*Zwi* 571). Auch die Landwirtschaftssklaven in der Antike werden unter dem Gesichtspunkt ihrer Verfügbarkeit untersucht, in diesem Fall hinsichtlich des Militärdienstes: Die schlichte Notwendigkeit, sowohl für sich selbst als auch für einen Feudalherren sorgen zu müssen, machte diese Schicht ungeeignet, als stehende Streitmacht zu dienen (*WuG* 587). Auch die Kriegsführung untersucht Weber zum Teil unter der Frage nach der Verfügbarkeit von Klassen und Ständen. Soweit sie nicht von ideologischen Leidenschaften überwältigt wurden, waren die erwerbstätigen und wohlhabenden Schichten in städtischen Gebieten zunehmend weniger für den Krieg verfügbar, wenn die Beanspruchung durch die Arbeit zunahm.

22 In neueren historisch-vergleichenden Untersuchungen wird selten ein Bemühen um die Definition von Handeln deutlich. Mann stellt eine Ausnahme dar. Er bringt seine zugrundeliegenden Rational Choice-Annahmen klar zum Ausdruck (vgl. 1990-1991, Bd. 1: 14, 19 ff., 56 ff.). Bemerkenswerterweise fehlt, wie bei allen Vertretern der Rational Choice-Theorie, eine Analyse der Stärke von Traditionen sowie von Werten. Vgl. Kapitel 1, S. 52-62.

Die variable Intensität einer Handlung:
der Gegensatz zur Rational Choice-Theorie

Wie schon in Kapitel 1 vermerkt, ergeben sich Handlungsmuster für Weber nicht nur aus Werten (*WuG* 15, 17), sondern auch aus affektuellem und traditionalem Handeln. Selbst zweckrationales Handeln im Dienste weltlicher Interessen bringt Kontinuität und Regelmäßigkeiten des Handelns hervor.

Sein Festhalten am methodischen Individualismus, seine Konzentration auf den subjektiv gemeinten Sinn und seine Zurückweisung organischer, funktionaler und orthodox struktureller Lehren sowie seine Beobachtung, daß auch allein Interessen zu anhaltenden Regelmäßigkeiten des Handelns führen können, bringt Webers Soziologie scheinbar in eine enge Verwandtschaft zu Annahmen der Rational Choice-Theorie. Rational Choice-Theoretiker halten sich streng an den methodologischen Individualismus und erklären Handeln durch Bezug auf die Kosten und den Nutzen eines bestimmten Handlungsablaufs für ein Individuum, im Gegensatz zu denen eines alternativen Handlungsablaufs (vgl. z. B. Coleman 1991-1994; Hechter 1987; Friedman u. Hechter 1988; 1990; Cook 1990; Kiser u. Hechter 1991).

Ungeachtet dieses gemeinsamen Zugs unterscheidet sich Webers Soziologie in bedeutsamen Hinsichten von der Rational Choice-Theorie.[23] Dieser Ansatz betont selbst in seinen breiter angelegten Fassungen (vgl. z. B. Friedman u. Hechter 1988; Coleman 1991-1994) im allgemeinen das „zweckgerichtete" und absichtsvolle – oder zweckrationale – Handeln in einem solchen Maß, daß die Motivationskraft traditionalen, affektuellen und wertrationalen Handelns unterschätzt oder außer acht gelassen wird. Für Weber stehen alle *vier* Typen des sozialen Handelns grundsätzlich auf der gleichen Stufe; sie alle sind mit einer unabhängigen Macht ausgestattet, Handeln zu steuern.[24] Es gibt in der Tat einen Grundsatz, der sich durch seine gesamten historischvergleichenden Schriften zieht: Die Orientierung des Handelns an Werten und Traditionen läßt sich durch zweckrationales Handeln nicht leicht verän-

---

23　Ein weiterer Gegensatz der empirischen Texte Webers zur Rational Choice-Theorie wird in denjenigen Abschnitten von Kapitel 4 und 5 behandelt werden, die sich seiner Betonung der sozialen Kontexte zuwenden (Kapitel 4, S. 139-166; Kapitel 5, S. 233-246).

24　Es sollte jedoch erwähnt werden, daß affektuelles Handeln in Webers empirischen Texten eine etwas weniger wichtige Rolle spielt.

dern, und oft ist dieses Handeln machtlos angesichts von wertrationalem und traditionalem Handeln.[25]

Zu diesem Schluß führt Weber seine Berücksichtigung des subjektiven Sinns, den Individuen ihrem Handeln zuschreiben. Er will wissen, welcher Sinn – verstanden als die vier Typen sozialen Handelns – für den Handelnden beteiligt ist. Diese Frage erlangt für ihn nicht nur dadurch soziologische Bedeutung, daß der subjektive Sinn wechselt, sondern auch weil sich sinnhaftes Handelns in seiner Intensität unterscheidet; ein Punkt, der sowohl von Rational Choice-Theoretikern als auch von den Anhängern der Weltsystem-Schule sowie denen des interpretativen historischen und des kausalanalytischen Ansatzes vernachlässigt wird.

Daß sich beispielsweise sowohl der Abenteurerkapitalist als auch der kalvinistische Kapitalist nach der Preisbildung der Marktwirtschaft richten, ist für Weber ohne besondere Bedeutung. Für eine Untersuchung der *Ursprünge* des modernen Kapitalismus ist jedoch die Tatsache von immenser Wirkung, daß diese Akteure aufgrund radikal verschiedener Handlungsorientierungen für diese Wirtschaftsordnung eintraten. In der „Protestantismus-These" geht es nicht einfach um die Einführung eines neuen Typus zweckrationalen Handelns durch den Kalvinismus, beeinflußt durch religiöse Belohnungen. Entscheidend war vielmehr die Tatsache, daß die Orientierung des Kalvinisten gegenüber der Sphäre der Wirtschaft nunmehr, durch seine Suche nach *Zeichen* des „Auserwähltseins", in wertrationalem Handeln verwurzelt war. Nur dieser Typus des Handelns konnte die *methodisch-rationale* Lebensführung einführen (Kalberg 1981: 23-27; 1990). Nach Webers Schlußfolgerung ist die Verbindung der Bestimmung der wirtschaftlichen Sphäre als Schauplatz für die „Bewährung" des Gnadenstandes mit dem methodischen Charakter der Lebensführung der Kalvinisten für die *extreme* Ausrichtung dieser Religion auf „Weltbeherrschung" verantwortlich. In diesem Fall besaßen bestimmte Handlungsorientierungen – die der Kalvinisten – als Folge ihrer größeren Intensität und somit ihres *einzigartigen* Vermögens zur Erschütterung der traditionalen Wirtschaftsethik,[26] welthistorische Auswirkun-

---

25 Dieser Kernpunkt in Webers historisch-vergleichender Soziologie wird besonders in Kapitel 4 deutlich werden.

26 Diese größere Intensität beruhte, in Webers technischer Terminologie, auf den „psychologischen Prämien" des Handelns. Diese Prämien waren eine *irrationale* Folge der Prädestinationslehre (*PE* 78, 87-93, 163-199). Die rationale Antwort wäre Fatalismus gewesen. Nur der Revisionismus Richard Baxters erlaubte dem Gläubigen, aus diesem Fatalismus sowie aus der extremen Sorge, die die Ungewißheit über den Stand der eigenen Erlösung begleitete, zu entkommen und ein *Zeichen* – weltlichen Erfolg – ihrer

gen (*PE* 33 f., 125, 197-199, 38-40, Anm. 1; *WuG* 328, 348; vgl. Kalberg 1996; 2001).

In Webers historisch-vergleichender Soziologie entfalten daher nicht alle regelmäßigen Handlungsorientierungen die gleiche Intensität oder Stabilität.[27] Obwohl seiner Ansicht nach marktwirtschaftliches Handeln in der Lage ist, „Gleichartigkeiten, Regelmäßigkeiten und Kontinuitäten der Einstellung und des Handelns, welche sehr oft weit stabiler sind, als wenn Handeln sich an Normen und Pflichten orientiert", entstehen zu lassen (*WuG* 15), erweisen sich im allgemeinen in Werten verankerte Handlungsorientierungen als stabiler als solche, die auf zweckrationalem oder traditionalem Handeln beruhen: „Eine *nur* aus zweckrationalen Motiven innegehaltene Ordnung ist im allgemeinen weit labiler als die lediglich kraft Sitte, infolge der Eingelebtheit eines Verhaltens, erfolgte Orientierung an dieser: die von allen häufigste Art der inneren Haltung. Aber sie ist noch ungleich labiler als eine mit dem Prestige der Vorbildlichkeit oder Verbindlichkeit, wir wollen sagen: der ‚Legitimität', auftretende" (*WuG* 16, Hervorhebung i. Orig.).[28]

Webers methodologischer Individualismus und seine Betonung der vier Typen sozialen Handelns versetzen seine Soziologie, anders als die Rational Choice-Theorie, in die Lage zu beurteilen, wie die *Kombination* verschiedener Handlungsorientierungen die Intensität des Handelns beeinflußt. Wie gerade angedeutet, führt für ihn eine Orientierung an Werten dazu, über eine Orientierung an materiellen Interessen hinaus und unabhängig davon, die Stabilität des Handelns zu erhöhen. Dies kennzeichnet nicht nur das Handeln von Kalvinisten; es ist beispielsweise auch überall da der Fall, wo Beamte nicht bloß aufgrund zweckrationaler Erwägungen (Verspätung kann zur Entlassung führen) pünktlich sind, sondern auch, weil sie an die Pünktlichkeit als Wert *glauben* (vgl. Kapitel 1, S. 57-59). Andererseits verflechten sich materielle Interessen regelmäßig mit Werten – und stärken oder schwächen sie (vgl. z. B. *HB* 248 f.; *WuG* 15). In ähnlicher Weise erhöhte das Einsickern magischer Orientierungen in konfuzianische Lehren bedeutend deren Fähigkeit, sich dem Wandel, sogar einschließlich technologischer Neuerungen, zu

---

Auserwähltheit zu suchen.

27 Unterscheidungen hinsichtlich der Intensität finden sich beispielsweise mit Bezug auf die Typen der Herrschaft in *WuG* 623 f., 650, 652 f.

28 Für weitere Beispiele dafür, wie Handlungsorientierungen in ihrer Intensität variieren können, vgl. die Diskussion von „Ordnungen" und „legitimen Ordnungen" in Kapitel 1. Diese Begriffe sind in Webers Soziologie grundlegend sowohl für die Verknüpfung von Handlung und Struktur als auch für seine Multikausalität.

widersetzen.[29] Konventionen können, nicht weniger als Gesetze, magisch oder rituell *stereotypisiert* werden, so daß im Fall der Übertretung die sozialen und rechtlichen Sanktionen um so strenger und schwerer angewandt werden.[30] Webers empirische Texte sind voller solcher Beispiele.[31]

Sein Begriff der „ethischen Rationalität" veranschaulicht besonders gut die Berücksichtigung der verschiedenen Intensitäten des Handelns in seinen empirischen Schriften. Er definiert einen „ethischen" Maßstab als etwas, das „eine spezifische Art von wertrationalem *Glauben* von Menschen als Norm an menschliches Handeln legt, welches das Prädikat des ‚sittlich Guten' in Anspruch nimmt, ebenso wie Handeln, welches das Prädikat ‚schön' in Anspruch nimmt, dadurch an ästhetischen Maßstäben sich mißt" (*WuG* 19, Hervorhebung i. Orig.). Wenn wertrational an sie geglaubt wird, werden die Ethiken rein weltlicher und säkularer Wertordnungen, wie die des Kommunismus, von Weber als ethisch rational bezeichnet, nicht anders als die meisten „primitiven" Religionen, ungeachtet der Frage, ob in ihnen ein monotheistischer Gott oder pantheistische Götter herrschen (*WuG* 262, 314, 191).

Ethische Rationalität meint nicht einfach ein kognitives Element, wie es im Spiel ist, wenn man sich Regeln für angemessenes Betragen einprägt. Statt dessen ist ethisches Handeln viel stärker und bedeutet, erstens, ein Gebot des Gehorsams gegenüber einem moralischen Gut, das als innerlich verpflichtend und zwingend empfunden wird, und, zweitens, eine Trennung zwischen einer normativ gültigen Richtschnur, die einen ethischen Status beansprucht, und dem empirischen Fluß fragmentierter Gegebenheiten. Weber zufolge kann tägliches Handeln selbst dann durch ethische Rationalität entscheidend beeinflußt werden, wenn „äußere" Garantien für diese fehlen, und manchmal sogar trotz starker entgegengesetzter Traditionen und Interessen (*WuG* 19, 321; *Einl* 258 f., 266, 252; *Zwi* 537 f.).

Weil ethisches Handeln stets eine innerlich bindende Erwartung einschließt, widersetzt es sich allem traditionalen, affektuellen und zweckrationalen Handeln. Wenn eine ganze Konfiguration ethischer Werte entsteht und

---

29 Weber argumentiert beispielsweise, daß „die Herrschaft der Magie [...] eine der schwersten Hemmungen für die Rationalisierung des Wirtschaftslebens gewesen" ist (*Abriß* 308). Besonders betont er ihre Rolle bei der Behinderung der Entwicklung einer rationalen Wirtschaft und einer modernen Wissenschaft in China (*KT* 513-515, 521, 481-483; *Abriß* 308). Vgl. auch *Vorb* 12.

30 Weber zufolge nähmen Konventionen mit größerer Wahrscheinlichkeit in jenen Zivilisationen einen rituellen Charakter an, die gänzlich ständisch gegliedert waren, so wie viele asiatische Zivilisationen (*Einl* 275).

31 Für weitere Beispiele vgl. Kapitel 5, S. 233-246.

wenn diese zu einer innerlich konsistenten Einheit systematisiert sind, kann
das Handeln umfassend von diesen Werten beeinflußt werden. Die „„sinnhafte' Gesamtbeziehung der Lebensführung", die daraus hervorgeht, ist selbst
mit einem starken Vermögen ausgestattet, das Handeln zu leiten. In der Begrifflichkeit Webers entsteht eine „Gesinnungsethik". In diesem Fall lassen
nicht „stereotypisierte Einzelnormen", sondern letzte Werte und eine „Gesinnung" regelmäßige Handlungsorientierungen entstehen. Diese Gesinnung ist
nicht nur in der Lage, in verschiedenen Situationen unterschiedliche Handlungsmuster zu sanktionieren, sondern sie kann sich, abhängig von der durch
die ethischen Werte hervorgebrachten besonderen Lebensführung, nachdrücklich Interessen und sogar Traditionen entgegenstellen. Auf diese Weise
können religiös begründete ethische Werte das Handeln beeinflussen, wenn-
gleich auch andere ethische Werte dazu in der Lage sind, wie jene, die für
den Feudalismus (*WuG* 623) oder den Marxismus (*WuG* 296, 313 f., 501)
typisch sind.[32]

Somit variiert auch die ethische Rationalität in der säkularen Sphäre in
Hinblick auf Wertgehalt, Umfang und innere Einheit. Beispielsweise können
die Handelnden ein Ideal von Freundschaft zu einem ethischen Maßstab
erheben und sich selbst innerlich für verpflichtet halten, alle Anforderungen
der Brüderlichkeit ungeachtet aller praktischen Schwierigkeiten zu erfüllen.
Als Ergebnis einer „Wertrationalisierung" können säkulare Formen ethischer
Rationalität eine allgemeinere Anwendbarkeit entfalten, die das soziale Handeln in umfassenderer Weise beeinflußt. Das Abwerfen traditionaler Fesseln
in der Renaissance und ihr Glaube an die Macht der *naturalis ratio* (*Einl* 266)
verbreitete sich in verschiedenen sozialen Sphären, ebenso wie der Glaube
der Aufklärung an die Vernunft und das Bekenntnis des Liberalismus zu den
Menschenrechten und zur Gewissensfreiheit (*WuG* 725 f.). Entsprechend
kann das Festhalten am Wert des Egalitarismus nicht nur die rein politischen
und rechtlichen Aktivitäten seiner Befürworter beeinflussen, sondern auch
ihre sozialen oder sogar wirtschaftlichen Bestrebungen.

Wenn einzelne Formen ethischer Rationalität weiter rationalisiert werden, werden sie zu einem Bestandteil innerhalb umfassenderer und innerlich
vereinheitlichter Formen ethischer Rationalität. Dies geschieht beispielsweise
dann, wenn die Orientierung des Handelns an sozialer Gerechtigkeit als ei-

---

32 Bei den empirischen Gelegenheiten, bei denen ethische Werte eine methodisch-
    rationale Lebensführung hervorrufen und diese Werte eine Prämie auf weltliches Tun
    in einem umfassenden Sinn aussetzen, übernehmen sie es, die soziale Wirklichkeit zu
    formen und zu beherrschen (vgl. *WuG* 349).

nem ethischem Ideal in einem solchen Maß wertrationalisiert wird, daß eine geschlossene Weltsicht entsteht, die eine Erklärung allen vergangenen, gegenwärtigen und zukünftigen menschlichen Elends umfaßt. Im Europa des neunzehnten Jahrhundert gediehen säkulare politische, soziale und philosophische Bewegungen derart totalen Umfangs und innerer Konsistenz. Beispielsweise blieben im marxistischen Sozialismus die Ideale der Brüderlichkeit, des Egalitarismus und der sozialen Gerechtigkeit nicht länger isolierte ethische Prinzipien oder vage Hoffnungen, sondern verschmolzen zu einem systematisch vereinheitlichen Weltbild, das vergangenes und gegenwärtiges Leiden erklärt. Es verspricht außerdem die zukünftige Beseitigung aller weltlichen Not, wenn die vorgeschriebenen Lehren richtig umgesetzt werden. Wenn wertrational an ihn geglaubt wird, leitet der Marxismus als einheitliches Glaubenssystem, das absolute Wahrheit beansprucht, alles regelmäßige Handeln ethisch „von innen". Für Weber ist die Macht einer solchen säkularen Gesinnungsethik, das gesamte Handeln entsprechend seiner Werte zu leiten, viel wirksamer als zweckrationale, traditionale oder erkenntnismäßige Orientierungen und nicht weniger stark als diejenige einer religiösen Gesinnungsethik. Von entscheidender Wichtigkeit ist in jedem Fall die Hingabe an die Ethik und der kompromißlose Glaube an sie als letzte Instanz.

Nur ethische Rationalitäten sind in der Lage, „praktisch-rationale" Regelmäßigkeiten des Handelns dauerhaft zu unterdrücken[33] oder, was genauso wichtig ist, sie durch Umformung in „praktisch-ethisches" Handeln zu verstärken.[34] Außerdem setzen nur ethische Rationalitäten Prozesse der Wertrationalisierung in Gang, die zur Bildung umfassender, innerlich vereinheitlichter Wertekonfigurationen führen. Nur ethisch gehaltvolle Rationalitäten sind in der Lage, eine *methodisch-rationale* Lebensführung hervorzubringen (Kalberg 1981; 1990; 1996: 57-64). Für Weber kann sich das Handeln – mit unverkennbaren soziologischen Folgen – von ethischem zu traditionalem oder utilitaristisch-zweckrationalem Handeln „veralltäglichen" und sich dann

---

33 Oder zweckrationalem Handeln entspringende Regelmäßigkeiten, die „innerweltlich" ausgerichtet sind (Kalberg 1981: 13 f.).

34 In der gesellschaftlichen Sphäre der Religion wurden praktisch-rationalen Handlungsmustern psychologische Prämien durchgängig, und für alle Gläubigen, nur von den asketischen protestantischen Kirchen und Sekten und dem mönchischen Virtuosendogma des Katholizismus zugesprochen. Indem enorme Prämien auf disziplinierte Arbeit und methodische Lebensführung gesetzt wurden, sublimierten diese Lehren weitgehend praktisch-rationales Handeln, ob im Kloster oder „innerhalb der Welt", zu praktisch-ethischem Handeln (*WuG* 334; *KT* 553 f.; *PE* 38-40, Anm. 1).

zurück zu ethischen Rationalitäten und sogar zurück zu einer methodisch-rationalen Lebensführung „rationalisieren".[35]

Gerade solche Unterschiede hinsichtlich der *Intensitäten des Handelns* sind für das Verständnis der Multikausalität in Webers gesamter historisch-vergleichender Soziologie entscheidend. Die weltliche Klugheit und der utilitaristische gesunde Menschenverstand Albertis[36] hätten keinen „Geist" des Kapitalismus hervorbringen können, noch kann der Ausgangsimpuls für soziale, philosophische oder religiöse Bewegungen, die beanspruchen, die gegebene Wirklichkeit zu verändern, allein aus der praktischen Rationalität hervorgehen (*PE* 61 f., 38, Anm. 1, 168, Anm. 3). Weber macht geltend, daß solche aus zweckrationalen Handlungsorientierungen entspringenden Regelmäßigkeiten des Handelns auch niemals allein in der Lage sind, ethische Rationalitäten, Prozesse der Wertrationalisierung oder eine einheitliche Lebensführung hervorzubringen. Ethisches Handeln, das von einem verinnerlichten Maßstab geleitet wird, ergibt sich nie allein aus zweckrationalem Handeln, einerlei ob es sich um eine begrenzte ethische Rationalität wie Freundschaft oder um eine Gesinnungsethik handelt.

Überdies können weder das zweckrationale Handeln, das die Grundlage für praktische und formale Rationalität lieferte,[37] noch Wertordnungen, denen ein ethischer Aspekt fehlt, traditionale Einstellungen und Formen der Lebensführung sprengen und danach den Alltag in einem Maß transzendieren und ordnen, das ausreicht, um eine umfassende und anhaltende Rationalisierung des Handelns in Gang zu setzen. Eine solche Entwicklung kann nur entstehen, nachdem Prozesse der Wertrationalisierung, die auf einer ethischen Rationalität beruhen, zur Bildung zumindest eines anfänglichen Wertmaßstabs geführt haben. Mit Bezug auf diesen Maßstab, und ungeachtet seines besonderen Inhalts, kann das Alltagshandeln qualitativ beurteilt, als mangelhaft befunden und verworfen werden (*Einl* 266). Webers Begriff der ethischen Rationalität und seine Betonung der verschiedenen Richtungen, die auf

---

35 Weber benutzt dafür gelegentlich den Ausdruck „sublimieren" (bes. in *Zwi* 541).

36 Leon Battista Alberti (1407-1472), italienischer Baumeister und Kunsttheoretiker der Frührenaissance.

37 Ich habe festgestellt (1981: 18 f.), daß die praktische Rationalität stets eine diffuse Tendenz zeigt, alltägliche Probleme durch zweckrationale Handlungsmuster unter Bezug auf pragmatische Eigeninteressen zu berechnen und zu lösen. Andererseits legitimiert formale Rationalität letzten Endes eine ähnliche zweckrationale Berechnung durch Verweis auf allgemein gebräuchliche Regeln, Gesetze oder Vorschriften, wie jenen in Bürokratien.

Werten beruhende Rationalisierungsprozesse einschlagen können, ist verantwortlich für seine Ablehnung aller Erklärungen des „okzidentalen Rationalismus" als Ausdruck entweder der Anpassung an die gegebene Wirklichkeit oder des Konflikts reiner Interessen.[38]

Es könnten zahlreiche weitere Beispiele angeführt werden. Die Rational Choice-Theorie, die Weltsystem-Schule sowie die interpretativen historischen und die kausalanalytischen Ansätze vernachlässigen alle solche Überlegungen, die in Webers gesamter historisch-vergleichender Soziologie zentral sind. Ihre Mißachtung der Verknüpfung von Handlung und Struktur schließt die Formulierung eines begrifflichen Apparats hierfür aus. Webers grundsätzliche Verpflichtung zur Multikausalität ist jedoch durch die Erkenntnis der unterschiedlichen Intensität des Handelns, seiner vielfältigen Grundlagen und der zentralen Bedeutung soziologischer Träger noch nicht erschöpft.

Historische Ereignisse, Technologie und Geographie

Webers empirische Texte gestehen auch wohlbekannten Kräften – historischen Ereignissen, Technologie und Geographie – das Vermögen zu, als bedeutsame Kausalfaktoren zu dienen. Für ihn besitzt jede dieser Kräfte sogar das Potential, in einer bestimmten empirischen Situation entscheidend zu werden. Seine historisch-vergleichende Soziologie rückt in dieser Hinsicht näher an die interpretative historische Schule heran und weg vom Strukturalismus und von der üblichen Konzentration auf eine begrenzte Zahl kausaler Kräfte – normalerweise der Staat oder die Wirtschaft –, wie sie sich in der Weltsystem-Schule und im kausalanalytischen Ansatz finden.

Im Licht der Weberschen Sicht der sozialen Realität als durchdrungen von unaufhörlichem Kampf und bestehend aus regelmäßigen Handlungsorientierungen, die in universellen Gemeinschaften, in einer Vielzahl von Ständen und in den Sphären der Religion, der Wirtschaft, der Herrschaft und des Rechts angesiedelt sind, ist es nicht überraschend, daß er weitreichende gesetzmäßige Verallgemeinerungen vermied und historische Ereignisse und sogar historische „Zufälle" ausführlich zur Kenntnis nahm. Webers Würdigung der Unvorhersehbarkeit der Geschichte führt ihn zu der Überzeugung,

---

38 Diese gesamte Diskussion der ethischen Rationalität beruht auf meinen Aufsätzen (1981; 1990; 1996; 2000a), die diese Themen ausführlicher behandeln.

daß immer wieder das Unwägbare und Unerwartete eintreten kann und mit soziologischer Bedeutung behaftet ist.

Folglich beschäftigte er sich eingehend mit der kausalen Bedeutung begrenzter historischer Ereignisse. Der Sieg der Griechen über die Perser in der Schlacht von Marathon erwies sich als zentral für die Entwicklung der hellenischen Kultur und somit für den gesamten Verlauf der okzidentalen Geschichte (*Logik* 273-277, 286 f.). Die Eucharistie in Antiochia war ebenfalls ein „gewaltiger Akzent". Weil die Kommensalität des Abendmahls alle rituellen Schranken sprengte, bewies dieses Ereignis den Universalismus der paulinischen Mission. Damit lieferte sie die „Konzeptionsstunde" der okzidentalen Vorstellung von Bürgertum (*HB* 39 f.; Kalberg 1993a). Diese Mission bewirkte auch die Übernahme des Alten Testaments durch das Christentum. Wäre dies nicht geschehen, hätte sich keine christliche Kirche oder Ethik bilden können, und die christliche Gemeinde wäre bloß eine unter zahlreichen jüdischen Paria-Sekten geblieben (*AJ* 6-8).

Auch für Asien erkennt Weber die Bedeutung historischer Ereignisse an. Beispielsweise führte in Indien die Bekehrung des Königs Aśoka zum Buddhismus im dritten Jahrhundert vor Christus zu einem pazifistischen Wohlfahrtsstaat und erwies sich als erster Anstoß zur Entwicklung des Buddhismus zu einer Weltreligion (*HB* 256-262); und die Taiping-Rebellion (1850-1864) hätte, wäre sie erfolgreich gewesen, der Geschichte Ostasiens durchaus eine ganz andere Richtung geben können (*KT* 505, Anm. 3).[39]

Die Wichtigkeit, die Weber der Technologie und der Geographie zuschreibt, wird am deutlichsten in *Agrar*, *Abriß* und *KT* sichtbar.[40] *Agrar* diskutiert häufig den starken Einfluß technologischen Wandels auf die militärische Entwicklung. Beispielsweise hat die Einführung des Pferdes in der Antike wesentlich dazu beigetragen, den „orientalischen Eroberungsstaat" und

---

39 Weber glaubt, ein epileptischer Anfall habe im „militärisch entscheidenden Moment" die Niederlage der geschlagenen Pekinger Regierung verhindert (*KT* 505).

40 Weber beschäftigt sich in *WuG* nur relativ selten mit dem kausalen Einfluß von Technologie und Geographie. Diese Tatsache bedeutet jedoch keinesfalls eine Leugnung ihrer Wichtigkeit. Seine geringe Beschäftigung mit diesen Faktoren ergibt sich vielmehr weitgehend aus den begrenzten Zielsetzungen dieser Abhandlung. *WuG* war als ein einzelner Band innerhalb der vielbändigen Reihe „Grundriß der Sozialökonomik" geplant und zielte auf „dasjenige tatsächliche Handeln der Menschen, welches durch die Notwendigkeit der Orientierung am ‚wirtschaftlichen Sachverhalt' bedingt ist" (*WuG* 181). Dieses Ziel unterschied *WuG* deutlich von den anderen beiden Abteilungen innerhalb des „Grundriß": „Wirtschaft und Natur" und „Wirtschaft und Technik". Vgl. Schluchter 1988: 597-634.

die „ritterliche Gesellschaft" des Mittelmeers hervorzubringen, und diese gleiche Neuerung erwies sich in China als zentral für die Einleitung eines „homerischen" Zeitalters heroischer Schlachten. Die Verwendung von Eisen für die Herstellung von Waffen spielte in der Antike eine entscheidende Rolle für die Entstehung von Massenarmeen („Großbauern- und Kleinbürgerheer") sowie letztlich für die Schaffung der antiken „Bürgerpolis" (*Agrar* 266 f.; *KT* 302).[41] Im antiken Vorderasien waren technologische Neuerungen in der Landwirtschaft – bessere Werkzeuge zum Dreschen, Pflügen und Ernten – für die Erhöhung der Produktivität der Arbeit besonders bedeutsam (*Agrar* 268 f.). Es könnten viele weitere Beispiele angeführt werden. Weber legt seine allgemeine Haltung hinsichtlich der Rolle der Technologie kurz und bündig dar: „Überall muß vielmehr [...] der Einfluß der technischen Rationalisierungen auf Verschiebungen der gesamten äußeren und inneren Lebensbedingungen mit in Betracht gezogen werden" (*Wertfr* 530).

Weber hielt die *Geographie* nicht nur für fähig, klare Parameter für das soziale Handeln zu setzen – Parameter, die zudem über lange Zeitperioden wirksam bleiben konnten –, sondern auch eine eigenständige kausale Kraft zu bilden. Er wies beispielsweise darauf hin, daß die Verlagerung der kapitalistischen Wirtschaft vom Mittelmeergebiet in der Antike zur Binnenwirtschaft Mittel- und Nordeuropas im Mittelalter einen klaren und bedeutsamen Unterschied im Konsum mit sich brachte: Das härtere Klima Europas hielt die Menschen in ihren Häusern und veränderte das, was ein Mensch „*rein physiologisch* alles als absolutes *Minimum* bedarf" (*Agrar* 270 f., Hervorhebungen i. Orig.). Weber unterschätzt die Bedeutung geographischer Faktoren auch dann nicht, wenn er sich der zentralen Frage zuwendet, warum sich der „ökonomische Rationalismus" nicht in Asien entwickelte: „Das Ausbleiben des ökonomischen Rationalismus und der rationalen Lebensmethodik überhaupt in Asien ist, soweit dabei andere als geistesgeschichtliche Ursachen mitspielen, vorwiegend bedingt durch den *kontinentalen* Charakter der sozialen Gebilde, wie ihn die geographische Struktur hervorbrachte" (*HB* 375, Hervorhebung i. Orig.). Hinsichtlich der „äußeren Bedingungen", die für die Entwicklung des Kapitalismus von Bedeutung waren, muß den geographischen Faktoren tatsächlich ein zentraler Platz eingeräumt werden. Die hohen

---

41 Weber erkennt, daß die natürlichen Ressourcen als solche unter bestimmten Umständen ebenfalls eine kausale Rolle spielen können. Beispielsweise kann im Kontext der Naturalwirtschaft selbst der Besitz eines nur bescheidenen Vorrats an Edelmetallen von „außerordentlicher Bedeutung für die Machtstellung und Staatenbildung" sein (*WuG* 642).

Transportkosten hemmten die Profitmöglichkeiten in Indien und China schwer, wohingegen ein Binnenmeer – das Mittelmeer – und ein Netzwerk miteinander verbundener Flüsse den internationalen Handel in der Antike begünstigte (*Abriß* 301 f.).

Auch die absolut entscheidende Rolle, die geographische Einflüsse bei der Transformation von Herrschaft spielen, erkennt Weber ohne weiteres an. Dies wird beispielsweise an seiner Analyse der Veränderung im klassischen China weg von einer Situation dezentraler Herrscher und eines „politischen Feudalismus" deutlich: Die zwingende Notwendigkeit, die gewaltigen Flüsse zu regulieren und die landwirtschaftliche Fläche zu erweitern, erforderte eine Zentralisierung der Arbeit und eine allgemeine Rationalisierung der Wasserwirtschaft, Faktoren, die sich „zugunsten halbbürokratischer politischer Patrimonialgebilde" auswirkten (*WuG* 640; vgl. auch *KT* 314-330). Die Notwendigkeit, ein großes Binnenreich zu verwalten, kann selbst zur Ausbreitung patrimonialer Bürokratien führen, wie dies sowohl in Rußland und im antiken Rom als auch in China geschah. Die andersartigen geographischen Gegebenheiten in Nordeuropa – die die Rodung von Wäldern zur Gewinnung von Neuland erforderten – begünstigten „die Grundherrschaft und also den Feudalismus" (*WuG* 640). Daß Weber geographische Einflüsse als wichtige Kausalfaktoren ansah, wird auch in seiner Religionssoziologie deutlich. Er bemerkt beispielsweise, daß sich innovative religiöse Überzeugungen und Praktiken häufig nicht, wie man erwarten würde, in weltoffenen Zentren herausbilden, sondern in städtischen Gebieten am Rande großer Weltreiche. Weber nimmt an, daß diesen Stätten abseits der Zentren als Folge ihrer Distanz zu den großen Geisteszentren ein Vorzug gegeben ist: nämlich die Möglichkeit, sich von allgemein anerkannten Lehren zu lösen, sich religiöser Fragen bewußt zu werden und darüber zu spekulieren (*AJ* 220 f.).

Diese Kräfte – historische Ereignisse, technologische Neuerungen und geographische Faktoren – tragen weiter zu Webers breiter Multikausalität bei. Sie statten sie mit einer ausgedehnten kausalen Breite aus und zeugen von seiner Abneigung, bestimmte Faktoren in eine Position allgemeinen kausalen Vorrangs zu erheben. Obwohl die Weltsystem-Schule und der kausalanalytische Ansatz normalerweise die kausale Bedeutung historischer Ereignisse, technologischer Neuerungen und geographischer Faktoren anerkennen, geben sie durchweg einer begrenzten Zahl von Kräften den Vorzug, besonders der Wirtschaft und dem Staat. Mehrere weitere grundlegende Aspekte der Weberschen empirischen Texte müssen kurz untersucht werden: Die zentrale

Stellung von Macht, Kampf und Konkurrenz zeugt ebenfalls von seiner ausgedehnten breiten Multikausalität.

Macht, Kampf und Konkurrenz

Obwohl alle Träger imstande sein können, selbständig regelmäßiges Handeln
hervorzurufen, sieht Weber nie eine deterministische Beziehung zwischen
ihnen und empirischem historischen Wandel. Vielmehr müssen sich, wie in
Kapitel 5 erörtert werden wird, ganze Konfigurationen von regelmäßigen
Handlungsorientierungen herausbilden. Jedoch ist besonders eine Kraft in
Webers gesamter historisch-vergleichender Soziologie eng mit sozialen Trägern und der Betonung einer breit angelegten Multikausalität verbunden:
Macht, also die Fähigkeit, den eigenen Willen durchzusetzen. Weber definiert Macht in seiner klassischen Formulierung wie folgt: „*Macht* bedeutet
jede Chance, innerhalb einer sozialen Beziehung den eigenen Willen auch
gegen Widerstreben durchzusetzen, gleichviel worauf die Chance beruht"
(*WuG* 28).[42] Ein gewisses Minimum an Macht findet sich stets als Grundvor-
aussetzung für die Durchsetzung gegenüber gegnerischen Trägern regelmäßigen Handelns. Für Weber ist Macht im sozialen Leben allgegenwärtig.

Beispielsweise entwickeln Amtsträger in patrimonialen und bürokratischen Herrschaftsformen oft, insbesondere als Ergebnis ihres Ringens mit
den Herrschern, ihre eigenen unabdingbaren Rechte und Machtbereiche. Sie
versuchen, die Vorrechte ihrer Position zu monopolisieren und sich Privilegien und Macht anzueignen, und zwar in einem solchen Maß, daß es zu einer
regelmäßigen Blockade der Wünsche des Herrschers kommen kann. Ob es
den Herrschern gelingt, sich dieser Tendenz zu widersetzen, hängt weitgehend von Macht[43] und insbesondere von militärischer Macht ab (*WuG* 134-
136, 604, 605, 596). Selbst Priester streben nach Machtsicherung, wenn sie
beispielsweise die religiösen Lehren den emotionalen Bedürfnissen der Laien
anpassen (*WuG* 279), mit Nachdruck eine traditionale Wirtschaftsethik und

---

42 Eine ausgezeichnete Diskussion des Begriffes der Macht findet sich bei Walliman
u. a. 1980. Eine frühere Definition des Begriffes der Macht findet sich bei Weber in
WuG (531).

43 Gerade dieses Thema ist zentral in Webers Erörterung der patrimonialen Herrschaft in
Ägypten, China, England, Rußland und anderen Gegenden, obwohl er auch eine Reihe
anderer Kräfte untersucht (z. B. die Rolle der Armee und die Größe des Landes); vgl.
WuG 607-624; *Einl* 271 f.

die patriarchale Autorität gegen alle auf eine Rationalisierung der Wirtschaft gerichteten Kräfte unterstützen (*WuG* 353) und sich mit dem Kleinbürgertum verbinden, um entweder, wie in der Antike und im Mittelalter, den großkapitalistischen Familien entgegenzutreten (*WuG* 704) oder um die Massen zu beschwichtigen (*WuG* 690 f.; *HB* 254). Außerdem bemühen sich Priester, die soziale Ordnung gemäß ihrer eigenen Machtinteressen zu gestalten.[44] Ebenso können Mitglieder der Aristokratie mit Bezug auf Machtinteressen handeln, wie es der Fall war, wenn sie die etablierten Religionen unterstützten, weil diese ein Instrument boten, um die Massen zu kontrollieren, oder wenn sich die „lokalen Honoratiorenkreise" in Frankreich dem Aufstieg disziplinierter und organisierter Parteien widersetzten, die sich über das gesamte Land erstrecken und ihren Einfluß bedrohen würden (*WuG* 314, 568).

Auch in anderen Fragen ist Macht zentral, so etwa in denen, ob die zwischen politischen und hierokratischen Verbänden geschlossenen Kompromisse zu caesaropapistischen oder zu hierokratischen Herrschaftsformen führen, ob Feudalfürsten Erfolg bei der Beschränkung oder dem Verbot der Subinfeudation haben (*WuG* 150) und ob die Veralltäglichung und Transformation charismatischer Erziehung die Ausbildung einer kirchlichen Institution zur Folge hat. In ähnlicher Weise hängt die Entwicklung des Rechts vom „primitiven" zum patrimonialen Recht sehr oft von der relativen Macht der Herrscher gegenüber anderen sozialen Trägern ab: Sippen, Ständen und der Hierokratie.[45]

Andererseits lösen sich neue Handlungsorientierungen häufig auf oder werden Opfer der Unterdrückung durch gegnerische Zusammenschlüsse, wenn es an Macht fehlt und keine Bündnisse geknüpft werden. Der Buddhismus in Indien ist hierfür ebenso ein Beispiel wie die Unterdrückung des Patriarchalismus des altisraelischen Bundes durch Salomons patrimoniales Königtum im antiken Israel. Weber zufolge sind Herrscher besonders geschickt darin, Bündnisse mit dem alleinigen Zweck der Machterhaltung und -vermehrung zu bilden. Selbstverständlich versuchen sie Klassen, Stände und Verbände gegeneinander auszuspielen. Oft wurden Priester und religiöse

---

44 „Ihre eigene Lebensführung wurde in all diesen bisher besprochenen Fällen von der Priesterschaft, wenn diese dazu die Macht hatte – was in Indien der Fall war – rituell ihren Eigengesetzlichkeiten entsprechend geordnet. In Japan war die Priesterschaft nach ihrer Niederwerfung durch die Shogune nicht mehr mächtig genug, um die Lebensführung der Ritterschaft mehr als rein äußerlich zu reglementieren" (*HB* 368; vgl. auch 128 f.).

45 Zu diesen Beispielen vgl. *WuG* 586, 591, 595 f., 700, 677, 150, 505; *Einl* 271.

Intellektuelle von Königen und Fürsten auserwählt, und zwar nur, weil diese
Klassen, wenn sie kontrolliert wurden, in der Lage waren, die Massen nieder-
zuhalten und zu befrieden.[46] Beispielsweise hing die Vorherrschaft der Priester am Beginn der persischen Herrschaft „mit der ganz konsequent verfolgten
Politik der Perserkönige zusammen, welche überall die Hierokratie in den
Sattel setzten, um sie als Domestikationsmittel der abhängigen Völker zu
benutzen" (*AJ* 364). Insbesondere der Hinduismus wurde als eine religiöse
Rechtfertigung für das Kastensystem, das sich wirksam einer Verbrüderung
und dem Aufkommen von Zünften widersetze, die beide die Spaltungen der
indischen Gesellschaft hätten überwinden und eine klare Bedrohung für die
Herrscher darstellen können, von den Fürsten in ganz Indien aus Gründen
bloßer Macht ausgenutzt.[47] In ähnlicher Weise spielte das Interesse von Herrschern an der „Domestizierung" der Massen eine bedeutende Rolle bei der
Verbreitung des Buddhismus in weiten Gebieten Asiens (*HB* 280-282, 296).
Besonders fremde Eroberer versuchten, die Unterstützung der Priesterschaft
zu erlangen, um Angriffe gegen sich als Unterdrücker ohne Legitimität zu
abzuschwächen, die führenden Schichten der Unterworfenen zu untergraben
und ihre neuen Untertanen zu domestizieren (*AJ* 140; *WuG* 689 f., 701). Je
nach den Umständen wurden auch der Adel und die unteren Schichten für
Machtzwecke ausgebeutet: Wann immer eine Tendenz zur Feudalisierung
deutlich wurde, versuchten Könige häufig, sich mit dem weltlichen oder dem
priesterlichen Adel zu verbünden. Andererseits wurden, wenn patrimoniale
Tendenzen zunahmen, politische Machtpositionen mit Emporkömmlingen
aus den unteren Klassen besetzt (*HB* 73, 75; *WuG* 625-634, 652).

Sowohl die Weltsystem-Schule als auch der kausalanalytische Ansatz betonen ebenfalls die zentrale Bedeutung von Macht. Der interpretative historische Ansatz bietet eine stärker kontextuelle Form der Analyse und weist
Macht eine weniger zentrale Rolle zu. Anders als Weber unterlassen alle
zeitgenössischen Ansätze eine systematische Behandlung von Macht (*WuG*
28 f., 531-545).

Weber untersucht in seiner analytischen Abhandlung *WuG* zwei Haupt-
grundlagen, auf denen Handelnde ihren Willen gegen Widerstand durchset-

---

46 Dazu, wie caesaropapistische Herrscher – d. h. Herrscher, die die höchste Autorität in
    kirchlichen Dingen besitzen – das Mönchtum benutzten, um die Untertanen zu domes-
    tizieren, vgl. *WuG* 697 f.

47 Weber bemerkt: „Es ist demnach schon jetzt nicht schwer zu erraten, welche politi-
    schen Interessen ihre Hand im Spiel hatten bei jenem Umschwung zur Alleinherr-
    schaft des Kastenwesens" (*HB* 41); vgl. auch Kapitel 5, S. 246-267.

zen können: Macht erwächst aus dem Besitz von Gütern oder marktfähigen Fertigkeiten und aus „Befehlsgewalt und Gehorsamspflicht" (*WuG* 542).[48] Obwohl nicht darauf beschränkt, kennzeichnen Interessenkompromisse auf dem Markt und die Zusammenschlüsse ökonomischer Interessen zu Interessen- und Besitzkonstellationen die zuerst genannte Machtquelle. Die reinste Machtausübung findet in diesem Fall als Folge von Monopolpositionen statt. Diese Machtgrundlage wird durch die Fähigkeit einer großen Zentralbank veranschaulicht, die Kreditbedingungen vorzugeben. Obwohl sie monopolistischen Bedingungen unterliegen, sind die beherrschten Personen nicht einer Autorität im strengen Sinne von „Unterordnung" ausgesetzt; vielmehr fügen sich formell freie Personen als Folge ihres Kreditbedarfs den vorgegebenen Bedingungen und folgen, indem sie dies tun, „ihren eigenen, also durch die Umstände zwingend diktierten, rationalen Interessen" (*WuG* 542). Ferner wird dieser Machttypus dadurch veranschaulicht, daß Unternehmer trotz bestehender Konkurrenz ihren Tauschpartnern Preise „vorschreiben", daß Handwerker von kenntnisreichen Exporteuren abhängig sind und daß Büroangestellte „freiwillig" die von ihren Arbeitgebern aufgesetzten Verträge akzeptieren (*WuG* 542 f.).[49] Für Weber gilt: „Es ist die allerelementarste ökonomische Tatsache, daß die Art, wie die Verfügung über sachlichen *Besitz* innerhalb einer sich auf dem Markt zum Zweck des Tauschs begegnenden und konkurrierenden Menschenvielheit verteilt ist, schon für sich allein spezifische Lebenschancen schafft" (*WuG* 521).

Interessenkonstellationen und Besitz können natürlich auch Formen ohne Bezug zu Eigentum oder den Austauschbeziehungen des Marktes annehmen und dennoch als Wurzel von Macht dienen, wie es beispielsweise geschieht, wenn Reichtum mit einem bestimmten Lebensstil kombiniert wird, um Ansehen zu erzeugen, und die sich daraus ergebende soziale Ehre die Ausübung

---

48 Beispiele für die allgemeine Machtausübung – wie sie in karitativen Beziehungen, vom Lehrpult aus oder in wissenschaftlichen Diskussionen ausgeübt wird – sind nach Weber überall zu finden (*WuG* 28 f., 542). Jedoch besitzt für ihn der Begriff, wenn er in einem derart breiten Sinn verwendet wird, wenig wissenschaftliche Brauchbarkeit. Weber beansprucht hier nicht, daß die zwei oben gegebenen Definitionen von Macht eine erschöpfende Bestandsaufnahme der Machtgrundlagen bieten (*WuG* 542, 544).

49 Weber setzt „freiwillig" in Anführungszeichen, um deutlich zu machen, daß er sich bewußt ist, wie die Art der Verteilung die Besitzer bevorzugt und den Besitzlosen, die ihren Lebensunterhalt nur durch Verkauf ihrer Arbeitskraft verdienen können, lediglich die Möglichkeit läßt, die von den Arbeitgebern angebotenen Bedingungen zu akzeptieren. „Besitz" und „Besitzlosigkeit", stellt Weber fest, „sind daher die Grundkategorien aller Klassenlagen" (*WuG* 531 f.). Er merkt auch an, daß solche Verträge von Parteien unterzeichnet werden, die nur formell gleich sind (*WuG* 543).

von Macht ermöglicht. Diese Macht kann dann zur Schaffung von Reichtum und wirtschaftlicher Macht genutzt werden, aber sie kann auch dazu dienen, die soziale Ehre weiter zu steigern. Für Weber wird Macht „nicht nur zu ökonomischen (Bereicherungs-)Zwecken erstrebt", und die Macht des Geldes allein wird im allgemeinen nicht als hinreichende Grundlage für soziale Ehre anerkannt. Aus diesem Grund argumentiert er im Gegensatz zu Marx dafür, daß Stände ebenso wie Klassen als Träger von Macht anerkannt werden müssen (*WuG* 531).

Während dieser erste Machttypus auf Besitz und normalerweise auf formell freier Interaktion von Personen mit Marktinteressen beruht, hat der zweite Machttypus seinen Ursprung in „autoritärer Befehlsgewalt". Macht ist in diesem Fall eine Frage von Herrschaft (*WuG* 544). Herrschaft findet, wie am Beispiel des Patriarchen, des patrimonialen Monarchen, des Dorfvorstehers und des Richters deutlich wird, kraft Autorität und Gehorsam statt. Die herrschenden Handelnden fordern Unterwerfung aufgrund autoritärer Macht und ohne Rücksicht auf die Interessen der Beherrschten.[50]

Macht spielt in beiden Formen eine zentrale Rolle sowohl in Webers multikausalen Analysen, wie Handlungsmuster entstehen, sich verbreiten und historische Entwicklungen in Gang setzen, als auch in seinen Untersuchungen darüber, wie Handlungsorientierungen eingeschränkt und weniger einflußreich gemacht werden. Auch wenn keine verläßlichen Verallgemeine-

---

50 Machtbeziehungen, die auf Interessenkonstellationen beruhen, können in solche übergehen, in denen es um Herrschaft geht, besonders wenn Herrschaft ursprünglich auf einem Monopol basierte. Dies geschieht beispielsweise dann, wenn „zur besseren Kontrolle [...] z. B. die Banken als Geldgeber Aufnahme ihrer Direktoren in den Aufsichtsrat kreditsuchender Aktienunternehmungen [verlangen]: der Aufsichtsrat aber erteilt dem Vorstand maßgebende Befehle kraft dessen Gehorsamspflicht" (*WuG* 543). In ähnlicher Weise nähert sich die formale Herrschaft einer Notenbank der einer Regierung, wenn es ihr auf der Grundlage ihres Monopols über die Kreditanstalten gelingt, Regelungen und spezielle Instanzen einzuführen und dadurch Kontrolle über den Wirtschaftskreislauf zu gewinnen. Herrschaft auf der Grundlage von Autorität und Gehorsam kommt auch dann vor, wenn Verlage ein Kartell mit der Macht zur Vergabe und zum Entzug von Einzelhandelslizenzen für Buchhändler bilden, oder wenn Kohle- und Ölproduzenten den gleichen Grad von Macht über Kohle- und Ölhändler erlangen. Desgleichen entsteht dieser Typus von Herrschaft, wenn ein Handwerker zum Objekt autoritärer Arbeitsregelungen in einem Ausbeutungsbetrieb wird und wenn sich die Abhängigkeit des antiken Schuldners von seinem Kreditgeber zur formalen Versklavung entwickelt (*WuG* 543). Die Übergänge von Macht, die auf Interessen beruht, zu Macht als Folge von Autorität und Gehorsam sind Weber zufolge häufig sehr fließend.

rungen formuliert werden können und „historische Schicksale [...] eine gewaltige Rolle" spielen (*WuG* 702), bleibt Macht für Weber entscheidend. Als eine alles durchdringende Kraft in allen sozialen Gruppierungen, zieht sich Macht als zentrale kausale Kraft durch Webers gesamte historisch-vergleichende Soziologie.

Kampf und Konkurrenz

Wie auch bei den Anhängern der Weltsystem-Schule und des kausalanalytischen Ansatzes werden in Webers empirischen Texten Kampf und Konkurrenz als wesentliche Merkmale des sozialen Daseins und als unabhängige kausale Kräfte angesehen. In seinen empirischen Schriften konkurrieren Handlungsorientierungen an Klassen, Ständen und Verbänden unablässig miteinander.[51] Zum Beispiel können die Kämpfe zwischen konkurrierenden sozialen Trägern auf eine Reihe von Arten neue regelmäßige Handlungsorientierungen hervorrufen. Dies geschah beispielsweise als die Konkurrenz zwischen den feudalen Teilstaaten im vorklassischen China zu einer Rationalisierung der Verwaltung führte (*KT* 318 f.). In ähnlicher Weise erzwang die Konkurrenz um Märkte in China die Rationalisierung der privatwirtschaftlichen Betriebe, und die Kämpfe um die politische Macht setzten sowohl im Okzident als auch im vorklassischen China eine Rationalisierung der Wirtschaft und der Wirtschaftspolitik in Gang (*KT* 348 f.). Konkurrenz ließ auch dann regelmäßiges Handeln entstehen, wenn Kämpfe zwischen Priestern, Propheten und Laien zur Schaffung und Verfeinerung religiöser Lehren führten (*Einl* 260 f.; *AJ* 231, 251-265).[52] In vielen Fällen erwies sich die Konkur-

---

51 Kampf zieht sich durch Webers Arbeiten. Er schreibt: „Der Kampf durchzieht vielmehr potentiell alle Arten von Gemeinschaftshandeln [d. h. sozialem Handeln] überhaupt" (*Kat* 463). Zu Webers Überzeugung von der Allgegenwart von Kampf im allgemeinen vgl. *WisB* 609. Für eine analytische Diskussion der Allgegenwart von Kampf in seiner historisch-vergleichenden Soziologie vgl. in Kapitel 4 den Abschnitt über „Spannungsbeziehungen" (S. 144-153). Weber definiert Kampf in *WuG* folgendermaßen: „*Kampf* soll eine soziale Beziehung insoweit heißen, als das Handeln an der Absicht der Durchsetzung des eigenen Willens gegen Widerstand des oder der Partner orientiert ist" (*WuG* 20). Friedlicher Kampf bildet Konkurrenz, „wenn er als formal friedliche Bewerbung um eigne Verfügungsgewalt über Chancen geführt wird, die auch andre begehren" (*WuG* 20; vgl. allgemein 20 f.).

52 Beispiele für diese Form von Konkurrenz kehren in *WEWR*, aber auch im Kapitel „Religionssoziologie" in *WuG* immer wieder. Selbst Klostergemeinschaften entwickelten sich teilweise als Folge der Konkurrenz zwischen gegnerischen religiösen

renz religiöser Gruppen um wirtschaftliche Ressourcen als förderlich bei der Ausformung religiöser Lehren (vgl. z. B. *KT* 401). Weber sieht den Kampf zwischen den Anhängern des Konfuzianismus und des Taoismus um Ämter als ein gutes Beispiel (*KT* 477-479). Er hebt besonders deutlich hervor, wie die Konkurrenz um Macht dazu beitrug, die Entwicklung des Kapitalismus zu fördern, nachdem der Prozeß der Kapitalbildung erst einmal in Gang gekommen war (*WuG* 649).

Solche Beispiele können mit großer Häufigkeit in Webers gesamten empirischen Texten gefunden werden. Er betont besonders die Fähigkeit der bloßen Spannung zwischen konkurrierenden sozialen Sphären – beispielsweise Religion, Wirtschaft und Herrschaft – als eine kausale Kraft zu dienen, die in der Lage ist, neue Handlungsorientierungen hervorzurufen. Diese Konkurrenz *als solche* ruft, allein als Folge der Spannung, die die dauerhafte Wechselwirkung und den Wettstreit zwischen begrenzten Bereichen mit je eigengesetzlichen Problematiken kennzeichnet, regelmäßiges Handeln hervor. Wie dieses genau geschehen kann, kann durch eine eingehende Betrachtung der Spannung zwischen – in den Worten Webers – „Welt" und „Religion" veranschaulicht werden.

Erlösungsreligionen der Brüderlichkeit waren stets mit weltlichen Werten unvereinbar. Dieser Konflikt mit „der Welt" war um so schärfer, je konsequenter die Forderungen dieser Religionen umgesetzt wurden: „Dies folgte aus dem Sinn der Erlösung und dem Wesen der prophetischen Heilslehre, sobald diese sich, und um so mehr, je prinzipieller sie sich zu einer rationalen und dabei an innerlichen religiösen Heilsgütern als Erlösungsmitteln orientierten Ethik entwickelte. Je mehr sie, heißt das im üblichen Sprachgebrauch, von Ritualismus hinweg zur ‚Gesinnungsreligiosität' sublimiert wurde" (*Zwi* 541).[53] Dennoch war der Konflikt zwischen „Welt" und „Religion" weniger akut solange die weltlichen Bereiche – die universalen Verbände, die Stände und die Sphären der Herrschaft, der Wirtschaft und des Rechts – weniger rationalisiert blieben, d. h. stärker auf rein zweckrationalem, traditionalem und affektuellem Handeln beruhten und stärker mit Magie verschlungen waren (*KT* 512), wie beispielsweise in China und in Indien. Eine Spaltung zwischen „Religion" und „Welt" wurde in dem Maß deutlicher, in dem die weltlichen Sphären eine Unabhängigkeit vom religiösen Bereich erlangten – also in dem Maß, in dem sich „innerweltliche" regelmäßige Handlungsorien-

---

Gruppen (vgl. z. B. *HB* 249, 333).

53 Weber beschreibt die Sublimierung ausführlicher in *Zwi* 543 f. Vgl. auch Kalberg 1990: 75-80.

tierungen von vor allem traditionalen Handlungsorientierungen (in erster Linie von Konventionen und Sitten), die auf Magie und Ritual beruhten, lösten und dann rationalisiert und sublimiert wurden. Daraufhin konnten sich „innere Eigengesetzlichkeiten" in den Sphären der Wirtschaft, der Herrschaft und des Rechts herausbilden (*Zwi* 541, 544). An diesem Punkt wurde „die Welt" zu einem ganz besonderen „Problem" für die Religion: „An Stelle des äußerlichen Ausgleichspostulats der Theodizee treten mit steigender Systematisierung und Rationalisierung der Gemeinschaftsbeziehungen und ihrer Inhalte die Konflikte der Eigengesetzlichkeiten der einzelnen Lebenssphären gegenüber dem religiösen Postulat und gestalten so die ‚Welt', je intensiver das religiöse Bedürfen ist, desto mehr zu einem Problem" (*WuG* 349).[54]

Als sich die weltlichen Sphären zunehmend hin zum modernen Kapitalismus, zu logisch-formalem Recht, einer bürokratischen Form von Herrschaft und modernen Staaten bewegten, wurde ein Konflikt zwischen ihrer typischen unpersönlichen, formalen Rationalität und der Betonung persönlicher Werte durch die religiöse Ethik sowie einer substantiellen Rationalität offenkundig und drängend (*WuG* 349 f.; vgl. *Zwi* 552). Für Weber bildet gerade die durch die religiöse Brüderlichkeitsethik in die „Bedingungen der Welt" eingebrachte Spannung *als solche* ein „dynamisches Entwicklungsmoment" (*WuG* 350), das fähig ist, neue Handlungsmuster hervorzurufen.

Insgesamt gesehen diskutieren und nutzen Webers empirische Texte, anders als die Weltsystem-Schule und der kausalanalytische Ansatz, ein breites Spektrum unabhängiger kausaler Handlungsorientierungen. Die in *WuG* formulierten Idealtypen in den gesellschaftlichen Ordnungen der Religion, der Herrschaft, der Wirtschaft, des Rechts, der Stände und der universellen Gemeinschaften; die sozialen Träger (Klassen, Stände und Verbände); Sitten, Konventionen, Interessen und Werte; historische Ereignisse, technologische Neuerungen und geographische Faktoren; und, schließlich, Macht, Kampf und Konkurrenz – sie alle bilden potentielle unabhängige Quellen für regelmäßige Handlungsorientierungen, sie sind somit alle soziologisch bedeutsame Kausalfaktoren. Sie alle müssen in das historisch-vergleichende Unternehmen einbezogen werden, und es ist keine Aussage über den allgemeinen kausalen Vorrang eines bestimmten Faktors möglich. Beispielsweise werden die Orientierungen des Handelns an den Werten einer Sippe, einer der hervorstechendsten universellen Gemeinschaften, im Laufe der Zeit nicht „automatisch" schwächer und durch Orientierungen an Gesetzen, der Wirtschaft

---

54 Nur der innerweltlichen Askese und Mystik gelingt es, konsequente Lösungen für diesen Konflikt anzubieten (*Zwi* 545 f., 553 f.; *WuG* 354 f., 357-359; Kalberg 1990).

oder einem Stand ersetzt, wie dies für Weber besonders der Fall Chinas zeigt. Dennoch, und ungeachtet dieses grundsätzlichen Bekenntnisses zu einer breiten Multikausalität, besteht Weber darauf, daß dieser oder jener Faktor, in einer gegebenen *empirischen* Situation, ein größeres kausales Gewicht besitzen *kann* (vgl. Kapitel 5).

Webers Abneigung, einzelne Faktoren oder selbst eine begrenzte Gruppe von einzelnen Faktoren in eine Stellung kausalen Vorrangs zu erheben, führt ihn nicht zu der Überzeugung, daß kausale Erklärungen bestimmter Fälle und Entwicklungen nicht erreichbar sind. Dies ist möglich trotz seiner Überzeugung, daß Kampf, unvorhergesehene Folgen und historischer Zufall Tendenzen umstoßen können, die dem Soziologen als feststehend erscheinen. In dieser Hinsicht stimmt er nachdrücklich mit den Verfechtern des interpretativen historischen Ansatzes überein. Jedoch lehnt Weber entschieden die Art der Feststellung von Kausalität ab, wie sie von Charles Tilly vertreten wird: die Konzentration auf eine detaillierte Fülle der Beschreibung. Weber ist sich der ungeheuren Komplexität der empirischen Realität bewußt, wenn er unbeirrt der Verflechtung von Ereignissen und unerwarteten Vorfällen mit regelmäßigem sozialen Handeln nachspürt, wie durch die Idealtypen belegt wird. Diese Ausrichtung führt ihn zu einer Reihe von kausalen Verfahren und Strategien, um Kausalität festzustellen (vgl. Kapitel 5). Andererseits unterläßt Weber alle Versuche, eine allgemeine Theorie zu formulieren. Für ihn spielen, um es noch einmal zu betonen, „historische Schicksale [...] eine gewaltige Rolle" (*WuG* 702).

Das übergeordnete Ziel seiner Soziologie ist die Lieferung kausaler Analysen von Fällen und Entwicklungen. Mit der Untersuchung der grundlegenden und allgemeinen Merkmale von Webers empirischen Schriften ist die Basis geschaffen worden, um zu untersuchen, in welcher Weise seine empirischen Arbeiten komplexe Verfahren und Strategien sowie einen theoretischen Rahmen anbieten, um kausale Zusammenhänge festzustellen. Teil II dieser Studie wird sich mit diesem Thema beschäftigen.

Webers „kausale Soziologie" kann am besten verstanden werden, wenn man sie unter drei getrennten Aspekten diskutiert. Kapitel 3 untersucht seine vorherrschende Analyseebene: den Idealtypus. Behandelt werden seine Bildung, seine Hauptmerkmale und seine Fähigkeit, empirische Fälle zu definieren. Weber behauptet wiederholt, daß jede kausale Erklärung ohne klare Definitionen unmöglich ist. Kapitel 4 wendet sich einer weiteren Fähigkeit der Idealtypen zu, die selten wahrgenommen wird: ihrem Vermögen hypo-

thesenbildende Modelle zu konstruieren, welche die begriffliche Erfassung
des untersuchten Falles oder der untersuchten Entwicklung ermöglichen. In
WuG werden eine ungeheure Menge solcher Modelle gebildet; jedes ist dazu
gedacht, die historisch-vergleichende Forschung zu unterstützen. Kapitel 5
rekonstruiert das Verfahren der Kausalanalyse, das in Webers empirischen
Texten tatsächlich angewandt wird. Es bietet auch ein detailliertes Anschau-
ungsbeispiel: den Aufstieg des Kastensystems in Indien zur Vorherrschaft.
Alle kausalen Strategien und Verfahren Webers zeugen von der universalen
Reichweite seiner Soziologie. Ihr Beitrag zur heutigen historisch-
vergleichenden Soziologie wird durch wiederholte Vergleiche mit der Weltsystem-Schule sowie mit den interpretativen historischen und den kausalanalytischen Ansätzen hervorgehoben werden.

Teil II
Die kausale Soziologie:
Strategien und Verfahren

3
Die Analyseebene: der Idealtypus

Idealtypen unterscheiden Webers Analyseebene von der Weltsystem-Schule sowie dem kausalanalytischen und dem interpretativen historischen Ansatz und heben seine empirischen Schriften deutlich von diesen Richtungen ab. In seinen substantiellen Texten werden kausale Erklärungen nicht allein durch den zentralen Begriff des *Verstehens* geliefert. Die Erforschung des subjektiv gemeinten Sinns muß durch kausale Verfahren und Strategien ergänzt werden, die empirisch beobachtete Faktoren einfangen. In dieser Hinsicht spielt der Idealtypus eine entscheidende Rolle. Dieses Kapitel will zeigen, daß sich seine gesamte kausale Soziologie auf der Ebene der Idealtypen abspielt (vgl. *WuG* 4-11).

Bevor wir uns der Diskussion der Bildung, der Hauptmerkmale und der Fähigkeit der Idealtypen, empirische Sachverhalte zu bestimmen, zuwenden, ist eine kurze Untersuchung des übergeordneten Ziels der Soziologie Webers angebracht: kausale Analysen von Fällen und Entwicklungen zu bieten. Dieses Ziel ist, wie deutlich werden wird, verantwortlich für die zentrale Stellung von Idealtypen in seinen empirischen Texten. Dieses heuristische Werkzeug hilft bei der Isolierung und präzisen Definition der kausalen Ursprünge von Fällen und Entwicklungen.

Das Ziel der Kausalanalyse

Mit dem interpretativen historischen und dem kausalanalytischen Ansatz teilt Weber die klare Betonung begrenzter Probleme und der kausalen Analyse konkreter Fälle und Entwicklungen oder, in seinen Worten, „historischer Individuen". Der Vorschlag, daß die kausale Erklärung des einmaligen Falles und der einmaligen Entwicklung als das primäre Ziel der Soziologie dienen sollte, wird gleichermaßen unmißverständlich in Webers methodologischen wie in seinen empirischen Schriften dargelegt.

Die Sozialwissenschaft, die wir treiben wollen, ist eine *Wirklichkeitswis-senschaft*. Wir wollen die uns umgebende Wirklichkeit des Lebens, in welches wir hineingestellt sind, *in ihrer Eigenart* verstehen – den Zu-sammenhang und die Kultur*bedeutung* ihrer einzelnen Erscheinungen in ihrer heutigen Gestaltung einerseits, die Gründe ihres geschichtlichen So-und-nicht-anders-Gewordenseins andererseits. (*Obj* 170 f.)

Eine wirkliche *Vergleichung* der Entwicklungsstadien der antiken Polis und der mittelalterlichen Stadt [...] wäre ebenso dankenswert wie frucht-bar, – natürlich nur, wenn sie als Ziel *nicht*, nach Art der heute modi-schen Konstruktionen von generellen Entwicklungsschemata, nach ,Ana-logien' und ,Parallelen' jagt, sondern gerade umgekehrt nur dann, wenn ihr Zweck die Herausarbeitung der *Eigenart* jeder von beiden, im Endre-sultat so verschiedenen, Entwicklungen und so die Leitung der kausalen *Zurechnung* jenes verschiedenen Verlaufs ist. (*Agrar* 288; vgl. auch *WuG* 5)[1]

In seinen gesamten substantiellen Schriften untersucht Weber wiederholt die *Einmaligkeit* eines Falles oder einer Entwicklung und versucht, die Determi-nanten dieser Einmaligkeit zu bestimmen.

Ebenso wie der interpretative historische Ansatz widersetzte sich Weber heftig den zahlreichen positivistischen Denkansätzen seiner Tage, die allge-meine Gesetze der Geschichte und des sozialen Wandels zu bestimmen und dann alle besonderen Entwicklungen durch Ableitung zu erklären versuchten. Er wies nachdrücklich die Auffassung zurück, daß Soziologie danach streben sollte, „ein geschlossenes System von Begriffen zu bilden, in dem die Wirk-lichkeit in einer in irgendeinem Sinne *endgültigen* Gliederung zusammenge-faßt und aus dem heraus sie dann wieder deduziert werden könnte" (*Obj* 184; vgl. auch 153 f., 171-174, 179-181; *WuG* 154). Sein Widerstand gegen die Ansicht, daß Gesetze selbst kausale Erklärungen beinhalten, war ebenso unerbittlich. Weil konkrete Gegebenheiten und individuelle Fälle nicht aus Gesetzen abgeleitet werden können, sind sie außerstande, das Wissen über die Realität zu liefern, das kausale Erklärungen bieten würde. Aufgrund ihres abstrakten und allgemeinen Charakters besitzen Gesetze keinen erklärenden Wert, selbst wenn ein „geschlossenes" und „vollständiges" System von Ge-setzen – eine theoretische Möglichkeit, die Weber verneint – formuliert wer-

---

1   Weber läßt an dieser Stelle seine starke Beeinflussung durch den Historismus erken-nen, insbesondere durch Dilthey (vgl. Tenbruck 1959).

den könnte.[2] Aus einem solchen System würde lediglich ein Lexikon hervorgehen. Je abstrakter und allgemeiner die Gesetze sind, um so weniger sind sie in der Lage, Erklärungen von individuellen Fällen zu liefern. In Webers Soziologie können diese nur durch „andere, ganz ebenso individuelle Gruppierungen" kausal erklärt werden (*Obj* 174 f.; vgl. auch 178-180; *RuK* 12-15; *Logik*).

> Die Kausalfrage ist, wo es sich um die *Individualität* einer Erscheinung handelt, nicht eine Frage nach *Gesetzen*, sondern nach konkreten kausalen *Zusammenhängen*, nicht eine Frage, welcher Formel die Erscheinung als Exemplar unterzuordnen, sondern die Frage, welcher individuellen Konstellation sie als Ergebnis zuzurechnen ist: sie ist *Zurechnungsfrage*. Wo immer die kausale Erklärung einer ‚Kulturerscheinung' – eines ‚historischen Individuums' [...] – in Betracht kommt, da kann die Kenntnis von *Gesetzen* der Verursachung nicht *Zweck*, sondern nur *Mittel* der Untersuchung sein. [...] Die Erkenntnis des Generellen ist uns in den Kulturwissenschaften nie um ihrer selbst willen wertvoll. (*Obj* 178-180)[3]

In ähnlicher Weise führt Weber seine Ausrichtung auf die individuelle Natur sozialer Phänomene dazu, sich mit besonderer Heftigkeit dem Gebrauch von Analogien zu widersetzen. Folglich kritisiert er scharf Analogien zwischen antiken, mittelalterlichen und modernen Institutionen (z. B. Kapitalismus, Sklaverei), schlicht weil sie den unterschiedlichen Kontext vernachlässigen, in dem jede auftrat. Ebenso vermied er vollständig Analogien zwischen der biologischen und der sozialen Ebene.[4] Ebenso wie Analogien und Gesetze sind auch Parallelen, historische Konstanten und universelle Entwicklungsstadien nicht in der Lage, Erklärungen für Besonderheit zu liefern.[5] Diese

---

2   Weber verneint diese Möglichkeit aufgrund der „Wertbeziehung", die notwendigerweise für die Beobachtung der gesamten Wirklichkeit gilt (vgl. unten Anm. 7).

3   Aus dieser Zielsetzung sollte nicht der Schluß gezogen werden, daß Webers Soziologie allzu bescheiden ist im Vergleich mit den Ansätzen, die Verhaltensgesetze aufstellen wollen. „Einmalige Fälle und Entwicklungen" verweisen für ihn im Gegenteil auf Forschungsvorhaben, die heute, in einer Zeit strenger Spezialisierung, als allzu ehrgeizig betrachtet werden würden. Seine eigenen Arbeiten beschäftigen sich beispielsweise mit den Ursprüngen der Kastenordnung in Indien (s. u.), des Konfuzianismus (vgl. Kalberg 1999) und des Patrimonialismus in China, des Monotheismus im alten Israel (vgl. Kalberg 1994), des formal rationalen Rechts und der bürokratischen Organisationsform des Westens sowie mit der Entwicklung des modernen Kapitalismus und des westlichen Rationalismus.

4   Zu Webers Gebrauch von Analogien vgl. *Agrar* 4, 257, 288; Roth 1971a: 256 f.

5   Beispielsweise formuliert er in seiner Kritik an Roscher prägnant den vorläufigen

„abstrakten Gleichförmigkeiten" erfüllen einen instrumentellen Zweck auf dem Weg hin zum Ziel der Feststellung kausaler Beziehungen: Sie können einzig als *Mittel* zur Aufhellung und zur Ermöglichung von Vergleichen dienen, die darauf zielen zu bestimmen, wo die Ähnlichkeiten zwischen zwei sozialen Phänomenen enden und wo die Unterschiede beginnen (*Logik* 237; *GAzSW* 517, 524). Für Weber können abstrakte Begriffe nur dann als heuristische Werkzeuge benutzt werden, wenn sie fest in der Geschichte verankert sind: „das Bestehen eines Zusammenhanges zwischen zwei historischen Erscheinungen läßt sich nun einmal nicht in abstracto, sondern nur so zur Anschauung bringen, dass eine in sich geschlossene Ansicht über die Art, *wie* dieser Zusammenhang sich konkret gestaltet habe, vorgetragen wird" (Weber 1891: 2; vgl. auch *Logik* 237). Diese Ebene konkreter Kausalität durchzieht Webers historisch gesättigte kausale Soziologie.

Nichtsdestoweniger bewahrt Weber eine Analyseebene, die seine empirischen Schriften deutlich von den gegenwärtigen Ansätzen unterscheidet, die am stärksten darauf bedacht sind, „der Geschichte ihr Recht" zu geben: dem kausalanalytischen und dem interpretativen historischen Ansatz. Sie unterscheidet sich bereits im Ansatz durch ihren Rückhalt in Idealtypen. Für Weber dienen Idealtypen ausdrücklich dem Zweck, „individuelle konkrete Regelmäßigkeiten" und Einzigartigkeit zu bestimmen: „Wir haben [...] absichtlich den ‚Idealtypus' wesentlich – wenn auch nicht ausschließlich – als gedankliche Konstruktion zur Messung und systematischen Charakterisierung von *individuellen*, d. h. in ihrer Einzigartigkeit bedeutsamen Zusammenhängen – wie Christentum, Kapitalismus usw. – betrachtet" (*Obj* 201; vgl. auch 170 f.). Die Bildung, die Hauptmerkmale und die wesentlichste Verwendung von Idealtypen – die Bestimmung empirischer Fälle – nimmt nun unsere Aufmerksamkeit in Anspruch.

Zweck von Parallelen – ebenso wie in seinem Festhalten an der historistischen Ausrichtung auf das „historische Individuum": „Würde dagegen geistiges Verständnis jener uns umgebenden Wirklichkeit in ihrem notwendig individuell bedingten Gewordensein und ihrem notwendig individuellen Zusammenhang erstrebt, dann müßte die notwendige Bearbeitung jener Parallelismen unter den alleinigen Zweckgesichtspunkt gestellt werden, die charakteristische Bedeutung einzelner konkreter Kulturelemente in ihren konkreten, der ‚inneren Erfahrung' verständlichen Ursachen und Wirkungen bewußt werden zu lassen. Die Parallelismen selbst könnten dann lediglich Mittel sein zum Zweck des Vergleichs mehrerer historischer Erscheinungen miteinander in ihrer vollen Individualität zur Entwickelung dessen, was an einer jeden einzelnen von ihnen das Charakteristische ist" (*RuK* 14).

Die Analyseebene: der Idealtypus

Die Idealtypen und nicht ein theoretisches Schema verankern Webers Sozio-logie in der empirischen Wirklichkeit. Sie versuchen nicht, übergreifende Prozesse der Differenzierung und Universalisierung oder weitreichende evo-lutionäre Prozesse zu erfassen, noch zielen sie darauf ab, einen umfassenden Wandel von „traditionalen" zu „modernen" Gesellschaften oder von der *Gemeinschaft* zur *Gesellschaft* nachzuzeichnen. Mit der begrifflichen Erfas-sung regelmäßiger Orientierungen sinnhaften Handelns zielen Idealtypen weder darauf ab, eine erschöpfende Beschreibung der empirischen Wirklich-keit zu liefern, noch darauf, allgemeine Gesetze oder Theorien aufzustellen. Sie unterscheiden die Analyseebene Webers einerseits von der Problemorien-tierung des interpretativen und des kausalanalytischen Ansatzes und anderer-seits von der vorformulierten Theorie der Weltsystem-Schule.

Wie werden Idealtypen, Webers heuristisches Hauptwerkzeug in seinen empirischen Texten, gebildet? Was sind ihre Hauptmerkmale?

Idealtypen: Bildung und Hauptmerkmale

Die Bildung der Idealtypen kann am besten erörtert werden, indem man sich zunächst kurz Webers Sicht der empirischen Wirklichkeit zuwendet.

Der Eindruck einer übermäßigen Fragmentierung, welcher oftmals durch den ausgeprägten Handlungspluralismus und die enorme Themenvielfalt seiner Soziologie genährt wird, scheint sich durch seine grundlegende Sicht der Realität zu bestätigen. Statt als „ganzheitlich" oder „organisch" oder als ein begrenztes System vorgegebener Strukturen oder Gesetze, an die sich das Individuum anpaßt und in die hinein es sozialisiert wird, betrachtet Weber die elementare soziale Wirklichkeit als einen unendlichen Fluß konkreter Er-scheinungen, unverbundener Begebenheiten und punktueller Ereignisse. Inmitten dieses Gewirrs stehen die Handelnden einem Chaos unerschöpf-licher Gegebenheiten gegenüber, die sie in einem endlosen Strom fragmen-tierter und zugleich miteinander verschlungener Erscheinungen überhäufen. Wenn man genau hinsieht, und besonders, wenn man nach Ursachen fragt, fließen alle sozialen Phänomene ineinander. Weil keine wissenschaftliche Untersuchung die konkrete Individualität der empirischen Welt jemals voll erfassen kann, ist eine erschöpfende Darstellung der Wirklichkeit, „wie sie wirklich ist" oder „wie es wirklich geschah" nicht möglich. Folglich ist jede

Möglichkeit ausgeschlossen, unzweideutige und „natürliche" Unterschei-
dungsmerkmale zu entdecken, die dieser Realität selbst innewohnen. Alle
„Gesetze" sind notwendigerweise unvollkommene Vereinfachungen. Die
Komplexität, die Unendlichkeit und der verschlungene Charakter der empirischen Ereignisse hindert sogar die gewissenhaftesten Bemühungen von Sozi-
alwissenschaftlern wirksam daran, jemals auch nur ein ausgewähltes Stück
dieser sich unaufhörlich verändernden Wirklichkeit in ihrer vollen Komplexität zu „kennen".[6]

Angesichts dieser Wirklichkeitsauffassung dienen Begriffe für Weber als
Hilfsmittel der Forschung und nicht zur exakten Erfassung der Wirklichkeit.
Unvermeidlich kommt es zu Auswahl und Einteilung. Statt mit der Fähigkeit
ausgestattet zu sein, die Außenwelt „nachzubilden" oder ein besonderes Phänomen zu definieren, sind Idealtypen konstruierte „Utopien", die allein den
Zweck haben, eine empirische Untersuchung zu ermöglichen. Daher gibt
beispielsweise Webers begriffliche Erfassung des „Beamten" oder des „Cal-
vinisten" weder die Handlungsorientierungen eines bestimmten Kalvinisten
oder Beamten noch die aller Beamten oder Kalvinisten exakt wieder (*WuG* 9-
11). Wie werden Idealtypen gebildet?

Als Mittel zum „Zweck der Erkenntnis der unter individuellen Gesichts-
punkten bedeutsamen Zusammenhänge" (*Obj* 208 f., vgl. 190) heben Idealtypen jene Aspekte des empirischen Falles hervor, die für den Forscher von
besonderem Interesse sind. Auf diese Weise gewinnt der Forscher so mittels
„Vereinfachung" einen „Zugriff" auf die empirische Wirklichkeit. Der Idealtypus eines auf ein spezifisches soziales oder kulturelles Phänomen ausge-
richteten regelmäßigen Handelns kann sogar verschiedene Formen einfach
aufgrund der Tatsache annehmen, daß die „Gesichtspunkte", unter denen das
Phänomen für den Sozialwissenschaftler interessant wird, über ein breites
Spektrum variieren (*Obj* 190-192; *PE II* 304). Tatsächlich erfordern
verschiedene Gesichtspunkte unterschiedliche Idealtypen. Dieses Webersche

---

6   „Nun bietet uns das Leben, sobald wir uns auf die Art, in der es uns unmittelbar ent-
     gegentritt, zu besinnen suchen, eine schlechthin unendliche Mannigfaltigkeit von
     nach- und nebeneinander auftauchenden und vergehenden Vorgängen, ,in' uns und
     ,außer' uns. Und die absolute Unendlichkeit dieser Mannigfaltigkeit bleibt intensiv
     durchaus ungemindert auch dann bestehen, wenn wir ein einzelnes ,Objekt' – etwa ei-
     nen konkreten Tauschakt – isoliert ins Auge fassen, – sobald wir nämlich ernstlich
     versuchen wollen, dies ,Einzelne' *erschöpfend in allen* seinen individuellen Bestand-
     teilen auch nur zu beschreiben, geschweige denn es in seiner kausalen Bedingtheit zu
     erfassen" (*Obj* 171, Hervorhebung i. Orig.; vgl. auch 177, 174 f., 213 f.; *WuG* 544).

Grundaxiom der „Wertbezogenheit"[7] ebenso wie Webers Überzeugung, daß jede Epoche die Geschichte aus der Sicht bestimmter Werte untersucht und daß sich beständig neue Standpunkte ergeben, schließt die Formulierung erschöpfender Systeme von Idealtypen, die die Wirklichkeit in einem Begriffsschema erfassen, aus (*Obj* 183-185, 207-209; *WuG* 154). Es schließt außerdem die Konstruktion universaler Gleichförmigkeiten ebenso aus wie jegliches allgemeine Theoretisieren in der Art von Marx, Parsons oder der Weltsystem-Theoretiker (vgl. Salomon 1935b: 68; Zaret 1980; Mommsen 1974b: 224-227).

Bei der Untersuchung der Weltreligionen merkt Weber beispielsweise an, daß seine Darstellung religiöser Ethiken in dem Sinn „unhistorisch" ist, daß sie systematischeren und innerlich konsistenteren Entwicklungslinien folgt, als sie jemals im Laufe ihrer tatsächlichen Entfaltung aufgetreten sind. Da diese Vereinfachung nicht in einer willkürlichen Art und Weise durchgeführt wird, darf sie gleichwohl weder als „rein subjektiv" noch als „Verfälschung" bewertet werden. Vielmehr leitet, wie Weber ausdrücklich erklärt, besonders sein Interesse an einer ganz spezifischen Frage – nach der Art und Weise, in der die Religion die *praktische* Lebensführung von Gläubigen beeinflußt – seine Forschungen und liefert das Auswahlkriterium für die Formulierung von Idealtypen. Seine gesamte Erörterung behält diese Ausrichtung bei (*Einl* 265, 267), und folglich sind seine zugrundeliegenden Annahmen klar. Andere Forscher mit ähnlichen Interessen können Webers Idealtypen aufgreifen. Für jede Weltreligion untersuchte er eine Reihe von Quellen speziell aus dieser begrenzten Perspektive und faßte seine Ergebnisse zu in sich konsistenten und anerkannten „typologischen Vereinfachungen" zusammen (vgl. z. B. *Zwi* 536 f.).

Jedoch sollte der Idealtypus auf keinen Fall als ein „Durchschnittstyp" verstanden werden. Es geht weder um die einfache Zusammenfassung von Elementen, die empirischen Phänomenen gemeinsam sind, noch um die bloße Klassifikation von Ereignissen. Er wird vielmehr, und zwar obwohl seine Konstruktion gründlich in der empirischen Wirklichkeit verwurzelt ist, einerseits durch eine „einseitige Steigerung" der *wesentlichen* Merkmale der für die anstehende Forschungsaufgabe bedeutsamen Handlungsorientierungen gebildet[8] und andererseits durch eine Synthese dieser diffusen charakteristi-

---

7   Im Wortsinn: Die Werte des Forschers entscheiden darüber, welche sozialen Themen oder Probleme für den Forscher *von Interesse* sind. Vgl. *Obj* 165-185, 206 f.; *Logik* 254-259; Burger 1976: 78-82.

8   „Denn Zweck der idealtypischen Begriffsbildung ist es überall, nicht das Gattungsmä-

schen Handlungsorientierungen zu einem innerlich einheitlichen und logisch strengen Begriff. Nachdem der Soziologe eine Anzahl historischer Fälle untersucht hat, formuliert er Idealtypen aufgrund „historischer Urteile", die auf „Erfahrungsregeln" basieren. Während bei der Bildung des Idealtypus eine induktive Vorgehensweise ausgehend von empirischen Beobachtungen verfolgt wird, leiten deduktive Verfahren die logische Anordnung der wesentlichen Regelmäßigkeiten des Handelns zu einem einheitlichen und präzisen Konstrukt. Gleichwohl schließen es die empirische Verankerung der Idealtypen sowie ihr historisch relatives Wesen und ihre Fähigkeit, mit Bezug auf die empirische Realität reformuliert und verbessert zu werden, aus, sie als „abstrakte" oder „verdinglichte" Begriffe zu verstehen (*Obj* 193-209).[9] Weber bemerkt, daß „Begriffe vielmehr gedankliche Mittel zum Zweck der geistigen Beherrschung des empirisch Gegebenen sind und allein sein können" (*Obj* 208). Diese Analyseebene herrscht in seinen historisch-vergleichenden Texten durchgehend vor.

Die Formulierung solcher „klaren Begriffe" steht am Beginn seiner kausalen Soziologie: „Daß sie [die kausale Zurechnung] dabei als unentbehrliche Vorarbeit der Isolierung (also: Abstraktion) der Einzelkomponenten des Geschehens, und alsdann für *jede* Einzelkomponente der Orientierung an Erfahrungs*regeln* und der Bildung *klarer Begriffe* [...] bedarf, ohne welche irgendwelche Sicherheit der Zurechnung *nirgends* zu gewinnen ist, bleibt dabei gewiß richtig" (*Agrar* 288, Hervorhebungen i. Orig.). Die zentrale Frage, warum der einmalige empirische Fall „historisch so und nicht anders" eintrat, kann letztlich nur beantwortet werden, wenn zu Beginn klare Definitionen gebildet werden. Was ist die wesentlichste Verwendung von Idealtypen in Webers empirischen Texten?

ßige, sondern umgekehrt die Eigenart von Kulturerscheinungen scharf zum Bewußtsein zu bringen" (*Obj* 202).

9   Gleiches tut die Etikettierung von Weber als einen Nominalisten. Vgl. Warner 1973: 50 f.; Burger 1976: 176-179; Zaret 1980: 1188. Parsons erkennt nicht die empirische Grundlegung der Idealtypen und betrachtet sie daher als „atomisiert" (1963: LXIII-LXVII). Für Kommentare und Kritik zu den Idealtypen vgl. Schelting 1922; 1934: 329-333, 353-361; Watkins 1953; Janoska-Bendl 1965; Roth 1971a; 1971b; Bruun 1972; Burger 1976: 115-180; und Smelser 1976: 54-57, 116-121. Der Idealtypus wird in dieser gesamten Studie ein zentraler Begriff bleiben. Kritiker haben sich auf darauf konzentriert, daß Weber keine ausreichend objektiven Kontrollen für die Bildung von Idealtypen anbietet.

Die Verwendung von Idealtypen als Maßstab zur Definition empirischer Fälle

Sobald Idealtypen zu klaren Begriffen geformt worden sind, die regelmäßige Handlungsorientierungen erfassen, leiten sie Webers gesamte kausale Soziologie in einer fundamentalen Weise: Sie ermöglichen die präzise Definition empirischer Fälle. Eine besondere Berücksichtigung systematischer Verfahren zur Definition empirischer Fälle läßt sich in der Weltsystem-Schule sowie im interpretativen historischen und im kausalanalytischen Ansatz kaum entdecken.

Idealtypen werden als „Maßstäbe" benutzt, um unterscheidbare empirische Fälle zu definieren. Jeder kann als ein Orientierungsinstrument verwendet werden, das einen klaren „Standard" liefert, an dem gegebene Regelmäßigkeiten des Handelns „gemessen" werden können. Durch eine Einschätzung ihrer Abweichung können diese Fälle klar definiert werden:

> Das konstruierte Schema hat natürlich nur den Zweck, ein idealtypisches *Orientierungsmittel* zu sein [...]. Die Konstruktion ermöglicht es, da, wo sich eine historische Erscheinung einem von diesen Sachverhalten in Einzelzügen oder Gesamtcharakter annähert, deren – sozusagen – typologischen Ort durch Ermittlung der Nähe oder des Abstandes vom theoretisch konstruierten Typus festzustellen. Insoweit ist die Konstruktion also lediglich ein technischer Behelf zur Erleichterung der Uebersichtlichkeit und Terminologie. (*Zwi* 536 f.)

Statt eines „Einfangens der Wirklichkeit" schafft der Idealtypus als ein logisches Konstrukt, das regelmäßiges Handeln dokumentiert, einen klaren Bezugspunkt und Orientierungslinien, mit denen ein gegebener Ausschnitt der Wirklichkeit verglichen und an denen er gemessen werden kann. Eine Prüfung, in welcher Weise sich die untersuchten regelmäßigen Handlungsorientierungen den von dem Begriff „dokumentierten" annähern oder von ihm abweichen, enthüllt die charakteristischen Merkmale des empirisches Falles und definiert ihn deutlich: Der Idealtypus hat „die Bedeutung eines rein idealen *Grenz*begriffes [...], an welchem die Wirklichkeit zur Verdeutlichung bestimmter bedeutsamer Bestandteile ihres empirischen Gehaltes *gemessen*, mit dem sie *verglichen* wird" (*Obj* 194, Hervorhebungen i. Orig.; vgl. auch *Wertfr* 535). Und:

Alle Darstellungen eines „*Wesens*" des Christentums z. B. sind Idealtypen von stets und notwendig nur sehr relativer und problematischer Gültigkeit, wenn sie als historische Darstellung des empirisch Vorhandenen angesehen sein wollen, dagegen von hohem heuristischen Wert für die Forschung und hohem systematischen Wert für die Darstellung, wenn sie lediglich als begriffliche Mittel zur *Vergleichung* und *Messung* der Wirklichkeit an ihnen verwendet werden. In dieser Funktion sind sie geradezu unentbehrlich. (*Obj* 198 f., Hervorhebungen i. Orig.)[10]

Durch die Verwendung dieses heuristischen Werkzeugs können beispielsweise Abweichungen von einem rein zweckrationalen Begriff des wirtschaftlichen Handelns im Kapitalismus hervortreten und als „Irrtümer" erkannt werden: nämlich als auf Traditionen, Werten oder Affekten beruhend und bedingt „durch falsche Information, tatsächlichen Irrtum, Denkfehler, persönliches Temperament oder außerstrategische Rücksichten" (*WuG* 10).[11] In ähnlicher Weise können die typischen Merkmale des Patrimonialismus in China, Japan, Indien, Vorderasien, dem antiken Ägypten und dem Okzident durch Vergleich mit dem Idealtypus des Patrimonialismus isoliert und klar definiert werden. Weber legt diese allgemeine Vorgehensweise deutlich dar: Die Untersuchung „geht daher von den rationalsten Formen aus, welche die Realität annehmen *kann*, und sucht zu ermitteln, inwieweit gewisse theoretisch aufstellbare rationale Konsequenzen in der Realität gezogen wurden" (*Zwi* 537 f., Hervorhebung i. Orig.).

In allen diesen Fällen erfordert die Verwendung von Idealtypen als *Maßstab* einen Vergleich des beobachteten Handelns mit idealtypischen Beschreibungen von Handlungsmustern, die aufgrund bestimmter Prämissen formuliert wurden (*Einl* 267; vgl. *WuG* 4 f., 10 f.). Hiermit wird ein unverzichtbares Konstrukt für die Erfassung der „unendliche[n] Mannigfaltigkeit des Historischen" zur Verfügung gestellt (*Einl* 273; vgl. Roth 1971b: 126; Albrow 1990: 157). Darüber hinaus ist es ohne diese als Standards dienenden

---

10   Vgl. auch *RuK* 130. Weber macht diesen allgemeinen Punkt auch in dem Kapitel über Herrschaft in Teil I von *WuG* deutlich: „Die Terminologie und Kasuistik hat also in gar *keiner* Art den Zweck und kann ihn nicht haben: erschöpfend zu sein und die historische Realität in Schemata zu spannen. Ihr Nutzen ist: daß jeweils gesagt werden kann: was an einem Verband die eine oder andere Bezeichnung verdient oder ihr nahesteht" (*WuG* 154, Hervorhebung i. Orig.).

11   Vgl. auch *WuG* 2-3; *Wertfr* 536 f.; Bruun 1972: 223. Aus Webers Sicht folgt das Handeln nur in außergewöhnlichen Fällen den „Gesetzen" der „reinen Theorie der Volkswirtschaftslehre" (*WuG* 4).

heuristischen Instrumente nicht möglich, vergleichende „Gedankenexperimente" durchzuführen, die systematisch versuchen, bedeutsame kausale Handlungsregelmäßigkeiten zu isolieren. Obwohl somit Idealtypen in Webers historisch-vergleichender Soziologie ausschließlich als heuristische Hilfsmittel und nicht als Zwecke vorkommen, bleibt ohne sie jede kausale Zurechnung unmöglich (*Obj* 202-204). Sowohl die Weltsystem-Schule als auch der kausalanalytische und der interpretative historische Ansatz bieten keinerlei derartige „ordnende Mechanismen" an, die geeignet sind, einen Zugriff auf die diffuse Wirklichkeit zu ermöglichen und systematische Verfahren für die Definition empirischer Handlungsorientierungen zu liefern.

Manchmal können einzelne Idealtypen für sich genommen nicht angemessen als Standard dienen; die Abweichung zwischen der realen Welt und dem logisch konsistenten Idealtypus kann so groß sein, daß das wiederkehrende sinnhafte Handeln nur durch die Kombination zweier reiner Typen zu einem Untertypus angemessen beschrieben werden kann (vgl. z. B. *WuG* 550, 625). In diesen Fällen bildet Weber „gemischte" oder zusammengesetzte Idealtypen. Weil beispielsweise die Übernahme von Ämtern im chinesischen Patrimonialismus Eignungsprüfungen und offizielle Führungszeugnisse erforderte, bezeichnet Weber diese Mischung von Bürokratie und Patrimonialismus als „Patrimonialbürokratie".[12] Die Bildung von Mischtypen muß einfach deshalb durchgeführt werden, weil Handlungsorientierungen sehr häufig zum Teil zu einem Idealtypus gehören und zum Teil zu einem anderen (*Einl* 299; *Agrar* 43 f.; *WuG* 10, 550). Weber konstruierte solche Typen in seiner gesamten historisch-vergleichenden Soziologie.[13] Sobald sie gebildet sind,

---

12 „Wir werden immer wieder gezwungen sein, z. B. durch Wortbildungen wie: ‚Patrimonialbürokratie' zum Ausdruck zu bringen: daß die betreffende Erscheinung mit einem Teil ihrer charakteristischen Merkmale der rationalen, mit einem anderen der traditionalistischen – in diesem Fall: ständischen – Herrschaftsform angehört" (*Einl* 273). Andere Mischtypen sind z. B. die „hierokratische" Herrschaft (Erlösungsreligion, veralltäglichtes Charisma und bürokratische Herrschaft; vgl. *WuG* 29-30, 688-714; *Einl* 267 f.) und der gegenteilige historische Fall des „Cäsaropapismus" (*WuG* 689-692).

13 Seine Neigung hierzu, dies muß erneut betont werden, beinhaltete auf seiner Seite nie den Versuch, die historische Wirklichkeit vollständig zu erfassen und die Unendlichkeit des sozialen Lebens in ein schematisches Raster zu zwingen (*Einl* 273). Ein solches Ziel stand seinem eigenen „so fern wie möglich" (*WuG* 124). Noch wollte er eine Situation erzeugen, in der der „reine" Typus oder der gemischte Typus mit der empirischen Wirklichkeit vermischt werden könnte. Er betonte im Gegenteil, daß die sich aus den Idealtypen ergebende Analyseebene – sie sind *analytische Konstrukte* – stets beachtet werden sollte und daß eine solche Verwendung einen strikten Verstoß gegen

dienen sie außerdem dem grundlegenden Ziel, die präzise Definition empirischer Handlungsorientierungen zu ermöglichen (*WuG* 625; vgl. Roth 1971b: 127; 1971c: 92 f.).

Die Verwendung als Maßstab kennzeichnet alle Idealtypen in Webers Soziologie, obwohl sie in ihrer Reichweite und im „Grad ihrer Bestimmtheit" stark variieren. Einige versuchen die Einmaligkeit eines mit einer bestimmten sozialen Wirklichkeit verbundenen regelmäßigen Handelns zu erfassen, wie die Idealtypen der chinesischen Literaten, der brahmanischen Intellektuellen, des „Geistes" des Kapitalismus, der mittelalterlichen Stadt, des Kastensystems, des antiken Kapitalismus, der kalvinistischen Sekten und der antiken Polis („historischer Typus")[14], während andere abstrakter, „universalisierter" und allgemein in ihrer Reichweite sind: Priester, bürokratische und feudale Herrschaft, die Nachbarschaft, der Oikos und die Familie. Obwohl auch sie auf der empirischen Wirklichkeit beruhen, sind sie weder an einen bestimmten sozialen Kontext noch an eine Epoche gebunden. Aufgrund ihrer Formulierung als epochen- und kulturübergreifende Begriffe („reine Typen") dienen sie als analytische Instrumente, die erheblich breitere Vergleiche ermöglichen.[15]

Die Verwendung von Idealtypen als Maßstäbe leitet Webers gesamte kausale Soziologie. Jeder ermöglicht (a) einen Zugriff auf die diffuse empirische Realität, unterstützt (b) die Ordnung und klare begriffliche Erfassung des untersuchten konkreten empirischen Problems und ermöglicht (c) die Identifizierung bedeutsamer kausaler Handlungsorientierungen. Eine Formu-

---

ihren korrekten Gebrauch bedeuten würde (*Wertfr* 536 f.; *Obj* 208 f.).

14 Diese Idealtypen sind häufiger in *Agrar*, *WEWR* und *Abriß*, jedoch sind sie nicht darauf beschränkt. Mommsen (1974b: 182-232) nennt sie „individuelle" Idealtypen; vgl. auch 1989: 124-136.

15 Diese letzteren Idealtypen sind verbreiteter in *WuG*, besonders in Teil I. Obwohl sie weniger veranschaulichende historische Belege enthalten als die, die in Teil II formuliert werden, und obwohl sich die Bezeichnungen „reiner Typus" und „allgemeiner Typus" häufiger in Teil I finden, der später geschrieben wurde, stimme ich nicht mit Rex (1971), Turner (1981) und anderen überein, die argumentiert haben, eine solche Veränderung würde einen Bruch mit Webers früheren methodologischen und empirischen Schriften zeigen, ja sogar eine Aufgabe sowohl des methodologischen Individualismus als auch des Grundsatzes der Wertbeziehung sowie eine Neuformulierung des Ziels der Soziologie, das in einer reinen Systematisierung bestehe. Mommsens umsichtige Antwort (1974a: XIII f., 10 f., 18-21; 1974b: 229-231; 1989: 127-132) zeichnet die Entwicklung des Idealtypus hin zu einer stärker „formalisierten Gestalt" nach und betont die Kontinuität zwischen Webers früheren und seinen späteren Schriften (vgl. auch Zaret 1980: 1187; Bruun 1972: 227; Fulbrook 1978; Scaff 1989: 34 f.). Diese Debatte kann an dieser Stelle nicht behandelt werden.

lierung strenger Verfahren, die diese grundlegenden Aufgaben erfüllen, findet sich weder in der Weltsystem-Schule noch im interpretativen historischen oder im kausalanalytischen Ansatz. Noch bieten diese eine analytische Abhandlung, die, wie *WuG*, eine große Menge von Idealtypen formuliert.

Diese umfangreiche Abhandlung muß als Webers Versuch angesehen werden, das in seinen Fallstudien gewonnene Wissen zu Idealtypen zu systematisieren. Jeder ist dazu bestimmt, historisch-vergleichend arbeitende Soziologen zu unterstützen. Jedoch wird dieses Ziel aufgrund der mangelhaften Gliederung und des unvollendeten Charakters von *WuG* nicht immer deutlich (Tenbruck 1975a; 1977; Roth 1979; Schluchter 1988: 597-634). Weber setzt den Leser nirgends über seine Ziele in Kenntnis, und dieses Werk ist nur zu einem geringen Teil entlang thematischer und verfahrenstechnischer Linien geordnet. Obwohl *WuG* einen analytischen Rahmen für historisch-vergleichende Forschung bietet, der weit über „Modernisierungsprozesse" oder das Verhältnis von Staat und Wirtschaft hinausgeht und dem Forscher eine solche Fülle von Idealtypen bereitstellt, daß sie nahezu das ganze Feld bedeutsamen makrosoziologischen Handelns umfassen, ist der tatsächliche Nutzen dieses Werks für die gegenwärtige empirische Forschung häufig nicht sichtbar. Als Folge des extrem detaillierten Charakters seines historischen Wissens, seiner perfektionistischen Neigung und seiner zwanghaften Gründlichkeit verwirrt Weber die Dinge bei der Formulierung seiner Begriffe sehr häufig. Um den Leser davon zu überzeugen, daß er tatsächlich das *Wesen* einer regelmäßigen Handlungsorientierung erkannt hat, verstrickt er sich beim Abwägen einer ganzen Reihe historischer Fälle oft in historische und erläuternde Details. Dies ist besonders in Teil II von *WuG* der Fall. Webers dauerndes Bemühen, empirische Beispiele anzubieten, hinterläßt manchmal den Eindruck, daß die Geschichte und nicht die Bildung von Idealtypen sein eigentliches Anliegen in *WuG* darstellt. Dies behindert auch das Bemühen des Lesers festzustellen, wo die historischen Erörterungen enden und wo die Formulierung von Idealtypen beginnt.[16] Aus diesen Gründen

---

16 Zwei weitere Gründe sind für die mangelnde Klarheit vieler Idealtypen verantwortlich. Erstens wendet sich Weber inmitten der historischen Details, und zwar besonders in Teil II, zu häufig speziellen Debatten, definitorischen Problemen und technischen Fragen in der Sekundärliteratur zu und polemisiert zugunsten einer bestimmten Position. Obwohl diese wiederholten Abschweifungen Licht auf die beteiligten eher technischen Fragen werfen, neigen sie alle dazu, den thematischen und begrifflichen Fluß in *WuG* zu unterbrechen. Zweitens wird der Eindruck einer ungeordneten Vorgehensweisen bei der Bildung vergleichender Begriffe durch die Aufteilung von *WuG* in zwei Teile und durch die unterschiedlichen Schwerpunkte in jedem Teil verstärkt. Die

müssen viele Idealtypen aus *WuG* „extrahiert" und in klarer Form rekonstruiert werden.[17]

In diesem Kapitel über die Analyseebene Webers wurde nur die grundlegendste Verwendung von Idealtypen festgehalten. Als Konstrukte überwinden sie alle die historische Schilderung des interpretativen historischen Ansatzes. Jedoch begründen sie noch auf eine weitere, wichtigere Art die analytische Kraft seiner historisch-vergleichenden Soziologie: als begrenzte *Modelle*, die empirisch überprüfbare Hypothesen über regelmäßiges soziales Handeln aufstellen.

Obwohl solche Modelle regelmäßigen sozialen Handelns fest in der empirischen Wirklichkeit verankert sind, statten sie Webers kausale Soziologie mit einer weitreichenden *theoretischen* Leistungsfähigkeit aus, die dem interpretativen historischen und dem kausalanalytischen Ansatz vollständig fehlt, die sich jedoch ganz deutlich von der unterscheidet, die die Weltsystem-Schule anbietet. Leider hat die Sekundärliteratur Idealtypen häufig nur hinsichtlich ihrer Verwendung als Maßstäbe diskutiert.

Idealtypen in Teil I (1918-1919) sind abstrakter und allgemeiner, während die individuellen Idealtypen, die in Teil II (1911-1913) vorherrschen, in einer weniger formalen Weise und stärker mit Bezug auf historische Epochen und Zivilisationen konstruiert sind (Mommsen 1974a: 182-232). Vgl. die vorangegangene Fußnote. Alle diese Probleme sind für die extreme Schwierigkeit von *WuG* verantwortlich.

17   Dies zu tun, würde der historisch-vergleichenden Soziologie einen ernsthaften Dienst erweisen.

4
Idealtypen als hypothesenbildende Modelle:
Wirtschaft und Gesellschaft

Hypothesenbildende Modelle regelmäßiger Handlungsorientierungen drücken begrenzte, empirisch überprüfbare kausale Zusammenhänge aus. Hierdurch leisten sie nach Weber einen zentralen Beitrag zu historisch-vergleichenden Soziologie. In *WuG* werden sie durchgängig explizit formuliert und dienen direkt dem übergeordneten Ziel von Webers substantieller Soziologie: kausale Erklärungen einmaliger Fälle und Entwicklungen zu liefern. Zusammen mit klaren Definitionen bilden begrenzte Hypothesen ein unverzichtbares Mittel für die Isolierung bedeutsamer kausaler Regelmäßigkeiten des Handelns.

Eine Schwerpunktsetzung auf eine breite Vielfalt begrenzter analytischer Verallgemeinerungen unterscheidet Weber vom interpretativen historischen und vom kausalanalytischen Ansatz[1], die beide ein Schwergewicht auf einzelne Probleme legen. Obwohl Idealtypen in der empirischen Realität verankert sind, fügen sie als hypothesenbildende Modelle auch eine *konsequent theoretische Dimension* ins genaue Zentrum der historisch-vergleichenden Soziologie Webers ein. Jedem Modell wohnt eine Dynamik hypothetischer Beziehungen inne. Für ihn umfaßt die soziologische Arbeitsweise nachdrücklich die theoretische Einrahmung von Problemen. Andererseits dienen Webers Modelle regelmäßigen Handelns – anders als die theoretischen Modelle der Weltsystem-Schule und des frühen strukturell-funktionalen Ansatzes der politischen Entwicklung und Modernisierung – nur heuristischen Zwecken: Sie beanspruchen nicht, empirische Entwicklungen zu erfassen. Vielmehr sind sie für historisch-vergleichende Soziologen *nützlich* als analytische Konstrukte, welche die präzise theoretische Rahmung von Fällen und Entwicklungen mit dem Ziel der kausalen Analyse unterstützen. Die Fähigkeit der Idealtypen zur Modellbildung ermöglicht es Weber sogar, ein offenes Prob-

---

1 Ich werde die Ausdrücke „Modell", „Konstrukt" und „begrenzte analytische Verallgemeinerung" synonym verwenden.

lem zu lösen, vor dem der kausalanalytische Ansatz steht: Dieser Ansatz
hofft, durch den Vorschlag einer strengen Methodologie des Forschungsdesigns erklärende Theorien und Verallgemeinerungen zu konstruieren, die
über den untersuchten Fall hinausgehen; seine Problemorientierung behindert
jedoch seine Fähigkeit, dies zu tun.[2]

Abermals muß der besondere Charakter von *WuG* hervorgehoben werden. Dieses „grandiose Werk der empirischen Soziologie" (Salomon 1935a:
67) muß als der „theoretische Ertrag" von Webers ausgedehnten zivilisatio-
nen- und epochenübergreifenden empirischen Studien angesehen werden. Es
bildet einen expliziten Versuch, aus diesen Untersuchungen analytische Verallgemeinerungen zu ziehen. Dieses bestimmende Merkmal wird im ersten
Teil von *WuG* deutlicher, den Weber später schrieb und in Reaktion auf die
Anregung von Freunden, diesen theoretischen Ertrag ganz ausdrücklich hervortreten zu lassen. Obwohl sich der zweite Teil ebenfalls auf die Konstruktion von Modellen konzentriert, enthält er viel mehr Abschweifungen, und
zwar vor allem solche, in denen Weber (a) auf eine lange Reihe von historischen Fällen Bezug nimmt, bevor er sein Modell formuliert, (b) historische
Fälle behandelt, die das Modell näher bestimmen und (c) durch vergleichende
Analyse kurze (und an seinem eigenen Standard gemessen normalerweise
unvollständige; vgl. Kapitel 5) kausale Analysen durchführt. Genau genommen enthält der zweite Teil sehr viel „Geschichte", und zwar in einem solchen Maß, daß Webers Ziel der Modellbildung nicht immer ersichtlich ist
(vgl. Kapitel 3, S. 127 f.).

Im genauen Zentrum von Webers historisch-vergleichender Soziologie
stehen die sämtlich in der analytischen Abhandlung *WuG* formulierten „dynamischen", „kontextuellen", „Verwandtschafts-", „Spannungs-" und „Entwicklungsmodelle", die einen entscheidenden Beitrag zu ihrer Strenge, analytischen Kraft und Einzigartigkeit leisten. Sie werden in diesem Kapitel systematisiert und, im Fall einiger Entwicklungsmodelle, rekonstruiert. Die
Weltsystem-Schule sowie der interpretative historische und der kausalanalytische Ansatz bieten keine klar umrissenen Orientierungsmodelle an, ganz zu
schweigen von einer Abhandlung wie *WuG*, die ein breites Spektrum von
Modellen konstruiert, die in der Lage sind, vielfältigen und verschiedenarti-

---

2   Natürlich ist Webers „Lösung" dieses Problems – der hypothesenbildenden Modelle –
     aus der Sicht der kausalanalytischen Forscher nicht befriedigend, weil die Verallge-
     meinerungen, nach denen sie suchen, *empirische* sind. Webers grundlegende Sicht der
     Realität und seine antipositivistischen methodologischen Vorannahmen verhindern die
     Formulierung solcher Verallgemeinerungen. Vgl. Kapitel 3, S. 121-125.

gen Forschungsprogrammen eine Orientierung zu geben. Als heuristische Hilfen ermöglichen diese Modelle wiederkehrender Handlungsorientierungen, so wie die Idealtypen allgemein, dem Forscher den Zugriff und das Verstehen einer amorphen und unaufhörlich fließenden Wirklichkeit und unterstützen die klare begriffliche Erfassung des untersuchten besonderen Falls oder der untersuchten Entwicklung. Darüber hinaus bieten sie jedoch begrenzte Hypothesen, die an spezifischen empirischen Fällen und Entwicklungen überprüft werden können, wodurch sie einzelne bedeutsame kausale Regelmäßigkeiten des Handelns isolieren. Für Weber *brauchen* Soziologen, die sonst tief in der empirischen Wirklichkeit versinken würden, solche Konstrukte. Indem er – vor allem in *WuG* – eine ganze Reihe solcher Modelle konstruiert, die regelmäßige Handlungsorientierungen theoretisch erfassen, beabsichtigt er, das historisch-vergleichende Bestreben von einer ausschließlichen Ausrichtung auf Probleme und einem übermäßigen Verlaß auf historische Schilderung und detaillierte Beschreibung *abzubringen*. Seine Modelle dürfen jedoch nicht mit denen gleichgesetzt werden, die von der Weltsystem-Schule formuliert werden. Sie unterscheiden sich aufgrund (a) ihres Ursprungs in der empirischen Realität statt in einem theoretischen Schema, (b) ihres rein heuristischen Zwecks und (c) des begrenzten Charakters ihrer Verallgemeinerungen. Alle axiomatischen Aussagen über das Wesen des sozialen Wandels werden verschmäht. Was sind die hauptsächlichen *Typen* von Modellen, die in *WuG* formuliert werden?[3] Idealtypen werden auf vier Hauptarten als Modelle verwendet.

Ihr *dynamischer* Charakter ist das Hauptaugenmerk von Webers erstem Modelltyp. Jeder Idealtypus ist nicht statisch, sondern wird aus einer Reihe von regelmäßigen Handlungsorientierungen gebildet. Beziehungen zwischen diesen Handlungsorientierungen – in Form von begrenzten, empirisch prüfbaren Hypothesen – sind hierbei eingeschlossen.

Zweitens konstruiert Weber *kontextuelle* Modelle in *WuG*. Diese Modelle formulieren Hypothesen hinsichtlich der Wirkung spezifischer sozialer Kontexte auf regelmäßiges Handeln.

Drittens können Idealtypen, wenn sie in bezug aufeinander untersucht werden, *logische Wechselwirkungen* regelmäßigen Handelns zum Ausdruck bringen. Modelle der „Wahlverwandtschaft" und der „Spannung" zwischen

---

3   Seine analytischen, modellbildenden Aufsätze in *WEWR* ergänzen in dieser Hinsicht *WuG*. Dieses Kapitel kann zum Teil als Kritik an der überkommenen Ansicht gelesen werden, daß *WuG* einfach als eine ausgearbeitete „Taxonomie" verstanden werden kann, welche die bloß vorbereitende Aufgabe der Formulierung klarer Begriffe erfüllt.

Idealtypen sind in *WuG* reichlich vorhanden. In allen Fällen werden begrenzte Hypothesen formuliert.

Viertens benutzt Weber Idealtypen, um analytische *Entwicklungen* nachzuzeichnen, und zwar gerade solche, die von eigengesetzlichen Handlungsorientierungen vorangetrieben werden. Hervorstechend sind in seinen empirischen Schriften Modelle, die auf Interessen (der Schließung sozialer Beziehungen und der Veralltäglichung des Charismas) sowie auf formalen (der Entwicklung des Marktes und des Staates) und theoretischen (der religiösen Entwicklung) Rationalisierungsprozessen beruhen und durch sie angetrieben werden. Jedes Modell faßt einen *Verlauf* regelmäßigen Handelns oder einen „Entwicklungsweg" in eine Hypothese.[4]

Diese Modelle unterscheiden Weber maßgeblich von der Weltsystem-Schule sowie vom interpretativen historischen und vom kausalanalytischen Ansatz. Indem jedes Modell einen begrenzten theoretischen Rahmen errichtet[5], ermöglicht es einen begrifflichen Zugriff auf die sonst diffuse Wirklichkeit und formuliert in Bezug auf empirische Fälle, Beziehungen oder Entwicklungen kausale Hypothesen über regelmäßige Handlungsorientierungen.[6]

---

4   Mit Ausnahme des Modells der soziologischen Orte (vgl. Kapitel 1, S. 62-73), versucht dieses Kapitel, soweit es die *Typen* von Modellen betrifft, vollständig zu sein. Natürlich können nicht alle *Beispiele* für jeden Typus verzeichnet werden. *WuG* muß als eine Hilfsquelle betrachtet werden, auf die sich historisch-vergleichende Soziologen beziehen können. Dennoch gehen die folgenden Abschnitte (besonders jene über die Verwandtschafts-, Spannungs- und Entwicklungsmodelle) recht genau ins Detail. Ich tue dies an dieser Stelle nicht nur, weil die grundlegende Bedeutung der Modelle in Webers historisch-vergleichender Soziologie eine solche Diskussion erfordert, sondern auch weil der Charakter von *WuG* vermittelt werden soll. Eine derart systematische Untersuchung dieser Modelle ist in sämtlichen Kommentaren zu Weber nicht zu finden.

5   Webers sämtliche Modelle sind letztlich unter Bezug auf eine Forschungsagenda formuliert, die sich um sein wertbezogenes fundamentales Interesse an der Erklärung der Ursprünge und der Entwicklung des westlichen Rationalismus dreht. Seine Modellbildung entspricht dem Postulat der „Wertbeziehung" (vgl. Kapitel 3, S. 121 f.). Diese grundlegende Tatsache schließt jedoch nicht die Nützlichkeit dieser Modelle (z. B. Feudalismus, Bürokratie, Charisma und dessen Veralltäglichung, die Wahlverwandtschaft zwischen Beamten und antireligiösen Haltungen, die Spannungsbeziehung zwischen charismatischer Herrschaft und rationaler Wirtschaft) für die Untersuchung eines breiten Spektrums von Themen und Fragestellungen aus. Eine Einschätzung der Angemessenheit (d. h. inwieweit das Modell einem Orientierungszweck dienen und verschiedene empirische Gegebenheiten auch theoretisch erfassen kann) muß mit Blick auf jedes Modell und jedes Vorschungsvorhaben vorgenommen werden.

6   Als Folge der Art, wie der Idealtypus gebildet wird (empirische Herleitung einerseits und synthetische Systematisierung andererseits), sowie aufgrund seines rein heuristi-

Diese begrenzten Verallgemeinerungen bekräftigen außerdem die universale Reichweite von Webers historisch-vergleichender Soziologie. Sie erstreckt sich weit über die Schwerpunktsetzung gegenwärtiger Ansätze auf die Transformationen der letzten paar Jahrhunderte hin zu Kapitalismus, Demokratie und zum Nationalstaat hinaus. Seine empirischen Studien umfassen die antiken Zivilisationen des Okzidents ebenso wie die Gegenwart und den Osten ebenso wie den Westen. Jedoch tun sie dies, ohne eine Soziologie universeller Gesetze oder evolutionärer Stadien zu verlangen.

Idealtypen als dynamische Modelle

Jeder Idealtypus besteht aus Konstellationen sinnhafter Handlungsorientierungen. Sie sind keineswegs eingleisig, sondern bilden eine Ansammlung regelmäßiger Handlungen, die in dynamischer Wechselwirkung miteinander stehen. Dieser dynamische Aspekt ist in jedem Idealtypus enthalten. Es werden Hypothesen über kausale Zusammenhänge aufgestellt. Im Idealtypus sind, mit anderen Worten, Annahmen über regelmäßiges Handeln in der empirischen Realität enthalten. Von den Dutzenden Beispielen, die in *WuG* angeboten werden, können nur zwei behandelt werden.[7]

Bürokratie

Anders als von der Sekundärliteratur häufig unterstellt wird, ist Webers Bürokratiemodell keineswegs statisch, sondern schließt die Wechselwirkung einer Vielzahl von regelmäßigen Handlungsorientierungen ein und geht von verschiedenartigen Verbindungen aus. Es wird eine Anzahl von Hypothesen aufgestellt, von denen diejenigen über das Verhältnis dieser Form von Herrschaft zur Demokratie zu den wichtigsten gehören.

---

schen Charakters muß eine einzelne empirische Nichtbestätigung einer von einem Modell gebildeten Hypothese nicht notwendigerweise eine Widerlegung der Nützlichkeit des Modells bedeuten.

7   Natürlich variiert der dynamische Charakter von Idealtypen zu einem erheblichen Teil. Einige umfassen erheblich weniger innere Spannungen zwischen ihren regelmäßigen Handlungsorientierungen, und somit können weniger Hypothesen hinsichtlich möglicher Verbindungen aufgestellt werden. Die hier behandelten Beispiele gehören zu den dynamischsten.

Die Grundmerkmale von Bürokratien rufen eine „Nivellierung" sozialer und ökonomischer Unterschiede und eine „passive Demokratisierung" hervor. Die Ausübung von Herrschaft geschieht in Bürokratien in Übereinstimmung mit abstrakten Regeln und Vorschriften, die allgemein gelten. Es herrscht ein „Verlangen nach ‚Rechtsgleichheit' im persönlichen und sachlichen Sinn", also die „Perhorreszierung des ‚Privilegs'" (*WuG* 567; vgl. auch 129 f.). Bei der Entscheidungsfindung sind ein an der unpersönlichen Erledigung von Aufgaben orientiertes Handeln und der Anspruch auf eine Gleichbehandlung gegenüber einer bürokratischen Regelung oder einem Gesetz maßgebend und nicht, wie unter der feudalen Herrschaft, Willkür und persönliche Beziehungen. Dennoch geht Webers Modell gleichzeitig mit einer solchen passiven Demokratisierung von der Wahrscheinlichkeit einer starken Machtkonzentration in den Händen der bürokratischen Funktionäre aus. Sobald sich aus ihnen eine zusammenhängende Schicht bildet, setzt ein Prozeß der Gruppenschließung ein (vgl. unten, S. 169-179), und es tritt ein regelmäßiges Handeln auf, das auf eine strikte Verteidigung von Status und „Rechten" gerichtet ist und das der Demokratisierung entgegensteht. Es existiert eine dynamische Spannung – die spezifisch für diesen Idealtypus ist – zwischen dem bürokratischen „Prinzip der Gleichheit" und der Geltendmachung von Sonderrechten durch ihre Trägerschicht.

Webers Modell umfaßt jedoch noch eine dritte Komponente, nämlich den gesellschaftsweiten Ruf nach wirklicher Gerechtigkeit angesichts der Machtkonzentration in den Händen von Funktionären. Eben dieser Appell führt eine weitere Spannung herbei: zwischen den Funktionären, die sich nun um eine Verteidigung übertragener Rechte bemühen, und der Klientel der Bürokratie. Wie Weber bei verschiedenen Gelegenheiten betont, ist das Verhältnis der Demokratie – trotz ihrer „ungewollten Förderung der Bürokratisierung" (vgl. *WuG* 567-572) – zur „,Herrschaft' der Bürokratie" durch Ambivalenz gekennzeichnet: Die Demokratie begünstigt den Verlaß auf substantielle Fachkenntnisse, die durch Prüfungen und Zeugnisse belegt sind, sie fürchtet jedoch die Tendenz der Bürokratie, eine privilegierte „Kaste" hervorzubringen. Ihr Widerstand dagegen kann an der Schaffung von „Durchbrechungen und Hemmungen der bürokratischen Organisation" deutlich werden (vgl. beispielsweise *WuG* 568, 572, 576, 633). Andererseits bringt das Fortschreiten der Bürokratisierung eine passive Demokratisierung hervor: eine „*Nivellierung der Beherrschten* gegenüber der herrschenden, bürokratisch gegliederten Gruppe" (*WuG* 568, Hervorhebung i. Orig.). Webers Modell setzt in der Tat voraus, daß mit dem Fortschreiten der Bürokratisierung lokale und intermediäre Machtpositionen entweder ausgeschaltet oder in Funktionäre umgewandelt werden, die einer zentralen Autorität unterstehen (vgl. *WuG* 568 f.; *Einl* 260). Für Weber ist die Bürokratisierung „überall der unentrinnbare Schatten der voranschreitenden [passiven] ‚*Massen*demokratie'" (*WuG* 130).

Indem Webers dynamisches Modell diese Spannungen umreißt, stellt es kausale Hypothesen über ein ganzes Spektrum wiederkehrenden Handelns in der Bürokratie auf. Es bietet ein Beispiel dafür, wie ein theoretischer Bezugsrahmen die klare begriffliche Erfassung einer diffusen und unablässig fließenden Realität ermöglicht. In diesem Fall werden Hypothesen über die typischen Spannungen einerseits innerhalb von Bürokratien und andererseits zwischen Bürokratien und Klienten aufgestellt.

Patrimonialismus

Webers Idealtypus patrimonialer oder monarchischer Herrschaft muß gleichfalls als ein dynamisches Modell verstanden werden, das eine Reihe von Hypothesen einschließt. Von zentraler Bedeutung sind Annahmen über die Zentralisierung und Dezentralisierung von Macht und das Ausmaß, in dem sich die Verwaltungsbeamten des Königs Macht und Ämter aneignen.

Die Grenzen des patrimonialen Amtes bleiben stets unklar. Die von den Beamten besetzten Ämter und die von ihnen ausgeübte Macht werden im Patrimonialismus als *persönliche* Rechte und Privilegien verstanden und rühren aus einer Beziehung zum Herrscher und nicht aus unpersönlichen Interessen und einer Ausrichtung an objektiv festgelegten und funktionalen Aufgaben her, wie in Bürokratien (*WuG* 604 f., 633 f.). Webers Modell nimmt an, daß sich jedes Mitglied des Verwaltungsstabs bemüht, „feste Kompetenzen" für sein Amt zu schaffen, um die sich ergebende Unklarheit zu beseitigen. Dies kann jedoch nur durch die Konkurrenz mit anderen Amtsinhabern geschehen, und zwar nur „soweit nicht die überall eingreifende Heiligkeit der Tradition ihr mehr oder minder feste oder elastische Schranken zieht" (*WuG* 594-598).

Auf der anderen Seite unterstellt sein Modell auch, daß die Beamten, sobald sie nach und nach Macht erlangen, ihre internen Streitigkeiten beiseite legen und sich zu einer geschlossenen Statusgruppe entwickeln werden. Diese Gruppe wird dann Schritte unternehmen, um die feudalen Grundherren ebenso zu verdrängen wie jede andere Gruppe, die einem partikularistischen, von der patrimonialen Herrschaft unabhängigen Ehrbegriff anhängt. Darüber hinaus kann sie geschlossen in Opposition zum patrimonialen Herrscher selbst stehen. Der Beamtenapparat kann die Macht erlangen, über Ernennungen in neue Ämter zu bestimmen, feste Regeln für die Herrschaft des Monarchen einzuführen und Dienste und Abgaben zu seinen Gunsten festzulegen. Auch wenn der „patrimoniale Grundsatz" im Prinzip weiter akzeptiert wird – nach dem „ein Beamter seinem Herrn nicht widersprechen darf" (*WuG* 602) – sehen die Herrscher die Integrität ihrer Herrschaft natürlich durch die Tendenz ihrer Beamtenschaft zur Aneinung von Ämtern bedroht. Wird dieser Prozeß nicht eingeschränkt, führt er zu einer Aufspaltung ihrer Macht in ein Bündel von Privilegien, die selbst wiederum ebenso angeeignet werden können. Unter Umständen kann es den Amtsinhabern gelingen, zu einem eigenständigen Stand von Honoratioren und Ministerialen zu werden (vgl. *WuG* 595, 602, 604).

Auf diese Weise trägt Webers Modell der patrimonialen Herrschaft einer ständigen Spannung zwischen Herrschern und Beamten Rechnung; es sieht die Verteilung von Macht als etwas stets Instabiles an und geht von verschiedenen Folgen aus. Tatsächlich sind unvermeidbare Kämpfe ein fester Bestandteil des Idealtypus (*WuG* 652, 606 f.).

Webers Idealtypus ist jedoch noch in einer weiteren Hinsicht dynamisch. Sein Modell formuliert auch Hypothesen über die Beziehung des patrimonialen Herrschers zu seinen Untertanen. Die Sitte schreibt vor, daß sich das soziale Handeln der Untertanen auf die Unterstützung des Herrschers zu richten hat, wenn nötig sogar in einem wirtschaftlich und persönlich unbegrenzten Umfang, und daß dieser im Gegenzug „Dienste" und eine „,menschliche' Behandlung" zu gewährleisten hat. Die normalen Verpflichtungen der Untertanen – Zwangsarbeit, militärische Dienste und die Zahlung von Steuern – bergen jedoch ein erhebliches Potential für offene Kämpfe, in denen sich die Untertanen dem Verlangen des Herrschers nach Ausdehnung seiner Macht und nach Beibehaltung ihrer Abhängigkeit widersetzen (*WuG* 583, 590 f.). Angesichts dieser Spannungen, die gerade für die Grundstruktur der patrimonialen Herrschaft typisch sind, hängt in Webers Konstrukt der Erfolg eines Herrschers bei der Aufrechterhaltung der zentralisierten Herrschaft im wesentlichen von seinen persönlichen Fähigkeiten und seiner militärischen Stärke ab. Diese Faktoren werden dann wiederum gegen die relative soziale Stellung und unabhängige Macht lokaler Beamter abgewogen sowie gegen die von Notabeln und Grundherren innerhalb ihrer eigenen Bezirke, Gruppen, die sich ebenso in dauerndem Kampf mit dem Herrscher befinden (*WuG* 604, 605).

Webers dynamisches Modell der patrimonialen Herrschaft ist keineswegs statisch, sondern berücksichtigt alle diese Kräfte. Es wird ein theoretischer Bezugsrahmen konstruiert, der, ebenso wie im Fall seines Modells der Bürokratie, eine klare begriffliche Erfassung fließender empirischer Handlungsorientierungen ermöglicht und eine Fülle von Hypothesen aufstellt. Hierdurch wird eine kausale Analyse spezifischer Fälle ermöglicht.

Diese beiden Beispiele müssen genügen, um die Dynamik der Weberschen Idealtypen und ihre Fähigkeit zur Modellbildung zu zeigen.[8] Sie formulieren begrenzte Hypothesen, indem sie eine Reihe regelmäßiger Handlungsorientierungen umreißen, die in Wechselwirkung miteinander stehen. Als theoretische Bezugsrahmen, welche die klare begriffliche Erfassung empirischer Fälle, Beziehungen und Entwicklungen und die Bildung begrenzter Hypothesen über kausale Zusammenhänge ermöglichen, unterscheiden sie Webers historisch-vergleichende Soziologie von der vorformulierten Theorie der Weltsystem-Schule und der Problemorientierung des interpretativen historischen und des kausalanalytischen Ansatzes. Webers Soziologie hebt die zentrale Bedeutung der theoretischen Einfassung empirischer Probleme hervor. Nachdem der Forscher diese geleistet hat, kann er mit einer vertieften kausalen Untersuchung zur Prüfung von Hypothesen beginnen. Ebenso wichtig sind in *WuG* hypothesenbildende Kontextmodelle.

Idealtypische Kontextmodelle

Alle empirischen Texte Webers belegen, daß die Kontexte regelmäßigen Handelns die Fähigkeit besitzen, neue Handlungsmuster zu ermöglichen, nutzbar werden zu lassen und sogar fortzuentwickeln oder, andererseits, sie einzuschränken oder zu behindern. Bestimmte Regelmäßigkeiten sozialen Handelns können in einigen Kontexten entscheidend für ein bestimmtes Ergebnis sein; in anderen können sie ohne Bedeutung sein. Handlungsmuster

---

8   *WuG* stellt ein Reservoir solcher Modelle zur Orientierung makrosoziologischer Forschung dar. Dieser Abschnitt bleibt nur deshalb so kurz, weil diese Eigenschaft von Idealtypen in der Sekundärliteratur nicht länger vernachlässigt wird. Vgl. z. B. Roth (u. a. 1971b: 121 ff.; 1971c: 86 ff.); Smelser (1976: 121, 125, 129, 133, 135) und Warner (1972; 1973).

sind nie als solche von Bedeutung, sondern erlangen nur in einem spezifischen Kontext regelmäßigen Handelns kausale Bedeutung. In Abhängigkeit von diesem Kontext können Handlungsorientierungen verschwinden, verschmelzen oder umgewandelt werden – nur um in ihrer ursprünglichen Form wieder aufzutauchen. Sobald ein Bündel von Handlungsorientierungen als Folge beispielsweise von historischen Ereignissen, von Machtanhäufung oder des Auftretens von charismatischen Persönlichkeiten nur eine kleine Veränderung erfährt, können Handlungsmuster, die vermeintlich vollständig verschwunden waren, „in einer ihnen fremden Welt" wieder auftauchen (*Agrar* 278).[9] Angesichts eines Wandels des sozialen Milieus, in dem regelmäßiges soziales Handeln auftritt, kommt es zu völlig anderen Ergebnissen.

Webers Bemühen um die Herausarbeitung der sozialen Kontexte regelmäßigen Handelns bildet in seinen gesamten historisch-vergleichenden Texten ein zentrales Augenmerk im Dienste seines Ziels, kausale Analysen von Fällen und Entwicklungen zu konstruieren. Dieses Anliegen ist auch bei seiner Modellbildung im *WuG* sichtbar. Weber formuliert in dieser analytischen Abhandlung eine Reihe von Kontextmodellen. Als theoretische Bezugsrahmen, die begrenzte Hypothesen über spezifische soziale Kontexte und regelmäßiges Handeln aufstellen, dienen sie alle der Unterstützung der Begriffsbildung und der Isolierung bedeutsamer kausaler Handlungsorientierungen. Einige wenige Beispiele müssen ausreichen.

Webers Modell der *Auswirkung des Rechts* schließt eine Reihe von Hypothesen ein. Die Einbettung regelmäßiger Handlungsorientierungen und die verschiedenen Einflüsse von Kontexten einheitlichen Handelns auf neue Handlungsregelmäßigkeiten (vgl. allgemein *WuG* 184, 189) werden hervorgehoben. Eine Beurteilung, ob beispielsweise die Ausdehnung des Rechtsbegriffs auf die Vertragsfreiheit – „die Möglichkeit, in Kontraktbeziehungen mit anderen zu treten, deren Inhalt durchaus individuell vereinbart wird" – eine „Abnahme der Gebundenheit" und eine „Zunahme der individuellen Freiheit in der Bestimmung der Bedingungen der eigenen Lebensführung" bedeutet (*WuG* 439), wie gemeinhin angenommen wird, erfordert nicht nur die Untersuchung formaler Rechtsinstitutionen, sondern auch eine Einschätzung, ob eine Konstellation von Handlungsorientierungen gegeben ist. Wenn die Entwicklung dieses Rechtsbegriffs mehr als bloß formale Möglichkeiten einschließen soll, muß ein Kontext gegeben sein, in dem die Vertragsfreiheit

---

9   Der Bezugspunkt für dieses Zitat ist die europäische Zivilisation des Mittelmeers in der Antike, es bringt jedoch Webers allgemeine Position zum Ausdruck.

hinsichtlich des Austauschs von Gütern sowie von Arbeit und Dienstleistungen eine für alle zugängliche tatsächliche Möglichkeit wird. Wo immer große Unterschiede in der Verteilung von Eigentum bestehen, reicht ein formelles Recht der Arbeiter, Verträge zu schließen, in der Praxis nicht, um ihre Freiheit zu vergrößern, die Bedingungen ihrer Arbeit festzulegen; vielmehr behalten die Arbeitgeber die Macht, Arbeitsplätze auf der Basis von „nimm ihn oder laß es sein" anzubieten (*WuG* 439 f.).

Webers Modell der Umwandlung des sozialen *Altersprestiges* veranschaulicht ebenfalls die Bedeutung des sozialen Kontextes. Wenn eine starke Orientierung sozialen Handelns an Sitte, an Gewohnheits- oder heiligem Recht und an Traditionen in einer Gemeinschaft besteht, dann werden die Ältesten des Haushalts, der Sippe oder der Nachbarschaft schlicht als Folge ihrer reichen Lebenserfahrung und ihrer Kenntnis von Traditionen ein hohes Prestige besitzen. Dieses Prestige bleibt nach Webers Modell solange unangefochten, wie eine grobe wirtschaftliche Gleichheit unter den Mitgliedern der Gemeinschaft herrscht. Die Lösung von Streitigkeiten hängt vor allem von den Stimmen der Ältesten ab. Wenn jedoch die Nahrungsmittel knapp werden, ein andauernder Kriegszustand herrscht oder eine politische Revolution eintritt, werden die Älteren zu einer Belastung, und es kann zu einer graduellen „Demokratisierung" zugunsten der jüngeren und aktiveren Männer kommen. Diese Entwicklung findet um so stärker dort statt, wo wirtschaftliche und Statusunterschiede in einem Maß fortgeschritten sind, daß sich neue *Honoratioren* zu zusammenhängenden Gruppen herausgebildet haben (*WuG* 547). Das Altersprestige, so lautet die Annahme, wird sinken.

` Das Modell des *relativen Prestiges von Beamten* in *WuG* formuliert ebenfalls eine Reihe von Hypothesen, die sich alle mit der Kontextabhängigkeit von Handlungsorientierungen befassen. Zentral ist der soziale und wirtschaftliche Kontext, in dem Bürokratien angesiedelt sind. Das Prestige ist, so wird angenommen, dort tendenziell hoch, wo ein Bedarf an einer spezialisierten Verwaltung besteht, wo Beamte aus privilegierten Schichten rekrutiert werden und die Qualifikation für das Amt auf Ausbildungszeugnissen beruht. Dies gilt um so mehr in „alten Kulturländern", die durch eine stabile soziale Differenzierung und starke ständische Konventionen gekennzeichnet sind, in Gegensatz zu neu besiedelten Gebieten wie den Vereinigten Staaten, wo schwächere ständische Konventionen eine größere soziale Mobilität zulassen. Wo überdies reichlich Möglichkeiten für die Anhäufung von Reichtum und Macht vorhanden sind, leidet die soziale Schätzung von Beamten zumindest darunter, daß ihr Interesse an wirtschaftlicher Sicherheit sie als vorsichtig, passiv oder sogar feige stigmatisiert (*WuG* 553, vgl. auch 555).

In *WuG* finden sich reichlich solche Modelle, die Hypothesen darüber formulieren, wie soziale Kontexte regelmäßige Handlungsorientierungen beeinflussen.[10] Sie lassen erkennen, daß für Weber die sozialen Umstände die Muster sozialen Handelns verändern und prägen. Er besteht darauf, daß dies bei allen Bemühungen, kausale Erklärungen zu liefern, beachtet werden muß. In *WuG* ist eine Modellbildung, welche die Identifizierung des Kontextes regelmäßiger Handlungsorientierungen unterstützt, auch dann klar zu erkennen, wenn sich Weber zentralen makrosoziologischen Themen zuwendet: der Schichtung, der Bürokratisierung und dem Kapitalismus.

Ein Modell, das eine enge Beziehung zwischen Typen der Schichtung, oder „Schichtungsprinzipien", und dem sozialen Kontext annimmt, sticht in *WuG* besonders hervor: Eine ständische Schichtung herrscht überall dort vor, wo die Beziehungen von Produktion und Verteilung stabil sind, und in Epochen bedeutenden technischen und wirtschaftlichen Wandels wird die bloße Klassenlage besonders wichtig. Überdies tritt, wenn die Geschwindigkeit solcher Transformationen abnimmt, sowohl eine Wiederbelebung von ständi-

---

10   Gerade dieses Merkmal seiner historisch-vergleichenden Soziologie bringt Weber
     außerdem dazu, alle Einschätzungen einer „Unentbehrlichkeit" als adäquates Mittel
     zur Erklärung einmaliger Fälle und Entwicklungen abzulehnen. Solche Einschätzun-
     gen, die unter den Anhängern des Strukturfunktionalismus üblich sind, bilden für ihn
     nur vorläufige und heuristische Schritte. Beispielsweise ist, wie er wiederholt an-
     merkt, die moderne Bürokratie unverzichtbar für die Industriegesellschaft, die durch
     den Bedarf an großen Organisationen gekennzeichnet ist (vgl. *WuG* 570); doch diese
     Tatsache besagt nicht viel. Hinsichtlich des entscheidenden soziologischen Problems
     – der *Macht* des Beamtentums in jenen Gesellschaften, in denen entwickelte Bürokra-
     tien bestehen – ist eine kontextuelle Analyse notwendig. In jedem einzelnen Fall muß
     eine Reihe von Fragen gestellt werden: Gelingt es der Demokratie in Form repräsenta-
     tiver Organe, „fühlbare Durchbrechungen und Hemmungen der bürokratischen Orga-
     nisation" zu erzeugen (*WuG* 572)? Werden regelmäßig Vertreter von Laien und nicht-
     offizielle Fachleute zu Rate gezogen? Steht dem Fachwissen der Beamten nur ein
     schlecht informiertes Parlament gegenüber (*WuG* 573)? In ähnlicher Weise sagt uns
     die Erkenntnis der Unentbehrlichkeit einer Arbeiterklasse im Kapitalismus nichts hin-
     sichtlich der „sozialen oder politischen Machtstellung" dieser Klasse (*WuG* 572; vgl.
     den Brief von Weber an Robert Michels, zit. in: Mommsen 1959: 97, 121), ebensowe-
     nig wie die Feststellung, daß in einer Sklavenhaltergesellschaft Sklaven unentbehrlich
     sind. Nur die Berücksichtigung des *Zusammenhangs*, in dem eine Sklaven- oder Ar-
     beiterklasse angesiedelt ist, erlaubt eine Einschätzung der Macht – d. h. der kausalen
     Bedeutung – dieser Klassen. Da sie nicht in der Lage ist, einen sozialen Kontext klar
     zu markieren, bleibt die Idee der „Unentbehrlichkeit" lediglich ein vorläufiges Hilfs-
     mittel.

schen Strukturen als auch eine Stärkung der Bedeutung sozialer Ehre auf (*WuG* 539). Ferner wird angenommen, daß Gemeinschaften, die stark nach „Ehre" gegliedert sind, dazu neigen, eine starke Indifferenz sowohl gegenüber Geldeinkommen als auch gegenüber unternehmerischen Aktivitäten im allgemeinen zu zeigen (*WuG* 180, 537-539).

Einem anderen Kontextmodell in *WuG* zufolge, kann auch der Einfluß der bürokratischen Herrschaft auf den Kapitalismus – ein zentrales Thema in Webers historisch-vergleichenden Arbeiten – nicht als ein einfacher oder linearer bezeichnet werden. Ob diese Beziehung eine der Verwandtschaft oder der Spannung ist, hängt vielmehr von einer Reihe von kontextuellen Handlungsorientierungen ab. Beispielsweise:

> Auch die Bürokratisierung und soziale Nivellierung innerhalb politischer, insbesondere staatlicher Gebilde [...] ist in der Neuzeit sehr häufig den Interessen des Kapitalismus zugute gekommen. [...] Denn im allgemeinen pflegt eine rechtliche Nivellierung und die Sprengung fest gefügter lokaler, von Honoratioren beherrschter Gebilde den Bewegungsspielraum des Kapitalismus zu erweitern. Auf der anderen Seite ist aber auch eine dem kleinbürgerlichen Interesse an der gesicherten traditionellen ‚Nahrung' entgegenkommende, oder auch eine staatssozialistische, die privaten Gewinnchancen einschnürende, Wirkung der Bürokratisierung in verschiedenen geschichtlich weittragenden Fällen, speziell in der Antike, [...] zu erwarten. (*WuG* 571; vgl. auch *Agrar* 275-278)

Ob wirtschaftliche Monopole die Bildung privaten Kapitals anregen oder erschweren, hängt ebenfalls von Kontextfaktoren ab. Nach Webers Modell war ersteres der Fall, als Handels- und Kolonialmonopole aufgrund ihrer einmaligen Fähigkeit, ausreichende Profite für den Erfolg kapitalistischer Unternehmungen zu garantieren, die Ausbreitung des Kapitalismus im Mittelalter und in der Frühen Neuzeit ermöglichten. Häufig erzeugen Monopole jedoch Hindernisse für kapitalistische Interessen. Dies geschah, als die antiken und die östlichen Zivilisationen auf „Standesleiturgie" zurückgriffen, als im späten Mittelalter die Zünfte mächtig wurden und besonders überall dort, wo Staaten, insbesondere hochgradig bürokratisierte Staaten, Monopole durch Subventionen schützten (*WuG* 209).

Diese wenigen Beispiele zeigen Webers Berücksichtigung von Kontextmodellen in *WuG*, von denen jedes die Wichtigkeit der Kontexte von Handlungsorientierungen umreißt.[11] Diesen Modellen zufolge unterscheiden sich die kausale Bedeutung und die tatsächlich Substanz regelmäßigen sozialen Handelns in Abhängigkeit vom sozialen Milieu. Nach der Untersuchung einer Vielzahl ähnlicher Fälle hält Weber die Kontextabhängigkeit regelmäßiger Handlungsorientierungen fest und formuliert daraufhin diese Abhängigkeit als ein begrenztes Modell – oder als einen theoretischen Bezugsrahmen –, das kausale Hypothesen einschließt. Diese Hypothesen können dann als heuristische Leitlinien für die empirische Untersuchung des Schicksals solch regelmäßigen Handelns in einem gegebenen Fall dienen.[12]

Modelle der „Verwandtschaft" und der „Spannung" bilden Webers dritten Typus hypothesenbildender Modelle. Diese Modelle sind jeweils mit Bezug auf logische Beziehungen „innerhalb" und „zwischen" gesellschaftlichen Ordnungen aufgebaut. Da sie weniger bekannt sind, müssen sie ausführlicher erläutert werden.

Modelle analytischer Beziehungen: Verwandtschaft und Spannung

Sobald Idealtypen als klare Begriffe gebildet worden sind, können sie miteinander verglichen werden. Dies geschieht in Webers Schriften beispielsweise dann, wenn die konfuzianischen Literaten mit den Brahmanen verglichen werden, die mittelalterliche Stadt mit der Polis, der Katholizismus mit dem Luthertum und die „traditionelle" mit der „rationalen" Berufsethik. Solche

---

11 Vgl. Kapitel 5, S. 233-246, für eine Erörterung der wichtigen Rolle, die in Webers Verfahren der Kausalanalyse dem sozialen Kontext zukommt. Die in Kapitel 1 (S. 62-73) untersuchten *soziologischen Orte* bilden ebenfalls kontextuelle Modelle (wenn auch mit einem anderen Schwerpunkt). Sie gehören ebenfalls in dieses Kapitel. Ihre zentrale Rolle bei Webers Verknüpfung von Handlung und Struktur erfordert jedoch ihre Erörterung in Kapitel 1.

12 Die obigen Beispiele zeigen einen *Stil* der kontextuellen Analyse, der über eine hohe Komplexität verfügt. Natürlich belegen auch die bekannteren Beispiele aus *WuG* die wichtige Rolle, die Kontextmodelle in dieser Abhandlung spielen: beispielsweise die Verknüpfung zwischen einer sozialen Randstellungen und der Entwicklung religiösen Denkens (*WuG* 308), zwischen dem Verlust der politischen Macht durch die herrschenden Schichten und der Entwicklung von Erlösungsreligionen (*WuG* 306 f., 357) und zwischen der Befriedung der „Massen" durch Priester in Zeiten politischer Unterdrückung und der darauf folgenden Entstehung von Werten der Resignation und Passivität sowie zwischen religiösen Ethiken brüderlicher Liebe und einer Ablehnung von Gewalt (*WuG* 356 f.). Solche Beispiel grenzen jedoch an einen orthodoxen Strukturalismus und vermitteln nicht die Multidimensionalität von Webers Kontextmodellen.

Vergleiche, die auf beinahe jeder Seite von Webers empirischen Texten zu finden sind, stellen die Besonderheit von Handlungsmustern heraus.[13] Weber schreibt: „Ich meine: das, was der mittelalterlichen Stadt *spezifisch* ist, also: das, was die *Geschichte* gerade uns darbieten soll [...], ist doch nur durch die Feststellung: was *andern* Städten (antiken, chinesischen, islamischen) *fehlte*, zu entwickeln, und so mit Allem" (Weber 1914: XXIV).

Nachdem die Besonderheit eines speziellen empirischen Falles durch die Feststellung seiner Ähnlichkeiten und Unterschiede gegenüber einer Reihe von Fällen bestimmt worden ist, kann man sich der Erklärung dieser Einmaligkeit zuwenden. Vergleichende Untersuchungen gehen somit der kausalen Analyse voran und ermöglichen sie. Für Weber gilt: „Eine wirklich kritische *Vergleichung* [...] wäre ebenso dankenswert wie fruchtbar [...], wenn ihr Zweck die Herausarbeitung der *Eigenart* jeder von beiden, im Endresultat so verschiedenen, Entwicklungen und so die Leitung der kausalen *Zurechnung* jenes verschiedenen Verlaufs ist" (*Agrar* 288, Hervorhebungen i. Orig.).

Dieser experimentelle Vergleich von Idealtypen bildet ihre bekannteste Verwendung als grundlegende vergleichende Hilfsmittel für die kausale Analyse. In diesem Abschnitt wird eine weniger bekannte Anwendung behandelt. Wenn Idealtypen in Beziehung zueinander untersucht werden, stellen sie häufig *analytische* Beziehungen dar. Diese „logischen Wechselwirkungen" von regelmäßigem Handeln bilden für Weber hypothesenbildende Modelle. Als solche formulieren sie weitere theoretische Bezugsrahmen, welche die begriffliche Erfassung amorpher Gegebenheiten und empirischer Handlungsorientierungen unterstützen. Weber beschreibt diese analytischen Beziehungen[14] als solche der „Wahlverwandtschaft" oder der „Spannung". Auch sie werden in seiner analytischen Abhandlung *WuG* gebildet.

Die Vereinbarkeit von zwei oder mehr Idealtypen zeigt das Vorhandensein eines Modells der *Wahlverwandtschaft*. Es wird eine nicht deterministische, jedoch typische und gegenseitige Wechselwirkung regelmäßigen Handelns angenommen und von einem „innerlich adäquaten" Verhältnis ausgegangen. Wann immer Idealtypen sich in einer Beziehung der Wahlverwandtschaft zusammenschließen, ist eine gegenseitige Begünstigung, Anziehungskraft und sogar Verstärkung inbegriffen, und diese Anziehung ergibt sich nicht aus einem gemeinsamen Gegensatz gegenüber externen Zwängen. Jedes

---

13   Für ein anschauliches Beispiel vgl. *KT* 535 f.

14   In diesem Abschnitt werde ich die Bezeichnungen „logische Wechselwirkungen", „Analytik von Wechselwirkungen" und „analytische Beziehungen" synonym mit „Modellen" verwenden.

Modell einer solchen Wechselwirkung schließt eine *innere* Verwandtschaft zwischen zwei oder mehr Idealtypen ein.[15] Umgekehrt deuten Spannungsbeziehungen auf Hypothesen über ein „inadäquates" Verhältnis und eine Kollision, eine Behinderung oder sogar ein gegenseitiges Ausschließen der regelmäßigen Handlungsorientierungen, die mit jedem Idealtypus verbunden sind.[16] Als Konsequenz solcher unwiderruflichen Gegensätze schließt Webers Modellbildung eine Auflösung der grundlegenden Widersprüche in einer idealen oder höheren Synthese aus, wie dies im Parsonsschen Funktionalismus geschieht.[17]

Analytische Beziehungen der Verwandtschaft oder der Spannung kommen in *WuG* nicht beiläufig vor. Sie treten vielmehr mit Bezug auf die *gesellschaftlichen Ordnungen* auf, entlang derer diese analytische Abhandlung aufgebaut ist: einerseits die wichtigsten universellen Gemeinschaften, Klassen und Stände und andererseits die Sphären von Religion, Recht, Wirtschaft und Herrschaft.[18] Webers enormen empirischen Untersuchungen zufolge ist

---

15   Empirische Zusammenschlüsse, wie sie zum Beispiel zwischen der Priesterschaft und dem städtischen Kleinbürgertum in der Antike und im Mittelalter oder zwischen von außen eindringenden Eroberern und heimischen Priestern auftraten, sind an dieser Stelle offensichtlich nicht gemeint. Solche historischen Allianzen können, wie Weber klarstellt, als Folge einer großen Vielzahl von Handlungsorientierungen entstehen.

16   Weber verwendet eine ganze Reihe von Ausdrücken als Synonyme für „Spannungsbeziehungen", einschließlich: „antagonistische Beziehungen", „im Gegensatz zu", „entgegengesetzt", „steht innerlich gegenüber", ist „feindlich zu", „lehnt ab", steht in einer „inneren Spannung", ist „fremd", „mißtraut", „innerliche Sinnfeindschaft", „Entfremdung", ist „weniger zugänglich". Eine Beschäftigung mit Spannungsbeziehungen sticht auch in dem Aufsatz *Zwi* besonders hervor.

17   Gerade in dieser Hinsicht sah Parsons sein Werk als „Vervollständigung" von Webers Werk, das „unvollendet blieb"; es sei nach seiner Meinung „kein geschlossenes System" und „logisch nicht vollendet und abgeschlossen" (1937: 502). Vgl. Buxton 1985.

18   *WuG* ist ausdrücklich nach solchen gesellschaftlichen Ordnungen aufgebaut. Weber bezeichnet sie verschiedentlich als „Lebensordnungen" und „Lebensmächte". „Lebenssphären", das ebenso wie „Wertsphären" gleichfalls häufig in *WuG*, jedoch auch allgemein in seinen anderen, empirischen Texten verwendet wird, bezieht sich spezifischer auf die Ordnungen der Wirtschaft, des Rechts, der Religion und der Herrschaft. Der ursprüngliche Titel von *WuG* (und jetzt der Titel seines Hauptteils, Teil II) zeigt Webers Schwerpunktsetzung auf diese Ordnungen: „Die Wirtschaft und die gesellschaftlichen Ordnungen und Mächte". Der Begriff der „gesellschaftlichen Ordnungen" darf in diesem Zusammenhang nicht mit den „Ordnungen" und „legitimen Ordnungen" verwechselt werden, die in Kapitel 1 untersucht wurden. Dieses Merkmal von *WuG* – die Schwerpunktsetzung auf und der Aufbau entlang einer Reihe zentraler gesellschaftlicher Ordnungen – wurde von der Sekundärliteratur anerkannt, jedoch nicht durchgehend. Vgl. z. B. Salomon 1945: 597-600; 1935a: 68 f., 72; Eisenstadt

regelmäßiges soziales Handeln in einer *soziologisch* bedeutsamen Weise in diesen analytisch unabhängigen gesellschaftlichen Ordnungen aufgetreten, oder, genauer, mit Bezug auf die Reihen von Idealtypen, die Weber analytisch in jeder dieser Ordnungen angesiedelt sieht: die Erlösungswege in der Sphäre der Religion (durch einen Erlöser, eine Institution, durch Ritual, gute Taten, Mystik und Askese) (vgl. Kalberg 1990), die Typen des Rechts ("primitives", traditionales, natürliches und logisch formales), die Entwicklungsstufen der Wirtschaft (die landwirtschaftliche und industrielle Organisation von Arbeit, die Typen der Natural-, Geld-, Plan-, Markt- und kapitalistischen Wirtschaft) (vgl. Kalberg 1987a), die Typen der Herrschaft (charismatische, patriarchale, feudale, patrimoniale und bürokratische), die Typen universeller Gemeinschaften (die Familie, die Sippe und die Nachbarschaft) und die wichtigsten Klassen und Stände (wie die Intellektuellen, die Beamten und die Feudalherren).[19]

Von der Warte umfassender Vergleiche über die empirischen historischen Entwicklungen sozialer Gruppierungen von der Antike bis zur Gegenwart und von Ost nach West aus zog Weber den Schluß, daß regelmäßiges, oder kausal bedeutsames, soziales Handeln sehr oft mit Bezug auf diese Ordnungen und ihre jeweiligen Idealtypen auftritt. Dabei spielten keinerlei ontologische Annahmen eine Rolle. Als Soziologe widmet er sich den kausalen Kräften, die *wiederholt* empirisch von Bedeutung waren. Außerdem versucht er nicht, alle kausalen Kräfte zu erfassen. Im Licht der "sinnlosen Unendlichkeit des Weltgeschehens" würde der Versuch hierzu nach seiner Überzeugung nur zu einem unendlichen Regreß führen (vgl. *Obj* 170-172, 180 f.; Kapitel 3, S. 121 f.).[20]

1968a: XXXVI f., XLII; Roth 1979; Schluchter 1988; Hennis 1987a; vgl. auch Kalberg 1981; 1989a.

19   Dies ist natürlich wiederum die kurzgefaßte Terminologie Webers. Jeder Idealtypus dokumentiert bloß die Muster regelmäßiger Handlungsorientierungen bestimmter Gruppen von Menschen.

20   Seine Kriterien für deren Auswahl sowie für die verschiedenen Idealtypen in ihnen setzten somit nicht an Überlegungen zu den notwendigen Funktionen an, die in jeder Gesellschaft erfüllen sein müssen, damit soziale Ordnung bestehen kann. Vielmehr war eine universale *empirische* Beurteilung – die notwendigerweise von seinem überragenden Interesse an der Entwicklung des westlichen Rationalismus geleitet wurde (zum Grundsatz der Wertbeziehung vgl. Kapitel 3, S. 121 f.) – für seine Auswahlverfahren maßgeblich. Die politische Sphäre wird schlicht aufgrund von Webers langfristiger historischer Schwerpunktsetzung ausgelassen: Dieser Bereich spaltete sich erst vor relativ kurzer Zeit als eine besondere und autonome Lebenssphäre von der Ordnung der Herrschaft ab, nämlich mit dem Aufstieg des modernen Staates in den ver-

Natürlich kann eine bestimmte Gesellschaft oder Epoche durch das Hervorstechen einer gesellschaftlichen Ordnung oder eines Idealtypus gekennzeichnet sein, der nicht zu denen gehört, die Weber in seiner analytischen Abhandlung als die soziologisch bedeutsamsten einschätzt. *WuG* zielt nicht darauf, erschöpfend, „vollständig" oder „ewig gültig" zu sein[21]; das Verzeichnis der wichtigsten gesellschaftlichen Ordnungen und der für sie spezifischen Idealtypen, das *WuG* bietet, ist vielmehr dazu gedacht, hilfreich für historisch-vergleichende Soziologen sein. Dieser begrenzte theoretische Bezugsrahmen dient, zusätzlich zu den theoretischen Bezugsrahmen, welche die Typen von Modellen bieten[22], als ein Leitfaden, der die Bildung von Hypothesen sowie das Erlangen eines Ansatzpunktes und eine klare begriffliche

---

gangenen zwei Jahrhunderten (vgl. *Abriß* 289-293). Vor dieser Zeit blieb diese Ordnung (der Bereich der Monopolisierung von Gewalt) der Familie, der Sippe und, in einigen Fällen, der Nachbarschaft oder sogar religiösen Gruppen, Kriegern, feudalen Ständen und charismatischen, patriarchalen, feudalen und patrimonialen Formen der Herrschaft zugeordnet (vgl. z. B. *WuG* 514-520; sowie unten, S. 185-189). Die Wissenschaft wird aus einem ähnlichen Grund ausgelassen: Sie erlangte den Grad an Autonomie einer eigenen Ordnung nur im Westen, und hier erst im neunzehnten Jahrhundert. Obwohl empirisch fundiertes Wissen, strenge Beobachtung und ein Nachdenken über die Welt in verschiedenen Zivilisationen und Epochen aufgetreten sind, entstand eine „rationale" Wissenschaft mit einem möglichen autonomen Einfluß nur im neuzeitlichen Westen (vgl. z. B. *Vorb* 1; *Abriß* 270). In entsprechender Weise werden differenzierte Verbände wie der „Betrieb" und der „Verein" ausgelassen, weil sie vor allem im neuzeitlichen Westen und nicht universell auftreten. Die Stadt, der Weber ein langes Kapitel widmet (*WuG* 727-814), bildet an dieser Stelle analytisch gesehen eine Randerscheinung gegenüber der zentralen Frage: ob die Idealtypen der Städte (z. B. die okzidentale, die „Geschlechter-" und die „Plebejerstadt") ein regelmäßiges soziales Handeln mit sich bringen. Einige Städte scheinen dies zu tun (Weber knüpft den Begriff der Bürgerschaft eng an die mittelalterliche Stadt, jedoch noch mehr an deren Wirtschaft und an das Christentum), während die mit anderen Typen verbundenen Handlungsorientierungen analytisch aus Ständen und aus religiösen, Sippen- und Herrschaftsverbänden hervorzugehen scheinen.

21 Webers Prinzip der Wertbeziehung verbietet einen solchen Versuch.

22 Um es zu wiederholen: Es wurden kontextuelle (einschließlich der soziologischen Orte), Wahlverwandtschafts-, Spannungs- und Entwicklungsmodelle herausgehoben. Somit sind zwei verschiedene und eigenständige theoretische Bezugsrahmen in *WuG* erkennbar: diejenigen, die von den Modellen angeboten werden, und diejenigen, welche die gesellschaftlichen Ordnungen und deren zugehörige Idealtypen bieten (vgl. Kapitel 5, Anm. 12). Webers wiederholte Warnungen hinsichtlich des Idealtypus gelten ebenso nachdrücklich für diese theoretischen Bezugsrahmen: Sie dürfen nicht mit der tatsächlichen empirischen Realität verwechselt werden (vgl. z. B. *Obj* 195). Der auf den Ordnungen beruhende theoretische Bezugsrahmen wird eingehender in Kapitel 5 in Zusammenhang mit Webers Verfahren der Kausalanalyse diskutiert.

Erfassung der untersuchten empirischen Handlungsmuster unterstützt. Auf diese Weise ermöglicht er die Bestimmung ihrer *analytischen Stellung* (analytic location). Die Identifizierung möglicher kausaler Handlungsorientierungen kann daraufhin fortschreiten (vgl. Kapitel 5).

Modelle der Verwandtschaft und der Spannung treten in *WuG* in Zusammenhang mit gesellschaftlichen Ordnungen und ihren zugehörigen Idealtypen auf. Logische Wechselwirkungen werden beispielsweise angenommen zwischen den Typen der Herrschaft und den Typen der Wirtschaft, zwischen den Erlösungswegen und den Typen der Wirtschaft, zwischen den Typen des Rechts und den Typen der Wirtschaft, zwischen den Typen der Herrschaft und den Typen des Rechts, zwischen den universellen Gemeinschaften und den Typen der Wirtschaft und zwischen bestimmten Ständen und den Typen der Wirtschaft. Obwohl die Anhänger der interpretativen historischen und der kausalanalytischen Schule sich der *empirischen* Wechselwirkungen regelmäßiger Handlungsorientierungen bewußt sind, bietet keiner der beiden Ansätze einen solchen *theoretischen Bezugsrahmen*, der in der Lage ist, ihre klare begriffliche Erfassung und analytische Einordnung zu ermöglichen. Somit löst keine dieser Schulen die historisch-vergleichenden Soziologen grundsätzlich aus der gegebenen empirischen Realität und verpflichtet sie zu einer anhaltenden Pendelbewegung zwischen einer historischen Situation und einem analytischen Bezugsrahmen. Indem Webers historisch-vergleichende Soziologie dies tut, steht sie diametral in Gegensatz zu der Problemorientierung dieser Ansätze. Andererseits bewahrt die zentrale Bedeutung der Idealtypen in diesem theoretischen Bezugsrahmen Webers Soziologie davor, sich auf die Seite der vorformulierten Theorie der Weltsystem-Schule zu begeben.

An dieser Stelle kann keine vollständige Bestandsaufnahme der Modelle der Verwandtschaft und der Spannung in *WuG* unternommen werden; wiederum müssen allein einige wenige Beispiele genügen. Diese Modelle nehmen nicht die westlichen Modernisierungsprozesse oder die Entwicklung des Staates als ihren Bezugspunkt. Sondern den Hintergrund, vor dem sie entwickelt wurden, bildet ein universelles Spektrum, das sich von den klassischen Kulturen der Antike bis zur Gegenwart und vom Osten bis zum Westen erstreckt. Obwohl diese Modelle strikt von der empirischen Realität zu unterscheiden sind, in der sich alle logischen Beziehungen andauernd überschneiden, unterstützen die Hypothesen über Spannung und Verwandtschaft, die sie formulieren, in jedem Fall die Identifikation empirischer Beziehungen regelmäßigen Handelns und ihre analytische Einordnung. Dadurch wird die kausale Analyse ermöglicht. Jede angenommene Wechselwirkung kann durch eine eingehende Untersuchung überprüft werden. Anders als bei den Modellen der Wahlverwandtschaft, treten Spannungsbeziehungen sowohl *innerhalb* als auch *zwischen* den einzelnen sozialen Ordnungen auf.

Modelle von Spannungen innerhalb von gesellschaftlichen Ordnungen

Jeder Idealtypus in *WuG* steht in einer analytischen Beziehung der Spannung zu allen anderen Idealtypen innerhalb der gleichen gesellschaftlichen Ordnung, und jedes der Modelle von Spannungen innerhalb der gesellschaftlichen Ordnungen formuliert begrenzte kausale Hypothesen über regelmäßiges Handeln, die empirisch untersucht werden können. An dieser Stelle können nur einige wenige eingehender betrachtet werden. Zunächst werden wir uns einigen ausgewählten Spannungsbeziehungen in der Sphäre der Herrschaft zuwenden.

Das bürokratische Ethos – Pflicht, Disziplin, Verläßlichkeit, Pünktlichkeit usw. – und die formal rationalen Verfahren der bürokratischen Herrschaft stehen in striktem Gegensatz zu den patriarchalen, feudalen und patrimonialen Formen der Herrschaft, die alle eine Orientierung des Handelns an persönlichen und partikularistischen Werten wie Loyalität und Achtung voraussetzen. Da beispielsweise patrimoniale Herrscher und Beamte Entscheidungen unter Berufung auf geheiligte Traditionen und unter Ansehung der Personen fällen, ist diese Form der Herrschaft aus der Sicht der für die bürokratische Herrschaft typischen unpersönlichen Regeln „irrational" (*Einl* 269 f.; *WuG* 604, 552, 580 f.).

Eine klare analytische Spannung besteht auch zwischen den verschiedenen Formen der traditionalen Herrschaft, und zwar ungeachtet der Tatsache, daß sich die persönlichen Werte, die sie jeweils pflegen, überschneiden können. Webers Modelle gehen davon aus, daß die patriarchalen, feudalen und patrimonialen Typen der Herrschaft in einem strikten Gegensatz zueinander stehen, wenn auch nur, weil jeder Typus einzigartige Orientierungsmuster mit sich bringt. Wo immer beispielsweise Patrimonialismus herrscht, unterwerfen sich die Beamten den charismatisch qualifizierten Adelsfamilien und ihren Vasallen. Das Standesbewußtsein im Feudalismus und seine Aufrechterhaltung durch ein eigenständiges Erziehungssystem und einen Ehrenkodex wird von patrimonialen Herrschern und Beamten als verdächtig angesehen und als in Gegensatz zu ihrer Autorität, zur Ehre ihres Amtes und zu ihrer

Erwartung einer Ergebenheit gegenüber dem „Landesvater" stehend (*WuG* 651 f., 628).[23]

Ein anderes Modell untersucht die charismatische Herrschaft, entweder in Form des Prophetentums, eines großen Kriegsherrn oder eines politischen Anführers. Dieser Typus der Herrschaft steht allen Formen sowohl der traditionalen als auch der bürokratischen Herrschaft feindlich gegenüber, egal ob geistlichen oder weltlichen (*WuG* 657). Teilweise liegt dies an dem einmaligen und gegen den Status quo gerichteten Charakter der Wertekonstellation, die er zum Ausdruck bringt, und teilweise an der reinen Intensität des affektuellen Handelns, das er erweckt. Beispielsweise stellen sich die Beamten dem Aufkommen charismatischer Figuren, egal ob eher religiöser (*Einl* 255) oder eher politischer (*WuG* 668 f.) Art, stark entgegen, weil sie im modernen Staat verwurzelt und an die formale Rationalität ihrer Bürokratien gewöhnt sind.

Die analytischen Spannungen in der Sphäre des Rechts entsprechen denen, die sich im Bereich der Herrschaft finden: Die formale Rationalität des logisch formalen Rechts steht laut *WuG* in einem eindeutig feindlichen Verhältnis zu den persönlichen und partikularistischen Werten „primitiven", traditionalen und natürlichen Rechts. Außerdem stehen die zu jedem dieser Rechtstypen gehörigen Wertekonstellationen untereinander in einer Spannungsbeziehung. In ähnlicher Weise brachte die ökonomische Sphäre mit dem Kapitalismus die reinste formale Rationalität hervor, die, da sie durch ein Vorherrschen zweckrationalen Handelns gekennzeichnet ist, der Orientierung des Handelns an Personen in Natural- und Planwirtschaften strikt entgegengesetzt ist.

Die wichtigsten Spannungen, von denen Webers Modelle in der Sphäre der Religion sowie unter den universellen Gemeinschaften und den Ständen ausgehen, sind weitgehend in der Konfrontation unterschiedlicher Wertekonfigurationen begründet, die nahezu alle durch partikularistische und persönliche Werte gekennzeichnet sind. Die Erlösungswege, die sich allgemein auf Wertekonstellationen beziehen, die implizit oder explizit in Lehren zum Ausdruck gebracht werden, setzen „Prämien" auf ein bestimmtes Handeln aus, und zwar so, daß nicht nur die mystischen und die asketischen Erlösungswege unterschiedliche Handlungsabläufe wählen; darüber hinaus schließt sich

---

23 Weber vermerkt die Spannung zwischen Feudalismus und Patrimonialismus sowie den zwischen Feudalismus und bürokratischer Herrschaft in einem kurzen Abschnitt. Vgl. *WuG* 633.

auch das Handeln, das sich auf andere Erlösungswege bezieht – Erlösung durch einen Erlöser, eine Institution, rituelle gute Taten und durch Glauben –, gegenseitig aus (vgl. *WuG* 321-324, 337-346). Selbst die aus den Idealtypen der universellen Gemeinschaften – der Familie, der Sippe oder der Nachbarschaft – entspringenden Werte der Intimität stehen in einem Verhältnis innerer Spannungen, was beispielsweise immer dann sichtbar wird, wenn die Verwandtschaftsgruppe als ein Schutzverband gegen einen autoritären Haushalt dient (vgl. *WuG* 219-222). Schließlich bringt jeder Stand in *WuG* definitionsgemäß einen unterschiedlichen Lebensstil mit sich, der auf einer klar abgegrenzten Wertekonstellation beruht, und diese Lebensstile sind, analytisch betrachtet, unvereinbar (vgl. *WuG* 179 f., 534-540).

Dieselben Idealtypen verweisen auch auf Spannungsmodelle innerhalb einzelner gesellschaftlicher Ordnungen hinsichtlich bestimmter *Themen*. Beispielsweise schließen die in den feudalen und den bürokratischen Formen der Herrschaft angesiedelten Werte recht unterschiedliche Annahmen über *militärische Fähigkeiten* ein: Die Vervollkommnung der individuellen militärischen Fähigkeiten des feudalen Kriegers und sein spontanes Heldentum in der Schlacht stehen der Disziplin, der Schulung und der Einordnung jedes Einzelnen in geplante Operationen in bürokratisierten Armeen gegenüber (*WuG* 651). In ähnlicher Weise bilden Webers Modelle des Feudalismus und des Patrimonialismus Hypothesen über gegensätzliche Sichtweisen von *Aufwärtsmobilität*. Während die starke Betonung von Standeskonventionen und - ehre im Feudalismus diesen Herrschaftstypus in eine analytische Beziehungen strengen Gegensatzes zu jeder Art von Aufwärtsmobilität stellt, ist für den Patrimonialismus „der zähe Aufstieg aus dem Nichts, aus Sklaventum und niedrigem Herrendienst zur prekären Allmacht des Günstlings" typisch (*WuG* 652). Weber geht auch von völlig unterschiedlichen *Sichtweisen des Übernatürlichen* je nach den zu den Herrschaftstypen gehörigen typischen Handlungsorientierungen aus. Beispielsweise stehen die üblicherweise vom Feudalismus hervorgebrachten heroischen Götter in einem klaren Spannungsverhältnis zu der für den Patrimonialismus typischen „immanenten Gotteskonzeption" (vgl. z. B. *WuG* 263; *Einl* 255, 258).

Diese wenigen Beispiele müssen genügen, um den Tenor von Webers Modellen der Spannung innerhalb von gesellschaftlichen Ordnungen in *WuG* zum Ausdruck zu bringen. Als Konstrukte logischer Wechselwirkungen dienen alle der klaren Identifizierung empirischer Beziehungen regelmäßigen Handelns und formulieren begrenzte, überprüfbare Hypothesen. Besonders in dieser letzten Eigenschaft und angesichts ihrer Verwurzelung in einer begrenzten Zahl zentraler gesellschaftlicher Ordnungen und ihrer spezifischen Idealtypen, erlauben sie die theoretische Rahmung einer Beziehung, eines Themas oder Problems. Die mehrere gesellschaftliche Ordnungen *übergreifenden* Modelle dienen der historisch-vergleichenden Soziologie in gleicher Weise. Indem sie ebenfalls klar umrissene theoretische Bezugsrahmen bieten, heben diese Modelle Weber überdies weiter von der Weltsystem-Schule sowie vom interpretativen historischen und vom kausalanalytischen Ansatz ab.

Modelle der Verwandtschaft und der Spannung
zwischen gesellschaftlichen Ordnungen

Webers mehrere gesellschaftliche Ordnungen übergreifende Modelle sind sowohl durch Verwandtschaft als auch durch Spannung gekennzeichnet. Obwohl an dieser Stelle nicht versucht werden kann, diese Wechselwirkungen, wie sie in *WuG* dargestellt werden, erschöpfend zu diskutieren, können einige veranschaulichende analytische Beziehungen in knapper Form untersucht werden. Unsere Aufmerksamkeit widmet sich ausgewählten gesellschaftliche Ordnungen übergreifenden Modellen der Verwandtschaft und der Spannung zwischen (a) Religion und Ständen, (b) charismatischer Herrschaft und rationaler Wirtschaft und (c) den universellen Gemeinschaften, der Wirtschaft[24] und der Religion. Wieder werden theoretische Bezugsrahmen für die empirische Forschung formuliert. Beispielsweise bemerkt Weber über die Spannung zwischen gesellschaftlichen Ordnungen: „Das konstruierte Schema hat natürlich nur den Zweck, ein idealtypisches *Orientierungsmittel* zu sein [...]. Seine gedanklich konstruierten Typen von Konflikten der ‚Lebensord-

---

24 Viele der logischen Wechselwirkungen in *WuG* spielen eine entscheidende Rolle bei der Rekonstruktion des analytischen Verlaufs der Rationalisierung des Handelns im Okzident, die in Kalberg 1999 unternommen wird. Antagonistische Beziehungen werden verzeichnet zwischen verschiedenen Erlösungswegen und der rationalen kapitalistischen Wirtschaft, zwischen der Standesethik verschiedener Stände und der rationalen kapitalistischen Wirtschaft sowie zwischen Feudalismus und Patrimonialismus und der rationalen kapitalistischen Wirtschaft. Zwischen der rationalen kapitalistischen Wirtschaft, dem logisch formalen Recht und der bürokratischen Herrschaft wird dem System nach eine Wahlverwandtschaft angenommen. Diese werden hier nicht wiederholt.

nungen' besagen lediglich: an diesen Stellen sind diese innerlichen Konflikte *möglich* und ‚adäquat'" (*Zwi* 536 f., Hervorhebungen i. Orig.).

Religion und Stände

Webers Modelle des Verhältnisses von Religion und Ständen gehen von verwandten Tendenzen zwischen bestimmten Erlösungswegen und Intellektuellen sowie ländlicher Bevölkerung aus, aber von einer analytischen Spannung zwischen der Lebenssphäre der Religion und anderen Schichten: Beamten, Feudaladel sowie Großkaufleuten und Bankiers.

Ungeachtet weitreichender Unterschiede, stellt Weber in *WuG* eine Reihe von Hypothesen über Wahlverwandtschaften zwischen der Standesethik der Intellektuellen und bestimmten Erlösungswegen auf. Aufgrund der typischen Neigung der Mitglieder dieser Schicht, passiv über die Welt nachzusinnen, nach einem umfassenden Sinn des Lebens zu suchen und die Sinnlosigkeit der empirischen Wirklichkeit zu beklagen (vgl. *Einl* 253; *HB* 136, Anm. 1; *WuG* 304-313) statt „Aufgaben" zu übernehmen und regelmäßig *in* der Welt als „Tatmenschen" zu handeln, führt sie ihr „spezifisch intellektuelles Streben" im allgemeinen dazu, Erlösungslehren zu formulieren, die „einerseits lebensfremderen, andererseits prinzipielleren und systematischer erfaßten Charakters [sind], als die Erlösung von äußerer Not, welche den nicht privilegierten Schichten eignet" (*WuG* 307). Diese Neigung, erkenntnismäßig und passiv nach Erlösung zu suchen, enthält nach Webers Modell einen doppelten Aspekt: Der Versuch, die Welt als sinnvollen Kosmos zu begreifen und das Leiden zu erklären, folgt einerseits dem Imperativ rationaler Konsistenz und andererseits reiner Kontemplation und Mystik.[25]

---

25 Weber stellt die Hypothese auf, daß im ersteren Fall das typische Streben der Intellektuellen nach einer einheitlichen Antwort auf das Sinnproblem und das ungerechte Leiden diese zur Formulierung einer Erlösungslehre und zu einer kontinuierlichen Rationalisierung ihrer verschiedenen Bestandteile, einschließlich der Erlösungswege, im Sinne einer inneren Folgerichtigkeit bewegt. Wege der Erlösung aus einer ungerechten und „sinnlosen" Wirklichkeit hatten in allen Religionen, die stark von Intellektuellen beeinflußt wurden, in Übereinstimmung mit den übergeordneten Zwecken des Kosmos zu stehen, denn nur dann konnten die Mitglieder dieser Schicht ein sinnvolles Verhältnis zum Kosmos und zum Bereich des Transzendenten erreichen. Daher sublimierten die Gebildeten, ob Theologen, Priester oder Mönche, häufig die Methoden zur Erlösung vom Leiden sowie die Beziehungen zum Bereich des Übernatürlichen im allgemeinen und rationalisierten sie theoretisch. (Diese Bemühungen stellten diese Schicht in einen eindeutigen analytischen Gegensatz zu allen „irrationalen" Religio-

Die Standesethik der Bauern kann, soweit sie die Religion betrifft, analytisch in vielerlei Hinsicht als das genaue Gegenteil zu jener der Intellektuellen angesehen werden. Gemäß Webers Modell in *WuG* sind Bauern weniger dazu in der Lage, sich aus einem Kreislauf organischer Prozesse zu lösen, und sie bringen daher selten eine einheitliche Erklärung des Leidens oder ein umfassendes Verständnis der Einheit des Kosmos hervor. Statt dessen nimmt sein Modell eine Wahlverwandtschaft zwischen ihrer Standesethik und in Magie verwurzelten Religionen an (vgl. *WuG* 294; *Einl* 255).

Bauern zeigen eine weitere Tendenz, die in direktem Gegensatz zur Standesethik der Intellektuellen steht: eine Neigung, bestimmte Geschehnisse mittels emotionaler Erfahrung und emotionaler Bedürfnisse statt mittels erkenntnismäßiger und abstrakter Prozesse zu verstehen. Webers Modell zufolge erzeugt dieser Hang besonders in Zeiten großer Krisen eine Verwandtschaft mit Götzendienst, Ekstase und Orgiastik. „‚Besessenheits'-Zustände" durch Drogen, Alkohol oder Tänze kennzeichnen die weitverbreitete Orgiastik der Bauern. Sind sie erreicht, ermöglichen sie eine magische Beeinflussung übernatürlicher Geister, Dämonen und Götter und sogar eine Selbst-Vergöttlichung (*Einl* 255 f.).

In Webers Modell erzeugt diese Orientierung der Bauern an Orgiastik und Magie einen direkten Gegensatz sowohl zu ethischen Erlösungsreligionen als auch zu ethischen Rationalisierungsprozessen. Dementsprechend offenbart ihre Religion typischerweise eine Verwandtschaft zu weltlichen

---

nen: zu Magie und Ritual aufgrund deren fragmentierten, zusammenhanglosen Charakters und zu Orgiastik und Ekstase aufgrund deren emotionalen Charakters (für Beispiele vgl. *HB* 150, 195, 202, 255, 369).) Dennoch kann der angenommene Hang der Intellektuellen zum Nachdenken über die Welt aus der Distanz auch von einer erkenntnismäßigen Auseinandersetzung mit der irdischen „Sinnlosigkeit" wegführen und hin zu einer inneren Hingabe an eine unpersönliche göttliche Macht und deren Besitz, wie dies für die Mystik kennzeichnend ist. Weber betont sogar: „Jeder reine Intellektualismus aber trägt die Chance einer solchen mystischen Wendung in sich" (*WuG* 357; vgl. auch 306; *Einl* 257; *HB* 185). Ob die kontemplative Neigung von Intellektuellen empirisch durch den Erlösungsweg der Mystik oder durch die Rationalisierung von Erlösungslehren zum Ausdruck kam, bleibt ein Gegenstand der empirischen Untersuchung (vgl. Kalberg 2000a). (Die Verwandtschaft von Intellektuellen mit dem Erlösungsweg der Mystik hat sich empirisch beispielsweise in der pythagoreischen Esoterik und in der Orphik in Hellas ausgedrückt sowie im Taoismus in China. Sie verstärkte sich überall dort, wo sich eine unpersönliche und immanente Vorstellung des Göttlichen durchsetzte, wie in den indischen Religionen (vgl. *HB* 167, 171 f., 193). Weber vermerkt einen gleichzeitigen intensiven Antagonismus zum „Naturhaften, Körperlichen, Sinnlichen", die alle für Mystiker Versuchungen bilden, die mit einer Ablenkung vom Erlösungsstreben drohen (*WuG* 307; *Zwi* passim).)

Orientierungen und ist stark von einem *do ut des*-Ritualismus durchdrungen. Es läßt sich im allgemeinen auch keine klare Vorstellung von Sünde oder Erlösung unter den ländlichen Schichten finden, und die Götter der Bauern sind typischerweise nicht ethisch, sondern, wie die Menschen, unmoralisch. Webers Modell geht davon aus, daß sehr oft ein lebendiger Erlöser oder die Verehrung von Heiligen im Gottesdienst weit wichtiger sind als rein transzendente Götter oder andere Wesen (*WuG* 286, 703, 297; *Einl* 248 f., 255; vgl. *HB* 360, 352, 370).

Diese wahlverwandtschaftlichen Beziehungen müssen als Modelle betrachtet werden, die Hypothesen über die religiösen Orientierungen bestimmter Schichten zum Ausdruck bringen.[26] Indem sie dem Forscher einen Zugriff auf die unaufhörlich fließenden Gegebenheiten verschafft, bietet jede Hypothese einen theoretischen Bezugsrahmen, der die klare begriffliche Erfassung ermöglicht und eine analytische Einordnung der besonderen Beziehung des untersuchten regelmäßigen Handelns bereitstellt. Diese Vorgehensweise formuliert Hypothesen, die durch eine eingehende historische Erforschung empirisch untersucht werden können; hierdurch unterstützt sie die Identifizierung bedeutsamer kausaler Handlungsorientierungen. Webers Modelle von Wechselwirkungen in Form von *Spannungen* in *WuG* gehen von Abweichungen zwischen regelmäßigen Handlungsorientierungen an der Religion und regelmäßigen Handlungsorientierungen an einer sozialen Schicht aus, dienen jedoch den gleichen Zwecken: einen theoretischen Bezugsrahmen zu liefern, der bei der klaren begrifflichen Erfassung und kausalen Analyse hilft. An dieser Stelle kann nur die analytische Gegenüberstellung zwischen Religion und Beamten, Feudaladel, Kaufleuten und Bankiers angeführt werden.

Weber geht davon aus, daß Beamte Träger einer im Grunde nicht religiösen oder sogar antireligiösen Haltung sind. In diesem Modell ist eine besondere

---

26 Es mag dem Leser der entsprechenden Seiten in *WuG* (285-314) so erscheinen, als formuliere Weber hier auf der Grundlage einer immensen vergleichenden und historischen Gelehrsamkeit lediglich empirische Verallgemeinerungen (vgl. Fulbrook 1978: 77) und keine hypothesenbildenden Modelle. Dieser Eindruck entsteht in dieser Abhandlung aufgrund seines Bemühens, in jedem Fall die angenommenen typischen Beziehungen zwischen Ständen und religiösen Neigungen durch die Vorlage einer Reihe anschaulicher historischer Beispiele zu rechtfertigen. Manchmal entsteht in *WuG* tatsächlich der Eindruck, die empirische Ebene würde sein Hauptanliegen bilden. Doch dies ist keineswegs der Fall, und die entsprechenden Abschnitte in *WuG* so zu betrachten, leugnet den analytischen Zweck dieser Abhandlung.

Ablehnung gegenüber orgiastischer Ekstase und eine Verachtung magischer Beeinflussungen typisch. Wenn diese Schicht zum Träger einer Religion wird, führen gerade der „sachliche Rationalismus" und die pragmatische Natur des Handelns in Bürokratien zu einer Vorherrschaft des „Ritualismus": „Religiöse Pflichten waren jeder Beamtenschaft letztlich einfach amtliche oder soziale Staatsbürger- und Standespflichten: das Ritual entsprach dem Reglement, und alle Religiosität nahm daher ritualistischen Charakter an, wo eine Bürokratie diesen bestimmte" (*Einl* 255; vgl. auch *WuG* 691). In ähnlicher Weise wird der Feudaladel nur selten zum Träger ethischer Religionen. Die Vorstellungen der Sünde, der Erlösung und der religiösen Demut widersprechen ihrem Verständnis von Standesehre ebenso wie alle Bezeugungen der Ehrerbietung für Propheten und Priester. Webers Modell zufolge wird der Adel nur in Zeiten intensiven religiösen Eifers aus seiner religiösen Apathie gerissen.[27]

Schließlich nimmt Weber eine typische Spannungsbeziehung zwischen der Standesethik von Großkaufleuten und Finanziers und der Religion an (vgl. *WuG* 291 f.). Diese Kapitalisten sind keine Träger ethisch rationaler Gemeinde- oder Erlösungsreligionen, sondern typischerweise indifferent und skeptisch gegenüber der Religion. Je privilegierter die Stellung der Händlerschaft ist, „desto weniger zeigt sie überhaupt Neigung zur Entwicklung einer Jenseitsreligion" (*WuG* 291). Statt dessen kennzeichnet diese Schicht eine „Realpolitik", die jeder ethischen Strenge in der ökonomischen Sphäre ablehnend gegenübersteht, was besonders deutlich an der Verspottung des päpstlichen Verbots des Zinswuchers durch mittelalterliche Händler und an den Handelspraktiken der holländischen „Handelsherrn" zu erkennen ist. Angesichts dieses Gegensatzes zur Religion ist es nicht überraschend, daß diese Schicht entweder keinen Respekt für die Götter zeigte, wie im Fall des Seefahreradels im antiken Griechenland, oder nur Göttern von rein magischem Charakter Ergebenheit zollte, wie dem taoistischen Reichtumsgott (*WuG* 291 f.).

Diese Modelle der Wahlverwandtschaft und der Spannung in *WuG* veranschaulichen typische logische Wechselwirkungen, die zwischen regelmäßigen, für die Lebensordnungen der Religion und der sozialen Stände spezifischen Handlungsorientierungen bestehen. Eine Vielzahl von begrenzten

---

27 Als Regel gilt, daß „der Kriegerstand in den Formen des Rittertums der Erlösungs- und Gemeindereligiosität fast durchweg negativ gegenübersteht" (*WuG* 289; vgl. auch 288).

Hypothesen wurde formuliert. Jede kann von Forschern, die historische Wechselwirkungen von Handlungen begrifflich erfassen und analytisch einordnen wollen, als ein richtunggebender Wegweiser verwendet werden. Überdies kann jede empirisch untersucht werden. An dieser Stelle können lediglich zwei weitere Beispiele für Webers Modelle logischer Wechselwirkungen angeführt werden: das Modell der Spannung zwischen der charismatischen Herrschaft und der rationalen Wirtschaft sowie die Modelle der Verwandtschaft und der Spannung, die die Wechselwirkungen universeller Gemeinschaften mit Idealtypen in den gesellschaftlichen Sphären der Wirtschaft und der Religion umreißen.

Die Spannung zwischen charismatischer Herrschaft und rationaler Wirtschaft

Auch wenn „sehr verschiedene Wirkungen" die analytische Beziehung zwischen der Bürokratie und dem rationalen Kapitalismus charakterisieren (vgl. *WuG* 571; vgl. oben S. 143), stellt *WuG* deutliche Wahlverwandtschaften und Spannungen zwischen den anderen Formen der Herrschaft und der Wirtschaft dar. Hier kann nur der logische Gegensatz zwischen Charisma und jeder Form wirtschaftlichen Handelns untersucht werden.

Das reine Charisma steht in einer Spannungsbeziehung zu regelmäßiger wirtschaftlicher Tätigkeit. Aufgrund seiner Natur ist es „eine prinzipiell außeralltägliche und deshalb notwendig außerwirtschaftliche Macht" und „spezifisch wirtschaftsfremd" (*WuG* 660, 142). Wo immer wirtschaftliche Interessen und die Sorge um regelmäßige Einkommensquellen vorherrschend werden, ist die Lebensfähigkeit der charismatischen Bewegung unmittelbar bedroht. Typisch für das wirtschaftliche Handeln des Charismaträgers und seiner Anhänger sind weder Gehälter oder Pfründen noch eine ordnungsgemäße Entschädigung anderer Art; statt dessen ermöglichen Geschenke, Spenden, Stiftungen und Beute ihr Überleben, und diese werden in einer gemeinschaftlichen Weise verteilt: Die „charismatische Bedarfsdeckung [...] ist, von einer *rationalen* Wirtschaft her gesehen, eine typische Macht der ‚Unwirtschaftlichkeit'. Denn sie lehnt jede Verflechtung in den *Alltag* ab. Sie kann nur, in voller innerer Indifferenz, unsteten *Gelegenheits*erwerb sozusagen ‚mitnehmen'" (*WuG* 142).

Unter allen von Weber analysierten Wirtschaftstypen zeigt nur der „Beutekapitalismus" der kolonialen Ausbeutung, des Sklavenhandels, risikoreicher Finanztransaktionen, der Piraterie und des Abenteurertums ein gewisses

Maß an Verwandtschaft mit dem Charisma. Alle anderen stehen, weil sie eine bestimmte Beständigkeit und Dauer erfordern, ebenso wie die typischen Organisationsweisen der landwirtschaftlichen und der industriellen Arbeit (vgl. *WuG* 67-77; Kalberg 1987a: 109-115) in einem strikten Gegensatz zur charismatischen Herrschaft. Insbesondere wird jede methodische wirtschaftliche Tätigkeit als würdelos angesehen. Aus diesem Grund beschreibt Weber das reine Charisma als *„die* Macht der Unwirtschaftlichkeit" (*WuG* 656). Die formale Rationalität des Marktes und des Kapitalismus, so behauptet dieses Modell, wird von dieser Form der Herrschaft mit ihren typischen, in Hingabe, tiefem Gefühl und Eingebung verwurzelten Handlungsorientierungen unmißverständlich abgelehnt.

Die universellen Gemeinschaften:
ihr Verhältnis zur Wirtschaft und zur Religion

Die Fähigkeit der universellen Gemeinschaften – des Haushalts, der Verwandtschaftsgruppe und der Nachbarschaft – eine einheitliche Bruderschaftsethik hervorzubringen, prägt ihre analytische Wechselwirkung mit der wirtschaftlichen Sphäre. Weil sie mit dieser Ethik kompatibel sind, stehen Plan- und Naturalwirtschaften in einer Beziehung der Wahlverwandtschaft mit diesen Gemeinschaften, während die formale Rationalität der kapitalistischen und der Marktwirtschaft für eine ernste Spannung sorgt. Hier kann nur dieses Spannungsmodell erläutert werden.

Die im Haushalt, in der Verwandtschaftsgruppe und in der Nachbarschaft vorherrschenden persönlichen, gemeinschaftlichen Beziehungen und Wertekonstellationen stehen in strengstem logischen Gegensatz zur formalen Rationalität des Marktes und des Kapitalismus. Indem sie einen auf reinen Gewinnberechnungen basierenden Tausch untersagen, errichten die zu diesen „urwüchsigen Strukturformen menschlicher Beziehungen" gehörenden Formen der Bruderschaftsethik Schranken für das typische wirtschaftliche Handeln, das auf dem Markt und unter dem Kapitalismus vorherrscht. Statt sich an dem unpersönlichen Zusammenschluß auf dem Markt zu orientieren, bleibt das Handeln in diesen Gruppen vorwiegend traditional, affektuell oder wertrational und damit „ökonomisch irrational" (*WuG* 383). Der durch Feilschen gekennzeichnete, rein wirtschaftliche Tausch ist, ebenso wie plündernde Raubzüge, nur gegenüber Außenstehenden erlaubt, auf welche die Bruderschaftsethik nicht zutrifft: „mit Fremden, Nichtversippten und auch nicht

Verbrüderten, also Ungenossen schlechthin" (*WuG* 402; vgl. auch *WuG* 58 und Nelson 1949).[28] Die „absolute Verdinglichung" menschlicher Beziehungen in dieser Form des Tauschs, seine Ausbeutung von Interessenlagen und Monopolpositionen und sein schrankenloses Schachern bilden ein Greuel für jede brüderliche Ethik.[29] Welche Hypothesen kennzeichnen das Modell der Beziehung der universellen Gemeinschaften zur Sphäre der Religion in *WuG*?

In gewissem Sinne sind logische Wechselwirkungen der Wahlverwandtschaft typisch für alle Beziehungen zwischen universellen Gemeinschaften und sowohl magischen als auch Erlösungsreligionen. Magische Religionen übernahmen einfach die allgemeinen Tugenden, die in der Familie, der Verwandtschaftsgruppe und der Nachbarschaft geübt wurden, wie Brüderlichkeit, Wahrhaftigkeit, Loyalität gegenüber dem Bruder, Respekt für die Älteren und gegenseitige Unterstützung. Erlösungsreligionen setzten typischerweise ausgesprochen positive Prämien auf die Bruderschaftsethik. In jedem Fall herrschten persönliche Beziehungen und Werte vor.

Ungeachtet dieser inneren Kompatibilität zeigt sich auch eine analytische Spannung zwischen den universellen Gemeinschaften und den Erlösungsreligionen. Nach Weber war die „größte Errungenschaft" dieser Religionen „die Erschütterung der Sippenbande". Indem sie die vollkommene Loyalität der Gläubigen forderten, stellten sie die Glaubensgemeinschaft über die der Geschwister und über andere enge persönliche Beziehungen und verlangten somit vom Gläubigen, dem religiösen Anführer und den Glaubensbrüdern näher zu stehen als selbst den Blutsverwandten (vgl *WuG* 350; *Zwi* 542-544).[30] Die allgemeine Solidarität der religiösen Gemeinde und das Gebot brüderlicher Liebe beruhten ebenso auf dieser Forderung wie das allen Gläu-

---

28   „Wo der Markt seiner Eigengesetzlichkeit überlassen ist, kennt er nur Ansehen der Sache, kein Ansehen der Person, keine Brüderlichkeits- und Pietätspflichten, keine der urwüchsigen, von den persönlichen Gemeinschaften getragenen menschlichen Beziehungen. Sie alle bilden Hemmungen der freien Entfaltung der nackten Marktvergemeinschaftung [...]. Rationale Zweckinteressen bestimmen die Marktvorgänge in besonders hohem Maße" (*WuG* 383; vgl. auch *WuG* 216, 219 f.; *Zwi* 544-546).

29   Im einzelnen vgl. zu dieser Spannung zwischen der rationalen Wirtschaft und dem Haushalt *WuG* 214, 277 f., 659; zur Spannung zwischen der rationalen Wirtschaft und der Sippe vgl. *WuG* 219 f., 216; und zur Spannung zwischen der rationalen Wirtschaft und der Nachbarschaft vgl. *WuG* 216, 710.

30   Weber zitiert in diesem Zusammenhang als Beleg beispielsweise Aussprüche aus dem Neuen Testament: „Ich bin nicht gekommen, um den Frieden zu bringen, sondern das Schwert" (Matthäus 10, 34), und: „Wer nicht Vater und Mutter verlassen kann, kann nicht Jesu Jünger sein" (*Zwi* 542; *WuG* 350).

bigen gemeinsame Leiden.[31] Da die in vielen ethischen Erlösungsreligionen praktizierte Brüderlichkeitsethik außerdem Vorstellungen einer *universalen* Brüderlichkeit formulierte, war sie unvereinbar mit der strengen Trennung zwischen Angehörigen und Fremden, die für die Brüderlichkeitsethik der universellen Gemeinschaften typisch ist.

Die Wahlverwandtschafts- und Spannungsmodelle in *WuG* gehen auf diese Weise von typischen logischen Beziehungen zwischen den universellen Gemeinschaften und der Wirtschaft bzw. der Religion aus. Jedes Modell stellt begrenzte Hypothesen auf, die empirisch überprüft werden können. Ebenso unterstützt jede beschränkte Verallgemeinerung die klare begriffliche Erfassung von Wechselwirkungen regelmäßiger Handlungsorientierungen, indem sie einen theoretischen Bezugsrahmen bietet. Auf diese Weise, und im Licht ihrer Verankerung in einer Reihe von zentralen gesellschaftlichen Lebensordnungen und ihren spezifischen Idealtypen, reißen diese Modelle den historisch-vergleichenden Soziologen aus der historischen Schilderung und bieten sowohl Orientierungshilfen als auch Gliederungsmechanismen, welche die analytische Ordnung und kausale Erklärung regelmäßigen Handelns ermöglichen. Die Weltsystem-Schule sowie der interpretative historische und der kausalanalytische Ansatz bieten keine vergleichbaren Konstrukte.

Die Wechselwirkungen in Form von Verwandtschaft und Spannung zwischen den Lebenssphären, den universellen Gemeinschaften und den Ständen, die hier im einzelnen betrachtet wurden, zeigen nur einen Ausschnitt aus den hypothesenbildenden analytischen Beziehungen, die in Webers analytischer Abhandlung *WuG* erkennbar werden. Wie bei den kausalen Modellen der Spannung innerhalb von gesellschaftlichen Ordnungen formuliert Weber überdies Modelle der Wahlverwandtschaft und der Spannung zwischen gesellschaftlichen Ordnungen unter Bezug auf bestimmte *Themen.* Beispielsweise ergibt ein eingehender Vergleich der Standesethiken der modernen Beamten, der Intellektuellen, des Feudaladels und der patrimonialen Beamten besondere Modelle „standesgemäßer" *Erziehung.* Das moderne Beamtenideal einer spezialisierten Fachausbildung und eines am Erwerb technischen Wissens orientierten und auf standardisierten Prüfungen beruhenden „Berufs" steht in einem scharfen Gegensatz einerseits zur klassischen humanistischen (Gentleman-)Erziehung des Intellektuellen mit ihrer Betonung von Philoso-

---

31 Die Spannung ist dort besonders scharf, wo Propheten in charismatischen Gemeinschaften die Gefolgschaft von Schülern verlangen (*Zwi* 542).

phie, Theologie, Literatur, Geschichte und Sprachen (vgl. *WuG* 576-578) und andererseits zu der des Adels. Die Betonung von Standesstolz und Ehrgefühl beim letzteren zeigt eine Verwandtschaft mit einer spielerischen und künstlerischen Vorstellung von Erziehung und mit einer „heroischen Feindschaft" gegenüber allen zweckgerichteten Arten der Lebensführung, die entweder einen zweckrationalen Dienst an einer „Aufgabe" oder die systematische Verfolgung von Zielen bedeuten (vgl. *WuG* 639 f., 651, 653). Die mit dem Patrimonialismus verbundene besondere Vorstellung von Erziehung steht hierzu in einem genau entgegengesetzten Verhältnis: Hier überwiegt eine „geistlich-rationale" Erziehung von oft stark literarischem Charakter und eine Betonung von Konventionen. Diese von einem deutlich zweckgerichteten Aspekt durchdrungene Vorstellung von Erziehung kann leicht in die berufliche Spezialisierung von Beamten in modernen Bürokratien übergehen (vgl. *WuG* 640, 652, 678).

Diese wenigen Beispiele müssen genügen, um zu zeigen, wie Webers Modelle von Wechselwirkungen der Verwandtschaft und der Spannung abgegrenzte kausale Hypothesen bilden. Da alle Hypothesen lediglich logische Konstrukte sind, ist es für ihn völlig selbstverständlich, daß sie, ebenso wie die von den dynamischen und den Kontextmodellen aufgestellten, „verworfen" werden können, wenn sie mit den empirischen Realitäten konfrontiert werden. Stets werden konkrete historische Umstände und Kontexte bestimmte Elemente einer analytischen Beziehung verstärken oder abschwächen. Ob die doppelten Neigungen religiöser Intellektueller in der Realität mehr zur mystischen „Erleuchtung", zur Kontemplation und zu einem vollständigen Rückzug aus der Welt oder zu einer theoretischen Rationalisierung religiöser Lehren tendierten, hing von der historischen Situation ab: War eine immanente oder eine monotheistische Gotteskonzeption vorherrschend (*WuG* 307; *Einl* 263)? Unter anderen historischen Umständen können die Tendenzen religiöser Intellektueller einerseits zu Mystik und Rückzug und andererseits zu theoretischer Rationalisierung von Lehren aufeinander folgen (*HB* 377). Für Weber wurden die vermuteten Standesethiken der Intellektuellen in Indien, in China und im antiken Griechenland vor allem durch historische „Unterschiede [...] der Interessenrichtung und diese durch politische Umstände" (*HB* 136, Anm. 1) und durch die „Verschiedenheit der sozialen Grundstruktur" (*HB* 137) unterschiedlich geprägt. Als Folge der den frommen Intellektuellen in Indien auferlegten religiösen Gebote hätten die chinesischen „Literaten" in Indien keinen Einfluß erlangen können, trotz der beachtlichen Gemeinsamkeiten zwischen diesen Intellektuellenschichten (*HB* 137): „Es ist andererseits verständlich, daß für eine Intellektuellenschicht von Beamten und Amtsanwärtern eines patrimonialen Staates [in China] die individualistische Heilssuche und gebrochene Demut des [indischen] Mystikers [...] unannehmbar war" (*KT* 471).[32]

Natürlich können manche historische Konstellationen eine in *WuG* beschriebene Beziehung der Wahlverwandtschaft oder der Spannung *von Grund auf* in Frage stellen. Beispielsweise können außergewöhnliche Umstände, wie die öffentliche Erregung, welche die Kampagne Theodor Roosevelts von 1912 begleitete, „dem Charisma über den Betrieb zum Siege verhelfen" (*WuG* 669). In ähnlicher Weise widerspricht der Fall des Kalvinismus der von Weber angenommenen Spannungsbeziehung zwischen Erlösungsreligionen und rationaler Wirtschaft: Der Kalvinismus dringt tief in die Marktwirtschaft ein, indem er einer methodischen Arbeitsethik religiöse Bedeutung verleiht. Historische Kräfte haben beispielsweise sogar die typische Spannung zwischen Großkaufleuten und Bankiers und der Religion erschüttert, wie es in bestimmten Teilen Chinas der Fall war, wo Händler taoistische Magie pflegten (vgl. *KT* 481), und in Indien, wo unter den Anhängern der „Händlern- und Bankiers-Sekte" der Vallabhachari eine mystische Heilssuche verbreitet war (*HB* 346-349). Schließlich muß die wahlverwandtschaftliche analytische Beziehung zwischen Patrimonialismus und einer immanenten Sicht des Übernatürlichen, die für Indien und China recht gut zutrifft, im Fall des antiken Vorderasiens eindeutig verworfen werden (vgl. *WuG* 273 f.).

Ebenso erkennt Weber, daß logische Spannungsbeziehungen empirisch überwunden werden können. Dies kann als Folge einer starken äußeren Kraft geschehen, und zwar in einem solchen Maß, daß ein Zusammenschluß von Gruppen entsteht, die nach dem Modell in *WuG* in einer Spannungsbeziehung stehen müßten. Beispielsweise kooperieren, trotz großer Widersprüche, typischerweise die Priesterschaft und das städtische Kleinbürgertum miteinander und unterstützen sich gegenseitig, wenn sie von einer feudalen Aristo-

---

32 Weber untersucht recht detailliert die verschiedenen sozialen Zusammenhänge, in denen sich die chinesischen und die indischen Intellektuellen befanden (vgl. z. B. *KT* 396-401, 410 f.; *HB* 134-157). Außerdem vergleicht er die levitischen Priester des antiken Judentums mit den Brahmanen im Hinblick auf ihre verschiedenen sozialen Kontexte (vgl. *AJ* 183-186) sowie die griechischen Philosophen mit den konfuzianischen Literaten (vgl. *KT* 460-462). Dabei wird wiederum die zentrale Bedeutung der empirischen Kontexte für Weber erkennbar.

kratie bedroht werden (vgl. *WuG* 704). In ähnlicher Weise werden ein re-
formorientiertes Mönchtum und weltliche Herrscher häufig durch feudale
Herrschaft zu einen Bündnis gezwungen.

Um diesen fundamentalen Grundsatz zu veranschaulichen, könnten zahlreiche weitere Beispiele – sogar *WuG* insgesamt – angeführt werden: Da die
analytischen Beziehungen der Spannung und der Wahlverwandtschaft lediglich Modelle sind, sind sie für Weber selten auf die empirische Realität über-
tragbar. Er trägt grundsätzlich der Fähigkeit vor allem von Macht, von charismatischen Anführern und von historischen Unwägbarkeiten Rechnung,
alle Wahlverwandtschafts- und Spannungsmodelle selektiv umzulenken, sie
zu schwächen und ihnen sogar zu widersprechen; gleiches gilt für die dynamischen und die Kontextmodelle, die zuvor behandelt wurden. Ein solches
Eingeständnis ist einerseits auf eine Unterscheidung zurückzuführen, die im
absoluten Zentrum von Webers Soziologie steht – seine strikten Trennung
der analytischen und der empirischen Ebene –, und andererseits auf seine
Betonung sozialer Kontexte, wie in Kapitel 5 abermals erörtert werden wird.
Aus diesen Gründen dürfen seine Verwandtschafts- und Spannungskonstruk-
te genausowenig wie die Hypothesen, die von seinen dynamischen und seinen Kontextmodellen formuliert werden, so verstanden werden, als würden
sie (a) auch nur schwache empirische Beziehungen enthüllen oder (b) Webers
Verfahren der Kausalanalyse angemessen erfassen.
    Wie beschrieben, geht die Bildung von Verwandtschafts- und Spann-
nungsmodellen aus *logischen* Beziehungen innerhalb des theoretischen Bezugsrahmens hervor, der von den gesellschaftlichen Ordnungen und ihren
spezifischen Idealtypen in *WuG* angeboten wird, und nicht aus historischen
und wechselnden Faktoren wie Macht, äußeren Zwängen, Herrschaft oder
bestimmten historischen Ereignissen. Da somit diese begrenzten analytischen
Verallgemeinerungen uns nichts über den Charakter einer gegebenen empirischen Realität sagen, stellt die Existenz besonderer historischer Fälle, die
einer angenommenen Beziehung widersprechen, dieses Verfahren oder die
Brauchbarkeit dieser Konstrukte nicht in Frage. Die große Stärke dieser Modelle bleibt ausschließlich heuristisch und analytisch: (a) Vermutungen über
begrenzte und empirisch überprüfbare kausale Beziehungen aufzustellen; (b)
bedeutsame kausale Handlungsorientierungen zu isolieren und zu definieren;
(c) einen theoretischen Bezugsrahmen für historisch-vergleichende Soziologen zu liefern, die die Wechselwirkungen des untersuchten Handelns ordnen
und begrifflich erfassen wollen; und (d) diese Wechselwirkungen in einen

theoretischen Bezugsrahmen einzuordnen, der auf soziologisch bedeutsamen Lebensordnungen und ihren spezifischen Idealtypen beruht.[33] Weber zufolge muß das historisch-vergleichende Vorhaben solche Modelle als unentbehrlich anerkennen, statt sich, wie der interpretative historische und der kausalanalytische Ansatz, nur auf Probleme und Fälle zu stützen. *WuG* liefert einen Vorrat an Modellen, die in der Lage sind, unzähligen empirischen Untersuchungen eine *Orientierung* zu geben.

Für ihn können hypothesenbildende Modelle das Erreichen des erklärten Ziels historisch-vergleichender Soziologie bedeutsam unterstützen: die kausale Erklärung einmaliger Fälle und Entwicklungen. Dies ist jedoch die Beschränkung ihrer Aufgabe. Unter keinen Umständen sollte angenommen werden, daß analytische Beziehungen selbst empirische kausale Beziehungen bilden. Kausale Beziehungen können nur durch erheblich kompliziertere Verfahren und Strategien festgestellt werden. Diese werden in Kapitel 5 rekonstruiert werden.

Ein vierter Typus hypothesenbildender Modelle, der in *WuG* durchgehend von Bedeutung ist, muß nunmehr untersucht werden: das *Entwicklungsmodell*. Dieses Modell trägt ebenfalls entscheidend zu der Fähigkeit der empirischen Arbeiten Webers bei, die historisch-vergleichende Soziologie von der Schwerpunktsetzung auf konkrete einzelne Probleme abzubringen, die für den interpretativen historischen und für den kausalanalytischen Ansatz charakteristisch ist, und sie hinzuführen zur präzisen theoretischen Erfassung der untersuchten Probleme. Diese Modelle zeigen, ebenso wie die dynamischen, die kontextuellen, die Verwandtschafts- und die Spannungsmodelle, auf drastische Weise die universelle Reichweite seiner empirischen Studien: Den Gegenstand seines Interesses bilden nicht bloß die Entstehung des Staates oder westliche Modernisierungsprozesse, sondern das gesamte Spektrum von der Antike bis zur Gegenwart sowie die Zivilisationen des Ostens wie des Westens.

---

33 An dieser Stelle wurde wiederum nur ein Bruchteil der Wechselwirkungsmodelle aus *WuG* vorgestellt. Mein Ziel war, eine Auswahl vorzulegen, die in der Lage ist, Webers *Art* der Modellbildung sowie die zentrale Bedeutung von Modellen in seiner historisch-vergleichenden Soziologie zu vermitteln.

Entwicklungsmodelle

Webers Entwicklungsmodelle in *WuG* stellen begrenzte analytische Verallgemeinerungen dar, die sich von seinen anderen Modellen unterscheiden.
Einerseits stellen diese Konstrukte Annahmen über einen *Verlauf* des Handelns auf, der eine Reihe idealtypischer Stadien umfaßt, die die regelmäßigen
Handlungsorientierungen durchlaufen. In jedem Stadium werden Hypothesen
über den weiteren Verlauf des regelmäßigen Handelns formuliert. Andererseits unterscheiden sich diese Modelle durch die Einbeziehung gesonderter
„Triebkräfte"; das bedeutet, die Modelle selbst beruhen auf einer „inneren"
Kraft und werden durch sie angetrieben. Diese Triebkraft ist untrennbar mit
dem *Verlauf* des Handelns oder dem „Entwicklungsweg" verknüpft.

Die grundsätzliche Unterscheidung zwischen der empirischen und der
analytischen Ebene in Webers empirischer Soziologische muß besonders bei
den Entwicklungsmodellen beachtet werden. In empirischer Hinsicht ist
Webers Soziologie, wie in Kapitel 2 betont wurde, radikal multikausal. Auf
der analytischen Ebene steht er jedoch „außerhalb der Geschichte" und formuliert wiederholt Entwicklungskonstrukte, die von einem einzigen Satz von
Handlungsorientierungen vorangetrieben werden. Weber betont daher bei der
Behandlung dieser Modelle noch stärker als sonst, daß „Idealtypus und Wirk-
lichkeit" nicht „ineinander geschoben werden" dürfen (vgl. *Obj* 203-206;
RuK 22-30). Besondere Vorsicht muß darauf verwendet werden, eine klare
Trennung zwischen diesem „Geripple" (*WuG* 63) und dem historischen Pro-
zeß sicherzustellen. In jedem *empirischen* Fall rufen verschiedene Faktoren
Handlungsorientierungen hervor, die „dazwischentreten" und alle angenommenen oder „reinen" Entwicklungswege durcheinanderbringen, die in jedem
Modell in einer innerlich konsistenteren und stärker systematisch vereinheitlichten Form dargestellt werden als irgendeine empirische Entwicklung.[34] In
Gegensatz zu Schmoller (1900/1904), Bücher (1894) und Schönberg (1882;
vgl. *WuG* 64 f.) betont Weber, daß die verschiedenen Stufen jedes Entwicklungsmodells nie als Erfassung des Verlaufs der Geschichte oder als „wir-
kende Kräfte" angesehen werden sollten; und sie sind auch nicht dazu gedacht, eine universelle oder evolutionäre Tendenz der Geschichte zum
Durchlaufen aller dieser Stadien zu entwerfen (*Obj* 203-205). Obwohl bei-

---

34 Als „technischer Behelf" sind diese Konstrukte „in einer rationalen Geschlossenheit
herauspräpariert, wie sie in der Realität *selten* auftreten" wird (*Zwi* 537, Hervorhebung i. Orig.), und umreißen einen Entwicklungsverlauf, der eintreten würde, wenn
nicht bestimmte „irrationale" empirische Störungen dazwischentreten (*Obj* 203-205).

spielsweise aus der Sicht des Wandels von der materialen zur formalen Rationalität die Typen der legitimen Herrschaft in einem Entwicklungsmodell angeordnet werden können, das von der charismatischen und traditionalen Herrschaft zur rational-legalen Herrschaft fortschreitet, sollte der Forscher durch diese Art der begrifflichen Erfassung nicht zu dem Schluß verleitet werden, daß eine solche Transformation empirisch tatsächlich stattgefunden hat.[35]

Dieser Grundsatz unterscheidet Weber deutlich von allen evolutionären Denkrichtungen, die entweder danach streben, „wissenschaftliche Entwicklungsgesetze" der Gesellschaft zu identifizieren, oder die die Geschichte als Abfolge unveränderlicher Stadien betrachten.[36] Seine historisch-vergleichende Soziologie wählt als Analyseebene *weder* die historische Entwicklung selbst *noch* ein übergeordnetes teleologisches oder Evolutionsmodell. Am allerwenigsten versucht sie, wie die Weltsystem-Schule dies tut, Geschichte unter Berufung auf ein theoretisches Schema zu verstehen (vgl. z. B. *RuK* 11-15). Webers Formulierung und Gebrauch von Entwicklungsmodellen können als die natürliche Folge seiner Ablehnung einerseits sowohl universeller Entwicklungsstufen[37] also auch der funktionalistischen Auffassung von Ge-

---

35 Weber bringt diesen Punkt treffend in einem frühen Aufsatz zum Ausdruck: „Aber ein schweres Mißverständnis des Forschungs*zieles* der Kulturgeschichte ist es, wenn man die Konstruktion von ‚Kulturstufen' für *mehr* hält, als ein Darstellungsmittel, und die Einordnung des Historischen in solche begrifflichen Abstraktionen als *Zweck* der kulturgeschichtlichen Arbeit behandelt [...]; und ein Verstoß gegen die Forschungsmethode ist es, wenn wir eine ‚Kulturstufe' als etwas anderes als einen *Begriff* ansehen, sie wie ein *reales* Wesen nach der Art der Organismen, mit denen die Biologie zu tun hat, oder wie eine Hegelsche ‚Idee' behandeln, welche ihre einzelnen Bestandteile aus sich ‚emanieren' läßt, und sie also zur Konstruktion von Analogie*schlüssen* verwenden" (*GAzSW* 517, Hervorhebungen i. Orig.). Zu Webers Ablehnung jeder „logische[n] Entwicklung im Sinne Hegels" vgl. *PE II* 16, 28 f.; Honigsheim 1963a: 174. Ob der Verlauf der Geschichte tatsächlich dem analytischen Entwicklungspfad folgt, der von einem bestimmten Entwicklungsmodell entworfen wird, bleibt für Weber eine Frage der detaillierten empirischen Untersuchung durch Spezialisten (vgl. *Obj* 205).

36 Ich befinde mich hier in striktem Widerspruch zu Parsons, der Webers Denken als „basically evolutionary" betrachtet (z.B. 1963: LX, LXV) sowie auch zu den Versuchen von Tenbruck (1975b), Habermas (1976; 1981) und Schluchter (1979a; 1988), Weber in das evolutionäre Lager zu stellen. Zu Webers Widerstand gegen den Evolutionismus im allgemeinen vgl., zusätzlich zu den oben genannten Verweisen, z. B. *Einl* 264 f., *GAzSW* 517, 524; Winckelmann (1965); Bendix (1964; 1965: 11-12), Bendix u. Roth (1971: 114-128, 209-224, 253-265), Hennis (1982) und Mommsen (1987; 1989: 127).

37 Der Idealtypus selbst kann, in einem allgemeineren Sinn, als Webers Antwort auf die evolutionären Stufentheorien seiner Zeit verstanden werden, wie Roth angemerkt hat

sellschaft als „Einheit" (*WuG* 7; vgl. *PE* 60-62) und andererseits aller Versuche, kausale Zusammenhänge durch historische Schilderung und ausführliche Beschreibung festzustellen, verstanden werden. Vor diesem Hintergrund und angesichts seiner Bekräftigung des Idealtypus als seinem grundlegenden methodologischen Konstrukt, stellt sich das Entwicklungsmodell als ein geeignetes Instrument für die Untersuchung der Entfaltung von regelmäßigen Handlungsorientierungen heraus.

Webers Entwicklungsmodelle dienen als Konstrukte, die dem Forscher klare und praktisch anwendbare Ordnungsmechanismen an die Hand geben. Ebenso wie die dynamischen, die kontextuellen und die Wahlverwandtschafts- und Spannungsmodelle erfüllt jedes Konstrukt in Webers Augen unverzichtbare Aufgaben für die historisch-vergleichende Soziologie: Ein jedes kann nicht nur als „Maßstab" genutzt werden, um die klare Definition der jeweiligen spezifischen empirischen Entwicklung zu unterstützen[38], sondern auch als theoretischer Bezugsrahmen, der einen begrifflichen Zugriff und eine analytische Einordnung von empirischen Entwicklungen ermöglicht. Auf jeder Stufe werden begrenzte Hypothesen über kausale Handlungsmuster aufgestellt, von denen jede von Fachleuten in Bezug auf die untersuchte empirische Entwicklung beurteilt werden kann.

Dieser Abschnitt untersucht die wichtigsten Typen von Entwicklungsmodellen, die in *WuG* formuliert werden.[39] Was sind die Ausgangspunkte, die diese Konstrukte antreiben? Besonders hervortretend sind Modelle, die auf Interessen sowie auf formalen und theoretischen Rationalisierungsprozes-

---

(1968: XXXII; 1971: 253-265).

38 Weber schreibt: „Auch Entwicklungen lassen sich nämlich als Idealtypen konstruieren, und die Konstruktionen können ganz erheblichen heuristischen Wert haben" (*Obj* 203).

39 *WuG* bildet die Quelle für alle diese Modelle in Webers empirischen Texten. Manchmal werden, wie weiter oben, Ausschnitte aus anderen Texten diese Rekonstruktionen ergänzen. Um es nochmals zu verdeutlichen: Diese umfassenden Beispiele werden recht detailliert dargestellt, um einen deutlichen Eindruck der Modellbildungskomponente in Webers historisch-vergleichender Soziologie zu vermitteln, von deren Fähigkeit, den problemorientierten Ansätzen entgegenzutreten und von ihrer zentralen Bedeutung in Webers empirischer Soziologie und nicht, um gegenwärtige historisch-vergleichende Soziologen davon zu überzeugen, daß diese *bestimmten* Konstrukte in ihrer eigenen Forschung verwendet werden sollten. Darüber hinaus kann diese detaillierte Darstellung Leitlinien für historisch-vergleichende Soziologen anbieten, die dazu neigen, sich mit einer solchen Modellbildung zu befassen.

sen beruhen und von ihnen vorangetrieben werden. Ein weiteres Mal wird Webers universale Reichweite deutlich werden.[40]

Auf Interessen gestützte Entwicklungsmodelle: die Modelle der Schließung sozialer Beziehungen und der Veralltäglichung des Charismas

Für Weber sind Interessen allgegenwärtig. Darstellungen des Aufeinanderprallens von interessengeleitetem Handeln lassen sich auf nahezu jeder Seite seiner empirischen Schriften finden, mit Ausnahme von *PE*. Häufig sind sie einfach „zufällig". Die Entwicklungsmodelle dieses Abschnitts untersuchen eine bestimmte, hervorstechende Form, in der Interessen in *WuG* vorkommen, nämlich in Hinblick auf ihre Fähigkeit, Entwicklungsprozesse in Gang zu setzen und voranzutreiben.[41] In *WuG* findet sich eine Vielzahl solcher begrenzter analytischer Prozesse, die auf interessengeleitetem Handeln beruhen und aufgrund von empirischen Beobachtungen in verschiedenen Zivilisationen formuliert wurden. Jedes Konstrukt umreißt den *Verlauf* regelmäßigen Handelns in „reiner" Form und formuliert auf jeder Stufe getrennte Hypothesen.[42] An dieser Stelle können nur zwei Entwicklungsmodelle erläutert werden: die Modelle der Schließung sozialer Beziehungen und der Veralltäglichung des Charismas.[43]

---

40 Die Ausdrücke „Entwicklungsmodell", „prozessuales Konstrukt" und „Entwicklungsweg" werden synonym gebraucht.

41 Es muß betont werden, daß nicht jedes interessenorientierte Handeln in *Entwicklungs*modellen zum Ausdruck kommt. Für Beispiele für die Wichtigkeit, die Weber Interessen als allgemeinen kausalen Kräften zumißt, vgl. oben die Erörterung von „Ordnungen" (Kapitel 1, S. 52-62).

42 Die Frage, ob der angenommene Entwicklungsverlauf in dieser oder jener empirischen Situation bis zu seinem Schlußstadium durchlaufen wurde, kann in dieser rein analytischen Diskussion nicht behandelt werden. Darüber hinaus hängt natürlich jede empirische Entwicklung für Weber von einer Reihe von Faktoren ab, wie z.B. der Stärke einer Trägerschicht, Macht, historischer Zufall, erfolgreiche Zusammenschlüsse usw. Das hier rekonstruierte Modell beruht *nur* auf Interessen. Abermals: Die Unterscheidung zwischen analytisch und empirisch muß besonders in diesem Abschnitt über Entwicklungsmodelle beachtet werden.

43 Diese beiden Modelle, die am deutlichsten in *WuG* formuliert werden, werden in Webers gesamten empirischen Texten verwendet. Sie bilden die bekanntesten Beispiele von Entwicklungsprozessen, die auf Interessen beruhen. Sie werden hier in knapper Form rekonstruiert. Um es zu wiederholen: Die Hervorhebung von Interessen als Triebkräfte *in jedem Modell* leugnet nicht, daß *empirisch gesehen* andere Faktoren zentral oder sogar entscheidend sein können.

Die Schließung sozialer Beziehungen und die Monopolisierung von Chancen

Für Weber treten Prozesse der Schließung, des Ausschlusses und sogar der Monopolisierung von Ressourcen und Chancen in der gesamten Geschichte und in allen Zivilisationen immer wieder auf. Sie können von interessengeleitetem Handeln vorangetrieben werden. Seine Entwicklungsmodelle erfassen solche Prozesse.

Die Schließung einer sozialen Beziehung findet in dem Maß statt, in dem eine Regulierung der Interaktion mit Außenstehenden entsteht, Teilnahmebedingungen formuliert werden und ein Ausschluß praktiziert wird. In Webers kurzgefaßter Ausdrucksweise stellt die Schließung die Erfüllung „innerer oder äußerer" Interessen sicher (*WuG* 203 f.). Im besonderen stehen drei Interessen hinter dem Drang zur Schließung: Handeln zugunsten von Status, sozialer Ehre und Profit, das sich um „Qualitätserhaltung" bemüht; Handeln im Interesse eines Bestrebens, Konsummonopole zu erlangen und zu erhalten; Handeln im Interesse eines Versuchs, mit der zunehmenden Knappheit von Erwerbschancen fertigzuwerden.[44] Solche Interessen verfestigen sich regelmäßig zugunsten von Ausschließung (*WuG* 23-25, 201-207). Webers Modelle gehen davon aus, daß sich solche Entwicklungspfade, die hin zu einem auf Schließung gerichteten Handeln verlaufen und auf Interessen beruhen, im besonderen in den wirtschaftlichen Beziehungen, in den Ständen, in den Herrschaftsverbänden und in der Sphäre der Religion finden (*WuG* 203).[45] Jede wird kurz untersucht werden. Als idealtypische Konstrukte sind

---

44 Weber verwendet häufig den Begriff des *Interesses* oder der *Interessenlage*, er bietet jedoch an keiner Stelle eine angemessene Diskussion der zahlreichen Schattierungen, die dieser Begriff in seiner historisch-vergleichenden Soziologie besitzt. Die Erörterung in dem entsprechenden Kapitel seiner „Soziologischen Grundbegriffe" ist stark verkürzt (*WuG* 15). Gelegentlich verwendet er den Ausdruck „ideelle und materielle Interessen". Obwohl diese Formulierung Webers Absicht ausdrückt, Interessen so zu definieren, daß sie auch eine nicht-materielle Dimension und sogar Werte einschließen (vgl. Kalberg 1985a), erfaßt er doch nicht seinen vielfältigen Gebrauch dieses Begriffs. Die Komplexität dieses Themas erfordert ein eigenes Kapitel. Eine Auslegung muß jedoch ebenso verschoben werden wie eine Untersuchung der Beziehung zwischen Macht und Interesse. In diesem Abschnitt werden Interessen ausschließlich durch ihre Verwendung in den zwei an dieser Stelle nachgezeichneten Entwicklungsmodellen definiert. In beiden Fällen, so wird zu zeigen sein, ist Webers Verwendung weit gefaßt.

45 Nochmals: Hier wurde kein Versuch unternommen, in *WuG* „erschöpfend" nach allen solchen Prozessen zu schürfen. Dieser kurze Abschnitt hat nur zum Ziel, die hervorstechendsten Beispiele vorzulegen, um dieses auf Interessen beruhende Entwicklungsmodell zu veranschaulichen. Weber bemerkt: „Die uns dem Schema nach be-

diese Prozeßmodelle einerseits in den empirischen geschichtlichen Entwicklungen verwurzelt, andererseits jedoch von ihnen zu trennen. Sie stellen kausale Hypothesen über *einen Verlauf* regelmäßigen sozialen Handelns auf. *Wirtschaftliche Beziehungen* neigen zur Schließung. Es wird eine alleinige Kontrolle über Dienstleistungen und Waren angestrebt. Beispielsweise nimmt dieses Modell an, daß kapitalistische Unternehmer, die historisch häufig in Gegnerschaft zu ständisch begründeten Monopolen stehen, versuchen, sich Produktionsressourcen anzueignen und Vorteile zu monopolisieren, sobald sie von der Ausweitung des freien Marktes profitiert haben[46] und sobald der Wettbewerb zunimmt. Die äußeren Merkmale von Wettbewerbern – Rasse, Sprache, Religion usw. – können als Vorwand zur Rechtfertigung des Ausschlusses benutzt werden. Es entstehen „Interessengemeinschaften" und „genossenschaftliche Organisationen", und wenn politische Bündnisse sichergestellt sind, können monopolistische Praktiken rechtlich abgesichert werden. In diesem Fall führen gemeinsames Handeln und erkennbare Zusammenschlüsse zu einer „rechtlich privilegierten Gruppe". Auf jeder Stufe des Entwicklungsmodells wird das Handeln von dem Ziel geleitet, die wirtschaftlichen Chancen für Außenstehende zu schließen. Ein Zusammenschluß von Ingenieuren kann beispielsweise versuchen, das gesetzliche Anrecht auf bestimmte Positionen zu erlangen; ehemalige Soldaten können auf Gesetze drängen, die ihnen eine bestimmte Zahl von Stellen im öffentlichen Dienst zuweisen; oder Handwerksmeister können rechtliche Privilegien zugesichert bekommen, die ihnen einen ständigen Zulauf von Kunden sichern. Dieses Konstrukt geht davon aus, daß die Schließung wirtschaftlicher Beziehungen als ein ständig wiederkehrender Prozeß betrachtet werden muß (für weitere Beispiele vgl. *WuG* 201-207).

Eine auf Interessen beruhende analytische Entwicklung von der Offenheit hin zur Schließung und Monopolisierung kennzeichnet auch den Schritt zur Exklusivität, der vollzogen wird, indem sich *Stände* verfestigen. Regelmäßiges Handeln kann sich an bestimmten Vorstellungen sozialer Ehre orientieren, die soziale Distanz und Ausschließung mit sich bringen (vgl. *WuG* 534 f.). Weber nimmt an, daß sich unter bestimmten Umständen aus solchen Handlungsorientierungen Stände herausbilden und daß sie sich von

---

kannte Tendenz zur monopolistischen Abschließung nach außen kann an jedes noch so äußerliche Moment anknüpfen" (*WuG* 236).

46   Für Webers Kommentare dazu, wie ein Handeln, das sich an einem wirtschaftlichen Interesse an der Ausdehnung des Marktes orientiert, eindeutig zu Imperialismus führen kann, vgl. *WuG* 205.

konkurrierenden Ständen durch die Ausbildung einer bestimmten Form der Lebensführung, von Rechten und Privilegien unterscheiden. Die Handelnden versuchen, „das soziale Prestige durch Schaffung eines Seltenheitsmonopols zu steigern" (*WuG* 674).[47] Die Errichtung von Beschränkungen des sozialen Umgangs kann typischerweise in manchen Fällen so weit gehen, daß die Heiratserlaubnis auf einen klar umrissenen Standeszirkel beschränkt wird. Es entsteht eine einheitliche „Standesehre", um die Abschließung des Standes zu legitimieren, und sie wird verstärkt, wenn sich parallel zu ihrer Entstehung Ausschlußverfahren entwickeln.[48] Gemäß dieses Modells entfalten sich auf dieser Entwicklungsstufe verfestigte Standeskonventionen zu rechtlich sanktionierten Privilegien und Anstellungsmonopolen für bestimmte Ämter (*WuG* 535). Im Falle einer extremen Schließung „entwickelt sich der Stand zur geschlossenen ‚*Kaste*'"; sowohl religiöse Kräfte als auch Konventionen und Gesetze können dann die Unterschiede zwischen den Ständen sicherstellen (*WuG* 536). Allgemeiner gesprochen: „Praktisch betrachtet, geht die ständische Gliederung überall mit einer Monopolisierung ideeller und materieller Güter und Chancen in der uns schon als typisch bekannten Art zusammen" (*WuG* 537).

Herrschaftsverbände können ebenfalls einem typischen Entwicklungsverlauf folgen, in dem sich die Handlungsorientierungen von solchen der Offenheit zu solchen der Schließung entwickeln. Auch dieses Entwicklungsmodell wird von Interessen vorangetrieben; in diesem Fall denen der herrschenden Gruppen. Die Ausschlußprozesse und die Monopolisierung von Ressourcen sind in der Sphäre der Herrschaft nach wie vor stark, auch wenn sie nicht länger auf Herkunft, der Macht von Traditionen und wirtschaftlichen Funktionen beruhen[49], sondern auf Spezialisierung und technischem Wissen, auf standardisierten Prüfungen sowie auf unpersönlichen Normen und Verfahrensregeln, wie sie für die Bürokratie kennzeichnend sind. Nach diesem Modell kann der Ausschluß so weit gehen, daß Beamte den Glauben an ein

---

47 In dem Beispiel, auf das sich dieses Zitat bezieht, übertreibt Weber seine Sache: die vermeintliche Bewegung im amerikanischen Lebensstil weg von einer puritanischen Denkweise, die den „selfmademan, der selbst sein Vermögen ‚gemacht' hatte [...] glorifizierte" und hin zu einer Hervorhebung der Herkunft und der Mitgliedschaft in einer Familie „(relativ) ‚alten' Reichtums".

48 Ein prägnantes Beispiel liefert die Diskussion der englischen Ministerialen (*WuG* 595).

49 Dazu, wie die feudalen Konventionen und die Knappheit von Lehensgütern zu einer stufenweisen Verstärkung der Schließung und Monopolisierung führten, vgl. *WuG* 632 f.

„Recht am Amt" entwickeln. Es kann sogar zu einer Wiedergeburt der Aristokratie kommen (*WuG* 557, 632 f.).

> Die Ausgestaltung der Universitäts-, technischen und Handelshochschuldiplome, der Ruf nach Schaffung von Bildungspatenten auf allen Gebieten überhaupt, dienen der Bildung einer privilegierten Schicht in Büro und Kontor. Ihr Besitz stützt den Anspruch auf [...] „standesgemäße" Bezahlung statt der Entlohnung nach der Leistung, auf gesichertes Avancement und Altersversorgung, vor allem aber auf Monopolisierung der sozial und wirtschaftlich vorteilhaften Stellungen. (*WuG* 577)[50]

Ein paralleles auf Interessen beruhendes Modell, das von einem auf Offenheit gerichteten Handeln zu einem auf Schließung und Monopolisierung gerichteten Handeln führt, konstruiert Weber für die Sphäre der *Religion*. Die Inhaber religiöser „Güter" bemühen sich, andere zu bekehren und ihren Glauben zu verbreiten, um ihr Überleben zu sichern. Priester waren insbesondere darauf bedacht, geheiligte Werte gegen Konkurrenten zu verteidigen und zu schützen, und zwar um so stärker, je mehr sich die Kämpfe zwischen Propheten, Laien und der Priesterschaft legten. Webers prozessuales Konstrukt stellt Hypothesen über die Tätigkeit dieser Schicht auf, die typischerweise um die Verteidigung ihrer Interessen und die Ausweitung ihrer Unterstützungsbasis bemüht ist: Sie kann nicht nur kanonische Schriften und Dogmen hervorbringen, sie den „religiösen Qualifikationen" der Laien anpassen und sich um offizielle Anerkennung für sie als Schutz vor Heterodoxie bemühen, sondern sie kann sich als der bedeutendste soziale Träger von Gruppenschließung und von Monopolisierungsprozessen in dieser Sphäre erweisen. Hierdurch begegnen die Priester auf effektive Weise der Gleichgültigkeit unter den Laien und errichten beträchtliche Barrieren gegen alle Versuchungen der Kirchenmit-

---

50 Angesichts dieser Tendenz zur Schließung und Monopolisierung („„Die Geschichte' gebiert, nach aller Erfahrung, unerbittlich ,Aristokratien' und ,Autoritäten' neu" (Weber 1905: 63), beinhaltet für Weber die empirisch realistische Frage nach dem Problem der Demokratie keinen Versuch zur Abschaffung von Herrschaft (vgl. *WuG* 569-571). Dies ist am wenigsten in unserer eigenen Epoche der Fall: Wo Verwaltungsaufgaben von gewaltigen Ausmaßen eine bürokratische Verwaltung unverzichtbar machen, ist eine direkte Demokratie unmöglich (*WuG* 128, 567 f., 171 f.). Vielmehr muß man sich der Frage stellen, wie einerseits Demokratien Verfahren schaffen können, die eine extreme Monopolisierung von sozialen und wirtschaftlichen Ressourcen sowie die Macht von Herrschaftsverbänden wirksam beschränken (*WuG* 169, 568), und wie andererseits „der entschlossene Wille einer Nation, sich nicht wie eine Schafherde regieren zu lassen" (1905: 64), entwickelt werden kann.

glieder, zu einem anderen Bekenntnis zu wechseln. Dieses Schließungsmodell nimmt an, daß die Priester insbesondere erkennen, daß letztlich alle Machtansprüche davon abhängen, in welchem Maß die Erziehung der Jugend monopolisiert wird (vgl. *Zwi* 565; *WuG* 279-281).

Weber formuliert ein ähnliches von Interessen vorwärts getriebenes Modell mit Blick auf *spirituelle Güter*: Kirchen (und am stärksten die Kirche als eine hierokratische Anstalt) treiben ein auf Schließung und die Monopolisierung religiöser Werte gerichtetes Handeln voran (vgl. *WuG* 339 f.; *Einl* 260; *HB* 6). Dies gilt trotz des unterscheidenden Merkmals der Kirche als „Verwalterin einer Art von Fideikommiß ewiger Heilsgüter [...], die jedem dargeboten werden" (*WuG* 692 f.). Die Handlungsorientierungen der „Berufspriesterschaft" dieser Anstalt setzen nicht nur einen gemeinsamen Versuch zur Festlegung und Monopolisierung einer orthodoxen Lehre in Gang; darüber hinaus geht Webers Konstrukt davon aus, daß die Forderung aller Vertreter dieses Kirchenkörpers nach einer Loyalität, die über dem Haushalt, der Sippe und dem Stamm und über politischen Bindungen steht, in die gleiche Richtung führt. Bei ihrem Versuch, konkurrierende Kräfte auszuschalten und die vollständige Ergebenheit der Gläubigen zu erlangen, richtet sich ihr Handeln auf eine Entwertung aller nicht religiösen Bindungen der Laien. Das gleiche Interesse an der Aneignung der Verfügung über religiöse Werte und sämtliche Heilswege bringt die Hierokratien in einen scharfen Gegensatz zu den Herausforderungen durch Propheten und andere charismatische Figuren. In Webers Entwicklungskonstrukt bilden die Institutionalisierung bestimmter Ausbildungswege für ihre Amtsträger durch Kirchen und Hierokratien und deren Bestreben, das Verhalten der Gläubigen zu regeln, ebenfalls Mittel, die den Fortbestand der Ansprüche auf einen herausgehobenen Stand und auf ein Monopol über sämtliche heiligen Werte sichern (vgl. *WuG* 692-694; *Zwi* 541; *Einl* 254 f.).

Für Weber formulieren alle derartigen Entwicklungsmodelle der Schließung, des Ausschlusses und selbst der Monopolisierung von Ressourcen und Chancen in wirtschaftlichen Beziehungen, in Ständen, in Herrschaftsverbänden und in der Sphäre der Religion auf jeder Stufe klare kausale Hypothesen über einen Verlauf regelmäßigen sozialen Handelns.[51] Jede begrenzte Hypothese kann an einer empirischen Entwicklung, die für den Forscher von Inte-

---

51 Weitere Beispiele dieses Entwicklungsmodells können z. B. die Art umfassen, wie *Ethnizität* den Ausgangspunkt für Monopolisierungsprozesse bilden kann; vgl. *WuG* 234-240. Dieses Kapitel wollte wiederum nur dieses Konstrukt veranschaulichen und nicht alle Beispiele diskutieren, die sich in Webers Texten finden.

resse ist, überprüft werden; eine Abweichung vom angenommenen Entwicklungsweg kann deutlich identifiziert werden, und es können Hypothesen über andere Motive als Interessen (beispielsweise Werte oder Traditionen) aufgestellt werden. Kennzeichnend für diese Modelle ist ihr *Verlauf* hin zur Schließung und ihre treibende Kraft: Sie werden in erster Linie durch Interessen in Gang gesetzt und vorangetrieben. Wie die dynamischen, die kontextuellen und die Wahlverwandtschafts- und Spannungsmodelle führen diese begrenzten analytischen Verallgemeinerungen als hypothesenbildende Konstrukte eine theoretische Dimension genau in den Kern von Webers empirischer Soziologie ein, wodurch sie diese erneut von der Problemorientierung des interpretativen historischen und des kausalanalytischen Ansatzes abheben. Andererseits vermeiden diese Modelle die vorformulierte Theorie der Weltsystem-Schule.

Noch ein weiterer auf Interessen gegründeter und von Interessen vorangetriebener analytischer Prozeß ist in *WuG* von besonderer Bedeutung: die Veralltäglichung des Charismas. Wiederum werden auf allen Stufen kausale Hypothesen über einen Verlauf regelmäßiger Handlungsorientierungen aufgestellt.

Das Modell der Veralltäglichung des Charismas

Der charismatische Anführer handelt mit Bezug auf seine „innere Berufung" und verschafft seiner „Sache" durch die bloße Kraft seiner Persönlichkeit Legitimität. Aus diesem Grund steht für Weber das Charisma in einer grundlegenden und revolutionären Spannung zu jedem zweckrationalen Handeln wie auch überhaupt zu allen bestehenden und dauerhaften Kräften des Alltagslebens (vgl. *WuG* 140, 655 f., 659 f.; *Einl* 269).[52]

Weber betont jedoch nicht nur die einzigartigen Fähigkeiten der charismatischen Herrschaft, radikal neue Handlungsmuster hervorzubringen, sondern auch ihre Zerbrechlichkeit. Da sie ausschließlichen in den „übernatürli-

---

52 „Die genuin charismatische Herrschaft kennt daher keine abstrakten Rechtssätze und Reglements und keine ‚formale' Rechtsfindung. Ihr ‚objektives' Recht ist konkreter Ausfluß höchst persönlichen Erlebnisses von himmlischer Gnade und göttergleicher Heldenkraft und bedeutet Ablehnung der Bindung an alle äußerliche Ordnung zugunsten der alleinigen Verklärung der echten Propheten- und Heldengesinnung. Sie verhält sich daher revolutionär alles umwertend und souverän brechend mit aller traditionellen oder rationalen Norm" (*WuG* 657).

chen Qualitäten" großer Anführer angesiedelt ist und als Folge der Notwendigkeit für die „übermenschliche" Persönlichkeit, ihre ungewöhnlichen Fähigkeiten und ihr „Recht zu herrschen" immer wieder zu beweisen, ist der „Bestand der charismatischen Autorität [...] ihrem Wesen nach spezifisch *labil*" (*WuG* 655 f., Hervorhebung i. Orig.). Selbst die größte Intensität der persönlichen Ergebenheit gegenüber dem charismatischen Anführer und eine vollständige Revolutionierung (*WuG* 657 f.) der Einstellungen der Anhänger „von innen heraus" kann die Fortdauer der Lehren der außergewöhnlichen Figur in ihrer reinen Form nicht gewährleisten. Das Charisma folgt vielmehr einem Entwicklungsweg, der durch seine Abschwächung und „Veralltäglichung" gekennzeichnet ist. Jener „kreative Aspekt" des menschlichen Geistes wird in diesem prozessualen Modell immer wieder, und in allen gesellschaftlichen Bereichen, von den dauerhaften Institutionen des Alltagslebens aufgezehrt (vgl. *WuG* 668-670, 687; *Kat* 470).

Webers Konstrukt der „Veralltäglichung des Charismas" geht davon aus, daß die materiellen und die Machtinteressen der charismatischen Gemeinschaft von Anhängern und Schülern die Triebkraft für die Institutionalisierung von Innovationen und für die Verwandlung des Charismas aus einer „vergänglichen freien Gnadengabe [...] in ein Dauerbesitztum des Alltags" (*WuG* 661) bilden. Das regelmäßige Interesse der Anhänger an legitimierenden Prestige- und Herrschaftspositionen sowie an der Sicherung dauerhafter wirtschaftlicher Ressourcen ist auf jeder Stufe dieses Entwicklungsmodells von zentraler Bedeutung. Darüber hinaus versuchen andere Personen, die über wirtschaftliche und soziale Macht verfügen, sich der charismatischen Bewegung mit dem Ziel zu „bemächtigen", ihre eigene privilegierte Stellung zu legitimieren und die charismatische Eingebung für ihre eigenen Zwecke zu nutzen (vgl. *WuG* 146 f., 661 f.). Für Weber kann die Reinheit des Charismas gegenüber den Alltagsinteressen nur durch „die gemeinsame Gefahr des Feldlagers oder die Liebesgesinnung weltfremder Jüngerschaft" bewahrt werden (*WuG* 660 f.).

Die Suche nach wirtschaftlichem Vorteil ist auf jeder Stufe dieses Modells der Veralltäglichung des Charismas von besonderer Bedeutung (vgl. *WuG* 254, 153, 660, 679, 687). Die normale, alltägliche Tätigkeit auf dem Markt erfordert Berechenbarkeit und Verläßlichkeit. Daher benutzen die Anhänger, die sich in Positionen befinden, in denen sie sich wirtschaftliche Vorteile sichern können, ihre Macht, um die „irrationale" charismatische Kraft in eine „rationale" und geordnete Form des Austauschs umzuwandeln. Dieses Entwicklungskonstrukt geht davon aus, daß das Gewicht verschiedener maßgeblicher Interessen die „charismatische Verkündigung [...] [in] Dogma, Lehre, Theorie oder Reglement oder Rechtssatzung oder Inhalt einer sich versteinernden Tradition" umformt (*WuG* 762); Schüler werden zu „berufsmäßigen Zauberern" und Priestern; große Krieger werden zu Lehnsherren, zu Gründern adliger Geschlechter und zu Königen; Anhänger werden zu Amtsträgern in Staat und Partei; und die charismatische Gemeinschaft wird zu einer Kirche, einer Hierokratie, einer Sekte, einer Akademie oder einer Partei (*WuG* 660-662, 676, 692; *Zwi* 541).[53]

Obwohl das revolutionäre Wesen des Charismas und seine Fähigkeit zur Legitimation von Herrschaft durch Heldentum abnimmt, geht Webers Modell der Veralltäglichung dennoch nicht von einem Verschwinden der Orientierung regelmäßigen Handelns am Charisma aus. Wiederum treiben hier Interessen dieses Entwicklungskonstrukt. Die Handelnden versuchen, die charismatische Eingebung in einer „versachlichten" Form zu bewahren. Sie tun dies nicht nur in der Hoffnung, die Transformation bloßer Machtverhältnisse in legitime Rechte zu ermöglichen, sondern auch als ein Mittel, um bestehende Macht und Privilegien zu heiligen (vgl. beispielsweise *WuG* 146, 662 f., 674 f., 679-681; *Einl* 270). Auch wenn das Charisma nicht länger in seiner reinen Form gegeben ist, haftet es der Gemeinschaft der Schüler der außeralltäglichen charismatischen Figur an und spielt nach Webers Modell eine unverzichtbare Rolle bei der Gewinnung neuer Anhänger für seine Gemeinde, bei der Durchsetzung der Legitimität neuer Stände, Herrschaftsformen und religiöser Lehren und bei der Ermöglichung des Aufstiegs in führende Positionen in den ständischen, den Herrschafts- und den religiösen Hierarchien. Als Teil des Alltagslebens und aufgrund der Möglichkeit – oftmals durch magische Zeremonien – auf Familienmitglieder, auf Ämter oder auf Institutionen übertragen zu werden, dient das „Erb-", „Anstalts-" oder „Amtscharisma" der Legitimierung „erworbener Rechte". Das versachtlichte und in „ve-

---

53 Dieses Entwicklungsmodell bezieht sich wiederum auf kausale Hypothesen oder *mögliche* empirische Resultate. Weber diskutiert solche begrenzten analytischen Verallgemeinerungen bei verschiedenen Gelegenheiten. Zu dem Modell, nach dem sich Kriegerverbände zu Ständen und dann zu dauerhaften politischen Strukturen entwickeln, vgl. *WuG* 516-518, 637; *Kat* 450; zur Entfaltung dauerhafter wirtschaftlicher Strukturen vgl. *WuG* 205; zum Übergang von patrimonialen zu bürokratischen Formen von Herrschaft vgl. *WuG* 586, 590, 597; und zum Aufstieg von Priestern, Kirchen und hierokratischer Herrschaft vgl. *Zwi* 541; *WuG* 144, 693 f.; *HB* 351-353. Alle diese dauerhaften Strukturen können empirisch natürlich nicht nur als Folge der Veralltäglichung von Charisma und aufgrund von wirtschaftlichen Interessen auftreten, wie dieses Modell annimmt.

ralltäglichte Formen" umgewandelte Charisma wird in diesem Modell auf allen diesen Stufen durch Personen aufrechterhalten, die ein wirtschaftliches Interesse daran haben, sowie von all denjenigen, die sich im Besitz von Macht und Eigentum befinden und ihre begünstigte Position durch seine Herrschaft als legitimiert ansehen[54], wie beispielsweise Hofbeamte, Priester, „parlamentarische Monarchen", hohe Würdenträger und Parteiführer (*WuG* 662, 665, 679 f.; *Einl* 270; vgl. Bendix 1964: 233-241).

Dieses Modell der Veralltäglichung des Charismas[55] wird folglich von einem breiten Spektrum regelmäßigen sozialen Handelns, das sich an Interessen orientiert[56], in Gang gesetzt und vorangetrieben, wie dies auch für jenes Entwicklungskonstrukt typisch ist, das die Schließung sozialer Beziehungen darstellt. Jedes kausale Modell nimmt einen *Verlauf* von Handlungsmustern an und geht dabei von verschiedenen Stufen aus, die das regelmäßige Handeln durchläuft. Diese begrenzten analytischen Verallgemeinerungen veranschaulichen ebenso wie die dynamischen, die kontextuellen und die Wahl-

---

54 Da veralltäglichtes Charisma auf dieser Stufe tatsächlich eine Bereitschaft beinhaltet, soziale Ehre und wirtschaftliche Interessen energisch zu verteidigen, dient es ironischerweise als ein starkes Bollwerk gegen das echte Charisma. Dies gilt gleichermaßen, egal ob es möglicherweise in Form einer Standesethik oder einer religiösen Lehre auftritt oder als Erb- oder Amtscharisma (vgl. z. B. *Einl* 269),

55 Es sollte deutlich geworden sein, daß die revolutionäre Kraft des Charismas nicht so verstanden werden kann, als stände sie ausschließlich am Beginn einer historischen Entwicklung und als sei sie durch einen unvermeidlichen und langsamen Niedergang gekennzeichnet, wie Parsons (1963) argumentiert, indem er das Charisma und seine Veralltäglichung dem Gesetz der Entropie angleicht. Webers empirische Texte zeichnen charismatische Herrschaft vielmehr als abhängig von begrenzten historischen Kontexten und von Wechselwirkungen vor allem mit Ständen, Klassen und verschiedenen Verbänden. Dies gilt, auch wenn Weber im Westen einen allgemeinen empirischen Fortschritt weg von dem Zustand der früheren Geschichte ausmacht, in dem charismatische und traditionale Formen von Herrschaft „die wichtigsten Arten aller Herrschaftsbeziehungen unter sich auf[teilten]" (*Einl* 270; vgl. *WuG* 142, 668), hin zu einem Zustand, in dem dauerhafte institutionelle Strukturen zunehmend zentral wurden (vgl. *WuG* 670, 606 f.; *Kat* 470). Trotz dieser Gesamttendenz treten, wenn sich begrenzte soziale Kontexte verschieben, erneut charismatische Persönlichkeiten auf, ihre Verkündigungen erschallen, und sie werden gehört.

56 Natürlich kann die Veralltäglichung des Charismas *empirisch* für Weber wiederum nicht nur von Interessen vorangetrieben werden. In der Regel kann, wie Weber betont, eine ungeheure Vielzahl von kausalen Kräften darin verflochten sein. Hier sowie in dem obigen Modell wird eine Spur von Webers „nüchternem Realismus" sichtbar, der von der amerikanischen Rezeption (mit Ausnahme von Roth und Bendix) bis vor kurzem vollständig vernachlässigt wurde.

verwandtschafts- und Spannungsmodelle Webers Verfahren der Modellbildung und die Art, in der seine historisch-vergleichenden Texte die theoretische Erfassung empirischer Entwicklungen hervorheben. Wiederum unterscheidet die Fähigkeit von *WuG*, dies zu tun, Webers empirische Soziologie deutlich einerseits von der Problemorientierung und der Neigung zum Abgleiten in historische Schilderung, die sowohl für den interpretativen historischen als auch für den kausalanalytischen Ansatz typisch sind, und andererseits von den theoretischen Formulierungen der Weltsystem-Schule.

In Webers historisch-vergleichender Soziologie beruhen Entwicklungsmodelle außerdem in herausragender Weise auf Rationalisierungsprozessen.[57]

Auf Rationalisierungsprozessen beruhende Entwicklungsmodelle:
Modelle formaler und theoretischer Rationalisierung

In *WuG* sind zwei auf Rationalisierungsprozessen beruhende Entwicklungsmodelle von zentraler Bedeutung: formale Rationalisierungsprozesse, die auf zweckrationalem Handeln beruhen, und theoretische Rationalisierungsprozesse, die auf einem „intellektualistischen Bedürfnis" von Intellektuellen beruhen (*WuG* 459). Ebenso wie bei den auf Interessen beruhenden prozessualen Konstrukten, wird in keinem Fall eine empirische Entwicklung nachgezeichnet. Vielmehr bildet der Weg des regelmäßigen Handelns, der von diesen Modellen umrissen wird, obwohl er aufgrund von empirischen Beobachtungen formuliert wurde, nur eine analytische Entwicklung. Auf jeder Stufe wird ein theoretischer Bezugsrahmen geliefert, der die begriffliche Erfassung empirischer Entwicklungen unterstützt und Hypothesen über Verläufe von Handlungsorientierungen aufstellt.[58] Indem diese Entwicklungsmodelle über-

---

57	In *WuG* sowie in *WEWR* fällt noch ein weiterer Typus von Entwicklungsmodellen auf, der in der Sphäre der Religion angesiedelt ist und in „psychologischen Prozessen" – unterschiedlichen „religiöse Qualifikationen": „Virtuosen" und „Masse" – verankert ist (vgl. z. B. *WuG* 257-261, 267 f., 284 f., 296 f.; *Einl* 240, 259; *HB* 183-191, 255). Aus Platzgründen muß er hier ausgelassen werden.

58	Ich habe zwei weitere Typen von Rationalität identifiziert: praktische und materiale (1981). Praktische Rationalität begründet keine Rationalisierungsprozesse, die als analytische Entwicklungen ausgedrückt werden können; sie beinhaltet eine Gebundenheit des (zweckrationalen) Handelns an den täglichen Gang der Dinge. Während materiale Rationalitäten, die auf Wertekonfigurationen beruhen (vgl. Kalberg 1981: 16-18; Levine 1985), deutlich starke Schubkräfte in Gang setzen, sieht Weber keinen *Verlauf*, der eine Entwicklung von einer Gruppe von Werten zu einer anderen bezeichnet. Werte sind für ihn viel zu heterogen, als daß sie, selbst analytisch, entlang der Stufen einer

dies die zentrale Bedeutung der Hypothesenbildung, der Bildung abgegrenz-
ter Modelle und theoretischer Bezugsrahmen in Webers empirischer Soziologie erkennen lassen, belegen sie erneut seine Andersartigkeit gegenüber allen
gegenwärtigen Ansätzen.[59]

Modelle formaler Rationalisierungsprozesse: der freie Markt und der Staat

Webers Modelle formaler Rationalisierungsprozesse schließen eine Vorherrschaft zweckrationalen Handelns und dessen Orientierung an formalisierten
und universell anwendbaren Regeln, Gesetzen und Vorschriften ein. Entscheidungen werden außerhalb eines material rationalen Bezugsrahmens von
Werten und ohne Berücksichtigung der persönlichen Merkmale von Individuen getroffen.[60] In *WuG* begründen formale Rationalisierungsprozesse zwei
Entwicklungsmodelle und treiben sie voran.[61] Sie entwerfen die Entfaltung
von Handlungsorientierungen (a) am freien Markt und (b) am Staat als analytische Konstrukte. Auf jeder Stufe dieser Entwicklung umreißen beide Modelle abgegrenzte kausale Hypothesen über den Verlauf regelmäßigen Handelns.

Webers Entwicklungsmodell des *freien Marktes* entwirft eine Bahn des Handelns, auf der sich die formale Rationalität des Marktes auf jeder Stufe über

---

Entwicklung eingezeichnet werden könnten. Wenn sich jedoch eine geschlossene
Konstellation von Werten herausgebildet hat, kann mit Bezug auf diese Werte ein theoretischer Rationalisierungsprozeß als eine analytische Entwicklung entworfen werden. Vgl. Kalberg 1979; 1990 und unten, S. 193-196).

59   Wie in diesem Abschnitt deutlich werden wird, umreißt Weber Rationalisierungsprozesse mit Bezug auf gesellschaftliche Ordnungen und nicht als gesellschaftsübergrei-
fende und sich parallel entwickelnde Prozesse (vgl. z. B. *PE* 60-62; Kalberg 1981;
1987a; im Erscheinen). Die Sekundärliteratur betrachtet das Thema der Rationalisierung in einer viel zu allgemeinen Weise (vgl. Kalberg 1989a). Sie nimmt auch den a-
nalytischen Charakter von Webers Behandlung dieses Themas nicht angemessen zur
Kenntnis.

60   Für eine detailliertere Definition von formaler Rationalität vgl. Kalberg (1981: 18 f.).

61   Dies sind die zwei Hauptmodelle dieser Art. Weber diskutiert sie an keiner Stelle in
einer prägnanten Weise. Bei der Rekonstruktion der beiden Modelle habe ich verschiedene Texte als Ergänzung zu *WuG* benutzt. Es könnte ferner ein kausales Entwicklungsmodell rekonstruiert werden, das auf formalen Rationalisierungsprozessen
unter einer bürokratischen Herrschaft beruht. Ein verkürztes Modell dieses Prozesses
taucht gegen Ende der unten folgenden Untersuchung formaler Rationalisierungsprozesse im modernen Staat auf.

material rationale Schranken hinwegsetzt. Wie geht dieser analytische Prozeß vor sich?

In Webers Idealtypus der „Marktwirtschaft" nimmt das wirtschaftliche Handeln einen formal rationalen Charakter an. Typisch ist die Orientierung des Handelns an *vergesellschafteten* sozialen Beziehungen, in denen der Austausch von Gütern und das Treffen von Entscheidungen nach den Regeln kaufmännischer Rechnungsführung und effizienter Verwaltung stattfinden. Im Kern triumphiert zweckrationales Handeln auf dem Markt in einer relativ reinen Form über all jene anderen Typen sozialen Handelns, welche die Rechenhaftigkeit auf einem niedrigen Niveau halten.[62] In dem Maß, in dem alle technisch möglichen Berechnungen innerhalb der „Gesetze des Marktes" allgemein durchgeführt werden und das „Ringen der Interessen" und nicht persönliche Erwägungen und materiale Rationalitäten die Ausbildung der Marktwerte bestimmen, entfaltet sich die formale Rationalität unter Bezugnahme auf reine Marktkräfte (*WuG* 44 f., 383): „Die Versachlichung der Wirtschaft auf der Basis der Marktvergesellschaftung folgt durchweg ihren eigenen sachlichen Gesetzlichkeiten, deren Nichtbeachtung die Folge des ökonomischen Mißerfolgs, auf die Dauer des ökonomischen Untergangs nach sich zieht" (*WuG* 353).[63]

Viele Handlungsorientierungen haben die Berechnung von Gewinn in einem Tausch beschränkt, abgelenkt oder vereitelt, und dabei haben sie „irrationale" wirtschaftliche Effekte erzeugt, die den Entwicklungsweg des Marktes zu immer größerer formaler Rationalität gehemmt haben. Verschiedene Konstellationen „markt-irrationaler" materialer Rationalitäten, die in den Lebenssphären der Religion (*WuG* 331, 710 f.)[64] und der Herrschaft, den

---

62 Die Ausnahme hier bildet die moderne Wirtschaftsethik des Kalvinismus. Den überwältigenden Antrieb in diesem Idealtypus bildet ein an Werten orientiertes Handeln. Überdies sind diese Werte in Webers Begriffen „marktrational" oder an der Maximierung wirtschaftlicher Effizienz auf dem Markt orientiert (vgl. Kalberg. 1987a: 122 f., 127-129).

63 Zu den „Sachgesetzlichkeiten" des Marktes vgl. auch *WuG* 205, 361, 440, 709; *RuK* 133, 140; *PE* 37, 56; *Zwi* 544; *Abriß* 305.

64 Dies haben verschiedene religiöse Verbände durch Tabus und durch Magie getan. Kirchen und Sekten taten dies häufig durch ethische Werte. Webers detaillierteste *empirische* Analyse der Art und Weise, wie Erlösungsreligionen gemeinschaftliche Beziehungen über die unpersönlichen Vergesellschaftungen des Marktes legten, bezieht sich auf den Kampf der katholischen Kirche gegen die Ausdehnung des freien Marktkapitalismus (vgl. *WuG* 708-713, 352-355; *Zwi* 545). Die katholische Hierarchie hat geschlossen hinter den konservativen Kräften persönlicher patriarchaler Herrschaft sowie hinter den traditionalistischen Interessen von bäuerlichen und kleinbürgerlichen

universellen Gemeinschaften (*WuG* 383)[65] und den Ständen (*WuG* 538; *Einl* 274 f.)[66] verankert sind, haben in einer Beziehung strengen Gegensatzes zur formalen Rationalität des Marktes gestanden und die Berechnung von Profit beim Tausch in Schranken gehalten. An Gesetzen orientiertes Handeln kann ebenfalls die Marktfreiheit beschränken, besonders das marktorientierte Handeln eines bestimmtes Standes. Ebenso können Gesetze Rationierungen im Fall von Krieg, Hunger oder anderen Notfällen verhängen (*WuG* 44, 209). Zunftordnungen erlaubten den Verkauf auf dem Markt nur, nachdem die Waren anderen Zunftmitgliedern angeboten worden waren. Der Entwicklungsweg zu größerer formaler Rationalität, wie er vom Modell des freien Marktes angenommen wird, kann auch dadurch eingeschränkt sein, daß freie Arbeit nach administrativen, rechtlichen oder steuerlichen Zweckmäßigkeiten statt nach einer Berechnung ihres Nutzens auf dem Markt organisiert wird (*WuG* 139). Solche „wirtschaftlich irrationalen" Vorschriften haben das Handeln von der Marktlage abgelenkt und dabei die Chancen der Marktteilnehmer auf Profit oder auf die bloße Versorgung mit dem Notwendigen eingeschränkt oder sich ihnen sogar direkt entgegengestellt. Die formale Rationali-

---

Schichten gestanden, denn „sie findet keine Brücke zwischen einer rationalen, methodischen, den kapitalistischen Gewinn als sachliche Endaufgabe eines ‚Berufs' behandelnden, an ihm – das ist der Hauptpunkt – die eigne Tüchtigkeit messenden Eingestelltsein auf den ‚Betrieb' im Sinn des Kapitalismus, und den höchsten Idealen ihrer Sittlichkeit" (*WuG* 712). Die zwei moralischen Hauptforderungen des Katholizismus, das Wucherverbot und das Gebot, den „gerechten Preis" zu verlagen und zu geben, bringen genau diesen Widerstand ethischer Religionen der Brüderlichkeit gegenüber der formal rationalen Rechenhaftigkeit des Marktes zum Ausdruck. Für Weber ist besonders die Ablehnung von Wucher ein Beleg für den entschiedenen Gegensatz zwischen Erlösungsreligionen und der Sphäre wirtschaftlicher Unternehmungen und rationalen Profitstrebens (*WuG* 352; *Abriß* 305; Nelson 1949).

65   Verwandtschaftsverbände taten dies häufig durch die Vererbung von Eigentum. Der Widerstand des chinesischen Haushalts gegen die Autonomie des Marktes liefert eines von Webers empirischen Hauptbeispielen (vgl. *WuG* 227 f.). Die formale Rationalität des Marktes kann auch dadurch beschränkt werden, daß die Führung einer Firma in den Händen der Mitglieder ihrer Gründerfamilie bleibt statt in die jener Individuen übergeben zu werden, die unter dem Gesichtspunkt der Rentabilität eines Unternehmens technisch am besten qualifiziert sind (*WuG* 79).

66   Eine ständische Schichtung durchzieht beispielsweise die Gemeinschaften der Antike und des Mittelalters in einem solchen Maß, daß „von wirklich freier Marktkonkurrenz im heutigen Sinn [...] keine Rede" sein konnte (*WuG* 538; vgl. auch 44). Eine solche Schichtung schloß oft bestimmte Personen von der Teilnahme am Handel aus, wie zum Beispiel Adlige und Bauern sowie manchmal sogar Handwerker.

tät des Marktes nimmt in dem Maß ab, in dem ein nicht am Markt orientiertes Handeln das wirtschaftliche Handeln in bedeutsamer Weise beeinflußt.

Webers Entwicklungsmodell geht davon aus, daß die formale Rationalität des Marktes in alle diese „markt-irrationalen" Kräfte eindringt und sie schwächt, besonders Magie und Religion, traditionale und charismatische Formen der Herrschaft, universelle Gemeinschaften und Stände.[67] In diesem Konstrukt tragen formale Rationalisierungsprozesse die „nicht-ethischen" Tauschbeziehungen in Verbände und Gruppen hinein, die zuvor von Brüderlichkeitsethiken bestimmt wurden, wodurch sie die Schranken zwischen Innen- und Außenethiken aufheben und in diesen Gruppen geschäftliche „Rechenhaftigkeit" einführen (*Abriß* 269, 303 f.). Dieser analytische Weg ist gekennzeichnet durch ein Zerbrechen und eine Umwandlung der wirtschaftlich irrationalen materialen Rationalitäten, die Hindernisse für den freien Tausch darstellten, und ihre Ersetzung durch die „materialen Bedingungen", die es der Marktfreiheit und der formalen Rationalität erlauben, sich auszubreiten und ihren größten Einfluß zu erlangen (vgl. Kalberg 1987a: 122-129).[68]

Mit der unbeschränkten Ausbreitung eines am freien Markt orientierten regelmäßigen Handelns im modernen Kapitalismus tritt die wichtigste materiale Bedingung für den Sieg der formalen Rationalität über alle wirtschaftlich irrationalen materialen Rationalitäten auf.[69] Überdies folgt der Markt, da er vom unpersönlichen „Geist der Rechenhaftigkeit" anstelle der Brüderlich-

---

67 *Empirisch* gesehen muß natürlich eine Vielzahl zusätzlicher kausaler Handlungsorientierungen zusammenkommen. Das hier rekonstruierte Entwicklungsmodell wird wiederum nur von formalen Rationalisierungsprozessen vorangetrieben.

68 Die moderne Bourgeoisie, die in striktem Gegensatz zu allen marktirrationalen materialen Rationalitäten stand und klare Interessen an der Ausdehnung der formalen Rationalität sowie an der ungehinderten Produktion und Vermarktung von Gütern hatte, erwies sich in diesem Prozeß als unverzichtbarer empirischer Träger. Ihr Aufstieg wurde indes durch die Vollendung des *Übergangs* von der „traditionalen" zur „rationalen" Wirtschaftsethik außerordentlich befördert (vgl. *PE* 30-48, 87-128). Die sozialen Träger der rationalen Wirtschaftsethik – die asketischen protestantischen Kirchen und Sekten – wurden, Weber zufolge, nicht von einem zweckrationalem Handeln angetrieben, das zu schwach war, um die traditionale Wirtschaftsethik zu erschüttern, sondern von religiösen *Werten* (vgl. Kapitel 2, S. 95 f.).

69 Die materialen Bedingungen, welche die formal rationale Kapitalrechnung maximieren, schließen das Vorhandensein „völliger Berechenbarkeit der technischen Beschaffungsbedingungen (mechanisch rationale Technik)" ein (*WuG* 94; vgl. auch 58 f., 43; *Abriß* 239 f.). Dieser Typus des Kapitalismus beinhaltet freie Arbeit und ihre rationale Organisation sowie einen systematischen Bezug zu Gewinnstreben und Kapitalrechnung (*WuG* 70-72; Kalberg 1987a: 119-127).

keitsethik durchdrungen ist, nun seinen „eigenen Gesetzen". Diejenigen Typen wirtschaftlich orientierten sozialen Handelns, die nur zu einem geringen Maß an Rechenhaftigkeit fähig sind – das traditionale, wertrationale und affektuelle Handeln – werden nach Webers Modell dem zweckrationalen Handeln untergeordnet. Die Marktfreiheit kann sich nun, ebenso wie das Feilschen und Schachern, ungehindert ausbreiten. Ungehemmt von persönlichen Beziehungen und immun gegen alle ethischen Ansprüche fungiert die formale Rationalität des rationalen Kapitalismus nach diesem Modell nun ausschließlich gemäß den Gesetzen des Marktes. Losgelöst von marktirrationalen Beschränkungen wird die wirtschaftliche Tätigkeit ausschließlich zu einer Frage zunehmend verfeinerter Rechenhaftigkeit.

Gemäß Webers prozessualem Konstrukt vollzieht sich diese Entwicklung, indem sich ein am freien Markt – oder, genauer gesagt, am unpersönlichen, von allen Beschränkungen „freien" und für alle Formen von Wettbewerb offenen Markt – orientiertes regelmäßiges Handeln ausbreitet. Einmal in Gang gesetzt, unterzieht die Rechenhaftigkeit immer größere Bereiche der kapitalistischen Wirtschaft einer formalen Rationalisierung. Innerhalb der Bereiche des universellen Tauschs und versachlichter Vergesellschaftungen werden Entscheidungen nach den Regeln kaufmännischer Buchführung und effizienter Verwaltung und nicht „nach Ansehen der Person" getroffen: „Wo der Markt seiner Eigengesetzlichkeit überlassen ist, kennt er nur Ansehen der Sache, kein Ansehen der Person, keine Brüderlichkeits- und Pietätspflichten, keine der urwüchsigen, von den persönlichen Gemeinschaften getragenen menschlichen Beziehungen" (*WuG* 383). Webers Entwicklungsmodell zufolge verbieten die „Gesetze des Marktes" in der Welt der rationalisierten Wirtschaft des modernen Kapitalismus darüber hinaus streng ein nicht marktorientieres Handeln, da die Strafe für ein Zuwiderhandeln gegen formal rationalisierte Verfahren fatal ist: Ruin und Untergang (*WuG* 709).[70]

Dieses Modell geht somit von einem Entwicklungsverlauf regelmäßigen Handelns aus, der durch bestimmte Stufen gekennzeichnet ist. Es wird ein

---

70 Selbst sozialistische Ideologien können in Webers Sicht langfristig die Vorherrschaft einer zweckrationalen Orientierung an Interessenlagen in der Sphäre der Wirtschaft nicht abschaffen. Dies gilt trotz ihrer Verfügung über gewisse ideelle Motive (vgl. *WuG* 60, 119 f.). Weber zufolge finden wertrationale Motivationen für wirtschaftliches Handeln ihren Ursprung zumeist in religiösen Quellen oder sind bedingt durch die „hohe soziale Wertung der betreffenden spezifischen Arbeit als solcher" (*WuG* 87, 119). Vom Standpunkt langfristigen sozialen Wandels aus gesehen sind alle anderen wertbezogenen Antriebe zu wirtschaftlicher Tätigkeit „Übergangserscheinungen" (*WuG* 87; vgl. auch 35, 60; Kalberg 1992).

theoretischer Bezugsrahmen formuliert, der den begrifflichen Zugriff auf das empirische regelmäßige Handeln unterstützt; dadurch wird die fallbezogene, eingehende Untersuchung formaler Rationalisierungsprozesse auf dem Markt ermöglicht. Auf jeder Stufe werden empirisch überprüfbare Hypothesen über kausale Handlungsorientierungen formuliert.

Anders als das Marktmodell, das als seinen empirischen Ausgangspunkt Entwicklungen nimmt, die möglicherweise in der gesamten Spanne der geschriebenen Geschichte auftreten, bezieht sich das folgende prozessuale Konstrukt – die Entwicklung des Staates – auf eine begrenzte Periode als empirische Basis: die Neuzeit. Dieses Modell umreißt Rationalisierungsprozesse, die für die Entwicklung des Staates typische sind. Wiederum wird ein theoretischer Bezugsrahmen geschaffen, und auf jeder Stufe werden kausale Hypothesen über die Verläufe regelmäßigen Handelns formuliert.

Der *Staat* monopolisiert durch seine Kontrolle über ein ausgearbeitetes Verwaltungssystem, das von spezialisierten Amtsträgern in Betrieb gehalten wird und das durch abstrakte Regeln, Verfahren und Gesetze gekennzeichnet ist, in einem bestimmten Gebiet erfolgreich die Anwendung physischer Gewalt (*WuG* 30; *PolB* 510 f.). Diese Gewalt kann legitim angewendet werden, wenn sie geltenden Gesetzen folgt. Der Staat beansprucht als „Zwangsanstalt" die Herrschaft innerhalb eines bestimmten Territoriums.

Alle universellen Gemeinschaften und traditionalen Formen der Herrschaft waren zu bestimmten Zeiten – ebenso wie der Staat – „politische Verbände"; gleiches gilt für einige veralltäglichte Formen charismatischer Herrschaft, wie das Gentilcharisma (vgl. *WuG* 145, 671 f.), sowie für Zünfte und religiöse Verbände. Natürlich blieb die politische Macht in einigen Kulturen länger als in anderen in der Verwandtschaftsgruppe verwurzelt und *ad hoc* in ihrem Charakter. Weber führt als Beispiel die Araber an (*WuG* 519). Er sieht den neuzeitlichen Staat als das historische Ergebnis der Machtkämpfe zwischen Patrimonialismus und Feudalismus und als eine einmalige Errungenschaft des Okzidents (vgl. *WuG* 516-519, bes. 516 f.; *Vorb* 3 f., 11; *Abriß* 289 f.). Webers Entwicklungsmodell folgt der analytischen Richtung, die das „politische Handeln" von universellen Gemeinschaften hin zur formalen Rationalität des neuzeitlichen Staates eingeschlagen hat (vgl. allgemein *WuG* 516-519).

Die Übernahme der Macht der plündernden Krieger, der Feudalherren und der patrimonialen Monarchen ebenso wie der Macht aller anderen autonomen privaten Träger des Finanzwesens, der organisierten Kriegsführung und der Rechtssetzung durch den Staat bilden die Stufen dieses Prozeßmodells. In ähnlicher Weise wird die Verfügungsmacht des Haushalts, der Sippe oder der Nachtbarschaft über Gewaltmittel durch den Staat eingeschränkt: Fehden und Blutrache werden dem Schiedsspruch von Richtern unterworfen, die in Übereinstimmung mit geltenden Verfahrensregeln Urteile fällen und Strafen verhängen. Sobald dies geschieht, erlangen Verbände, Klassen und Stände nur in dem Umfang Einfluß, Macht und die Möglichkeit zur Anwendung physischer Gewalt, wie dies der Staat zuläßt. Selbst privaten Verbänden sowie sozialen, politischen oder Berufsvereinigungen wird häufig das Recht zur vollständigen Bestimmung über ihre inneren Angelegenheiten verwehrt, wie beispielsweise zur Bestrafung aufsässiger Mitglieder.[71] Polizisten handeln nach Gesetzen und Vorschriften.[72] Die Stärkung des staatlichen Zwangsapparates geht nach Webers Entwicklungsmodell einher mit einer gleichzeitigen Ausweitung seines „Rechtsbereichs" und seiner „Verfolgung immer weiterer Verletzungen von Person und Besitz" (*WuG* 186, 518 f.). Die Grundlage dieses Modells bilden die Zunahme formaler Rationalität und formale Rationalisierungsprozesse.

Formale Rationalität bedeutet im Fall des Staates ein soziales Handeln, das kontinuierlich und nicht *ad hoc* ist und sich an unpersönlichen und allgemeinen Gesetzen und Vorschriften statt an Traditionen oder an Personen orientiert. Wie unter der bürokratischen Form rational-legaler Herrschaft, die vom Staat infolge ihrer formalen Rationalität übernommen wird, setzt sich die Orientierung des Handelns an allgemeinen Regeln und an vorschriftsmäßigen Zuständigkeiten gegenüber affektuellem Handeln durch. Außerdem ist die Ausübung von Gewalt nicht länger das privilegierte Reich eines bestimmten Herrschers; sie findet vielmehr innerhalb einer „Zwangsanstalt" statt, in der abstrakte Gesetze in Form von schriftlichen Dokumenten erlassen und universell angewandt werden. Die Ausübung von Herrschaft verwandelt sich nach und nach in eine „Rechtsschutzanstalt".[73]

---

71 Beispielsweise besaßen die Gerichte in den Vereinigten Staaten selbst zur Zeit Webers die Macht, politische Parteien und den Gebrauch von gewerkschaftlichen Kennzeichen („union labels") zu reglementieren.

72 Weber schreibt: „Es führt ein stetiger Weg von der bloß sakralen oder bloß schiedsrichterlichen Beeinflussung der Blutfehde, welche die Rechts- und Sicherheitsgarantie für den Einzelnen gänzlich auf die Eideshilfe- und Rachepflicht seiner Sippegenossen legt, zu der heutigen Stellung des Polizisten als des ‚Stellvertreters Gottes auf Erden'" (*WuG* 561; vgl. auch 186, 226).

73 Der moderne Staat ist seinem Wesen nach: „eine anstaltsmäßige Vergesellschaftung der, nach bestimmten Regeln ausgelesenen, Träger bestimmter, ebenfalls durch all-

Die vorherrschende Orientierung des Handelns der Staatsbeamten an der Befolgung abstrakter Gesetze und Verfahren statt an Personen und Traditionen liefert in Webers Modell die grundlegende Voraussetzung, die es diesem Verband ermöglicht, einen gesonderten analytischen Weg einzuschlagen, der durch steigende formale Rationalität gekennzeichnet ist. Indem sich das regelmäßige Handeln am Staat orientiert, wendet es sich sowohl von traditionalen Herrschaftsformen als auch von den universellen Gemeinschaften ab, die alle gesonderte materiale Rationalitäten sowie ein starkes persönliches Element in sich schließen. Der Staat erhebt den Grundsatz des „ohne Ansehen der Person" zu unbedingter Gültigkeit, und der *homo politicus*, sofern er vollständig in die Apparate des Staates integriert ist, sowie der Beamte erledigen die Angelegenheiten gemäß den rationalen Regeln des Staates und in einer sachlichen Art und Weise (vgl. *Abriß* 289 f.; *WuG* 29 f., 360-362). Diese „sachlichen" Verfahren stützen außerdem die modernen Vorstellungen von Gerechtigkeit, die im Gegenzug die formale Rationalität des Staates stärken. (*WuG* 361).

Alle Aufgaben des durch „Verunpersönlichung" gekennzeichneten und bürokratischen neuzeitlichen Staates, einschließlich der Rechtspflege, werden von der „sachlichen Pragmatik der Staatsräson" geleitet (*Zwi* 547). Genau diese innere Problematik bildet den Kern der formalen Rationalität, die, diesem Entwicklungsmodell zufolge, die Entfaltung des Rechtsstaates begründet und vorantreibt: „Die Staatsräson folgt dabei, nach außen wie nach innen, ihren Eigengesetzlichkeiten" (*Zwi* 547). In demselben Ausmaß, in dem unpersönliche Überlegungen überwiegen, erweisen sich ethische Vorbehalte gegen die „Staatsräson" als ebenso unwirksam, wie sie dies gegenüber der für Markttransaktionen typischen reinen Nutzenkalkulation sind (*Zwi* 547; *PolB* 549-559). Überall, wo logisch formales Recht und bürokratische Herrschaft entstehen, um den Staat zu stützen, und der Staat dies erwidert, indem er den Anspruch erhebt, die einzige Quelle „legitimen" Rechts zu sein, wird, nach Webers Konstrukt, die Autonomie der formalen Rationalisierungsprozesse des Staates gestärkt. Dies geschieht schlicht dadurch, daß sich geschulte Juristen und ein spezialisiertes Berufsbeamtentum an gesetzlichen Vorschriften orientieren und ihre sachliche Verwaltung den unpersönlichen und universalistischen Charakter des Staates verstärkt. Durch diesen Prozeß wird er

---

gemeine Regeln der Gewaltenteilung nach außen gegeneinander abgegrenzten imperia, welche zugleich auch sämtlich durch gesatzte Gewaltenbegrenzung innere Schranken der Legitimität ihrer Befehlsgewalt haben" (*WuG* 393 f.).

noch stärker formal rational, berechnend und entfremdet gegenüber einer Bruderschaftsethik. Webers Entwicklungsmodell formuliert:

> [Der] bürokratische Staatsapparat [...] ist daher kraft ihrer [d. h. der sei- ner Geschäfte] Verunpersönlichung einer materialen Ethisierung, so sehr der Anschein für das Gegenteil besteht, in wichtigen Punkten weniger zugänglich als die patriarchalen Ordnungen der Vergangenheit, welche auf persönlichen Pietätspflichten und konkreter persönlicher Würdigung des Einzelfalles gerade unter „Ansehung der Person" beruhten. Denn der gesamte Gang der innerpolitischen Funktionen des Staatsapparates in Rechtspflege und Verwaltung reguliert sich trotz aller „Sozialpolitik" letzten Endes unvermeidlich stets wieder an der sachlichen Pragmatik der Staatsräson. (*Zwi* 546 f.; vgl. auch *Zwi* 548)

In diesem prozessualen Konstrukt ist Weber ziemlich genau hinsichtlich der Art und Weise, in der beispielsweise die bürokratische Form der Verwaltung, wenn sie sich mit dem neuzeitlichen Staat verbündet, die formale Rationali-sierung des Staates *vorwärtstreibt*. Seinem Idealtypus zufolge haben die Beamten in Bürokratien ein lebhaftes Interesse an Stabilität, dem Erhalt ihrer eigenen Position und der Aufrechterhaltung der Legitimität der bürokrati-schen Herrschaft. Diese Schicht ist jedoch nicht einfach durch Interessen, eine bürokratische „Ethik" oder das Streben nach Machterhaltung gekenn-zeichnet; vielmehr löst sie einen eigengesetzlichen Entwicklungsprozeß aus. Anders als die traditionalen oder charismatischen Herrschaftsformen, führt die Bürokratie mit der formalen Rationalisierung eine treibende Kraft ein. Nicht persönliches Ermessen und persönliche Gesinnung leiten eine Verwal-tung; vielmehr sind die Unterordnung des Einzelfalls unter Gesetze und die Abwägung von Mitteln und Zwecken bestimmend. In Webers Modell bringt die bürokratische Herrschaft eine „formalistische Unpersönlichkeit" (*WuG* 129) mit sich, und den Ausschlag gibt eine technische und „rationale Abwä-gung ‚sachlicher' Zwecke"; somit werden alle Schranken, die von materialen Rationalitäten, individuellen Umständen und einer „persönlich motivierten Gunst" errichtet wurden, zerschlagen (*WuG* 565). Auf diese Weise erlangt die Bürokratie einen deutlich eigenständigen Entwicklungsschub, der seinen Ursprung nicht einfach in „äußeren" Quellen wie Demokratisierungsbewe-gungen (*WuG* 565, 568, 572) und dem Vorrücken des Kapitalismus (*WuG* 129) hat, sondern in den formalen Rationalisierungsprozessen, die von den geschulten Leitern und Beamten der Bürokratie getragen werden. Die Machtinteressen dieser Schicht neigen lediglich dazu, die formalen Rationalisierungsprozesse zu beschleunigen (*WuG* 129).[74]

Webers Entwicklungskonstrukt zufolge erlangen solche Prozesse, ebenso wie die des freien Marktes, schlicht aufgrund ihres überwiegend unpersönlichen Charakters eine „Autonomie". Maßgeblich ist nicht eine Orientierung des regelmäßigen Handelns an Personen, Werten oder Traditionen, sondern an allgemeinen Regeln und Vorschriften; es setzt sich eine „Regelgebundenheit" und „kühle Sachlichkeit" durch. Es herrscht eine Entscheidungsfindung „sine ira et studio" und im Sinne der geeignetsten Mittel zur dauerhaften Befolgung dieser Regeln und Vorschriften.

Diese zwei auf formalen Rationalisierungsprozessen beruhenden Modelle haben die analytische Entfaltung regelmäßiger Handlungsorientierungen am freien Markt und am Staat umrissen. Obwohl sie aufgrund empirischer Studien formuliert wurden, müssen beide idealtypischen Entwicklungskonstrukte als Lieferanten eines *theoretischen Bezugsrahmens* verstanden werden, der sowohl die klare begriffliche Erfassung diffuser empirischer Entwicklungen als auch die Identifikation relevanter kausaler Handlungsorientierungen und ihre empirische Untersuchung unterstützt. Somit belegen diese Entwicklungsmodelle wiederum die zentrale Bedeutung der Verfahren zur Modellbildung und Hypothesenfindung in Webers historisch-vergleichender Soziologie. Sie unterscheiden seine empirische Soziologie deutlich von der Problemorientierung sowohl des kausalanalytischen als auch des interpretativen historischen Ansatzes. Und sie stehen ebenso in Gegensatz zur vorformulierten Theorie der Weltsystem-Schule.

In *WuG* treten noch weitere in Rationalisierungsprozessen verankerte Entwicklungsmodelle hervor. Die analytischen Bahnen, die sie skizzieren, werden jedoch von anderen kausalen Kräften vorangetrieben. Sie verdanken sich einem „rationalen Bedürfnis" von Intellektuellen.

---

74 Für Weber bleibt es wiederum eine *empirische* Frage, ob sich der formale Rationalisierungsschub dieses Modells als stärker erweist als die entgegengesetzten wirtschaftlichen, politischen, ethischen und sonstigen Handlungsorientierungen. Ebenso sollte hervorgehoben werden, daß Weber nicht allein im Bereich der Herrschaft nach den *Ursprüngen* der Bürokratie sucht; er versteht diese Ursprünge vielmehr als durchaus multikausal (vgl. z. B. *WuG* 129, 560-563). In dieser Hinsicht gibt er keinen Hinweis auf irgendeinen eigengesetzlichen Prozeß.

Entwicklungsmodelle theoretischer Rationalisierung: Religion

Für Weber hat „das Rationale im Sinne der logischen oder teleologischen ‚Konsequenz' einer intellektuell-theoretischen [...] Stellungnahme [...] nun einmal (und hatte von jeher) Gewalt über die Menschen, so begrenzt und labil diese Macht auch gegenüber anderen Mächten des historischen Lebens überall war und ist" (*Zwi* 537). Seiner Meinung nach begründet die „Eigengesetzlichkeit" des Intellekts (*Zwi* 566) besonders in der Sphäre der Religion einen Entwicklungsverlauf des Handelns und treibt ihn voran.[75] In diesem Entwicklungsmodell theoretischer Rationalisierung werden durchgängig Hypothesen über die Bahnen des regelmäßigen Handelns formuliert.

Ein „inneres intellektuelles Bedürfnis" nach Symmetrie und innerer Kohärenz wurde unter den Trägern sowohl von „primitiven" als auch von Erlösungsreligionen erkennbar.[76] Wie sehr die allgemeine Neigung religiöser Denker, sich mit den Gründen für das Erdulden von Leid zu befassen, durch natürliches Unheil, materielle Bedürfnisse oder inneren psychologischen Druck verstärkt worden sein mag, so ist sie, nach Webers Prozeßkonstrukt, doch nicht aus diesen Faktoren entsprungen. Auch die „soziale Lage der negativ Privilegierten" und der „Rationalismus des Bürgertums" (*WuG* 304) sind nicht allein für ihr Entstehen verantwortlich (vgl. *Einl* 248; *WuG* 300-303). Sie hat ihren Ursprung vielmehr in dem idealtypischen inneren Zwang *von Intellektuellen*, den bloßen gegebenen Gang der Dinge zu überschreiten und den zufälligen Geschehnissen des Alltags Bedeutung und einen erschöpfenden „Sinn" zu verleihen. Diese Neigung drückte nach Weber „metaphysische Bedürfnisse des Geistes" aus, welcher „über ethische und religiöse Fragen zu grübeln nicht durch materielle Not gedrängt wird, sondern durch die eigene innere Nötigung, die Welt als einen *sinnvollen* Kosmos [zu] erfassen". Dieser „Intellektualismus" kennzeichnete die religiösen Denker (*WuG* 304).[77] Für Weber stand die Sphäre der Religion allgemein in einer „intimen Beziehung" zum „rationalen Intellektualismus".

---

75 Theoretische Rationalisierungsprozesse kennzeichnen auch die Entwicklung des Rechts (vgl. z. B. *WuG* 396, 491-493) und der westlichen Wissenschaft. Platzgründe untersagen eine Rekonstruktion des ersteren Modells, und Webers Texte sind einfach zu unvollständig, um ein Entwicklungsmodell hinsichtlich der Wissenschaft zu ergeben. Vgl. unten Anm. 83 und Tenbruck 1974; Kalberg 1981: 14 f.

76 Die Rekonstruktion dieses Modells beruht auch auf Webers wichtigsten analytischen Schriften zur Religion: neben dem Kapitel 6 von *WuG* sind dies *Einl* und *Zwi*.

77 Zu den „ideellen Interessen" von Intellektuellen hinsichtlich der Religion vgl. auch *WuG* 304-314; *Einl* 251 f.

> Gerade die der Absicht nach rationalen, von Intellektuellen geschaffenen, religiösen Weltdeutungen und Ethiken aber waren dem Gebot der Konsequenz stark ausgesetzt. So wenig sie sich auch im Einzelfalle der Forderung der „Widerspruchslosigkeit" fügten und so sehr sie rational *nicht* ableitbare Stellungnahmen in ihre ethischen Postulate einfügen mochten, so ist doch die Wirkung der ratio, speziell: der teleologischen Ableitung der praktischen Postulate, bei ihnen allen irgendwie und oft sehr stark bemerkbar. (*Zwi* 537)

Auf Grundlage dieser empirischen Beobachtungen formuliert Weber sogar für die frühesten Stadien der Religionsgeschichte Entwicklungsmodelle, die auf theoretischen Rationalisierungsprozessen beruhen. Die kognitiven Bedürfnisse religiöser Denker werden auch in diesen Modellen deutlich. Die Rationalisierung der Vorstellungen von metaphysischen Wesen in „primitiven" Religionen durch Zauberer und Priester führte immer wieder zur Aufgabe einer bestimmten Erklärung des Leidens und zur Geburt einer anderen – und nicht zu einem erhofften Ausweg aus dem Übel. Beispielsweise führte die Einführung der Magie, die ursprünglich als ein Mittel zur Beeinflussung der Geister und damit als ein Mittel zur Linderung der Not verstanden wurde, nachdem das Leiden anhielt zu der Erkenntnis, daß die übersinnlichen Wesen nicht mächtig genug waren, um den Frühmenschen vor dem Übel zu bewahren. Dieses Eingeständnis schwächte nicht nur die Orientierung des Handelns an Zeremonien zur Ausübung von Magie, sondern veranlaßte religiöse Denker zu dem Schluß, daß sie die Natur der übersinnlichen Mächte mißverstanden hatten (*WuG* 250-257). Webers prozessualem Konstrukt zufolge wurde nunmehr geglaubt, daß Gottheiten, die erheblich stärker als Geister und radikal abgesondert von den Erdbewohnern waren, die übernatürliche Sphäre bewohnten. Dementsprechend kam ein theozentrischer Dualismus zum Vorschein.[78] Da diese mächtigen Götter als funktional spezialisierte Wesen erschienen, die in der Lage waren, vor allem Übel zu schützen, andererseits

---

78 Leider bietet Weber nirgends eine detaillierte Analyse der Rolle der rationalen Spekulation in der Entwicklung vom Monismus zum theozentrischen Dualismus. In den Abschnitten, in dem diese Transformation diskutiert wird (*WuG* 250-257; *Einl* 241-244), werden jedoch theoretische Rationalisierungsprozesse deutlich. Beispielsweise schreibt er: „jede konsequente Pantheonbildung folgt in irgendeinem Maße auch systematisch-rationalen Prinzipien, weil sie stets mit unter dem Einfluß entweder eines berufsmäßigen Priesterrationalismus oder des rationalen Ordnungsstrebens weltlicher Menschen steht" (*WuG* 256). Eingehender behandelt er die *organisatorischen* Wandlungen (vgl. *WuG* 250-256).

dies jedoch nicht taten, fanden sich Priester und Zauberer in einer verzwickten Lage. Ihr abstraktes Denken brachte sie zu dem Schluß, daß diese Götter egoistische Wesen seien und daß ihr Zorn nur durch Bitten und Flehen besänftigt werden könne (*WuG* 264, 258). Die Handlungsorientierungen der Frommen änderten sich dementsprechend hin zum Ritual und zu einer Vielzahl von Gottesdienstformen.

Auch für das Aufkommen ethischer Gottheiten stellten sich, Webers Entwicklungsmodell zufolge, auf religiöse Fragen bezogene theoretische Rationalisierungsprozesse als zentral heraus. Die Ansicht, die metaphysische Ebene werde von Gottheiten bewohnt, die viel stärker als Geister waren, brachte eine andere unvorhergesehene Folge hervor: Statt den Stammesmenschen vor Not zu beschützen, schienen diese mächtigen Götter, indem sie anhaltenden Kummer zuließen, die größten Mühen der Priester und Laien, ihre egoistischen Wünsche durch Bitten zu besänftigen, abzuweisen. Wenn die Götter nun machtvoll genug waren, um alles Übel abzuwenden, dies jedoch nicht taten, war daraus zu schließen, daß die Fortdauer des Leidens den Gottheiten selbst zugeschrieben werden mußte. Ihr Charakter war mißverstanden worden, und die Götter wurden ebenso wie die Geister gefürchtet. Als sich die von der Priesterschaft praktizierten rituellen Techniken des Gottesdienstes als untauglich herausstellten, einen Ausweg aus dem Leiden zu bieten, formulierten die religiösen Denker wiederum mittels theoretischer Rationalisierungsprozesse eine neue Sicht des Übernatürlichen: Webers Konstrukt zufolge, wurde die Fortdauer des Leidens bald nicht mehr als Beweis der Schwäche eines bestimmten Geistes oder Gottes oder als mangelnde Befriedigung des egoistischen Verlangens einer Gottheit durch Gebete und durch Gottesdienst aufgefaßt; vielmehr zeugte sie von einer Verletzung göttlich eingesetzter Normen unter der Vormundschaft eines *ethischen* Gottes und von seinem sich daraus ergebenden „ethischen Mißfallen" (*WuG* 267, 703 f.).[79] Desgleichen richtet Weber in seiner Analyse des Aufkommens universeller Götter die Aufmerksamkeit auf die von Priestern und Propheten durchgeführten theoretischen Rationalisierungsprozesse. Für ihn gilt allgemein: „die ‚ratio' fordert den Primat der universellen Götter" (*WuG* 256 f.).

---

79 Die verschiedenen Entwicklungen im sozialen Gewebe, die ebenfalls zur Entwicklung der Vorstellung von Göttern als ethischen Wesen beigetragen haben und die gleichzeitig mit diesen theoretischen Rationalisierungsprozessen und rein religiösen Erwägungen auftraten, können in diesem Modell natürlich nicht berücksichtigt werden (vgl. *WuG* 263, 703 f.; Kalberg 2000a).

In Webers Entwicklungsmodell verzeichnet die Geschichte der Suche – mittels theoretischer Rationalisierungsprozesse – nach einem Ende des Leidens und nach einem befriedigenden Verhältnis zum Reich des Übernatürlichen wiederholt solche Umschwünge und Ironien. Das Erreichen einer jeden „Lösung" für die unerklärten „inneren und äußeren" Übel brachte unerwartete Folgen hervor, die wiederum weitere verstandesmäßige Formulierungen der Gründe für das fortdauernde Übel hervorriefen. Die hohen Erwartungen, die mit jeder neuen Erklärung verbunden waren, wurden unvermeidlich enttäuscht, doch die dauernde Änderung der Perspektive, aus der die religiösen Denker mit dem Verstand versuchten, das Rätsel des Elends als solches zu lösen, lieferte stets eine weitere „Lösung". Webers Entwicklungskonstrukt, das auf jeder Stufe Hypothesen über regelmäßige Handlungsorientierungen formuliert, fängt diesen Prozeß ein.

Er folgt unmittelbar aus seinen anthropologischen Annahmen: Als rational handelnde Wesen suchen Menschen nach Erlösung von innerem und äußerem Leid. In „primitiven" Religionen tun sie dies, indem sie von religiösen Denkern Erklärungen für ihre Not fordern. Diese Virtuosen formen wiederholt sowohl die vorherrschende Vorstellung der metaphysischen Sphäre als auch die angemessenen Handlungsorientierungen für einen Umgang mit ihr um. Doch da das Elend fortdauert und jede Erklärung dazu bestimmt ist, unbefriedigend zu sein, entsteht stets eine neue „Antwort", um das Problem des Leidens zu erklären – und ebenso ein neues angemessenes Handeln. Solche auf die Religion gerichteten theoretischen Rationalisierungsprozesse kehren wieder bis eine rational konsistente Erklärung für das anhaltende Auftreten von Not und Ungerechtigkeit entsteht.

Auf der Stufe der ethischen Erlösungsreligionen wurden theoretische Rationalisierungsprozesse sogar noch deutlicher. Diese Religionen bieten eine „letzte Stellungnahme zur Welt kraft unmittelbaren Erfassens ihres ‚Sinnes'"(*Zwi* 566) und gehen somit nach dem vorliegenden Modell aus dem typischen Bestreben von Intellektuellen hervor, die Gegebenheiten des Lebens zu systematisieren und zu rationalisieren mit dem Ziel einer Befreiung von zufälligem Elend und Leid (*Zwi* 540 f., 555, 567; *Einl* 252 f.).[80] Mit dem

---

80 Weber betont erneut, genau wie bei den vorangegangenen Rationalisierungsprozessen, daß diese Entwicklung nicht als eine Folge von wirtschaftlichen Veränderungen angesehen werden kann: „Die ‚Verinnerlichungen' und Rationalisierungen des Religiösen, d. h. insbesondere die Hineinlegung ethischer Maßstäbe und Gebote, die Verklärung der Götter zu ethischen Mächten, welche das ‚Gute' wollen und belohnen und das ‚Böse' strafen, daher auch selbst sittlichen Forderungen gerecht werden müssen, die

Auftreten ethischer Erlösungsreligionen rationalisieren Priester, Mönche und Theologen die in der Weltsicht der Propheten enthaltenen Werte zu innerlich widerspruchsfreien Weltbildern, von denen jedes umfassende Erklärungen für ein Problem bieten, das immer wieder die treibende Kraft hinter diesen theoretischen Rationalisierungsprozessen liefert: das Problem der Theodizee. Diese vereinheitlichten Sichtweisen des Kosmos und des Platzes des Menschen darin geben vor, erschöpfende Erklärungen für Leiden und Ungerechtigkeit zu bieten. Demgemäß ordnen und systematisieren religiöse Denker die religiösen Werte der Weltbilder in der Hoffnung, einzelne Handlungsmuster herleiten zu können, die das Elend lindern und den Gläubigen einen Stand der Gnade sichern werden (*Einl* 252 f.; *WuG* 349 f.).

Egal wie fein diese abgestimmt werden, bleibt das unverdiente Leiden jedoch bestehen. Das hartnäckige Fortdauern von Elend und Chaos nimmt nun jedoch, angesichts des Nebeneinanders einer „göttlichen" und vereinheitlichten Welt mit dem „metaphysischen Bedürfnis" nach ethischer Erlösung der religiös orientierten Intellektuellen, eine qualitativ andere Bedeutung an: Das „spezifisch intellektualistische Erlösungsbedürfnis" rationalisiert, Webers Entwicklungsmodell zufolge, nicht nur die unzusammenhängenden Lehren des Propheten, sondern versucht auch tatkräftig, die Beziehung zwischen den Gläubigen und Gott weiter zu vereinheitlichen und zu rationalisieren. Wie unterschiedlich der jeweilige Intellektualismus von Priestern, Mönchen und Theologen in seinem Einfluß auf bestimmte Erlösungsreligionen auch war, in jedem Fall rationalisiert nun eine bestimmte Schicht als Antwort auf das unerbittliche Andauern von Leiden und Mißgeschick immer wieder die Beziehungen der Gläubigen zu transzendenten Wesen und definiert bestimmte Handlungen als geeignet, sich der Erlösung zu versichern. Diese Aufgabe bildet für Weber den „Kern" der rationalen Schubkraft des religiösen Denkens (*Einl* 253; *WuG* 305 f.; *Zwi* 537). In diesem Modell religiöser Rationalisierung geschieht dies besonders hinsichtlich religiöser Werte: „Dies waren, gewiß nicht immer und noch weit weniger ausschließlich, aber allerdings, soweit eine *ethische* Rationalisierung eintrat und soweit ihr Einfluß reichte, in aller Regel *auch*, und oft ganz entscheidend, *religiös* be-

---

Entwicklung vollends des Gefühls der ‚Sünde' und der Sehnsucht nach ‚Erlösung', ist daher sehr regelmäßig erst mit einer gewissen Entwicklung gewerblicher Arbeit, meist direkt mit derjenigen der Städte, parallel gegangen. Nicht im Sinne einer irgendwie eindeutigen Abhängigkeit: die Rationalisierung des Religiösen hat durchaus ihre Eigengesetzlichkeit, auf welche ökonomische Bedingungen nur als ‚Entwicklungswege' wirken" (*WuG* 703 f.; vgl. auch 349).

dingte Wertungen und Stellungnahmen" (*Einl* 259; vgl. auch *Einl* 270; *KT* 536).

Das anhaltende Streben des Intellektualismus nach einer rationalen Lösung des Problems des Leidens in Form theoretischer Rationalisierungsprozesse[81] ist die tragende und antreibende Kraft in Webers Modell des „religiösen Rationalismus". Diesem Entwicklungskonstrukt zufolge führte die „Struktur" der Theodizee als „rationales Element" (*Zwi* 571) zu einer Entwertung weltlicher Bestrebungen und daraufhin zur Formulierung jenseitiger Erlösungsreligionen. Die religiösen Lehren und Grundsätze dieser Religionen verlangen das Verwerfen des irdischen Lebens und eine Orientierung des Handelns an innerlichen heiligen Werten. Ein solches Handeln steht in striktestem Gegensatz zu Magie und Ritual, die beide einen fragmentarischen und stereotypen Charakter besitzen (*WuG* 349 f.; *Zwi* 571). Radikal verschiedene Handlungsorientierungen sind nun angemessen. „Heilsmethodiken" – Askese oder Mystik – können als Erlösungswege entstehen, und diese Wege setzen „psychologische Prämien" auf eine „methodisch-rationale Lebensführung" aus (vgl. Kalberg 1980; 1990).[82] Webers Modell zufolge hat „das Rationale im Sinne der logischen oder teleologischen ‚Konsequenz'" auf genau diese Weise das Handeln in der Sphäre der Religion beeinflußt und umgestaltet (*Zwi* 537).[83]

---

81 Weber zweifelt nicht daran, daß der von diesem Entwicklungsmodell umrissene analytische Pfad gelegentlich *empirisch* „außerordentlich stark gewirkt" hat. „Das rationale Bedürfnis [...] hat Religionen wie den Hinduismus, den Zarathustrismus, das Judentum, in gewissem Umfang auch das paulinische und spätere Christentum in wichtigen Charakterzügen geradezu geprägt" (*Einl* 247). Zum antiken Judentum vgl. *AJ* 239 f. Hinsichtlich des späteren Christentums äußert sich Weber ziemlich deutlich; vgl. *PE 105 f.*

82 Tenbrucks (1975b) Erörterung der Autonomie religiöser Rationalisierungsprozesse faßt diesen Prozeß nicht als Entwicklungs*modell* auf. Er argumentiert vielmehr, daß Weber ihn als einen empirischen Prozeß betrachtet, der den gesamten westlichen Rationalisierungsprozeß *aus sich heraus trägt*. Er übersieht ferner, daß für Weber empirisch neben dem tragenden wirtschaftlichen und politischen Gegebenheiten eine einheitliche Schicht von Intellektuellen erforderlich ist. Für kritische Kommentare hierzu vgl. Kalberg 1979; Winckelmann 1980; Riesebrodt 1980; Hennis 1982; Schluchter 1988: 557-596.

83 Viel an Hintergrundmaterial für diesen theoretischen Rationalisierungsprozeß findet sich in Kalberg (1981; 1990; 2000a). Theoretische Rationalisierungsprozesse wurden auch von westlichen Wissenschaftlern durchgeführt, die sich mit der Systematisierung des wissenschaftlichen Weltbildes beschäftigten. Ausgelöst im siebzehnten Jahrhundert durch den Glauben, daß ihre empirische Forschung die Gesetze Gottes enthüllen werde und dadurch klarere Anweisungen für eine religiöse Lebensführung liefern

Insgesamt haben diese formalen und theoretischen Rationalisierungsmodelle Stufen und Verläufe regelmäßigen Handelns skizziert, die einerseits die Entwicklung des Marktes und des Staates und andererseits die der Religion betreffen. Sie alle haben theoretische Bezugsrahmen angeboten, die die Begriffsbildung unterstützen. Dabei sind die Triebkräfte fester Bestandteil dieser Konstrukte. Natürlich treten immer wieder – wie in allen Modellen Webers und wie er stets betont – *empirische* Kräfte „dazwischen" und bringen die analytischen Entwicklungswege durcheinander.

Diese Entwicklungsmodelle ermöglichen – ebenso wie die zuvor diskutierten auf Interessen beruhenden – (a) die Ordnung und klare begriffliche Erfassung der speziellen untersuchten Entwicklung und ihrer bedeutsamen kausalen Handlungsorientierungen, und sie stellen (b) Annahmen über begrenzte, empirisch überprüfbare Entwicklungsverläufe regelmäßigen Handelns auf. Dabei führen sie – ebenso wie die dynamischen, kontextuellen, Verwandtschafts- und Spannungsmodelle – eine starke theoretische Dimension in den Kern der historisch-vergleichenden Soziologie Webers ein. Diese Dimension stellt Webers Soziologie in einen strikten Gegensatz zur Problemorientierung und zur Neigung des Abgleitens in historische Schilderung sowohl des interpretativen historischen als auch des kausalanalytischen Ansatzes. Webers Konstrukte entwerfen statt dessen analytische Prozesse. Überdies dienen seine Modelle ausschließlich heuristischen Zwecken statt zu beanspruchen, empirische Entwicklungen aufzudecken, wie dies alle gegenwärtigen Ansätze tun. Ob das an formalen und theoretischen Rationalisierungsprozessen orientierte regelmäßige Handeln tatsächlich die historischen Entwicklungen bestimmter sozialer Gruppierungen „erfaßt" – und wenn ja, in welchem Maß –, bleibt Gegenstand einer fallweisen, eingehenden und breit angelegten multikausalen Untersuchung. Aus diesem Grund impliziert Webers Interesse an Rationalisierungsprozessen keineswegs ein evolutionäres Geschichtsverständnis.

---

werde (*WisB* 597), haben spätere Wissenschaftler diesen „Entzauberungsprozeß" fortgesetzt. Weber richtete seine Aufmerksamkeit ausdrücklich auf die unvorhergesehenen und ironischen Folgen dieses gesamten theoretischen Rationalisierungsprozesses: Die Suche nach einer Lösung für das Problem des Leidens und nach der Entdeckung der Gesetze Gottes trug zur Säkularisierung und zur Abschaffung Gottes bei (vgl. z. B. *Zwi* 564-571). Leider ergeben Webers Texte, wie schon erwähnt, kein theoretisches Rationalisierungsmodell für die moderne Wissenschaft.

Die vier Typen von Modellen aus Webers analytischer Abhandlung *WuG*, die in diesem Kapitel diskutiert wurden – die dynamischen, kontextuellen, Verwandtschafts-, Spannungs- und Entwicklungsmodelle – stehen genau im Zentrum seiner historisch-vergleichenden Soziologie und leisten einen entscheidenden Beitrag zu ihrer Strenge, analytischen Stärke und Einmaligkeit. Obwohl sie von der Sekundärliteratur kaum systematisch hinsichtlich ihrer Fähigkeit untersucht worden sind, theoretische Bezugsrahmen in die historisch-vergleichende Forschung einzuführen, lassen sie Webers Soziologie wiederum als völlig verschieden vom kausalanalytischen und vom interpretativen historischen Ansatz sowie von der Weltsystem-Schule erscheinen. Keiner dieser Ansätze bietet Modelle, die zur begrifflichen Erfassung von Fällen, Beziehungen und Entwicklungen geeignet sind, wie dies *WuG* auf annähernd 900 Seiten tut. Weil überdies alle Konstrukte in der empirischen Wirklichkeit verwurzelt sind und entschieden begrenzte Verallgemeinerungen fordern, beweisen sie außerdem Webers klare Gegenposition zur vorformulierten Theorie der Weltsystem-Schule. Schließlich unterscheidet Webers Modellbildung seine empirischen Texte in einer weiteren Hinsicht deutlich von allen gegenwärtigen Ansätzen: Wie die Beispiele in diesem Abschnitt gezeigt haben, läßt sie die universelle Reichweite seiner historisch-vergleichenden Soziologie erkennen.

Weber betrachtet die verschiedenen in *WuG* formulierten Modelle als heuristische Werkzeuge. Sie sind für historisch-vergleichende Soziologen *nützlich* als Ordnungsmechanismen. Sie ermöglichen einerseits einen Zugriff auf und ein Verstehen von amorphen empirischen Gegebenheiten und Mustern von Handlungsorientierungen und andererseits die klare begriffliche Erfassung und theoretische Einordnung konkreter Fälle, Beziehungen und Entwicklungen. Sie bieten für diese Fälle, Beziehungen und Entwicklungen „analytische Einordnungen" („analytical locations"). Hierdurch ermöglichen sie die Identifizierung bedeutsamer kausaler Handlungsorientierungen und liefern Verfahren, die den Forschungsprozeß im allgemeinen unterstützen. Alle Modelle tun dies, wie dieses Kapitel zu zeigen versuchte, indem sie begrenzte und empirisch überprüfbare Hypothesen über die Wechselwirkungen der von ihnen hervorgebrachten Handlungsmuster (dynamische Modelle), über die Einflüsse spezifischer sozialer Kontexte (kontextuelle Modelle), über die Wechselwirkungen regelmäßigen Handelns zwischen Modellen (Wahlverwandtschafts- und Spannungsmodelle) und über Entwicklungsverläufe des Handelns (Entwicklungsmodelle) formulieren. Mit der Erfüllung dieser Aufgaben unterstützen alle Modelle zugleich das Erreichen des übergeordneten Ziels von Webers historisch-vergleichender Soziologie: die kausale Erklärung von Fällen und Entwicklungen. Darauf aufbauend kann eine eingehende Untersuchung herausragender Handlungsorientierungen durch Spezialisten erfolgen.

Weber zufolge kann, wie dieses Kapitel zu zeigen versuchte, die Aufgabe der historisch-vergleichenden Soziologie ganz entschieden nicht erfüllt werden ohne eine präzise und überzeugende theoretische Erfassung des untersuchten Problems. Die zentrale Bedeutung der Modellbildung in Webers Soziologie macht sein ausdrückliches Bemühen deutlich, die historisch-vergleichende Soziologie von Versuchen zu *abzubringen*, Kausalität allein durch narrative Verfahren und eine Problemorientierung festzustellen. Indem er statt dessen eine historisch-vergleichende Soziologie konstruiert, die Modelle und Modellbildung nicht nur als unverzichtbar, sondern als zentral ansieht, führt er eine *theoretische* Dimension ins Zentrum des historisch-vergleichenden Vorhabens ein.[84] Ein Verständnis von Idealtypen ausschließlich als „Maßstäbe" vernachlässigt diese Zwecksetzung.

Wie zentral die Modellbildung in seinen empirischen Texten auch sein mag, sie sollte dennoch nicht als Endstufe seiner kausalen Soziologie betrachtet werden. Ihren Höhepunkt bildet vielmehr sein „Verfahren der Kausalanalyse", das sowohl radikal multikausal als auch kontextuell und dynamisch ist. Es muß sorgfältig und gründlich rekonstruiert werden.

---

84 Dies ist natürlich die zentrale Aussage dieses detaillierten Kapitels über Webers hypothesenbildende kausale Modelle. Dieses Kapitel hat nicht versucht, gegenwärtige historisch-vergleichende Soziologen von der Nützlichkeit *bestimmter* oben diskutierter Modelle, oder anderer Modelle aus *WuG*, zu überzeugen, sondern es wollte durch die Veranschaulichung von Webers Modellbildungsverfahren vor allem die Unverzichtbarkeit der exakten theoretischen Erfassung von Problemen durch Modelle zeigen.

5
Die Rekonstruktion des kausalanalytischen Verfahrens: kausale Methodologie und theoretischer Bezugsrahmen

Webers übergeordnetes Ziel, kausale Erklärungen für spezielle Fälle und Entwicklungen zu liefern, ist mit der Untersuchung seiner Idealtypen, seiner Modellbildung und seiner Multikausalität noch lange nicht erreicht. Seine empirischen Texte gehen über diese Themen hinaus. Die praktizierten Vorgehensweisen – seine Strategien und Verfahren –, mit denen er konkret kausale Zusammenhänge ermittelt, bilden in vielerlei Hinsicht den Gipfel seiner gesamten historisch-vergleichenden Soziologie. Sie gehören jedoch zu ihren unbekanntesten und am wenigsten klar definierten Aspekten.

Um „Die protestantische Ethik und der Geist des Kapitalismus" als Beispiel zu nehmen: Während diese Arbeit einerseits ein hervorragendes Beispiel für die Methodologie des *Verstehens* bietet, macht die beabsichtigt „einseitige" Betonung „ideeller" Konfigurationen diese Studie als Beispiel für das von Weber in seinen empirischen Texten praktizierte Verfahren der Kausalanalyse ungeeignet (*PE* 205 f.).[1] Und seine tatsächlichen Verfahren werden auch nicht in seinen methodologischen Essays oder in dem Kapitel „Soziologische Grundbegriffe" in *WuG* erläutert. Gelegentlich widerspricht sich Weber sogar selbst und schreibt die Aufgabe kausaler Analyse nicht den Soziologen, sondern den Historikern zu (*WuG* 9, 15). Bei anderen Gelegenheiten beschränkt er die Aufgabe der Soziologie darauf, „*Typen*-Begriffe" zu bilden und „*generelle* Regeln des Geschehens" bzw. „empirische Regelmäßigkeiten und Typen" zu suchen (*WuG* 9, 195).[2] An wieder anderen Stellen

---

1   Viele Kommentatoren, die sich mit der Frage der Kausalität beschäftigten, haben ihre Bemühungen nur auf eine eingehende Untersuchung der kausalen Logik konzentriert, die in der „Protestantismusthese" enthalten ist (vgl. Eisenstadt 1968a; Green 1973).

2   Solche zurückhaltenden Formulierungen hinsichtlich der Aufgabe der Soziologie können teilweise als Folge der begrenzten Ziele, die Weber in *WuG* verfolgt, verstanden werden, teilweise als Ergebnis seines Bemühens, eine weitere Spaltung zwischen Geschichte und Soziologie zu vermeiden (vgl. *WuG* 6), und teilweise als seine übervorsichtige Reaktion auf die zu seiner Zeit zahlreichen Skeptiker gegenüber der So-

diskutiert er Kausalität nur im Hinblick darauf, wie subjektiv gemeinter Sinn
– so wie er durch die Idealtypen erfaßt wird – das Handeln bestimmt und es
dadurch kausal erklärt (vgl. z. B. *WuG* 1; *Kat* 437; vgl. auch Kapitel 1, S.
75 f.).

Trotz der Ausrichtung seiner empirischen Texte auf die Frage der Kausalität, diskutiert Weber sein praktiziertes Verfahren der Kausalanalyse nicht in
einer systematischen Art und Weise. Der Leser sucht vergeblich nach einer
klaren Formulierung der Verfahren und Strategien, die Webers Versuche
leiten, systematisch Schlußfolgerungen zu ziehen. Sogar er selbst wendet sie
nicht durchgängig und widerspruchsfrei an. Dennoch gibt es eine strenge
Herangehensweise in seinen historisch-vergleichenden Schriften.[3] Eine Rekonstruktion dieses Verfahrens der Kausalanalyse wird in diesem Kapitel
unternommen.[4] Sein Hauptaugenmerk wird einerseits auf der praktizierten
kausalen Methodologie liegen und andererseits auf dem theoretischen Bezugsrahmen, der von *WuG* – den darin enthaltenen gesellschaftlichen Ordnungen und ihren spezifischen Idealtypen – geliefert wird. Dieses Kapitel
schließt mit einem Beispiel für sein Verfahren der Kausalanalyse: einer Rekonstruktion der Weberschen Analyse des Aufstiegs des Kastensystems in
Indien.

---

ziologie, die alle der Soziologie vorwarfen, keine feste theoretische Grundlage zu haben. Seine empirischen Schriften passen jedoch einfach nicht in diese enge Definition.
Weber so zu verstehen, als würde er die Soziologie lediglich als eine Hilfswissen-
schaft der Geschichte betrachten, die bloß Kausalanalysen ausführt (vgl. Burger 1976:
138; Roth 1968: XXXI; 1976: 307), verengt seine historisch-vergleichende Soziologie
allzu sehr, wie dieses Kapitel zeigen wird. Roth hat seine Auffassung in späteren
Schriften eingeschränkt; vgl. 1979: 121, 205; 1981: XXIII.

3 In der Sekundärliteratur sind nur selten Versuche unternommen worden, sein Verfahren der Kausalanalyse aus seinen empirischen Schriften herauszuziehen und es in eine
prägnante Form zu bringen (vgl. Eisenstadt 1968a; Roth 1968; 1971c; 1976; Smelser
1976; Warner 1972; Fulbrook 1978; Collins 1980). Obwohl diese Studien über jene
Untersuchungen hinausgehen, die Webers Texte in erster Linie unter Bezug auf die
Dichotomien von Charisma vs. Tradition bzw. Charisma vs. Bürokratisierung/Ratio-
nalisierung verstehen (vgl. Salomon 1945: 597-600; Mommsen 1974a; 1987: 47-51;
1988), bleiben sie in mehrfacher Hinsicht unvollständig. Eine Kritik dieser Literatur
findet sich in den Anmerkungen 37 und 41.

4 Bis hierher habe ich meine Interpretation allgemein als „Systematisierung" bezeichnet
(mit Ausnahme des Abschnitts über die Entwicklungsmodelle im vorangegangenen
Kapitel). Da jedoch die wesentlichen Verfahren und Strategien von Webers Kausalanalyse tief in seinen empirischen Texten verborgen sind, ist von hier an ein qualitativ
höheres Maß an Interpretation erforderlich. Daher bezeichne ich dieses Kapitel als
„Rekonstruktion".

Das Verfahren der Kausalanalyse:
Überblick und Vergleich mit neueren Richtungen

Webers Überzeugung, daß einzelne Faktoren nicht allein den anhaltenden Einfluß ausüben können, um neue Fälle oder Entwicklungen hervorbringen, seine entschlossene Ablehnung gegenüber jedem „Weltformelbedürfnis", das alle makrosoziologischen Analysen einschließen möchte, und seine historistische Verachtung für alle evolutionären Formulierungen notwendiger kausaler Zusammenhänge, die eine „gesetzmäßige" Bewegung in historischen Entwicklungen erkennen, führen ihn nicht dazu, das soziale Leben als von Grund auf chaotisch anzusehen. Trotz seiner ebenso wiederholten Betonung der Bedeutung von Kampf und bloßer Macht und seinem Festhalten daran, daß historische Zufälle sogar tief verwurzelte Tendenzen umstoßen können, widersetzt er sich allen nihilistischen Schlußfolgerungen. Während Weber sich der unendlichen Komplexität des pulsierenden Flusses der Geschichte bewußt ist, konzentriert er seinen Blick auf eine empirisch gesicherte Analyseebene und zeichnet die feine Linie, die das unvorhergesehene Ereignis an regelmäßiges soziales Handeln grenzen läßt.

Das erklärte Ziel seiner Soziologie – kausale Erklärungen einmaliger Fälle und Entwicklungen zu liefern –, in Verbindung mit seiner Ablehnung von Gesetzen, scheint Webers Verfahren der Kausalanalyse gefährlich nah an die Problemzentriertheit der interpretativen historischen und der kausalanalytischen Schule zu bringen. Und in der Tat muß jede Rekonstruktion seines Verfahrens der Kausalanalyse – anders als die Diskussion seiner hypothesenbildenden Modelle im vorangegangenen Kapitel, die sich auf *WuG* bezog – auch auf den anderen empirischen Texten aufbauen; besonders auf *WEWR*. *Abriß*, *Agrar* und *WEWR* sind erheblich „historischer" und deskriptiver als Webers analytische Abhandlung. Dennoch vermeidet sein Verfahren der Kausalanalyse die Problemzentriertheit dieser Ansätze. Weber führt in seinen sämtlichen empirischen Texten Kausalanalysen durch, selbst in *WuG*, wenn auch in den meisten Fällen in einer ziemlich unvollständigen oder sogar bruchstückhaften Art und Weise.

Die Verfahren und Strategien von Webers angewandter Kausalanalyse können am deutlichsten dargestellt werden, wenn sie zunächst in einer überblicksartigen Weise untersucht werden. Die zwei Hauptbestandteile seiner Verfahrensweise bleiben dabei von zentraler Bedeutung: seine kausale Methodologie und sein theoretischer Bezugsrahmen. Nach dieser Rekonstruktion wird ein Webersches Verfahren der Kausalanalyse erkennbar werden, das

sich deutlich von der Weltsystem-Schule sowie vom interpretativen historischen und vom kausalanalytischen Ansatz unterscheidet.

Die kausale Methodologie

Die herausgehobene Stellung, die das *Verstehen* in Webers historisch-
vergleichender Soziologie einnimmt, sollte nicht zu dem Schluß veranlassen,
daß dieses allein seine kausale Methodologie bildet. Wie in Kapitel 3 und 4
erörtert, müssen alle Untersuchungen des gemeinten Sinns durch kausale
Verfahren und Strategien ergänzt werden, die empirisch beobachtete Handlungsorientierungen erfassen: „Immer muß vielmehr das ‚Verstehen' des
Zusammenhangs noch mit den sonst gewöhnlichen Methoden kausaler Zurechnung, soweit möglich, kontrolliert werden, ehe eine noch so evidente
Deutung zur gültigen ‚verständlichen Erklärung' wird" (*Kat* 248).[5]
     Trotz dieses Rufs nach strengen experimentellen und vergleichenden
Verfahren, lehnt Weber es jedoch ab, „strenge Kausalität" darin mit einzu-
schließen: Für historische Fälle und Entwicklungen läßt sich kein „schlechthin zwingendes Kausalverhältnis angeben [...], sowenig wie für *streng* individuelle Geschehnisse irgendwelcher Natur überhaupt" (*WuG* 118; vgl. auch
z. B. 4 f. und *Logik* 271). Diese Position drückt sowohl Webers Skepsis hinsichtlich eines Determinismus aus als auch seine Wahl eines Mittelwegs im
Gegensatz zu der zu seiner Zeit vorherrschenden Dichotomie: Zufall oder
Notwendigkeit. Für ihn ist der Gegensatz von „Zufall" nicht „Notwendigkeit", sondern „Adäquatheit". Er stellt „adäquate Verursachung" und „zufällige Verursachung" gegeneinander und definiert erstere dadurch, daß die
„‚adäquate' Folge gewisser vorangegangener Ereignisse [...] aus allgemeinen
Erfahrungsregeln verständlich gemacht werden kann" (*Logik* 287). An einer
anderen Stelle definiert Weber diese Vorstellung genauer:

> „Kausal adäquat" soll dagegen ein Aufeinanderfolgen von Vorgängen in
> dem Grade heißen, als nach Regeln der *Erfahrung* eine Chance besteht:
> daß [es] stets in gleicher Art tatsächlich abläuft. [...] Kausale Erklärung
> bedeutet also die Feststellung: daß nach einer irgendwie abschätzbaren,
> im – seltenen – Idealfall: zahlenmäßig angebbaren, Wahrscheinlichkeits-

---

5   In gleichem Sinn schreibt er: „Es ist bei weitem nicht an dem: daß parallel der er-
     schließbaren Sinnadäquanz immer auch die tatsächliche Chance der Häufigkeit des ihr
     entsprechenden Ablaufs wächst" (*WuG* 6; vgl. auch *RuK* 102, 136).

regel auf einen bestimmten beobachteten (inneren oder äußeren) Vorgang ein bestimmter anderer Vorgang folgt. (*WuG* 5)[6]

Weber gibt jedoch bemerkenswert wenige Anhaltspunkte hinsichtlich seiner praktizierten kausalen Methodologie. Da sie nie ausformuliert wird, muß sie aus seinen verschiedenen empirischen Texten rekonstruiert werden. Einige Muster ergeben sich aus einer sorgfältigen Lektüre von *Agrar*, *Abriß*, *WuG* und besonders *WEWR*. Am Ausgangspunkt seiner Methodologie stehen zwei Stufen: zu einem eine Unterscheidung zwischen „ermöglichenden" (facilitating) und „notwendigen" (necessary) Orientierungen regelmäßigen Handelns und zum anderen eine Unterscheidung zwischen synchronen (innerhalb der Gegenwart) und diachronen (zwischen Vergangenheit und Gegenwart) Wechselwirkungen von regelmäßigem Handeln. Obwohl dies nicht ausdrücklich erklärt wird, sind diese beiden Unterscheidungen von zentraler Bedeutung und ziehen sich durch sämtliche empirische Texte Webers. Sie müssen in seiner kausalen Methodologie allerdings als Vorstufen betrachtet werden. Seine empirischen Schriften belegen, daß nur ganze Konstellationen von regelmäßigen Handlungsorientierungen wirksame kausale Kräfte bilden. Da schließlich ein bestimmter Effekt nicht nur aus einer Reihe von Handlungsorientierungen, sondern auch aus ihrer unterschiedlichen Anordnung hervorgehen kann, muß der Bedeutung des *Kontextes* von regelmäßigem Handeln Rechnung getragen werden. In definierbaren Kontexten treten *dynamische* Wechselwirkungen verschiedener Handlungsorientierungen auf, und aus diesen Wechselwirkungen ergibt sich eine Verursachung. Weber ist überzeugt, daß neue Regelmäßigkeiten des Handelns in einer Art von Rückwirkung eine ganze Vielzahl von Handlungsorientierungen umgestalten können.

Webers kausale Methodologie umfaßt somit nicht nur die Identifizierung positiver oder begünstigender Handlungsorientierungen und ihre „Gewichtung" gegenüber anderen regelmäßigen Handlungen, die behindern oder hemmen. Darüber hinaus führt ihn seine Beachtung klar umrissener historischer Faktoren nicht zur Formulierung einer Methodologie, die ausschließlich auf Modellen von „Kausalketten" vielfacher Kräfte beruht.[7] Diese beiden

---

6 Vgl. zu diesen Begriffen ferner *WuG* 5 f.; *Logik* 266-268, 276 f., 286 f.; *Obj* 179 f. An allen diesen Stellen, ebenso wie an dem obigen Zitat, wird Webers Bewußtsein der Schwierigkeiten deutlich, die mit allen Versuchen zur Feststellung von Kausalität verbunden sind. Vgl. besonders *WuG* 4 f.

7 Um stilistische Umständlichkeiten zu vermeiden, werde ich gelegentlich die übliche Begrifflichkeit „Kausalkräfte", „Kausalfaktoren" und „kausale Variablen" verwenden. Es sollte jedoch stets bedacht werden, daß jede dieser „Variablen" für Weber nichts

Verfahren setzen eine Linearität voraus, die sowohl seinen empirischen als auch seinen methodologischen Schriften grundsätzlich fremd ist. Für Weber stehen regelmäßige Handlungsorientierungen niemals allein; sie treten vielmehr in Konstellationen auf und beeinflussen sich ständig gegenseitig, und zwar in einem solchen Maß, daß die Hervorbringung einer einzelnen Wirkung extrem unwahrscheinlich ist. Erforderlich ist eine *kontextuelle* Erklärungsweise, die mit der analytischen Kraft zur begrifflichen Erfassung einer *Vielzahl* regelmäßiger Handlungsorientierungen und der *dynamischen* Beziehungen zwischen ihnen ausgestattet ist.[8]

Zusammenfassend läßt sich sagen: Wenn im Sinne von Webers praktizierter kausaler Methodologie adäquate Kausalität erreicht werden soll, müssen (a) ermöglichende und notwendige Handlungsorientierungen und (b) synchrone und diachrone Wechselwirkungen gegeben sein. Außerdem müssen (c) dynamische Wechselwirkungen von Handlungsmustern, die in einem Kontext regelmäßiger Handlungsorientierungen auftreten, identifiziert werden. In Webers Texten liefern nur solche dynamischen Wechselwirkungen – durch die Anerkennung der kausalen Bedeutung sowohl der Gegenwart als auch der Vergangenheit und durch die Integration einzelner ermöglichender und notwendiger Handlungsorientierungen in ein Geflecht multipler Handlungsorientierungen – eine adäquate kausale Erklärung von Fällen und Entwicklungen.

Daß Weber tatsächlich eine solche dreistufige kausale Methodologie in den entwickelten Kausalanalysen in seinen empirischen Texten praktiziert, kann nur durch eine eingehende Untersuchung dieser Schriften gezeigt werden. Dies ist die Aufgabe der Seiten 210-246 dieses Kapitels. Zuvor sollen einige Vergleiche mit der Weltsystem-Schule sowie mit dem interpretativen historischen und dem kausalanalytischen Ansatz dazu dienen, die besonderen Konturen von Webers Methodologie deutlicher hervortreten zu lassen.

Sie unterscheidet sich scharf von der Weltsystem-Schule. Dieser Ansatz versteht sozialen Wandel unter Bezugnahme auf ein übergeordnetes Prinzip:

---

anderes als Handlungsorientierungen von begrenzten Personengruppen in einer geordneten Form beinhaltet.

8   Gerade aus Webers Betonung von dynamischen Wechselwirkungen ergibt sich, daß er auf keinen Fall mit dem Versuch zufrieden wäre, bloß notwendige und hinreichende Ursachen zu identifizieren, wie dies für amerikanische Methodologen typisch ist. Weber lehnt die gesamte Vorstellung von „hinreichender Kausalität" („sufficient causality") ab. Vgl. unten S. 233-246.

Mit dem Wandel der Weltwirtschaft findet eine Veränderung der Binnenwirtschaften und der inneren Politik der in der „Semi-Peripherie" oder in der „Peripherie" angesiedelten Länder statt. Die Gesetze und die Wirkungsweise der internationalen Wirtschaft und die Lage der Staaten sind von zentraler Bedeutung. Eine Reihe von strukturellen Standardvariablen – beispielsweise Urbanisierung, Kapitalakkumulation und Entwicklung des Staates – dienen zur Erfassung solcher Wandlungen.

Diese Prämissen ermöglichen es der Weltsystem-Schule, die Berücksichtigung einer komplexen und breit angelegten Multikausalität, die Werte, Traditionen und Interessen einbezieht, zu umgehen. Einheimische Traditionen und kulturelle Unterschiede in den Gebieten der Peripherie und der Semi-Peripherie werden in erster Linie unter dem Gesichtspunkt wirtschaftlicher und politischer Interessen untersucht, die im Zentrum des Weltsystems angesiedelt sind; als eigenständige kausale Faktoren werden sie im allgemeinen nicht ernst genommen. Obwohl ihre zahlreichen Fallstudien hochgradig historisch, beschreibend, kontextuell und sogar dynamisch sind, beschließen die Vertreter dieses Ansatzes ihre Kausalanalysen typischerweise mit der Betonung der Stärke der Weltwirtschaft. Der gegenseitigen dynamischen Wirkung eines *ganzen Spektrums* von kausalen Variablen aufeinander, insbesondere solcher, die letztlich nicht aus dem Weltsystem hervorgehen, wird weniger Aufmerksamkeit geschenkt. Im allgemeinen wird eine derartige kausale Komplexität nicht eingeräumt. Eine grundsätzliche Übereinstimmung unter Weltsystem-Theoretikern über die Richtung des Kausalstroms sowie über die Natur der zentralen kausalen Variablen macht eine kausale Methodologie tatsächlich überflüssig. Demgegenüber bemühen sich der interpretative historische und der kausalanalytische Ansatz[9] in einem qualitativ höheren Maß um die Erfassung und Erklärung der Einmaligkeit und Besonderheit des gegebenen Falles, der Gruppe von Fällen oder der Entwicklung. Das besondere Resultat ist von zentraler Bedeutung. Ereignisse und Entwicklungen werden wiederholt aus einer jeweils leicht veränderten Perspektive untersucht. Auf diese Weise wird verschiedenen Kombinationen von Faktoren und ihrer kontextuellen „Anordnung" sowie ihren dynamischen Wechselwirkungen Beachtung geschenkt.

Ungeachtet dieser gemeinsamen Grundlage gehen der interpretative historische und der kausalanalytische Ansatz bald andere Wege. Der erstere

---

9   Es ist daran zu erinnern, daß Tilly und Bendix Vertreter des interpretativen historischen Ansatzes und Skocpol und Moore Vertreter des kausalanalytischen Ansatzes sind.

neigt dazu, seiner detaillierten Beschreibung des individuellen Falles größte Bedeutung beizumessen und überläßt Vergleiche zwischen Fällen häufig dem Leser. Außerdem bietet der interpretative historische Ansatz, abgesehen von seiner Ableitung grober Bezugsrahmen aus einigen wenigen Begriffen, allgemeinen Fragen und Themen sowie seinem Ziel, eine „dichte Beschreibung" zu liefern, wenige Anhaltspunkte oder Verfahren, um kausale Zusammenhänge festzustellen. Studien, die diesem Ansatz folgen, verlassen sich auf das reichhaltige Detail als solches, um Kausalität zum Ausdruck zu bringen. Eine Methodologie ist nicht zu erkennen. Narrative Verfahren und individuelle Fälle bilden sogar in einem solchen Maß den ausschließlichen Schwerpunkt des Interesses, daß auf die Formulierung kausaler Behauptungen verzichtet wird. Genau an diesem Punkt werden die Konturen des kausalanalytischen Ansatzes deutlich: Er versucht, erklärende Theorien zu konstruieren und bietet zu diesem Zweck eine klare Methodologie. Seine Untersuchungen werden von strengen Verfahren geleitet, die ausdrücklich auf die Kontrolle von Abweichungen und die Feststellung von Kausalität gerichtet sind. Typisch ist die fallspezifische Formulierung von Hypothesen und ihre Überprüfung, im allgemeinen durch die Kontrolle von Variablen und einen offenkundigen Rückgriff auf Mills Methoden des „Unterschieds" („difference") und der „Übereinstimmung" („agreement") (Mill 1843; Skocpol 1979). Systematische und kontrollierte Vergleiche dienen dazu, wahrscheinliche Kausalkräfte zu isolieren (vgl. Einführung, S. 21-24).

Während Weber gegenüber der theoriezentrierten Weltsystem-Schule klar auf der Seite des interpretativen historischen und des kausalanalytischen Ansatzes steht, weicht er ebenso grundsätzlich von diesen beiden Ansätzen ab. Im Gegensatz zu dem Versuch des interpretativen historischen Ansatzes, Kausalität durch „die detaillierte Reichhaltigkeit der Beschreibung" festzustellen, vollziehen sich seine historisch-vergleichenden Untersuchungen – wenn auch normalerweise ohne ausdrückliche Erläuterung – unter Bezug auf klare Strategien, Verfahren und Stufen. Dennoch behält seine praktizierte Methodologie die einmalige Stärke dieses Ansatzes bei: seine radikale Multikausalität. Eben dieses Merkmal seiner Methodologie stellt Weber in einen Gegensatz zum kausalanalytischen Ansatz. Obwohl er eine vergleichende Analyse und Verfahren des Forschungsdesigns zur Herleitung von Kausalität begrüßt, kritisiert er die fehlende Beibehaltung eines breiten Bekenntnisses zur Multikausalität bei diesem Ansatz. Bei den Vertretern dieser Richtung zeigen sich immer wieder ein dominanter Strukturalismus, der kulturelle

Faktoren herunterspielt, sowie eine vorrangige Betonung der Wirtschaft und des Staates.

Webers dreistufige kausale Methodologie wird in Kürze im Detail rekonstruiert werden. Vorher muß die zweite Komponente seines Verfahrens der Kausalanalyse kurz umrissen werden: sein *theoretischer Bezugsrahmen.*

Der theoretische Bezugsrahmen:
gesellschaftliche Ordnungen und ihre spezifischen Idealtypen

Webers Verfahren der Kausalanalyse enthüllt, wie bereits angedeutet, einen stärker „historischen" Weber, als in den Modellen in *WuG* (vgl. Kapitel 4) sichtbar wurde, von denen, gemessen an seinen Standards, keines kausal adäquate Erklärungen ergibt. Dennoch darf der stärker historische Weber in *Agar, Abriß* und *WEWR* nicht als ein allein mit problemorientierter Forschung befaßter Soziologe betrachtet werden, wie es die Anhänger des interpretativen historischen und des kausalanalytischen Ansatzes sind. Dies gilt nicht nur deshalb, weil Idealtypen die Analyseebene in diesen Texten bilden, sondern auch weil sie von einem theoretischen Bezugsrahmen geleitet werden, und zwar einem, den Weber in *WuG* deutlich gemacht hat. Dieser Rahmen schließt eine Annäherung an diese Ansätze aus.

Es ist im Hinblick auf kausale Handlungsorientierungen keineswegs zufällig, daß die verschiedenen, über *Agrar, Abriß* und besonders *WEWR* verstreuten Kausalanalysen von den gesellschaftlichen Ordnungen – Religion, Recht, Wirtschaft, Herrschaft, universelle Gemeinschaften und Stände – und den in *WuG* konstruierten, für diese Ordnungen spezifischen Idealtypen geleitet werden. Sie bilden tatsächlich einen organisatorischen Bezugsrahmen für diese Texte:[10] die Erlösungswege in der Sphäre der Religion (durch einen Erlöser, eine Anstalt, Rituale, gute Werke, Mystik und Askese), die Typen des Rechts („primitiv", traditional, natürlich und logisch formal), die Entwicklungsstufen der Wirtschaft (die landwirtschaftliche und die industrielle Organisation von Arbeit; die Typen der Natural-, Geld-, Plan-, Markt- und kapitalistischen Wirtschaft), die Typen der Herrschaft (charismatisch, patriarchal, feudal, patrimonial und bürokratisch), die Typen universeller Gemeinschaften (Familie, Sippe und Nachbarschaft), die Klassen und wichtigsten

---

10 Zur Auswahl dieser Lebensordnungen und Idealtypen vgl. Kapitel 4, S. 147 f..

Stände (wie Intellektuelle, Bauern, Beamte, Feudalherren).[11] Wie beschrieben, beinhaltet jeder Idealtypus regelmäßige Orientierungen sinnhaften Handelns.

In Hinblick auf Webers Verfahren der Kausalanalyse können alle Lebensordnungen und ihre spezifischen Idealtypen am besten als ein theoretischer Bezugsrahmen verstanden werden, der verwendet wird, um kausale Handlungsorientierungen zu isolieren und klar zu definieren.[12] Sie sind nicht dazu gedacht, kausale Kräfte als solche erschöpfend zu erfassen. Da jeder Fall und jede Entwicklung einzigartig ist, schließen sie fallspezifische und entwicklungsspezifische Ursachen ein. In diesem Punkt ist Weber unerbittlich. Die „unvollständigen" und „offenen" theoretischen Bezugsrahmen *umfassen* folglich nie alle soziologisch bedeutsamen Handlungsmuster. In einigen empirischen Fällen können Handlungsorientierungen, die aus dem auf den gesellschaftlichen Ordnungen beruhenden Bezugsrahmen herausfallen, wie beispielsweise Orientierungen an technischen oder geographischen Kräften, sogar die zentralen kausalen Kräfte bilden. Eine sorgfältige Deutung der verschiedenen in *WuG*, *Agrar*, *Abriß* und *WEWR* enthaltenen Kausalanalysen zeigt jedoch, daß der Bezug auf eine begrenzte Anzahl von für bestimmte Lebensordnungen spezifischen Handlungsorientierungen Webers Bemühungen um die Feststellung adäquater Kausalität *leitet*.[13]

---

11 In Webers Soziologie treten Handlungsorientierungen immer mit Bezug auf Idealtypen und nicht auf gesellschaftliche Ordnungen auf. Dennoch verwende ich im allgemeinen den ganzen Ausdruck – „gesellschaftliche Ordnungen und ihre spezifische Idealtypen" –, um zu betonen, daß diese Idealtypen nicht willkürlich, sondern von Weber analytisch mit wichtigen gesellschaftlichen Ordnungen verknüpft sind.

12 Dieser Gebrauch des Ausdrucks „theoretischer Bezugsrahmen" unterscheidet sich natürlich von der Verwendung in Zusammenhang mit Modellen (vgl. Kapitel 4). Während alle Modelle Hypothesen über regelmäßiges Handeln beinhalten, bilden die gesellschaftlichen Ordnungen und ihre spezifischen Idealtypen Bezugsrahmen im Sinne einer begrifflichen Analytik; aufgrund ihres innerlich logischen und konsistenten Charakters liefert dieses Analysegerüst einen Standard, anhand dessen das fragmentierte regelmäßige Handeln geordnet und besser verstanden werden kann. Die Verwendung des Ausdrucks „theoretischer Bezugsrahmen" in diesem Kapitel entspricht somit der Verwendung von Idealtypen als „Maßstab", wie er in Kapitel 3 erörtert wurde. „Bezugsrahmen", „Orientierungsmechanismus", „heuristisches Konstrukt" und „Orientierungsmittel" werden synonym gebraucht.

13 Dies geschieht stärker in *WEWR* und in *WuG* und weniger stark in *Agrar* und *Abriß*. Die letzteren Texte gehen mehr in die Richtung empirischer Studien. Dies liegt vielleicht daran, daß (a) *Agrar* vor *WuG* geschrieben wurde und bevor Weber ein Interesse an der Entwicklung der Soziologie als Fach entwickelte, während *WEWR* in etwa gleichzeitig mit *WuG* geschrieben wurde; und daß es sich (b) bei *Abriß* um die Zu-

Er benutzt dieses heuristische Konstrukt vor allem, um, in Verbindung mit üblichen vergleichenden Forschungsverfahren, regelmäßige Handlungsorientierungen auf der Ebene *notwendiger* Kausalität zu isolieren und zu identifizieren. Die für bestimmte Lebensordnungen spezifischen Idealtypen lassen somit die *starken Möglichkeiten* Webers hinsichtlich kausaler Handlungsorientierungen erkennen. Wann immer er eine kausale Analyse unternimmt, ist er sich ihrer bewußt; sie leiten seine Untersuchungen. Obwohl die für bestimmte Fälle und Entwicklungen kausal bedeutsamen, einmaligen Anordnungen von Handlungsorientierungen seinen Forschungsgegenstand bilden, weigert er sich auf diese Weise, in einer rein problemorientierten Weise vorzugehen. Vielmehr kennzeichnet, zusätzlich zur Befolgung einer dreistufigen kausalen Methodologie, eine andauernde Pendelbewegung zwischen dem regelmäßigen Handeln des untersuchten Falles oder der untersuchten Entwicklung und den von den gesellschaftlichen Ordnungen und ihren spezifischen Idealtypen angebotenen Orientierungsmitteln Webers Verfahren der Kausalanalyse.[14]

Sobald die in *WuG* hervorgehobenen gesellschaftlichen Ordnungen und ihre spezifischen Idealtypen als jene Orientierungsmechanismen erkannt worden sind, welche Webers Untersuchungen von der alleinigen Ausrichtung auf die empirische Realität befreien, wird deutlich, daß dieses praktizierte Verfahren der Kausalanalyse scharf von der Weltsystem-Schule sowie vom interpretativen historischen und vom kausalanalytischen Ansatz abweicht. Keiner dieser gegenwärtigen Ansätze formuliert Konstrukte, die einen mit den gesellschaftlichen Ordnungen und ihren spezifischen Idealtypen in *WuG* vergleichbaren theoretischen Bezugsrahmen für eine Kausalanalyse bieten. Sowohl der interpretative historische als auch der kausalanalytische Ansatz

---

sammenstellung von studentischen Mitschriften aus einer Vorlesung über Wirtschaftsgeschichte handelt. Darüber hinaus muß ferner daran erinnert werden, daß sich in *WEWR* und in *WuG* zahlreiche empirische Analysen finden.

14 Aufgrund der zentralen Bedeutung dieser gesellschaftlichen Ordnungen und ihrer spezifischen Idealtypen in *WuG* und in Webers anderen empirischen Texten widersetzt sich seine historisch-vergleichende Soziologie allen diffusionistischen Ansätzen. Anhänger der Diffusionstheorie gehen allgemein davon aus, daß Wandel typischerweise von außen angestoßen wird. Als Folge von Webers Schwerpunktsetzung auf endogene Muster von Handlungsorientierungen, wie sie vor allem durch die für bestimmte Lebensordnungen spezifischen Idealtypen erfaßt werden, wird die Betonung darauf gelegt, wie ein entliehenes Phänomen umgeformt und verändert wird. Außerdem liefert der bloße Nachweis einer Gemeinsamkeit keinesfalls einen Beleg für interkulturelle Verbindung, geschweige denn für einen Einfluß. Dies bleibt eine empirische Frage. Vgl. z. B. *AJ* 9, 16, 279; *KT* 489 f.

bleiben problemorientiert. Den Verfechtern des interpretativen historischen Ansatzes zufolge, kann Kausalität durch eine „dichte Beschreibung" und eine detaillierte Schilderung festgestellt werden. Die von der kausalanalytischen Schule angebotenen Leitlinien bleiben hingegen auf Verfahren des Forschungsdesigns beschränkt; ein pluralistischer Orientierungsmechanismus wird nicht angeboten. Darüber hinaus *garantiert* Webers theoretischer Bezugsrahmen als solcher, daß die kausale Analyse unter Bezug auf eine breite *Vielfalt* regelmäßiger Handlungsorientierungen stattfindet. Auf diese Weise bewahrt sich Weber vor rein strukturellen kausalen Argumenten, einerlei ob denen der Weltsystem-Schule oder jenen des kausalanalytischen Ansatzes.

Da Webers praktiziertes Verfahren der Kausalanalyse weder in seinen empirischen noch in seinen methodologischen Texten deutlich gemacht wird, muß es rekonstruiert werden. Bisher ist lediglich ein Überblick gegeben worden. Seine zwei Hauptbestandteile – seine kausale Methodologie und sein theoretischer Bezugsrahmen – leiten seine Fragestellung, wann immer er eine kausale Analyse vornimmt; im nächsten Abschnitt werden sie im Detail untersucht und miteinander verknüpft werden. Der letzte Abschnitt dieses Kapitels bietet ein Beispiel für Webers Verfahren der Kausalanalyse.

Die Rekonstruktion des kausalanalytischen Verfahrens:
kausale Methodologie und theoretischer Bezugsrahmen

In sämtlichen Kausalanalysen Webers sind zwei Unterscheidungen erkennbar: einerseits die zwischen „ermöglichenden" und „notwendigen" Handlungsorientierungen und andererseits die zwischen synchronen (in der Gegenwart) und diachronen (zwischen Vergangenheit und Gegenwart) Wechselwirkungen des Handelns. Nachdem diese Vorstufen seiner kausalen Methodologie definiert und veranschaulicht worden sind, können die kontextbezogenen, dynamischen Wechselwirkungen regelmäßigen Handelns, die ebenfalls in allen seinen Texten hervortreten, untersucht werden.[15] Sobald die

---

15 Wie schon bemerkt, ist die Modellbildung nicht der einzige Schwerpunkt von *WuG*. In *WuG* werden, besonders in Teil II, Dutzende begrenzter Kausalanalysen angeboten – die allerdings, gemessen an dem Standard des in diesem Kapitel rekonstruierten Weberschen Verfahrens der Kausalanalyse, stets unvollständig sind. Die Beispiele dieses Abschnitts stammen daher sowohl aus *WuG* als auch aus *WEWR*, *Abriß* und *Agrar*.

notwendigen Handlungsorientierungen eingehend untersucht werden, wird die Orientierungsleistung der gesellschaftlichen Ordnungen und ihren spezifischen Idealtypen deutlich werden.

Grade der Kausalität: die Unterscheidung von ermöglichenden und notwendigen Handlungsorientierungen durch Vergleiche

Weber verwendet die Hilfsmittel der vergleichenden Analyse, um den Grad der kausalen Wirkung eines einzelnen Faktors zu isolieren. Er beschreibt sein einfaches experimentelles Verfahren, das der vom kausalanalytischen Ansatz verwendeten Millschen „Methode des Unterschieds" entspricht, im Kapitel „Soziologische Grundbegriffe" in *WuG*: „Im übrigen gibt es nur die Möglichkeit der Vergleichung möglichst vieler Vorgänge des historischen oder Alltagslebens, welche sonst gleichartig, aber in dem entscheidenden *einen* Punkt: dem jeweils auf seine praktische Bedeutsamkeit hin untersuchten ,Motiv' oder ,Anlaß', verschieden geartet sind: eine wichtige Aufgabe der vergleichenden Soziologie" (*WuG* 5).[16] Weber verwendet solche Verfahren des Forschungsdesigns, um festzustellen, ob ein bestimmtes Handlungsmuster hinsichtlich des untersuchten Falles oder der untersuchten Entwicklung (a) ohne kausale Bedeutung ist und ausgeschlossen werden sollte, oder ob ihm (b) ein ermöglichender oder (c) ein notwendiger kausaler Rang zugesprochen werden sollte.[17]

Seine empirischen Texte unterscheiden wiederholt zwischen ermöglichenden und notwendigen Handlungsorientierungen. Ermöglichende oder „begünstigende" Handlungsorientierungen sind indirekte oder weniger einflußreiche Hintergrundfaktoren, während notwendiges regelmäßiges Handeln von zentraler Bedeutung, unmittelbar relevant und entscheidend ist, wenn der untersuchte spezifische Fall oder die spezifische Entwicklung er-

---

16 Weber gesteht zu, daß dieses strenge Vorgehen in vielen Fällen nicht durchführbar sein mag und daß sich der historisch-vergleichende Soziologe damit zufriedengeben muß, das „unsichere Mittel" eines „gedanklichen Experiments" zu verwenden, „d. h. des *Fortdenkens* einzelner Bestandteile der Motivationskette und der Konstruktion des *dann* wahrscheinlichen Verlaufs, um eine kausale Zurechnung zu erreichen" (*WuG* 5). Vgl. auch *WuG* 5; *Logik* 273-278; Smelser 1976: 67-69; Schelting 1934: 255-308 und Roth 1968: XLIII; 1971c: 81.

17 Bezüglich der Möglichkeit (a) vgl. die ausgezeichnete Erörterung bei Smelser 1976: 141-149.

klärt werden soll.[18] Die Rolle von Zünften in der Entwicklung der unabhängigen Städte im mittelalterlichen Okzident liefert ein Beispiel:

> Diese [Berufsverbände] ihrerseits waren weder [...] immer Abspaltungen aus einer ursprünglich einheitlichen Bürgergilde [...]. Noch waren sie umgekehrt ihre Vorläufer, – denn sie finden sich in der ganzen Welt, auch wo nie eine Bürgergemeinde entstanden ist. Sondern alle diese Einungen wirkten in der Regel wesentlich indirekt: durch jene Erleichterung des Zusammenschlusses der Bürger, welche aus der Gewöhnung an die Wahrnehmung gemeinsamer Interessen durch freie Einungen überhaupt entstehen mußte: durch Beispiel und Personalunion der führenden Stellungen in den Händen der in der Leitung solcher Schwurverbände erfahrenen und durch sie sozial einflußreichen Persönlichkeiten. (*WuG* 754)

Auf dieser grundlegenden Ebene seiner praktizierten kausalen Methodologie beschäftigt sich Weber mit einem breiten Spektrum fallspezifischer empirischer Handlungsorientierungen. Nur am Rand bieten die gesellschaftlichen Ordnungen und ihr spezifischer Bezugsrahmen aus *WuG* eine Leitlinie. Aufgrund ihrer allgemeinen Bekanntheit werden die zur Veranschaulichung benutzten Beispiele weitgehend aus seiner Analyse des Aufstiegs des modernen Kapitalismus entnommen.

Da die ökonomischen Zwänge, die aus den Erfordernissen militärischer Konflikte hervorgehen, universell gegeben sind, jedoch der moderne Kapitalismus nur in einem Gebiet und nur in einer Epoche entstanden ist, sind die auf die Kriegsvorbereitung gerichteten Handlungen am ehesten als ermöglichende und nicht als notwendige Faktoren zu verstehen (vgl. *KT* 535; *Abriß* 155 f., 265 f.). In ähnlicher Weise unterstützte ein rasches Bevölkerungswachstum im 16. und 17. Jahrhundert im Okzident zwar die Entwicklung von „ökonomischem Rationalismus". Da jedoch ein ebenso starkes Bevölkerungswachstum in China ab dem 17. Jahrhundert auftrat, ohne daß dies zu einem modernen Kapitalismus geführt hätte, zog Weber den Schluß, daß auch dieser Faktor als begünstigender und nicht als entscheidender angesehen werden muß (vgl. *KT* 340 f.; *Abriß* 300). Desgleichen könnte eine Ausweitung des Angebots an Edelmetallen und eine gleichzeitige Ausweitung der Geldwirtschaft als wichtiger Faktor für die Entwicklung des modernen Kapi-

---

18   Für ermöglichende Faktoren benutzt Weber Bezeichnungen wie „günstig" und „sehr günstig". Der Ausdruck „Bedingung" wird im allgemeinen verwendet, um notwendige Kräfte zu bezeichnen.

talismus angesehen werden. Nachdem Weber jedoch entdeckt hatte, daß dieser Faktor sowohl in China als auch im Okzident auftrat, war er überzeugt, ihm einen ermöglichenden und keinen notwendigen Rang zuschreiben zu müssen (*KT* 289 f., 535). Indem er dieselben vergleichenden Verfahren auf Indien anwandte, bestimmte er eine Reihe zusätzlicher regelmäßiger Handlungsorientierungen als begünstigend für die Entfaltung des modernen Kapitalismus und nicht als notwendig: Stadtentwicklung, ausgedehnter Handel, ein Zahlensystem, das genaue Berechnungen erlaubte, und ein allgemeiner Erwerbstrieb sowie ein rücksichtsloses Gewinnstreben (vgl. *HB* 4; *Vorb* 6-10; *Abriß* 205). Durch Vergleiche mit der Antike wies er ebenso die günstigen Umstände, die sowohl das Mittelmeer und die Binnenwasserwege als auch der Küstenhandel und der „Luxusbedarf" boten, als direkte kausale Variablen zurück (*Abriß* 301 f., 155 f., 266 f.).

Diese vergleichende Analyse ermöglicht es Weber, jene regelmäßigen Handlungsorientierungen als bedeutungsvoll zu identifizieren. Indem sie jedoch auf deren weitverbreiteten und sogar universellen Charakter aufmerksam macht, erlaubt sie auch eine sorgfältige Einschätzung von deren Stärke: keine war ein notwendiger kausaler Faktor. Notwendige Handlungsorientierungen vermitteln eine erheblich direktere Vorstellung von Kausalität. Während ermöglichende Handlungsorientierungen sowohl dort vorkommen, wo der zu erklärende Fall oder die zu erklärende Entwicklung (moderner Kapitalismus) auftritt, als auch dort, wo sie fehlen, und sie daher eher als einen Hintergrund bildende Handlungsorientierungen betrachtet werden müssen, ist notwendiges regelmäßiges Handeln wirksam und entscheidend für eine kausale Erklärung des untersuchten Falles oder der untersuchten Entwicklung. Ermöglichende Handlungsorientierungen dienen im wesentlichen nur zur Verringerung der Zahl potentiell entscheidender Handlungsmuster und um die Untersuchung auf die notwendigen Faktoren zu richten, von denen jeder als eine gültige Ursache angesehen werden kann. Weber bemüht sich nun, dasjenige regelmäßige Handeln zu identifizieren, das einen *direkten* Zusammenhang mit dem zu erklärenden Fall oder der zu erklärenden Entwicklung zeigt. Er versucht die für eine Situation *einzigartigen* Handlungsorientierungen durch Vergleiche mit ähnlichen Situationen zu isolieren, in denen die regelmäßigen Handlungsorientierungen fehlen. Nachdem er dies getan hat, zieht er daraufhin den Schluß, daß die einmaligen Handlungsorientierungen nicht nur mit dem untersuchten Fall oder der untersuchten Entwicklung in einem kausalen Zusammenhang stehen, sondern auch notwendig für seine bzw. ihre Entstehung sind.

An diesem Punkt gehen die gesellschaftlichen Ordnungen und ihre spezifischen Idealtypen in *WuG* deutlicher sichtbar in seine Beurteilung möglicher Ursachen ein. Auch wenn sie nie in der Lage sind, *alle* entscheidenden Ursachen zu identifizieren, bieten sie doch einen Bezugsrahmen, der den Forscher zu bedeutsamen kausalen Handlungsorientierungen leitet. Hierbei vermeidet Webers Verfahren der Kausalanalyse ein ausschließliches Verlassen einerseits auf eine „dichte Beschreibung" und andererseits auf eine Methodologie des Forschungsdesigns. Beispielsweise isoliert Weber in Hinblick auf den Aufstieg des modernen Kapitalismus, durch Vergleiche und unter Bezug auf seinen leitenden Bezugsrahmen, eine Reihe von regelmäßigen Handlungsorientierungen, die eng mit dessen Auftreten *nur* im Okzident zusammenhängen. Da der moderne Kapitalismus nur in der westlichen Zivilisation auftrat, zog er den Schluß, daß diese Handlungsorientierungen unverzichtbare kausale Faktoren für eine Erklärung dieser einmaligen Wirtschaftsform bilden: rationales Recht und eine rationale Form von Herrschaft, ein Währungssystem, das in der Lage war, ein Höchstmaß an formaler Rationalität der Kapitalrechnung zu ermöglichen, das Wachstum von bürgerlichen und konsumierenden Klassen, die Produktion für Märkte und eine „rationalistische Wirtschaftsethik".[19] Da seine Untersuchung empirisch fortschritt, entdeckte Weber natürlich weitere zu dieser besonderen Entwicklung gehörende Faktoren, die durch seinen aus gesellschaftlichen Ordnungen und ihren zugehörigen Idealtypen gebildeten Orientierungsrahmen nicht identifiziert worden waren: der rationale Betrieb, rationale Technik, rationale Wissenschaft und das Bürgertum (vgl. *Abriß* 270, 302; *WuG* 94 f.; *KT* 535 f.; *Vorb*). Sie alle bilden für ihn notwendige Handlungsorientierungen.

Die Identifikation ermöglichender und notwendiger Handlungsmuster sticht in Webers verschiedenen Kausalanalysen als Kernstrategie hervor. Allerdings liefern selbst vielfache Faktoren, unabhängig davon, wie „erschöpfend" sie sind, wenn sie kombiniert und zu Kausalketten „aneinandergereiht" werden, niemals eine adäquate kausale Erklärung.[20] Bisher wurde

---

19 Der letztgenannte Faktor beinhaltet eine systematische Haltung zu Profit und Arbeit und zu deren Organisation sowie insbesondere eine Überwindung der traditionellen dualistischen Ethik, in der eine „Binnenmoral" der Ehre und Fairneß gegenüber Gruppenmitgliedern gilt, während auf „Außenseiter" eine durch Berechnung, List und zweckrationales Gewinnstreben gekennzeichnete „Außenmoral" angewandt wird (vgl. *Abriß* 302-307, 269; *PE* 31 f.; *Sekten*).

20 Vor allem aus diesem Grund sollten Webers „ermöglichende" und „notwendige" Grade der Kausalität nicht mit der heute üblichen Unterscheidung von „notwendig" und „hinreichend" gleichgesetzt werden. Im Gegensatz dazu ist Webers Methodologie

nur die erste Stufe seiner praktizierten kausalen Methodologie rekonstruiert. Dennoch trennt die Unterscheidung zwischen ermöglichenden und notwendigen Handlungsorientierungen Weber bereits von der Weltsystem-Schule sowie vom interpretativen historischen und vom kausalanalytischen Ansatz.

Gesellschaftliche Ordnungen und die synchronen und diachronen Wechselwirkungen von Handlungen

Eine gründliche Lektüre der Kausalanalysen in Webers empirischen Texten zeigt, daß regelmäßig zwei Grundtypen von Wechselwirkungen zwischen Handlungsorientierungen behandelt werden: synchrone und diachrone Wechselwirkungen. Diachrone Wechselwirkungen treten entweder als „Hinterlassenschaften" oder als „Vorbedingungen" auf. Eine Einschätzung der „Durchdringung" synchroner und diachroner Wechselwirkungen ist ebenfalls ein typisches Verfahren in diesen Texten. Von größter Bedeutung für die Feststellung von adäquater Kausalität sind für Weber die Wechselwirkungen auf der Ebene der notwendigen Kausalität. Sie müssen isoliert und definiert werden, und ihre kausale Wirkung muß beurteilt werden. Gerade hierbei helfen Weber die von den gesellschaftlichen Ordnungen und ihren spezifischen Idealtypen in *WuG* bereitgestellten Orientierungsmittel, und zwar in Verbindung mit vergleichenden und experimentellen Verfahren.

Synchrone Wechselwirkungen

Die Identifizierung bedeutsamer synchroner Wechselwirkungen bildet eine Hauptaufgabe in Webers Kausalanalysen. Weil der theoretische Bezugsrahmen von *WuG* einen Zugriff auf die diffuse Wirklichkeit bietet, der die Identifizierung empirischer Handlungsorientierungen ermöglicht, wird er in diesen Analysen fortwährend angewendet. Die folgenden Veranschaulichungen sind einer Vielzahl derartiger Analysen entnommen.

Durch den Bezugsrahmen von *WuG* wird die präzise Feststellung der Art und Weise ermöglicht, in der beispielsweise das an *Religion* orientierte Handeln in einer Wechselwirkung mit den *universellen Gemeinschaften* stehen kann und wie es sich dabei verändert. Weber beurteilt, anders gesagt, mit

---

eine nichtlineare und erfordert eine weitere charakteristische Zutat: dynamische Wechselwirkungen. Vgl. unten.

diesem heuristischen Konstrukt im Hinterkopf, ob regelmäßiges, an Religion orientiertes Handeln in einem untersuchten Fall oder in einer untersuchten Entwicklung tief in das Handeln eindringt, das an Familie, Sippe oder traditioneller Nachbarschaft orientiert ist. Es kann sich beispielsweise zeigen, daß magische Kräfte in einigen empirischen Situationen die familiären Werte, Gebräuche und Konventionen verstärken. Dies war besonders in Asien (und vor allem in China) der Fall, und zwar in einem solchen Maß, daß Veränderungen irgendeiner Art den Zorn böser Geister hervorzurufen drohten. Weber beurteilt daraufhin die Folgen einer solchen für bestimmte Lebensordnungen spezifischen Wechselwirkung und erkennt ihre Bedeutung sogar in Bezug auf den Aufstieg des modernen Kapitalismus: Nachdem die chinesische und die japanische Familie oder Sippe auf diese Weise gestärkt worden waren, gelang es ihnen, eine streng patriarchale Struktur selbst gegen alle Entwicklungsschübe der Wirtschaft aufrecht zu erhalten (*WuG* 253).

In ähnlicher Weise ermöglicht die Analytik von *WuG* durch Bereitstellung von Orientierungsmitteln die Isolierung und klare Definition der Wechselwirkungen empirischer Handlungsmuster, die sich einerseits an *Religion* und andererseits an *Herrschaft* orientieren. Beispielsweise zeigt sich, daß sich in China die patrimoniale oder monarchische Herrschaft (*WuG* 610) eng mit einem an Magie orientierten Handeln verwob. Wieder hebt Weber die Folgen hervor: Das Handeln war in einem solchen Maße durch „magische Stereotypisierung" gekennzeichnet, daß es die Versuche zur Einführung rationalerer Transportmittel und Transportwege sogar noch wirksamer blockierte als materielle Interessen (*Abriß* 303). Daß ein an Religion orientiertes Handeln tief in die Sphäre der Herrschaft eindrang, kann mit Hilfe des Orientierungskonstrukts aus *WuG* auch an einem weiteren empirischen Fall deutlich gemacht werden: In Deutschland durchdrangen Pietismus und Luthertum sowohl patrimoniale als auch bürokratische Herrschaftsformen. Der von diesen Religionen zur Verfügung gestellte „ideologische Nimbus" brachte das „bürokratische Ethos" hervor – disziplinierte und geordnete Arbeit, verläßliche Erfüllung von Aufgaben und Pünktlichkeit (vgl. *WuG* 290, 553, 652).

Schließlich hilft das von *WuG* angebotene heuristische Konstrukt auch, beispielsweise die empirische Ausbreitung eines an *religiösen Lehren* orientierten Handelns über die Sphäre der Religion hinaus und bis in die *Standesethiken* verschiedener Schichten hinein zu identifizieren. So hielten die Lehren des Hinduismus und des Konfuzianismus Handwerker und Kleinhändler davon ab, als Träger einer „rationalen religiösen Ethik" zu dienen, wie das für solche Schichten von dem Idealtypus in *WuG* angenommen wird (vgl. *WuG* 291-295; *Einl* 256 f.). In Indien traten spezifische empirische Kräfte dazwischen: Kastentabus, Rituale und der Reinkarnationsglaube veränderten die „typische" Ethik von Handwerkern und Händlern und gaben ihr eine festgefügte Form (*WuG* 295). In China zeigt sich, daß sich die übliche Neigung von Kleinunternehmern und Händlern zu einer auf finanziellen und anderen Nutzenberechnungen beruhenden „praktisch-rationalen" Lebensführung, wie sie auch in dem Idealtypus bürgerlicher Schichten in *WuG* zum Ausdruck kommt, als Folge des tiefen Eindringens von Magie in diese Schichten verschoben hat (*Abriß* 148).

Indem die gesellschaftlichen Ordnungen und ihre spezifischen Idealtypen auf diese Weise als heuristische Maßstäbe benutzt werden, kann Weber die andernfalls amorphen empirischen Gegebenheiten begrifflich erfassen und, zum Zweck der kausalen Analyse eines bestimmten Falles oder einer bestimmten Entwicklung, „Mischungen" regelmäßiger Handlungsorientierungen bestimmen. Seine kausalen Analysen identifizieren gewöhnlich jedoch nicht nur die Wechselwirkung eines einzigen Satzes von Handlungsorientierungen; sie bestimmen auch immer wieder die genaue Art und Weise, in der Handlungsorientierungen, die einem bestimmten Bereich entstammen, in eine *ganze Gruppe* von Handlungsorientierungen in einer *Vielzahl* von Lebensordnungen eindringen und sie beeinflussen. Hierdurch wird die „Durchdringung" regelmäßigen Handelns veranschlagt. Da weder die Weltsystem-Schule noch der interpretative historische oder der kausalanalytische Ansatz einen derartigen Orientierungsrahmen anbieten, ist keiner von ihnen in der Lage, die Durchdringung soziologisch bedeutsamen Handelns präzise und konsistent zu ermitteln.

*

Durchdringung

Webers auf Lebensordnungen gestützter Bezugsrahmen unterstützt die Identifikation empirischer Handlungsmuster, die in verschiedene Richtungen Einfluß ausüben. Es zeigt sich in einer Vielzahl von Fällen, daß einige aus bestimmten *Schichten* stammende Handlungsorientierungen tief in eine ganze Reihe von gesellschaftlichen Ordnungen eindringen: die Priesterschaft in Ägypten, die Literaten in China, die Brahmanen in Indien, die Junker in Preußen und die Unternehmer in den Vereinigten Staaten üben alle einen weitreichenden Einfluß aus. Die empirische Ausbreitung eines an „ökono-

misch irrationalen" ständischen Monopolen („ständische Schichtung") orientierten Handelns in verschiedene Sphären, einschließlich der Wirtschaft, wird
ebenfalls deutlich (*WuG* 538; *Einl* 274 f.; Kalberg 1987a: 122-124). Beispielsweise zeigt sich, daß das Kastensystem, das eine extreme Zuspitzung
ständischer Schichtung darstellt, in die entferntesten Nischen der indischen
Gesellschaft eindringt. Wie üblich unternimmt Weber es daraufhin, die weitreichenden Folgen abzuschätzen: Da das Kastensystem jede „natürliche"
Gleichheit der Menschen gegenüber einer Autorität, am allerwenigsten vor
einem „überweltlichen Gott" (*HB* 142 f.), bestreitet, steht es in einem scharfen Gegensatz zu allen Vorstellungen von Naturrecht oder Menschenrechten.
Das Kastenritual, oder Dharma, erkennt nur die Rechte und Pflichten bestimmter Kasten an und verhindert das Entstehen universellerer Begriffe wie
„Staat", „Staatsbürger" und „Untertan" (*HB* 143-148). In Indien konnte sich
nur ein nach Schichten gegliedertes positives Recht behaupten.

Der theoretische Bezugsrahmen aus gesellschaftlichen Ordnungen und
ihren spezifischen Idealtypen ermöglicht ebenso die Isolierung und klare
Bestimmung empirischer Fälle, in denen sich Handlungsorientierungen, die
aus den *Typen der Herrschaft* entspringen, weit verbreiten (*WuG* 122-155,
541-687). Geleitet von diesem Orientierungsmechanismus, kann Weber erkennen, daß einige empirische Fälle – beispielsweise der Lehensfeudalismus
des mittelalterlichen Okzidents – so tief verwurzelt sind, daß sich die zu
ihnen gehörenden Handlungsmuster bis tief in die Sphären der *Wirtschaft* und
der *Religion* hinein ausgebreitet haben, und zwar mit einer deutlichen Folge:
Die Traditionen, Werte und Interessen der Feudalherren bildeten ein starkes
Hindernis für die Entwicklung von Wirtschaft und Religion (*WuG* 705). In
Japan kann der hegemoniale und umfassende Einfluß der Feudalherrschaft
und der herrschenden Schicht der Samurai ebenfalls in dieser Weise gekennzeichnet werden: Die Ethik dieser Herrschaftsform kann anstelle eines religiösen Glaubenssystems als „Träger" der herrschenden japanischen Wertekonstellation betrachtet werden (*HB* 295-308). In unserer eigenen Epoche zeigt
sich mit Hilfe der Analytik aus *WuG* (vgl. 551-578), daß ein an bürokratischer Herrschaft, formaler Rationalität und dem Beamtenethos orientiertes
Handeln auf breiter Ebene in die Sphären der Wirtschaft, des Rechts und der
Politik eingedrungen ist, wie Weber wiederholt anmerkt.[21]

Der in *WuG* formulierte und in Webers historisch-vergleichenden Texten
durchgehend verwendete, auf gesellschaftliche Ordnungen gestützte Bezugs-

---

21   Zu dem letzteren Einfluß vgl. *WuG* 576-578.

rahmen ermöglicht außerdem die präzise Feststellung des empirischen Einflusses der *Religion* in verschiedenen Zivilisationen und Epochen. Sie ist häufig überallhin vorgedrungen. Die überwältigende Bedeutung des Islam, des Hinduismus, des Konfuzianismus und des Judentums in ihren jeweiligen klassischen Perioden beinhaltete nicht nur eine gründliche Ausbreitung religiöser Lehren in die Lebensordnungen des Rechts, der Herrschaft und der universellen Gemeinschaften, sondern ebenso ihr tiefes Vordringen in die Wirtschaft. Selbst die alltäglichen Konventionen und Bräuche wurden durch religiöse Handlungsorientierungen geformt (vgl. z. B. *WuG* 348). Schließlich erlangte die Religion in diesen Fällen eine derart hegemoniale Stellung, daß sie alle gesellschaftlichen Ordnungen prägte und ihnen eine durch Ritual festgefügte Gestalt gab. Auch im okzidentalen Mittelalter ist eine umfassende empirische Durchdringung durch die Religion offensichtlich. Der weitreichende Einfluß religiöser Handlungsorientierungen zeigt sich ebenso im Fall des kolonialen Amerika: am asketischen Protestantismus und seiner entschiedenen innerweltlichen Arbeitsethik. Konkreter gesagt, brachte es die alles erfassende Ausdehnung des religiösen Bereichs in diesen Zivilisationen mit sich, daß beispielsweise Herrschaft einen religiösen Anschein annehmen mußte, um als legitim anerkannt zu werden.[22]

Diese wenigen Beispiele sollten lediglich die zentrale Bedeutung einer bestimmten Vorgehensweise in sämtlichen Kausalanalysen Webers demonstrieren; einer Vorgehensweise, die eine Hauptstufe in seiner kausalen Methodologie bildet: die Feststellung soziologisch bedeutsamer synchroner Wechselwirkungen regelmäßigen Handelns. Der Bezug auf eine begrenzte Reihe gesellschaftlicher Ordnungen und ihre spezifischen Idealtypen aus *WuG*, die ein unverzichtbares Orientierungsmittel gegenüber der fragmentierten Wirklichkeit bieten, schafft den erforderlichen begrifflichen Ansatzpunkt. Obwohl die Forscher der Weltsystem-Schule sowie die des interpretativen historischen und des kausalanalytischen Ansatzes synchrone Wechselwirkungen in erheblich stärkerem Maß anerkennen als dies strukturell-funktionale Theorien der Modernisierung und der politischen Entwicklung aus dem fünfziger Jahren tun, gelingt es diesen Ansätzen nicht, ein heuristisches Orientierungsmittel zu konstruieren, das deren klare Isolierung und Definition ermöglicht. Außerdem formulieren diese Ansätze keinerlei Strategie, um die Durchdringung zu beurteilen. Die zentrale Bedeutung von gesellschaftlichen Ordnun-

---

22 Vgl. unter diesem Aspekt zu den amerikanischen Kolonien z. B. Bellahs Beschreibung des Gouverneurs John Winthrop (1987: 52 ff.).

gen und ihren spezifischen Idealtypen unterscheidet Webers Verfahren der
Kausalanalyse deutlich von der Problemorientierung des interpretativen historischen und des kausalanalytischen Ansatzes. Da *WuG* darüber hinaus *meh-*
reren für bestimmte Lebensordnungen spezifischen Idealtypen einen kausalen Status zuerkennt, ist es erforderlich, daß in jeder Kausalanalyse eine Vielfalt von Handlungsorientierungen berücksichtigt wird. Auf diese Weise errichtet Webers historisch-vergleichende Soziologie eine starke Schranke
gegen die unter den Vertretern der Weltsystem-Schule und des kausalanalytischen Ansatzes verbreitete Praxis, einer begrenzten Zahl von Faktoren – oder
sogar einem einzigen Faktor – einen allgemeinen kausalen Vorrang zuzu-
sprechen.

Webers kausale Methodologie identifiziert jedoch nicht nur empirische
synchrone Wechselwirkungen regelmäßiger Handlungsorientierungen; ebenso zentral ist die Identifizierung der Wechselwirkung von vergangenen und
gegenwärtigen Handlungsmustern – also *diachronen* Wechselwirkungen. Die
kausale Analyse der Ursprünge eines bestimmten Falles oder einer bestimmten Entwicklung erfordert, daß beide Formen der Wechselwirkung genau
dargestellt und beurteilt werden.

Diachrone Wechselwirkungen: Hinterlassenschaften und Vorbedingungen

Nach Webers Verständnis sind „Gesellschaften" nur lose verknüpft und bestehen aus zahlreichen widerstreitenden und miteinander in Wechselwirkung
stehenden Mustern von Handlungsorientierungen von Individuen in begrenzten Gruppierungen. Dieses Verständnis führt ihn zu der Überzeugung, daß
vergangene Entwicklungen von extremer Wichtigkeit für jede Erklärung der
Gegenwart sind. Es bringt ihm ebenfalls zu Bewußtsein, daß vergangene
regelmäßige Handlungsorientierungen in vielfacher, häufig unbemerkter
Weise tief in die Gegenwart eindringen. Alle Analysen, die Gesellschaften
entweder als „traditional" oder als „modern" ansehen, wie dies die strukturell-funktionale Schule der Modernisierung und politischen Entwicklung tat,
würde er als viel zu pauschal zurückweisen. Weber widersetzt sich auch der
Ansicht, daß vergangene Handlungsorientierungen, wenn sie überhaupt in der
Gegenwart Einfluß haben, in ihrer Auswirkung begrenzt bleiben und über
eine geringe langfristig bedeutsame Wirkung verfügen. Statt dessen kann für
ihn die Vergangenheit über Jahrtausende in Nischen der Gegenwart und
selbst in ihrem zentralen Innersten fortleben. Trotz des Eintretens drastischer

kontextueller Umgestaltungen, kann regelmäßiges soziales Handeln eine deutliche und einflußreiche kausale Rolle sogar in Epochen spielen, die weit von seinem Ursprung entfernt liegen. Selbst das plötzliche Auftreten „des Neuen" – sogar die „übernatürliche" Macht des Charismas – zerreißt niemals das Band zur Vergangenheit. Weber schreibt: „Überall ist das tatsächlich Hergebrachte der Vater des Geltenden gewesen" (*WuG* 15). Geschichte wird keineswegs verbannt, sondern steht so sehr in Wechselwirkung mit der Gegenwart, daß ohne Anerkennung ihres Einflusses jeder Versuch zur Erklärung der Einmaligkeit des gegenwärtigen sozialen Handelns ein hoffnungsloses Unterfangen bleibt.

Diese grundlegenden Voraussetzungen liegen Webers empirischen Texten zugrunde. Sie werden von der Weltsystem-Schule sowie vom interpretativen historischen und vom kausalanalytischen Ansatz geteilt. Jedoch wird von den Vertretern dieser Ansätze kein Apparat regelmäßig verwendeter Begriffe und Verfahren konstruiert, welche die empirische Wirkung der Vergangenheit erfassen. Sowohl in Webers sämtlichen Kausalanalysen als auch allgemein in seinen historisch-vergleichenden Texten treten immer wieder diachrone Wechselwirkungen in zwei verschiedenen Formen auf, die beide die Art und Weise umreißen, auf die vergangenes regelmäßiges soziales Handeln gegenwärtiges Handeln beeinflußt: Wechselwirkungen in Form von „Hinterlassenschaft" und „Vorbedingung".[23] Wie bei den synchronen Wechselwirkungen, liefern die gesellschaftlichen Ordnungen und ihre spezifischen Idealtypen aus *WuG* einen Bezugsrahmen, der, wenn auch nicht „erschöpfend", ihre klare Identifizierung ermöglicht. Daraufhin kann eine Einschätzung ihrer kausalen Bedeutung erfolgen. Einige wenige Beispiele für Wechselwirkungen innerhalb und zwischen gesellschaftlichen Ordnungen sowie für ihre Durchdringung werden die zentrale Bedeutung dieser Formen diachroner Wechselwirkung in Webers praktizierter kausaler Methodologie belegen (vgl. Kalberg 1998a).

Obwohl sie einer bestimmten Epoche entspringen, überdauern bestimmte soziale Handlungsmuster als „Hinterlassenschaften" und werfen ihre Schatten

---

23 Weder in seinen methodologischen Aufsätzen noch in dem Kapitel „Soziologische Grundbegriffe" in *WuG* (1-30) setzt uns Weber über die Bedeutung dieser Begriffe in seinen empirischen Schriften in Kenntnis. Er bietet für sie keine Definitionen. Ich habe sie aus den empirischen Texten herausgezogen. Diskussionen in der Sekundärliteratur, die sich systematisch mit diesen Formen diachroner Wechselwirkungen beschäftigen, sind mir nicht bekannt.

auf nachfolgende Epochen, und zwar so stark, daß ein bedeutsamer und anhaltender Einfluß auf das Handelns in der späteren Epoche deutlich wird.
Webers kausale Analysen beschäftigen sich wiederholt, und häufig in einer
ironischen Weise, damit, wie solche Regelmäßigkeiten des Handelns „überleben".[24]

Wechselwirkungen innerhalb von gesellschaftlichen Ordnungen

Der Bezugsrahmen aus *WuG*, den Weber stets im Hinterkopf behält, wenn er
empirische Untersuchungen durchführt[25], ermöglicht die klare Identifizierung
bedeutsamer empirischer Hinterlassenschaften innerhalb von Lebensordnungen, beispielsweise innerhalb der Sphären der *Religion* und des *Rechts*. Im
Okzident können Hinterlassenschaften im Bereich der Religion als Vermächtnisse des antiken Judentums an den Katholizismus und den Protestantismus betrachtet werden: An beide ging die Vorstellung eines monotheistischen Gottes und, besonders an den Protestantismus, ein tiefer antimagischer
Zug über (*AJ* 5-7; *Einl* 258). Die Schriftpropheten hinterließen dem Frühchristentum somit nicht nur ein deutliches Vermächtnis – „die ganze Deutung
der Sendung des Nazareners [wurde] vor allem durch die alten Verheißungen
an Israel bestimmt" –, sondern „der Schatten dieser Riesengestalten [reicht]
durch die Jahrtausende bis in die Gegenwart hinein" (*AJ* 350). Beispielsweise
wurde die „Legalitätsethik" des jüdischen Rechts „in die puritanische Ethik
rezipiert und hier in den Zusammenhang der modern-‚bürgerlichen' Wirtschaftsmoral gestellt" (*WuG* 721).

In der Sphäre des Rechts werden mit Hilfe der Analytik aus *WuG* ebenfalls empirische Hinterlassenschaften deutlich. Der Schwur oder die „Selbstverfluchung" überdauerten bis ins logisch formale Recht, und die charismatische Rechtsschöpfung überlebte in den Gestalten von Lenin und Mao bis in
das zwanzigste Jahrhundert. Weber bemerkt:

---

24 Weber benutzt auch die Begriffe „Reste", „Überbleibsel", „verbliebener Rest", „Erbschaft" und „Vermächtnis".

25 Anders gesagt, formuliert *WuG* als die analytische Abhandlung Webers, wie schon
    betont, seinen auf gesellschaftlichen Ordnungen basierenden Bezugsrahmen *am deutlichsten*. Er wird jedoch ebenfalls erkennbar, wenn er in *Agrar*, *Abriß* und *WEWR*
    kausale Untersuchungen durchführt. Viele der Beispiele in diesem und dem nächsten
    Abschnitt, die alle lediglich dazu dienen, die zentrale Bedeutung von Hinterlassenschaften und Vorbedingungen für Weber zu zeigen, stammen aus diesen Untersuchungen.

Die charismatische Epoche der Rechtsschöpfung und Rechtsfindung ragt vielmehr, wie wir schon mehrfach sahen, in zahlreichen Institutionen in die Zeit rein rationaler Rechtssatzung und Rechtsanwendung hinein und ist noch heute nicht überall ganz beseitigt. Noch Blackstone nennt die Richter eine Art lebendes Orakel und tatsächlich entspricht wenigstens die Rolle, welche die decisions als unentbehrliche und spezifische Form der Fleischwerdung des Common Law spielen, in diesem Sinn derjenigen des Orakels im alten Recht. (*WuG* 450)

Außerdem beeinflußten die „rationalen Traditionen des römischen Rechts" nicht nur das kanonische Recht (*WuG* 480), sondern auch das moderne formale Recht (*WuG* 491-493), und das kanonische Recht wurde „für das profane Recht geradezu einer der Führer auf dem Wege zur Rationalität" (*WuG* 481).

Wechselwirkungen zwischen gesellschaftlichen Ordnungen

Webers zahlreiche Kausalanalysen stellen immer wieder auch die Ausbreitung regelmäßigen Handelns aus der einen gesellschaftlichen Ordnungen in einer Epoche hinein in einen anderen Bereich in einer nachfolgenden Epoche dar. Dies ist, wie Webers Texte belegen, eine empirisch weitverbreitete Erscheinung. Wie dies geschieht, wird mit Hilfe des Bezugsrahmens von *WuG* deutlich. Wiederum können nur einige Beispiele angeführt werden.

Das im *Haushalt* zu findende kommunistische Prinzip von Eigentum und Konsum sowie die Solidarität gegenüber der Außenwelt schlossen eine gemeinsame Verantwortlichkeit gegenüber Kreditgebern ein. In Form des Begriffs der „Solidarhaftung" hinterließ diese Auffassung ein Vermächtnis, das zu einer zentralen Quelle für die Rechtsformen des modernen Kapitalismus wurde (*WuG* 214). Die ursprünglich in der *Sippe* angesiedelte Brüderlichkeit taucht in allen Weltreligionen wieder auf (*WuG* 216-218). Im antiken Israel war das Verbot, von einem „armen Israeliten" Zins zu nehmen, das im Judentum die Grundlage für die Unterscheidung zwischen Binnen- und Außenmoral bildete, ursprünglich ein rein rechtlicher Ausdruck der Brüderlichkeitsethik unter *Nachbarn* (vgl. *AJ* 69, 76 f., 357).

Webers Kausalanalysen stellen ebenso heraus, daß ein an *Herrschaftsverbänden* orientiertes regelmäßiges Handeln empirisch gesehen weit über seine Ursprungsepoche hinaus überlebte und in neue Bereiche eindrang. Beispielsweise hinterließ der Feudalismus mehrere Erbschaften. Am bemerkenswertesten überlebten sein ausgeprägter Sinn für auf persönlicher Ehre beruhende Würde und die ritterliche Grundhaltung; sie beeinflußten in späteren Epochen die okzidentalen *Ministerialen,* das englische Ideal des Gentleman und selbst das Ideal des puritanischen Gentleman. Für alle diese Schichten „lag das ursprüngliche spezifisch mittelalterliche Orientierungszentrum [...] im feudalen Rittertum" (*WuG* 623).[26] Der antike „politische Feudalismus" in China wirft ebenfalls einen breiten Schatten und fördert entscheidend die Entwicklung der Standesethik des Konfuzianismus in den klassischen und nachklassischen Epochen (*KT* 329 f.). Selbst unsere eigene Epoche ist durchdrungen von den verschiedenen, aus vergangenen Epochen herrührenden Typen der Herrschaft, die „in ihren Rudimenten auch in die Gegenwart hineinreichen" (*Einl* 268).[27]

Der Bezugsrahmen von *WuG* liefert außerdem ein Orientierungsmittel gegenüber der diffusen Wirklichkeit, das die Ausbreitung eines in einer bestimmten gesellschaftlichen Ordnung in einer bestimmten Epoche entspringenden regelmäßigen Handelns über eine *ganze Gruppe* von Bereichen in einer nachfolgenden Epoche identifiziert. Obwohl sich die Weltsystem-Schule sowie der interpretative historische und der kausalanalytische Ansatz ebenfalls mit dem Einfluß vergangener Handlungsorientierungen auf gegenwärtiges regelmäßiges Handeln beschäftigen, formuliert keiner dieser Ansätze klare Begriffe und Strategien – geschweige denn einen theoretischen Rahmen – welche die Feststellung der Durchdringung von Hinterlassenschaften unterstützen.

Durchdringung

Webers Kausalanalysen verzeichnen wiederholt die Beständigkeit von Handlungsmustern, die aus *universellen Gemeinschaften* entspringen. Sie bleiben

---

26 Weber vermerkt darüber hinaus den Einfluß der puritanischen kühlen Zurückhaltung und stillen Selbstkontrolle auf den amerikanischen und englischen Gentleman seiner Zeit (vgl. *PE* 117). Dieselbe Selbstkontrolle betrachtet er als eine Wurzel der modernen militärischen Disziplin (vgl. *PE* 117, Anm. 4).

27 Für einige Beispiele, die das Vordringen der persönlichen Herrschaft in industrialisierte Länder zeigen, vgl. Bendix u. Roth 1971: 162 f.; Roth 1989. Weber vermerkt in ironischer Weise, die Notwendigkeit, an den deutschen Universitäten der Jahrhundertwende einer schlagenden Burschenschaft beizutreten, könne als ein „heutiges Rudiment" des „Erfordernis[ses] ritterlicher Lebensführung in der alten Lehensqualifikation" betrachtet werden (*WuG* 577; vgl. auch Weber 1917: 279 f.).

über Jahrhunderte extrem dauerhaft und einflußreich für eine Vielzahl von gesellschaftlichen Ordnungen. Ehrfurcht und Respekt gegenüber Älteren, die ihren Ursprung im Haushalt hatten, tauchen als Ahnenverehrung in verschiedenen Weltreligionen und als Ehrfurcht und Loyalität gegenüber dem Herrscher und Fürsten in den patrimonialen und feudalen Formen der Herrschaft wieder auf (*WuG* 214, 625). Ein an einer „Nachbarschaftsethik" orientiertes Handeln überlebte ebenfalls als eine kausal wirksame Kraft über seine Ursprungszeit hinaus und drang weit über die Grenzen seiner ursprünglichen Trägerverbände vor. Dies geschah vor allem in den Sphären der *Religion* und der *Wirtschaft*.

Die typischen Handlungsorientierungen von „Nachbarschaftsgemeinschaften" überlebten unter den Glaubensbrüdern in vielen Religionen, einerlei ob sie sich anfänglich in einer Dorfgemeinschaft, einer Gilde oder unter Kameraden in der Seefahrt, bei der Jagd oder auf Kriegszügen fanden. Die in dieser Ethik enthaltene Idee der Gegenseitigkeit kam in Mottos wie „wie du mir, so ich dir" und „was heute dir mangelt, kann morgen mir mangeln" zum Ausdruck. Wann immer sich Gegenseitigkeit mit der Sphäre der Religion verband, beinhaltete sie vor allem eine religiös verwurzelte Verpflichtung, Glaubensgenossen in Notfällen zu unterstützen. Nicht nur Blutsbrüder und Sippen- oder Stammesmitglieder verdienten nun Hilfe in Notzeiten, sondern auch Glaubensbrüder. Dieses Gruppenethos der Hilfeleistung bedeutete beispielsweise, daß Witwen und Waisen in Notlagen geholfen wurde, daß man sich, wenn nötig, um Kinder kümmerte, daß eine freizügige Gastfreundschaft und Beistand ohne Gegenleistung gewährt wurden und daß die Armen und Kranken die Großzügigkeit der Wohlhabenden erwarten konnten. Die Nachbarschaftsethik wurde im Okzident ferner zu einer Hauptquelle des Wucherverbots und des Gebots, für Waren und Arbeit einen „gerechten Preis" zu verlangen, während sie in Indien im hinduistischen Gebot der Wahrhaftigkeit und in dem „Verbot, sich an fremdem Eigentum zu vergreifen", überlebte (*WuG* 216-218, 219 f., 350 f., 352, 710; *Abriß* 54-57; *HB* 151 f.; *Zwi* 543).

Andererseits wird durch die Unterstützung des theoretischen Bezugsrahmens von *WuG* erkennbar, daß einige Hinterlassenschaften das Aufkommen von regelmäßigen Handlungsorientierungen in einer Reihe von gesellschaftlichen Ordnungen *verhindern*. In Indien stand „das Prestige der magischen Kraft [...] für das brahmanische Denken fest" (*HB* 177). Dieses Prestige wurde voll sichtbar am Erlösungsziel des Virtuosen: Gnostisches Wissen besaß eine magische *Bedeutung*, und die ekstatische Verzückung der mystischen Erleuchtung wurde als magischer Zustand verstanden, der dem *Sramana* magische Kräfte verlieh (*HB* 159, 170, 176, 185).[28] Nachdem die Magie eine starke Trägerschicht gewonnen hatte, blieb sie in Indien in einer breiten Spanne von Bereichen über Jahrtausende hin einflußreich. Eine wirksame Entzauberung war ausgeschlossen.

In bestimmten empirischen Fällen haben sich zwei oder mehr gefestigte und mächtige Lebensordnungen zusammengeschlossen und eine so starke Hegemonie erlangt, daß ihre ineinandergreifenden regelmäßigen Handlungsorientierungen eine ganze Zivilisation über Jahrhunderte oder sogar Jahrtausende hinweg beeinflußten. Webers Bezugsrahmen aus gesellschaftlichen Ordnungen und ihren spezifischen Idealtypen erlaubt die genaue Kenntlichmachung solcher Fälle. Solches geschah beispielsweise in China, als die patrimonialen Herrscher eine Allianz mit dem Konfuzianismus und den Werten der Sippe bildeten, in Indien, als sich die Hindu-Brahmanen mit den Fürsten und Königen der Kschatrija (kṣatriya) zusammenschlossen, und in den Vereinigten Staaten, als sich die kalvinistische Arbeitsethik mit einer starken Unternehmerklasse und dem modernen Kapitalismus verband.[29]

---

28 „Denn nach unbezweifelter Lehre gab das richtige Wissen magische Macht [...]. Die heilige Gnosis machte ihn wundertätig" (*HB* 159).

29 Empirisch gesehen fallen für Weber Hinterlassenschaften natürlich nicht immer in die gesellschaftlichen Ordnungen und ihre spezifischen Idealtypen. Um es zu wiederholen: Dieser theoretische Bezugsrahmen ist nicht dazu gedacht, „erschöpfend" zu sein, sondern um als ein heuristischer Bezugsrahmen zu dienen, der die Identifizierung kausal bedeutsamer Handlungsmuster unterstützt. Seine Texte liefern hierfür zahlreiche Beispiele. Er führt an, daß ein „praktisch nüchterner Rationalismus" aus *römischen Zeiten* das Gerüst für die dogmatische und ethische Systematisierung des christlichen Glaubens bildete und damit „das wichtigste Erbteil des Römertums in der [christlichen] Kirche" (*WuG* 336). In ähnlicher Weise hinterließ eine extrem militaristische Epoche im *vorklassischen China* eine derart starke Erbschaft des Stolzes, des Stoizismus und der Zurückweisung des „Jenseits", daß chinesische Oden selbst noch im siebten Jahrhundert vor Christus „nicht: Weise und Literaten, sondern: Krieger" besangen (*KT* 323). Weber erkennt, daß sich *in den Vereinigten Staaten* Erbschaften aus der Sphäre der Religion empirisch gesehen nicht bloß in einer anderen gesellschaftlichen Ordnung oder in mehreren Bereichen ausbreiteten, sondern allgemein. Zentrale Werte der protestantischen Askese – disziplinierte und tägliche Arbeit in einem „Beruf", die regelmäßige Spende zu Wohltätigkeitszwecken, die Bildung abstrakter und unpersönlicher Ziele, die Orientierung an der Zukunft und an der Beherrschung der Welt, ein Optimismus hinsichtlich der Fähigkeit zur Gestaltung des persönlichen Schicksals und eine starke Intoleranz gegenüber dem „Bösen" – bleiben ein integraler Bestandteil des amerikanischen Lebens im allgemeinen, ungeachtet der Tatsache, daß viele, die an diesen Werten festhalten, sie nicht als religiöse Tugenden oder auch nur als eng mit einem religiösen Erbe verknüpft wahrnehmen. Er schreibt: „als ein Gespenst ehemals religiöser Glaubensinhalte geht der Gedanke der ‚Berufspflicht'

Hinterlassenschaften allein erfassen jedoch nicht vollständig, die Art und Weise, wie vergangene Handlungsorientierungen in Webers Kausalanalysen einen direkten Einfluß auf regelmäßiges soziales Handeln in der Gegenwart ausüben. Ein weiterer, häufig benutzter Begriff – die *Vorbedingungen* – belegt ebenfalls, wie in seinen historisch-vergleichenden Texten durchgängig vergangene Handlungsorientierungen in regelmäßiger Weise Handlungsorientierungen in der Gegenwart beeinflussen. Die Weltsystem-Schule sowie der interpretative historische und der kausalanalytische Ansatz entwerfen keinen vergleichbaren Begriff, obwohl sie alle die kausale Bedeutung der Vergangenheit zugestehen. Wiederum dienen die in *WuG* formulierten Lebensordnungen und ihre spezifischen Idealtypen als ein theoretischer Bezugsrahmen, der die Identifizierung empirischer Vorbedingungen unterstützt.

Vorbedingungen können für Weber zu bedeutsamen kausalen Handlungsorientierungen werden.[30] Einige Beispiele werden die zentrale Bedeutung dieser Form diachroner Wechselwirkungen demonstrieren.[31]

---

in unserem Leben um" (*PE* 204, vgl. auch 55 f., 203, 200, Anm. 4; *Abriß* 313 f.; *WuG* 709; Kalberg 1989b). (Weber bezeichnet diese Situation als ein „caput mortuum"-Erbe, ein Ausdruck, der sich ziemlich häufig in seinen sämtlichen historisch-vergleichenden Texten findet; vgl. z. B. *WuG* 682, 685; *PE* 203 f.) Im Fall der protestantischen Sekten in den Vereinigten Staaten hinterließen die „unmittelbar demokratische [...] Verwaltung durch die Gemeinde" sowie die Ablehnung des Amtscharismas durch die Sektenmitglieder eine Hinterlassenschaft, die entscheidend für die Entwicklung einer demokratischen Zivilgesellschaft war. Besonders die Quäker ebneten den Weg für politische Toleranz, indem sie für die Gewissensfreiheit sowohl für sich selbst als auch für andere eintraten (vgl. *WuG* 721-726). Andererseits würde Weber angesichts seiner vorherrschenden Schwerpunktsetzung auf gesellschaftliche Ordnungen statt auf „Gesellschaften" Parsons' Konstrukt von „‚Saatbett'-Gesellschaften" („seedbed societies") als zu unpräzise ablehnen (Parsons 1972; 1975)

30   Die Ausdrücke „Voraussetzung", „Vorbedingung" und „Vorläufer" werden synonym verwendet. Webers Begriff der „Voraussetzung" sollte nicht mit dem strukturfunktionalistischen Begriff „funktionales Erfordernis" verwechselt werden; der Ausdruck „Erfordernis" impliziert eine strengere und direktere kausale Verbindung als Weber sie vermitteln möchte.

31   Es ist ziemlich schwierig, die beiden Formen diachroner Wechselwirkungen – Vorbedingungen und Erbschaften – in Webers Texten auseinanderzuhalten. Ich habe sie analytisch getrennt und an unterschiedlichen Beispielen veranschaulicht, um das ganze Ausmaß der Beschäftigung Webers mit dem Einfluß der Vergangenheit auf die Gegenwart zu zeigen.

Wechselwirkungen innerhalb von gesellschaftlichen Ordnungen

Ein Bemühen, Vorbedingungen zu identifizieren, kennzeichnet Webers gesamte historisch-vergleichende Analyse der *Religion*. Die von Zauberern zur magischen Bezwingung von Geistern verwendeten Mittel bildeten sehr oft deutliche Vorläufer für die verschiedenen soteriologischen Heilsmethodiken (*WuG* 326). In ähnlicher Weise kann der Magier in „primitiven" Religionen als der „entwicklungsgeschichtliche Vorläufer" des Propheten, und zwar des „exemplarischen wie des Sendungspropheten" betrachtet werden (*Zwi* 540).

Diese Beschäftigung mit Vorbedingungen und ihrer klaren Identifizierung wird auch in Webers Studien über die Weltreligionen deutlich. Seine ausführliche Erörterung der vedischen Religion und ihres kausalen Einflusses auf die Entstehung von Hinduismus und Buddhismus in der klassischen Epoche bietet hierfür ein Beispiel (vgl. *HB* 27-31). Sie wird gleichfalls deutlich an seiner Untersuchung der verschiedenen Arten, auf die die rituellen Gesetze im antiken Israel, wie sie sich sowohl im Bundesbuch als auch im heiligen *Berith* (Bund) mit Jahwe finden, feste Vorbedingungen schufen, die die Reden der Sendungspropheten des Alten Testaments prägten. Die Propheten erhoben nicht den Anspruch, in der Art von Jesus neue Gebote zu verkünden – „Es steht geschrieben, ich aber sage euch" –, sondern sie identifizierten antike Bräuche, levitische Lehren (Amos 2: 4; Jesaja 24: 5) und Rechtsprechungen als Quellen ihrer Moral. Beispielsweise bildete die levitische Praxis der Beichte und der Buße die Grundlage für die Verkündigungen der Propheten, daß Jahwe „furchtbare Übel" verhängen werde, wann immer die Moral und die Gebote verletzt wurden (*AJ* 310, 319, 251; vgl. auch 348-350, 331). In ähnlicher Weise schufen die Formen der „außerweltlichen Askese" und des Mönchtums im mittelalterlichen Katholizismus – die auf der Grundlage einer Vorstellung von Gemeinschaft entstanden, die erheblich weiter entwickelt war als die ihrer Gegenstücke in Indien (vgl. Silber 1985) – einen deutlichen Vorläufer für die spezifische innerweltliche Askese, die mit den protestantischen Sekten auftrat.[32]

In der Sphäre der *Herrschaft* diente das Charisma des großen Kriegers und des legendären Ritters, die beide Erfolg trotz Risikos und Härte sowie die Befreiung aus außerordentlicher Not erhoffen ließen, als Vorläufer des Königtums: „Das Königtum wächst aus charismatischem Heldentum heraus" (*WuG* 676, 670). An Charisma orientiertes regelmäßiges Handeln bildete eine

---

32 Weber nennt außerdem weitere Vorbedingungen für die Entwicklung der protestantischen Ethik. Vgl. z. B. *PE* 189 u. 189, Anm. 4; *HB* 372; Weber 1889.

Vorbedingung für eine andere Form des Charismas im Fall der Nabi-Ekstatiker, die die klassischen Schriftpropheten im antiken Israel ankündigten.[33] Ebenso bildete das Erziehungssystem der patrimonialen Herrschaft aufgrund seiner Betonung von administrativer Ausbildung, Buchführung, Büroarbeit und Rechtsschulung einen Vorläufer für das „Berufs"-Ideal der modernen Bürokratie (*WuG* 653).

Wechselwirkungen zwischen gesellschaftlichen Ordnungen

Auch mit Blick auf die Wechselwirkungen zwischen Lebensordnungen bildet die Identifizierung kausal bedeutsamer vorausgehender Handlungsorientierungen ein verbreitetes Vorgehen in Webers gesamten empirischen Texten. Seine *Rechtssoziologie* bietet anschauliche empirische Beispiele. Die formalen Qualitäten des römischen Rechts und der römischen Rechtsschulung lieferten Vorläufer sowohl für das patrimoniale Rechtswesen als auch, in Verbindung mit Werten aus dem Naturrecht, für die Entwicklung eines universalistischen Legitimationsrahmens für die bürokratische Herrschaft der Neuzeit (*WuG* 491 f.). Indem das logisch formale Recht die grundlegenden Menschenrechte unumstößlich zum Ausdruck brachte und festgelegte Regeln und Rechtstechniken (beispielsweise das Recht zur Stellvertretung und das Prinzip der Vertragsfreiheit) für Handelsgeschäfte sowie Verfahren der Vertragsdurchsetzung lieferte, bereitete es den Weg für „das freie Schalten des Verwertungsstrebens des Kapitals mit Sachgütern und Menschen" und unterstützte dadurch den Aufstieg des modernen Kapitalismus (*WuG* 398, 407 f., 424, 725 f.). Andererseits verweist Weber auf die von einem *Stand* von Intellektuellen getragene Aufklärung. Ihre Zusammenführung der Menschenrechte mit einem Glauben an die Vernunft des Einzelnen begründete nicht nur ihre Gegenposition zum patrimonialen und feudalen Recht, sondern lieferte auch einen Vorläufer für die Institutionalisierung abstrakter Normen in der Rechtssphäre (*WuG* 725 f.).[34] Eine sehr wichtige Konstellation von Hand-

---

33 Obwohl diese frühe Prophetie nur zum Teil politisch ausgerichtet war, waren sich die Schriftpropheten ihrer Botschaft lebhaft bewußt: Durch Vergleiche der Geschehnisse ihrer eigenen Zeit mit der „guten alten Zeit" und dem „guten alten Recht" bezogen sie aus dieser Botschaft Stärke und Vertrauen (*AJ* 110-112, 121 f., 234, 282).

34 In seinen politischen Schriften ist Weber weniger zurückhaltend bei der Betonung der Bedeutung der Aufklärung als Vorläuferin der Moderne: „Denn schließlich ist es eine gröbliche Selbsttäuschung, zu glauben, ohne diese Errungenschaften aus der Zeit der ‚Menschenrecht' vermöchten wir heute (auch der Konservativste unter uns) überhaupt

lungsmustern in der Entwicklung des modernen Kapitalismus – „das Entstehen der rationalen innerweltlichen Ethik" – hängt selbst wiederum vom Auftreten *bürgerlicher* Schichten ab: „Im Occident ist das Entstehen der rationalen innerweltlichen Ethik an das Auftreten von Denkern und Propheten geknüpft, die, wie wir sehen werden, auf dem Boden *politischer* Probleme eines sozialen Gebildes erwuchsen, welches der asiatischen Kultur fremd war: des politischen Bürgerstandes der *Stadt*, ohne die weder das Judentum noch das Christentum noch die Entwicklung des hellenistischen Denkens vorstellbar sind" (*HB* 372, Hervorhebungen i. Orig.).

Vielleicht betrifft der wichtigste Vorläufer in Zusammenhang mit den *universellen Gemeinschaften* deren Zerstörung: Die Vernichtung der Haushalts- und Sippenwirtschaft des Mittelalters war notwendig für die Entwicklung der Zünfte und der Produktion für den Markt (*Abriß* 135 f.). Die Herausbildung bestimmter *Schichten* erforderte ebenfalls gewisse Vorbedingungen: „In Ostasien und Indien fehlt der Paria-, ebenso wie der Kleinbürgerintellektualismus, soviel bekannt, fast gänzlich, weil das Gemeingefühl des Stadtbürgertums, welches für den zweiten, und die Emanzipation von der Magie, welche für beide Voraussetzung ist, fehlt" (*WuG* 309). Schließlich kann ein *Verschmelzen* von Lebensordnungen eine Vorbedingung schaffen: Beispielsweise entstand in Indien in Form des „Gentilcharismas" eine interessante Verbindung von universellen Gemeinschaften (die Sippe) und (patriarchalen) Herrschaftsverbänden. Diese Verschmelzung bildete sowohl einen entscheidenden Vorläufer für die Entwicklung der Brahmanenkaste als auch für das Kastensystem insgesamt (*HB* 51 f.; vgl. unten S. 250 f.).[35]

---

zu leben" (*PS* 333).

35 Um es nochmals zu betonen (vgl. Anm. 29): Obwohl die in *WuG* herausgestellten gesellschaftlichen Ordnungen und ihre spezifischen Idealtypen für Weber den theoretischen Bezugsrahmen bilden, der die Feststellung kausal bedeutsamer Vorbedingungen unterstützt, bietet er viele empirische Beispiele, die von diesem Rahmen nicht erfaßt werden. Da das heuristische Konstrukt „offen" ist, schließt es keine „erschöpfende" Einordnung aller empirischen Handlungsmuster ein. Beispielsweise sieht er die Entwicklung der Massendemokratie als einen Vorläufer für das Anwachsen von Bürokratien. Eine einerseits durch einen Ausgleich wirtschaftlicher und sozialer Unterschiede und andererseits durch plutokratische Privilegien gekennzeichnete gesellschaftliche Demokratisierung bringt Bürokratien hervor. (Obwohl Weber sich beeilt zu betonen, daß Demokratisierung nicht die einzige mögliche Grundlage für Bürokratisierung ist (vgl. *WuG* 572); wenn er deren Wurzeln untersucht, verweist er auch auf die „Hauptrolle", die der Kapitalismus dabei spielte, sowie auf die Entwicklungen auf den Feldern der Kommunikation und des Transports (vgl. z. B. *WuG* 129).) An dieser Stelle kommen schlicht die „Erfordernisse" der Massendemokratie ins Spiel: „die bü-

Das in Webers Kausalanalysen sowie insgesamt in seinen empirischen Texten durchgängig hervortretende Bemühen, diachrone Wechselwirkungen regelmäßigen Handelns[36] und sogar ganze Reihen von Vorbedingungen zu identifizieren, sollte jedoch nicht zu dem Schluß führen, daß ein einfacher Verweis auf „Kausalketten" – sobald alle relevanten Faktoren zusammen auftreten, ist eine kausale Erklärung des untersuchten Falles oder der untersuchten Entwicklung erreicht – Webers praktizierte kausale Methodologie angemessen erfaßt. Für ihn bleiben alle derart „statischen" Herangehensweisen sowohl einseitig als auch drastisch unvollständig.

Erstens unterlassen sie eine Einschätzung der Selbstbehauptungskraft stabiler Handlungsorientierungen und ihrer Fähigkeit, die Transformation sozialen Handelns zu behindern. Sobald eine Kausalkette gebildet wurde, gehen sie einfach davon aus, daß derartiges regelmäßiges Handeln überwunden werden wird. Die Betonung, die Webers Soziologie darauf legt, wie die vier Typen sozialen Handelns regelmäßiges Handeln hervorbringen können, seine Formulierung eines breiten Spektrums von Ordnungen, legitimen Ord-

---

rokratische Organisation [...] ist insbesondere eine unvermeidliche Begleiterscheinung der modernen Massendemokratie im Gegensatz zu der demokratischen Selbstverwaltung kleiner homogener Einheiten. Zunächst schon infolge des ihr charakteristischen Prinzips: der abstrakten Regelhaftigkeit der Herrschaftsausübung. Denn diese folgt aus dem Verlangen nach ‚Rechtsgleichheit' im persönlichen und sachlichen Sinn, also: aus der Perhorreszierung des ‚Privilegs' und aus der prinzipiellen Ablehnung der Erledigung ‚von Fall zu Fall'" (*WuG* 567, Hervorhebung i. Orig.; vgl. auch 129 f.). Weber bemerkt ferner, daß eine *okzidentale Stadt* eine Vorbedingung bildete: Das Gemeinschaftsgefühl einer städtischen Bürgerschaft bildete in den Städten, zusammen mit einer Loslösung von der Magie, eine Vorbedingung für die Entwicklung von Staatsbürgerschaft und Demokratie (vgl. *Abriß* 270-283; *WuG* 741-757; sowie die Zusammenfassung von Bendix 1964: 64 f.); gleiches gilt für den „Paria-" und den „Kleinbürgerintellektualismus" (*WuG* 309).

36 Angesichts dieser Betonung diachroner Wechselwirkungen würde Weber Parsons' wohlbekannte Kritik zurückweisen. Parsons argumentiert, daß Idealtypen bei Weber darauf hinauslaufen, daß sozialer Wandel nur in einer plötzlichen oder sogar revolutionären Weise stattfinden kann; sie würden sich unzulänglich mit graduellen, kumulativen und in Wechselbeziehungen stehenden Wandlungen beschäftigen (1963: LXIV-LXV). Webers fortwährende Bezugnahme auf die Formen – Hinterlassenschaften und Vorbedingungen —, in denen die Vergangenheit ständig in die Gegenwart eindringt, stellt jedoch das Auftreten plötzlichen und qualitativen Wandels überhaupt in Frage. Beispielsweise bedeutet selbst das Auftreten von ethischen Erlösungsreligionen, die überall zu Beginn von charismatischen Propheten getragen wurden, keinen unmittelbaren und scharfen Bruch mit der Vergangenheit: „Die Verheißungen der Erlösungsreligionen blieben [...] zunächst nicht an ethische, sondern an rituelle Vorbedingungen geknüpft" (*Einl* 245; vgl. auch z. B. *WuG* 349).

nungen und soziologischen Orten und seine Hervorhebung der Art und Weise, wie die Handelnden einer Herrschaft Legitimität zusprechen – sie alle drücken die große Beständigkeit des Handelns aus (vgl. Kapitel 1, S. 52-74).[37]

Zweitens bieten Kausalketten keine Möglichkeiten, um die unterschiedliche Stärke bestimmter Kausalkräfte zu ermitteln. Indem Weber „ermöglichende" von „notwendigen" Handlungsorientierungen unterscheidet, praktiziert er eine Forschungsstrategie, die grundsätzlich verschiedene Grade kausaler Bedeutung unterscheidet.

Eine letzte Schwäche des Ansatzes der Kausalketten richtet die Aufmerksamkeit auf eine allgemeine Schwäche in allen Ansätzen, die sich nur mit Wechselwirkungen beschäftigen, egal ob synchronen oder diachronen: die Blindheit gegenüber der Einbettung einzelner Faktoren in abgegrenzte soziale Kontexte und gegenüber den Arten, auf die verschiedene Kontexte unterschiedliche Einflüsse auf diese einzelnen Faktoren ausüben können. Dies geschieht sogar so stark, daß der gleiche Faktor, abhängig von seinem Kontext, häufig eine unterschiedliche Auswirkung hat. Der Ansatz der Kausalketten vernachlässigt genau diese Erwägung. Weber isoliert demgegenüber, erstens, die *Wechselwirkung* bedeutsamer Handlungsorientierungen in klar umrissenen sozialen Kontexten und, zweitens, die mögliche Herausbildung bedeutsamer Kausalkräfte als Ergebnis dieser Wechselwirkung und vermerkt sie als in sich selbst kausal bedeutsam.[38] Dieses Thema wird uns im folgenden Abschnitts beschäftigen.

Wie zentral die „Hinterlassenschaften" und die „Vorbedingungen" als Formen diachroner Wechselwirkungen in Webers empirischen Texten auch durchgängig sind und wie anschaulich sie die Bedeutung vermitteln, die er

---

37 Weber überlegt: „Allein schon rein theoretisch fragt es sich dann: wie kam Bewegung in eine träge Masse derart kanonisierter ‚Gewohnheiten', welche ja aus sich heraus, gerade weil sie als verbindlich galten, nichts Neues gebären zu können scheint?" (*WuG* 442). Collins' Rekonstruktion von „Weber's Last Theory of Capitalism" (1980), die einen wichtigen Beitrag darstellt, stützt sich zu sehr auf das Konzept der Kausalkette und vernachlässigt die verschiedenen Arten, auf die für Weber Gruppierungen von Kräften dynamisch miteinander in Wechselwirkung stehen. Webers zentrale Vorstellungen von „Kontext" und „dynamischen Verknüpfungen" (siehe unten) fehlen vollständig . Darüber hinaus ist Collins außerstande, ein Kriterium anzubieten, das die Stufen seiner Kausalkette („intermediate", „background" und „ultimate conditions"), klar voneinander unterscheidet.

38 Schluchters Analyse der Entstehung des westlichen Rationalismus (1981) behandelt diese drei Probleme nicht.

der Vergangenheit in allen Analysen der Gegenwart zumißt, sie stellen für ihn nie adäquate Kausalität fest. Sie tun dies genausowenig wie seine Unterscheidung zwischen ermöglichenden und notwendigen Handlungsorientierungen oder seine Betonung synchroner Wechselwirkungen von Handeln. Dies gilt selbst dann, wenn man den theoretischen Bezugsrahmen, der von den gesellschaftlichen Ordnungen und ihren spezifischen Idealtypen aus *WuG* gebildet wird, mitbedenkt. Es muß eine weitere Stufe seiner praktizierten kausalen Methodologie rekonstruiert werden: die *dynamische* Wechselwirkung regelmäßigen Handelns. Da diese Wechselwirkung in Bezug auf ein *breites* Spektrum kausaler Handlungsorientierungen auftritt, unterscheidet sich Weber wiederum von der Weltsystem-Schule und vom kausalanalytischen Ansatz.

Dynamische Wechselwirkungen und der Kontext von Handlungsmustern

Die Kausalanalysen in Webers empirischen Texten stellen wiederholt dar, auf welche Art regelmäßiges Handeln innerhalb eines begrenzten *Kontextes* vielfältiger Handlungsorientierungen stattfindet.[39] Dabei steht regelmäßiges Handeln auf eine Weise in einer Wechselwirkung, die sich qualitativ von den linearen synchronen und diachronen Wechselwirkungen unterscheidet, die bis jetzt benannt wurden; es findet eine dynamische Wechselwirkung statt. Diese Wechselwirkung als solche löst einen bedeutsamen kausalen Schub aus. Weber zufolge sind die Isolierung und klare Benennung dieser Wechselwirkungen entscheidend, um adäquate Kausalität festzustellen. Bevor wir uns der Definition dynamischer Wechselwirkungen zuwenden, muß kurz untersucht werden, auf welche Weise seine historisch-vergleichenden Arbeiten die Kontexte mehrfacher Handlungsorientierungen behandeln.

Wie eng regelmäßiges Handeln auch in lineare Kausalketten eingebunden zu sein scheint, so wird es doch, wie Webers empirische Texte belegen, stets von einem Kontext von Handlungsorientierungen beeinflußt. Beispielsweise brachte die Verkündung der allgemeinen Teilnahme an der Eucharistie durch Paulus deutlich eine Vorstellung von „Bürgertum" zum Ausdruck, doch die Gruppierung von Handlungsorientierungen, die in dieser Vorstellung enthal-

---

39 Dies trifft zu, auch wenn Weber an keiner Stelle in prägnanter Form die Wichtigkeit des sozialen Kontextes regelmäßiger Handlungsorientierungen für die Feststellung adäquater Kausalität diskutiert.

ten war, wurde erst dann soziologisch bedeutsam, als annähernd tausend
Jahre später ein neuer – von Städten und starken städtischen Zünften bestimmter – Kontext von Handlungsorientierungen entstand (*HB* 39 f.). In
ähnlicher Weise beobachtete Weber, daß ein einmaliges Merkmal der Organisation der frühchristlichen Kirche – der „charakteristische rationale bürokratische *Amts*charakter ihrer Funktionäre" – vorübergehend verschwand als
der Feudalismus des frühen Mittelalters vorherrschend wurde, daß er jedoch
im elften Jahrhundert „wieder auflebte und alleinherrschend wurde", sobald
sich der Kontext des regelmäßigen Handelns geändert hatte (*WuG* 480). E-
benso verzeichnet Weber spezifische Handlungsorientierungen je nach den
Kontexten sozialen Handelns: Bloßer Zwang bleibt als Grund für Disziplin
solange verborgen, wie ein ethisches Handeln überwiegt, wird jedoch offenkundig und bleibt ein „‚caput mortuum' [...] überall da, wo die ‚ethischen'
Qualitäten: Pflicht und Gewissenhaftigkeit, versagen" (*WuG* 682). Der Aufstieg charismatischer Anführer hängt ebenfalls von einem Kontext von Handlungsorientierungen ab.[40] Selbst ethische Prophetie, die Weber als eine große
charismatische Kraft ansieht, welche in der Lage ist, stereotypisierte rituelle
Normen zu zerbrechen und das Alltagsleben umzuwälzen (vgl. z. B. *WuG*
349, 657 f.), ist für ihre Entwicklung „normalerweise an ein gewisses Minimum auch intellektueller Kultur gebunden" (*WuG* 296).[41]

---

40 In der Sekundärliteratur über Weber werden solche Anführer häufig so betrachtet, als
    würde ihr Auftreten einzig auf persönlichen Eigenschaften beruhen.
41 Die zentrale Bedeutung der Einbettung regelmäßigen sozialen Handelns in Kontexte
    aus Handlungskonstellationen in Webers gesamter historisch-vergleichender Soziolo-
    gie wurde in der Sekundärliteratur nie erkannt. Die meisten Kommentatoren seiner
    empirischen Schriften – z. B. Parsons (1937; 1963), Schluchter (1979a; 1988), Bendix
    (1964: 210, Anm. 24), Mommsen (1989: 153), Ragin u. Zaret (1980) sowie Alexander
    (1983) – haben seinen kontextuellen Schwerpunkt im Zusammenhang mit Kausalität
    vernachlässigt. Sie alle haben diesbezüglich nur die Ausgangspunkte festgestellt. Eine
    Stelle bei Smelser, die den Gebrauch von Idealtypen als „Maßstäbe" hervorhebt, er-
    weist sich als typisch: „Für Weber liegt [...] die grundlegende Quelle soziologischer
    Erklärung in der Bildung eines oder mehrerer idealtypischer Konstruktionen des Sinn-
    zusammenhangs eines Handelnden und dem Vergleich dieser Erwartungen mit den
    besten verfügbaren Daten" (1976: 67 [dt. v. TS]). Roths verschiedene Erörterungen
    konzentrieren sich nur auf den Modellcharakter der Idealtypen (1971c: 85-93; Roth
    und Schluchter 1979: 125-127, 198). Im übrigen vermerkt er Webers „strukturellen
    Zugang zur Geschichte" (Roth und Schluchter 1979: 177 f.), seine Entwicklungsge-
    schichte (1981; 1987: 80-90) und seine sehr vorläufigen „Vergleichsmittel" („compa-
    rative devices"): der „negative Vergleich" („negative comparison"), die „anschauliche
    Analogie" („illustrative anlaogy"), die „metaphorische Analogie" („metaphorical ana-
    logy") (vgl. 1968: XLIII; 1971c: 81) und der „idealtypische Zugang" („ideal-typical

Diese Berücksichtigung des Kontextes regelmäßigen Handelns in Webers Kausalanalysen wird ebenfalls an seiner wiederholten Beschäftigung mit der Frage deutlich, was in einem bestimmten Milieu soziologisch bedeutsam werden *kann*. Sein maßgeblicher Essay „Zwischenbetrachtung" wählt als einen seiner Hauptfäden einen ausgedehnten vergleichenden und historischen Versuch, die sozialen, die wirtschaftlichen, die religiösen und die auf Herrschaft bezogenen Umstände zu umreißen, in denen eine Brüderlichkeitsethik aufkeimen kann (vgl. *Zwi* z. B. 542-554; *WisB* 612). Darüber hinaus wendet Webers Ausrichtung auf das, „was soziologisch relevant werden kann", seine Analysen den Bedingungen zu, die *verhindern*, daß eine bestimmte Entwicklung relevant werden kann. Angesichts des Rückzugs der „letzten und sublimsten Werte" aus der Öffentlichkeit in die private Sphäre von Intimität und Brüderlichkeit ist es nicht überraschend, daß „unsere höchste Kunst eine intime und keine monumentale ist" (*WisB* 612). Und es ist auch nicht zufällig, daß es in diesem Milieu nicht möglich ist, einen monumentalen Stil einfach zu „erfinden".[42] Entsprechend können in einem Kontext der Intellektualisierung, der Entzauberung und des Rückzugs sublimer Werte in die Privatsphäre große Propheten nicht länger durch die Kraft ihrer Persönlichkeiten Gemeinschaften zusammenschmieden und religiöse Neubildungen hervorbringen (*WisB* 612). Eine derartige Anerkennung von Kontexten erstreckt sich sogar bis auf eine recht spezifische Ebene. Weber argumentiert beispielsweise, daß die „Umarbeitung des Bundesbuchs, welche in das *deuteronomische* ‚Lehrbuch' aufgenommen ist", nur zu der Zeit habe geschehen können, „als das Reich Juda in Wahrheit schon nahezu mit der Polis Jerusalem nebst den von ihr politisch abhängigen Kleinstädten und Dörfern identisch war" (*AJ* 71).[43] In Webers historisch-vergleichenden Texten ist die

---

approach") (1971c: 82-84). Webers Betonung des sozialen Kontextes von Handeln ist nirgends zu finden. Selbst Warner, der im übrigen wichtige Verfahren identifiziert, die in den historisch-vergleichenden Texten durchgehend angewandt werden, vernachlässigt diesen Aspekt (1972). Collins konzentriert sich, wie beschrieben, weitestgehend auf „Vorbedingungen" und „Kausalketten" (1980: 934-936). Am stärksten ist sich offenbar Smelser der kontextuellen Ebene in Webers historisch-vergleichenden Schriften bewußt (1976: 123, 139-141, 144 f.). Doch er bleibt in dieser Hinsicht unsystematisch und fällt einerseits zurück auf eine „autonomous logic [...] which programs action" und andererseits auf „Bedingungen" („conditions") (Smelser 1976: 126-128, 135).

42 Formulierungen wie „es ist kein Zufall" und „es ist nicht überraschend" beschließen häufig Webers Analysen.

43 Weber liefert eine „Wissenssoziologie" des Bundesbuchs im allgemeinen in *AJ* (66-98).

zentrale Bedeutung dieser Frage – welche Faktoren soziologisch bedeutsam werden können – durchgehend auch an einer Reihe von Analysen ersichtlich, die sich eingehend mit den Umständen befassen, unter denen Neuerungen auftreten.[44]

Jedes Milieu[45] aus regelmäßigen Handlungsorientierungen drückt neuem regelmäßigem Handeln einen bestimmten Stempel auf. Dabei werden sowohl seine Wirkung als auch seine Substanz geformt. Den Handlungsorientierungen selbst, oder der Tatsache ihres Auftretens, widmet Weber keine Aufmerksamkeit; wichtig sind vielmehr die sozialen Umstände, unter denen sie auftreten.[46] Da die „Ansätze" in nahezu allen denkbaren Entwicklungen universell aufgetreten sind[47], argumentiert er häufig, daß eine Konzentration allein auf die Ursprünge relativ unwichtig ist (vgl. z. B. *WuG* 709, 638; *Einl* 268; *Vorb* 1-4, 6-9). Der *Kontext* regelmäßigen Handelns ist entscheidend, wenn sich neue Handlungsorientierungen ausbreiten und soziologisch bedeutsam werden sollen. Weber bemüht sich in seinen historisch-vergleichenden Schriften durchgehend darum, die „,Einzeltatsache' als Glied, also als ‚*Real*grund', in einen realen, also konkreten *Zusammenhang*" einzufügen (*Logik* 237).[48]

Diese Betonung in Webers gesamten empirischen Texten darauf, wie regelmäßiges Handeln in begrenzte Handlungskontexte eingebettet ist, bewahrt ihn vor dem Festhalten an einer entscheidenden Annahme der Durkheimschen Soziologie: daß eine einzelne Ursache stets eine einzelne Wirkung

---

44 Weber nimmt durchaus ein beträchtliches Maß an interkulturellen „Anleihen" zur Kenntnis. Er widersetzt sich jedoch allen diffusionstheoretischen Ansichten. Vgl. oben Anm. 14.

45 Ich verwende die Begriffe „Kontext", „Milieu" und „Umstände" synonym.

46 Diese starke Betonung des Kontextes, in dem Handeln stattfindet, und nicht das Wesen des Handelns selbst trennt Weber – neben seiner Beachtung der *vier* Typen sozialen Handelns und der unterschiedlichen Intensität des Handelns (vgl. Kapitel 1 und 2) – überdies scharf von allen Rational Choice-Theorien.

47 So beispielsweise mit Bezug auf das philosophische Denken und auf Asien: „Es kann hier versichert werden [...]: daß es auf dem Gebiet des Denkens über den ‚Sinn' der Welt und des Lebens durchaus nichts gibt, was nicht, in irgendeiner Form, in Asien schon gedacht worden wäre" (*HB* 365).

48 Webers Berücksichtigung des Kontextes von regelmäßigem Handeln wird nicht nur bei seiner Verknüpfung von Handlung und Struktur durch soziologische Orte (vgl. Kapitel 1, S. 62-73) und bei seiner Modellbildung (vgl. Kapitel 4, S. 139-144) deutlich, sie spielt auch eine zentrale Rolle in seiner kausalen Methodologie. Das deutlichste Beispiel dieser Schwerpunktsetzung in seinen methodologischen Schriften liefern seine Diskussion der Briefe Goethes an Frau von Stein (*Logik* 241-251) und sein Begriff der „Kulturbedeutung" (*Obj* 176-181).

hervorbringt.[49] Aus dem gleichen Grund lehnt er ebenso die Auffassung ab, daß die Faktoren, die erforderlich sind, um die Entwicklung eines bestimmten regelmäßigen Handelns kausal zu erklären, auch in allen ähnlichen Fällen gegeben sein müssen. Beispielsweise solle „ganz und gar nicht eine so töricht-doktrinäre These verfochten werden wie etwa die, daß der ‚kapitalistische Geist' [...] *nur* als Ausfluß bestimmter Einflüsse der Reformation habe entstehen *können*" (*PE* 83, Hervorhebung i. Orig.).[50] Entsprechend merkt Weber an, daß die Quelle für das Lob der Weisen von „Gehorsam, Schweigen und Mangel an Selbstüberhebung" in Ägypten die „bürokratische Subordination", in Israel hingegen „der plebejische Charakter der Kundschaft" war (*AJ* 232 f.).

Webers Aufmerksamkeit für den Kontext von Handlungsorientierungen ergibt sich aus einer bestimmten Haltung: Seine empirischen Untersuchungen führten ihn zu dem Schluß, daß sich die Wechselwirkung regelmäßigen Handelns in einem Milieu mehrfacher Handlungsregelmäßigkeiten in einer *dynamischen* Weise vollzieht. Als Folge des Zusammentreffens von zwei Gruppierungen wiederkehrender Handlungsorientierungen kann eine eigenständige *Dynamik* eintreten, und durch das Vorhandensein von zusätzlichem regelmäßigen Handeln kann eine weitere Dynamik ausgelöst werden. Dynamische Wechselwirkungen treten in beiden Fällen auf, und solche Wechselwirkungen rufen qualitativ neue Handlungsorientierungen von soziologischer Relevanz hervor. Tatsächlich kann als Folge dynamischer Wechselwirkungen eine deutliche Stärkung oder Schwächung regelmäßigen Handelns eintreten; die Grade der kausalen Bedeutung – ob unwichtig, ermöglichend oder notwendig – können sich ändern. Die Kausalanalysen in Webers historisch-vergleichenden Texten kennzeichnen keine unerschütterlichen und feststehenden Einheiten, die unabhängig vom Einfluß anderer Faktoren sind; kein „monotoner Kausalfluß", in dem die Kausalität nur in einer Richtung verläuft; keine Annahme über eine „gleichbleibende Relevanz", in der eine „gegebene Ursache zu allen Zeiten gleich relevant ist"; und keine „Einheit von Zeit und Horizont", in dem das Große das Kleine und das Dauerhafte das

---

49   Abbott bezeichnet diesen Grundsatz als das Prinzip des „eindeutigen Sinns" („univocal meaning") (1988: 175 f.).

50   Bei der Suche nach „Wertäquivalenten" für Webers „protestantische Ethik" hat die modernisierungstheoretische Literatur der 60er Jahre die Kontextgebundenheit von Webers These stillschweigend außer acht gelassen.

Fließende verursacht (vgl. Abbott 1988: 172-175; Coser 1975).[51] Webers empirische Schriften belegen, daß selbst die Anordnungen von Kräften, oder die „Effekte der Abfolge" („sequence effects"), für ein bestimmtes Ergebnis entscheidend sind (vgl. auch Abbott 1983; 1984; 1988: 177 f.; 1989; Abbott u. Forrest 1986). Tatsächlich finden manchmal kaleidoskopische Brechungen statt, die zu einer dynamischen Verschmelzung von ehemals sich getrennt entfaltenden Mustern von Handlungsorientierungen führen. Oft werden völlig unvorhergesehene Entwicklungen ausgelöst.[52]

Wie hilfreich es in heuristischer Hinsicht auch immer sein mag, regelmäßiges Handeln einerseits, wie Weber dies geltend macht, für sich genommen oder zusammengefaßt in hypothesenbildenden Modellen oder andererseits, worauf er ebenfalls besteht, als in synchronen und diachronen Wechselwirkungen stehend begrifflich zu erfassen: Die empirische Realität umfaßt immer eine komplexe Wechselwirkung vielfacher vergangener und gegenwärtiger wiederkehrender Handlungsorientierungen und die Veränderung einer jeden als Folge dieser Wechselwirkung. Diese Haltung wird in Webers gesamten empirischen Texten deutlich. Die besondere Bedeutung dynamischer Wechselwirkungen in seiner historisch-vergleichenden Soziologie erfordert ein grundsätzliches Zugeständnis: Wenn die Gegenwart regelmäßigen Handelns auf der Ebene adäquater Kausalität erklärt werden soll, müssen nicht nur synchrone und diachrone Kräfte, und diese auch nicht bloß gleichzeitig gegeben sein; sie müssen ferner in einer „richtigen" Dynamik miteinander in Wechselwirkung stehen. Für Weber bedeutet dies, „daß die Gesamtheit *aller* Bedingungen, auf welche der kausale Regressus von einem ‚Erfolge' aus führt, so und nicht anders ‚zusammenwirken' mußte, um den konkreten Er-

---

51   Dies sind sämtlich Abbotts Ausdrücke. Unter den zeitgenössischen Soziologen hat er
     diese Begriffe am stärksten herausgestrichen. Er sieht in der gegenwärtigen Soziologie
     die weitverbreitete Annahme einer „allgemein linearen Realität" („general linear reali-
     ty") (1988: 169-181, bes. 180 f.; vgl. auch 1983; 1984; 1989), obwohl dies im Fall der
     Weltsystem-Schule sowie des interpretativen historischen und des kausalanalytischen
     Ansatzes weniger der Fall ist. Sie alle betonen – wenn auch in unterschiedlich starkem
     Maß soweit es die Vielfalt kausaler Kräfte betrifft – die Kontextabhängigkeit und die
     dynamischen Wechselwirkungen. Coser formuliert eine entsprechende Kritik (1975),
     die jedoch begrifflich weniger differenziert ist als die von Abbott. Vgl. besonders Co-
     sers Kommentar über die fehlende „relationale" Dimension in der Literatur über be-
     rufliche Schichtung und soziale Klassen.
52   Über das Thema der unvorhergesehenen Folgen in Webers Soziologie könnte ein
     ganzes Kapitel geschrieben werden. Diese Vorstellung, die in seinen gesamten empi-
     rischen Texten immer wieder auftaucht, beruht oft auf der zentralen Bedeutung der
     dynamischen Wechselwirkungen in seinen Arbeiten.

folg so und nicht anders zustande kommen zu lassen" (*Logik* 289, Hervorhebung i. Orig.). Seine praktizierte kausale Methodologie besteht darauf, daß *weitreichende* dynamische Wechselwirkungen identifiziert werden müssen, wenn eine Erklärung die Ebene adäquater Kausalität erreichen soll. Zwar räumen auch der kausalanalytische Ansatz und die Weltsystem-Schule dynamische Wechselwirkungen ein, sie tun dies jedoch nicht, wie Webers theoretischer Rahmen es erfordert, unter Bezug auf einen radikalen Pluralismus von kausalen Handlungsorientierungen.

Auf welche Weise dynamische Wechselwirkungen eine zentrale Rolle in der zwischen den Zeilen von Webers historisch-vergleichenden Schriften verborgenen kausalen Methodologie spielen, kann an drei rekonstruierten Beispielen gezeigt werden: am Aufstieg des Monotheismus, an der unpersönlichen Sicht des Übernatürlichen in Indien und am Konfuzianismus. Diese kurzen Beispiele werden auch einen Verweis auf synchrone und diachrone Wechselwirkungen einschließen. Nahezu alle verzeichneten Regelmäßigkeiten des Handelns beinhalten notwendige Kausalität. Die Bezugnahme auf die gesellschaftlichen Ordnungen und ihre spezifischen Idealtypen aus *WuG* unterstützt wiederholt die Identifikation solcher kausal unmittelbaren Handlungsmuster; andere erweisen sich als spezifisch für die jeweils untersuchte empirische Entwicklung. Webers Analyse vollzieht sich in einer pendelnden Bewegung zwischen dem theoretischen Rahmen von *WuG* und dem untersuchten spezifischen empirischen Fall.

Der Aufstieg des Monotheismus

Eine dynamische Wechselwirkung gegenwärtiger und vergangener Handlungsorientierungen erwies sich als entscheidend dafür, daß die von den Propheten im antiken Israel überlieferten Traditionen kausal wirksam werden konnten für die Transformation Jahwes von einer regionalen und kriegerischen Gottheit zu einem monotheistischen Gott. Die alten Seher und „auditiven" Propheten konnten sich, obwohl sie unter dem „einfachen Volk" einflußreich waren, zur Zeit des vereinten Königreichs (ca. 1004-928 v. Chr.) nicht allzu offen äußern. So wie zentralisierte Regime überall das Charisma einschränkten, so brachten Salomos patrimoniale Bürokratie und die Schicht der Priester diese heroischen Widersacher wann immer möglich zum Schweigen (*AJ* 121). Als die alten freien Propheten an Bedeutung verloren, wurde das Orakelgeben und die „auditive" Prophetie zur „Königsprophetie" (*AJ* 107, 113, 282 f.).[53] Dennoch wurden die charismatischen Seher und frühen Propheten nicht vollkommen unterdrückt. Die Hinterlassenschaft, die sie begründet hatten (die Erinnerung an Moses, die Bundesidee (*berith*) und die Wichtigkeit der Einhaltung der Gebote Jahwes), behauptete sich weiterhin, als sich der Kontext der Handlungsorientierungen wandelte: als das Königtum seinem Ende zuging und Krieg zwischen Israel und dessen benachbarten Königreichen ausbrach.

Der Niedergang des patrimonialbürokratischen Königtums mit seiner hierarchischen Befehlsgewalt, seinen Beamten, Rentmeistern, Armeeoffizieren, spezialisierten Verwaltern und königlichen „Strategen" und Schreibern läßt einen allgemeinen Verfall zentralisierter Kontrolle erkennen. In diesem neuen, offeneren Milieu konnten die „klassischen Schriftpropheten" ihre Warnungen und Aufrufe an die Israeliten freier zu Gehör bringen (*WuG* 257). Tatsächlich fanden diese charismatischen Gestalten aufgrund des Krieges einen guten Grund, ihre Aufforderungen zum Gehorsam gegenüber Jahwes Geboten und zum Ablassen von falschen Göttern zu verstärken, wenn auch nur, weil Unglück und Krieg dem heiligen Bundesbuch zufolge Jahwes Unzufriedenheit mit seinem auserwählten Volk erkennen lassen. Die über mehrere Jahrhunderte anhaltende Kriegsbedrohung und das niedergehende Ansehen des weltlichen Königreichs bewirkte nicht nur eine Vergrößerung der Macht dieser Propheten, sondern auch einen Aufstieg ihres Gottes Jahwe zu einer neuerfundenen Größe. Außerdem kam, als ihre Mahnungen heftiger wurden, die unter der Herrschaft der Könige zum Teil vergessene Erinnerung an Moses und das Bundesbuch zum Vorschein und wurde ausschlaggebend. Inmitten von Krieg, Niedergang und sogar sozialem Chaos erlangte das von den klassischen Propheten verkündete Bild eine neuentdeckte Eindringlichkeit und Glaubwürdigkeit: Zur als heilig verehrten Gestalt wurde der „friedlich fromme Bauer oder Hirt" der alten Eidgenossenschaft (ca. 1180-1004 v. Chr.) (*AJ* 239). Es war nicht überraschend, daß das patrimonialbürokratische Königtum des vereinten Königreichs als ein „Abfall von Jahve als dem eigentlichen Volkskönig" angesehen wurde (*WuG* 274).

---

53 Das bedeutet, während der Friedenszeit, die das vereinigte Königreich brachte, entstand eine Klasse rituell geschulter königlicher Priester. Diese „Kultpriester der Königstempel", die vollständig der königlichen Kontrolle unterworfen waren, wurden als königliche Beamte behandelt und spielten keine nennenswerte unabhängige politische oder religiöse Rolle (*AJ* 175, 181).

Das Eintreten für die alten Ideale und für eine Rückkehr zu den „guten alten Zeiten" fand ein empfängliches Gehör, besonders in jener Schicht, die sich von magischen Überzeugungen und Praktiken gelöst hatte und nun weniger streng von der patrimonialen Herrschaft bestimmt wurde: den städtischen Plebejern. Eine Kenntnis der Gebote Jahwes wurde zunehmend entscheidend für „den Wert und die Autorität des Einzelnen" (*AJ* 239). Es entstand eine Situation, in der eine plebejische Schicht zum Träger einer religiösen Ethik wurde, die das ethische Handeln betonte. Selbst unter Intellektuellen wurden das „nomadische Ideal", die Gebote Jahwes und das ethische Handeln zentral (*AJ* 238 f.) Für Weber liegt „gerade in dem Aufeinanderwirken einer begeisterten Intellektuellenschicht mit diesem Publikum von Schichten, welche durch die Entwicklung der Königszeit entmilitarisiert und sozial deklassiert waren, [...] eines der Geheimnisse der Entfaltung des Jahwismus" (*AJ* 220). Vergangene und gegenwärtige Handlungsorientierungen standen nun in einem fördernden Kontext regelmäßigen Handelns in einer dynamischen Wechselwirkung miteinander; es entstand eine Dynamik von Kräften in der Gestalt, daß alle isolierten Anstöße hin zum Monotheismus verstärkt wurden. Ein Gott des Universums erschien, übermächtig gegenüber allen anderen Gottheiten, allwissend und allmächtig, allgegenwärtig und majestätisch: „was dem, zum Lokalgott der Polis Jerusalem umgewandelten, alten kriegerischen Gott der Eidgenossenschaft die prophetischen universalistischen Züge überweltlicher heiliger Allmacht und Unerforschlichkeit lieh" (*WuG* 257; vgl. auch *AJ* 261).[54]

Der Aufstieg der unpersönlichen Sicht des Übernatürlichen in Indien

Webers kausale Analyse des Aufstiegs einer unpersönlichen Sicht der übernatürlichen Mächte in der klassischen (ca. 600 v. Chr. - 700 n. Chr.) und mittelalterlichen (ca. 700 - 1200 n. Chr.) Zeit Indiens liefert ein weiteres Beispiel für seine Beachtung sowohl *dynamischer* als auch synchroner und diachroner Wechselwirkungen in seinen empirischen Texten.

Er betrachtete die Vorherrschaft der Magie im vedischen oder vorklassischen (ca. 1200 - 600 v. Chr.) Indien als außergewöhnlich stark (*HB* 28 f.). Deren Allgegenwart sowohl unter der vedischen Priesterschaft als auch unter den Kschatrija-Fürsten hatte zur Folge, diese Stände an eine bestimmte Vor-

---

54 Für eine vollständige Rekonstruktion von Webers kausaler Analyse der Entstehung des Monotheismus vgl. Kalberg 1994.

stellung des Übernatürlichen zu gewöhnen. Anders als die Einschränkung der übernatürlichen Mächte auf die besondere Beziehung der Israeliten zu Jahwe im historischen Israel führte die Vorherrschaft der Magie in Indien zu einer Vorstellung des Übernatürlichen als unpersönlich, abstrakt und gestaltlos. Diese Sicht des „Jenseits" blieb jedoch solange unterdrückt, wie charismatische Helden, eine feudale Ethik und mächtige, anthropomorphe Kriegsgötter vorherrschend waren (vgl. z. B. *HB* 124). Doch dieser „politische Feudalismus" in Indiens vorklassischer Epoche beruhte vor allem auf dem Charisma und der feudalen Ethik adliger Sippen und nicht, wie im okzidentalen Mittelalter, auf rechtlichen und wirtschaftlichen Strukturen (vgl. *HB* 64-68; *KT* 314 f.). Als Folge davon erlangten die brahmanisch und buddhistischen Intellektuellen, sobald sie sich in der klassischen und mittelalterlichen Periode zu geschlossenen Ständen herausgebildet und sich mit verschiedenen Schichten und Verbänden zusammengeschlossen hatten, die Macht, sich dem Feudalismus entgegenzustellen und allmählich eine patrimoniale Herrschaft und Befriedung einzuführen (*HB* 59-64, 125-133).

Indem sich diese Transformation vollzog, verschwanden die individualisierten heroischen Götter, die für den Feudalismus und die Kriegführung kennzeichnend waren. An ihrer Stelle begann die gestaltlose und diffuse Vorstellung des Transzendenten ihren Aufstieg, die mit Magie, Mystik, Befriedung, Patrimonialismus und den intellektuellen Schichten vereinbar war. Die unpersönliche Sicht des „Jenseits" stand besonders mit den religiösen Neigungen der Intellektuellen (vgl. *WuG* 304-314; *Einl* 254) und dem unpersönlichen Funktionieren der Patrimonialbürokratie in Einklang (*WuG* 263). Die Macht dieser Schicht und dieser Form von Herrschaft steigerten sich im klassischen Indien dramatisch. Schließlich brachten die Einigung und die Befriedung, in Verbindung mit dem Widerstand gegen die vedischen Rituale charismatischer Magier, die brahmanischen Intellektuellen und die gebildeten Söhne der Kschatrija-Ritter im Verlauf einer dynamischen Wechselwirkung von Handlungsorientierungen dazu, die unpersönliche Sicht des Übernatürlichen wiederzubeleben (*HB* 175). Sie stieg im Mittelalter zu einer Stellung absoluter Vorherrschaft auf und wurde der Grundstein für die mystischen und kontemplativen Elemente im Hinduismus und Buddhismus (s. auch unten S. 246-265).

Der Aufstieg des Konfuzianismus

Auch in seiner Analyse des Aufstiegs des Konfuzianismus betont Weber einen einmaligen Kontext von Handlungsorientierungen. In diesem Kontext standen in der nachklassischen Zeit Chinas (ca. 200 - 800 n. Chr.) gesonderte, für die Entwicklung des Konfuzianismus und seine Verfestigung entscheidende Handlungsmuster in einer dynamischen Wechselwirkung.

Rein historische Faktoren brachten im späten klassischen China (ca. 100 v. Chr. - 200 n. Chr.) soziale Veränderungen mit sich, die zu einem veränderten Kontext führten, in dem langfristige und neuere Entwicklungen verschmolzen. Das geschah in einem solchen Maß, daß alte und neue Handlungsorientierungen in eine „richtige" dynamische Wechselwirkung traten. Einige dieser mannigfachen Kräfte wurden erst als Folge des neuen Kontextes von Handlungsorientierungen einflußreich, der von derartigen historischen Veränderungen hervorgerufen wurde. Für die Überwindung der Haupthindernisse für den Aufstieg des Konfuzianismus und für die Auslösung einer starken und einmaligen Dynamik von Handlungsorientierungen, welche die Ausbreitung dieser Weltreligion trugen, erwiesen sich als entscheidend: (a) der endgültige Sieg der patrimonialen Herrschaft über die feudale Herrschaft, (b) die Befriedung des Reiches und (c) die Herausbildung der Literaten zu einer geschlossenen Schicht.

Die letztendliche Niederlage der feudalen Herrschaft und ihre Ersetzung durch die patrimoniale vollzog sich nach Weber zum Teil als Folge der Notwendigkeit für die um die Macht kämpfenden Fürsten, rationalere Wirtschaftsweisen einzuführen (*KT* 322 f.), und zum Teil als Folge des stets gegenwärtigen Erfordernisses, die großen Flüsse systematischer zu regulieren. Dieser letztere Faktor zerbrach mehr als alle anderen die allgemeine Tendenz „waffengeschulter Ritter", eine „individualistische" soziale Ordnung hervorzubringen (vgl. *KT* 303; *WuG* 650, 685). Außerdem basierte der chinesische „politische Feudalismus", ebenso wie sein Gegenstück in Indien und im Gegensatz zum Feudalismus des Westens, der durch die Grundherrschaft in den wirtschaftlichen und rechtlichen Strukturen seiner Zeit verwurzelt war, allein auf dem Charisma vornehmer Sippen und auf der sie legitimierenden Standesethik (*KT* 314-317, 324 f.). Folglich war diese Form der Herrschaft zum Zusammenbruch verurteilt, sobald sich eine patrimoniale Bürokratie, die fest in der ständigen Notwendigkeit zur Regulierung der großen Flüsse verankert war und die von der konfuzianischen Ethik gestützt wurde, ihren Weg in diese Zivilisation zu bahnen begann.

Die allmähliche Befriedung des Reiches, besonders nach der Fertigstellung der Großen Mauer, und seine Einigung beschleunigten den Verfall der „eigentlich heiligen Ordnung der Väter" und stärkten die patrimoniale Herrschaft (*WuG* 611, 631). Außerdem verschwanden mit der Befriedung und der Hegemonie des Patrimonialismus die stärksten personellen Götter der chinesischen Geschichte – jene, die als Kriegsgottheiten während der vorkonfuzianischen Periode der Kriegerstaaten entstanden waren – und wandelten sich schließlich zum unpersönlichen „Himmel". Die gleichzeitige Herausbildung der Literaten zu einer geschlossenen Schicht und das Bündnis von Mitgliedern dieser Schicht, als rituelle Berater und Verwalter, mit den Patrimonialfürsten spielte ebenfalls eine zentrale Rolle beim Herbeiführen des Niedergangs des feudalen Zeitalters von „großen Familien", individualistischen Helden, Kriegsgottheiten und strengen Standesvorschriften. Weber schreibt: „Die feudalen Bestandteile der sozialen Ordnung traten immer stärker zurück, und in allen wesentlichen Punkten wurde doch der Patrimonialismus [...] die für den Geist des Konfuzianismus grundlegende Strukturform" (*KT* 330; vgl. auch *WuG* 609 f.).

Die einzelnen Hauptkräfte in der für die Entwicklung des Konfuzianismus entscheidenden Gruppierung von Handlungsorientierungen – die Sippe, die patrimoniale Herrschaft, die Literatenschicht, die Magie und das Prüfungssystem – konnten nun in der nachklassischen Epoche eine Konfiguration dynamisch miteinander verflochtener und sich verstärkender notwendiger Handlungsmuster bilden. Dies geschah, als das Reich geeint und befriedet wurde und sogar obwohl die Kämpfe zwischen verschiedenen philosophischen Schulen andauerten, und zwar besonders in jenen Phasen, in denen die kaiserliche Macht abnahm. Sobald Einigung und Befriedung voranschritten, „konkurrierten [die Literaten] und ihre Schüler um die vorhandenen Ämter und es konnte nicht ausbleiben, daß dies die Entwicklung einer einheitlichen, dieser Situation angepaßten, orthodoxen Doktrin zur Folge hatte. Sie wurde: der *Konfuzianismus*" (*KT* 401, Hervorhebung i. Orig.).

Der Konfuzianismus stellte in keiner Hinsicht eine Abweichung von den in China in der Sippe, in der Literatenschicht und unter der patrimonialen Herrschaft dominierenden weltlichen Werten dar, sondern er blieb ein Gefangener dieser weltlichen Werte. In dieser Religion standen die Werte der Sippe, der Literaten und der patrimonialen Herrschaft in einer dynamischen Wechselwirkung miteinander und kamen als eine geschlossene Gesamtheit von Lehren zum Ausdruck (*KT* 453). Nach Weber ist diese Weltreligion einzigartig hinsichtlich des Ausmaßes, in dem sie als eine „Bürokratenphilosophie" und als eine „ständische" Religion betrachtet werden kann (*WuG* 610; *KT* 512-536; *Einl* 239, 266). Weitere und tiefergehende dynamische Wechselwirkungen traten mit der Entwicklung der Literaten zu einer gefestigten Schicht, mit ihrem Aufstieg in die Position einer herrschenden Trägerschicht dieser Weltreligion und mit ihrer Verwandlung aus umherziehenden Intellektuellen zu Beamten patrimonialer Herrscher auf. Der Konfuzianismus verfestigte sich. Überdies wurde der Kaiser vollständig von den Mandarinen abhängig: „,Konstitutionell' konnte [...] der Kaiser *nur* durch diplomierte Literaten als Beamte regieren, ‚klassisch' nur durch *orthodox konfuzianische* Beamte" (*KT* 430, Hervorhebung i. Orig.).[55] Verankert in einem tiefsitzenden Animismus, der in jeder Neuerung die Möglichkeit der Heraufbeschwörung böser Geister sah, wurde eine Starrheit und dauerhafte Unwandelbarkeit zum Kennzeichen dieser Weltreligion (*KT* 519). Einen vollständigen Sieg über ihre Rivalen errang sie im achten Jahrhundert nach Christus.[56]

Diese kurzen Beispiele müssen genügen, um die Wichtigkeit dynamischer Wechselwirkungen regelmäßigen Handelns in Webers Kausalanalysen zu zeigen. Nur solche Wechselwirkungen liefern adäquate kausale Erklärungen, indem sie erfassen, wie gegenwärtige und vergangene Handlungsorientierungen in einen Kontext vielfacher und dynamischer Wechselwirkungen von Handlungsorientierungen eingebunden sind.

Da Weber den Ursprung und das bloße Erscheinen regelmäßigen Handelns für weniger wichtig hält und statt dessen den sozialen Hintergrund betont, vor dem sich regelmäßiges Handeln entfaltet und kausal bedeutsam wird, muß das gesamte Vokabular aller monokausalen Denkschulen – idealistischer, materialistischer, strukturalistischer, instrumentalistischer, utilitaristischer oder dezisionistischer Art – von Grund auf verworfen werden, damit seine praktizierte kausale Methodologie angemessen verstanden werden kann. Dieses Vokabular vernachlässigt, genauso wie alle Verfahren kausaler Ketten und die Rational Choice-Theorien, die Art und Weise, wie die Kontexte vielfacher Handlungsorientierungen *neue* Wechselwirkungen erzeugen. Und dieses Vokabular wird ebensowenig der Weberschen Sicht von „Gesellschaft" gerecht, der zufolge „Gesellschaft" sowohl aus in vielfältigen Wechselwirkungen stehenden als auch aus potentiell unabhängigen Handlungs-

---

55 Im Jahr 690 formulierte die Tang-Dynastie Statuten, welche die hohe soziale Stellung der Literaten schützten, ihre Pflichten reglementierten und Kollegien für ihre Ausbildung einrichteten (*KT* 405 f.).

56 Für eine detaillierte Analyse vgl. Kalberg 1999.

mustern und nicht wiederholbaren Konfigurationen besteht. Nochmals: Für Weber gilt, daß „die Gesamtheit *aller* Bedingungen [...] so und nicht anders ‚zusammenwirken' mußte, um den konkreten Erfolg so und nicht anders zustande kommen zu lassen" (*Logik* 289, Hervorhebung i. Orig.).

Ein detailliertes Beispiel wird die Hauptbestandteile von Webers Verfahren der Kausalanalyse genauer deutlich machen: die drei Stufen seiner praktizierten kausalen Methodologie (ermöglichende und notwendige Handlungsorientierungen, synchrone und diachrone Wechselwirkungen von Handeln sowie kontextuell-dynamische Wechselwirkungen von Handeln) und die Orientierungsmittel, die von den in Webers analytischer Abhandlung *WuG* formulierten Ordnungen und ihren spezifischen Idealtypen geliefert werden. Ein solches Beispiel wird auch seine kausalen Verfahren und Strategien gegenüber der Weltsystem-Schule sowie gegenüber dem interpretativen historischen und dem kausalanalytischen Ansatz schärfer hervortreten lassen und ihre Anwendbarkeit vorführen.

Ein Beispiel: die Herrschaft des Kastensystems in Indien

Dieser Abschnitt rekonstruiert eine von Webers eigenen Kausalanalysen: den Aufstieg des Kastensystems in Indien zu einer alles beherrschenden Position.[57] Die drei Stufen seiner kausalen Methodologie und der theoretische Bezugsrahmen aus *WuG* leiten gemeinsam seine Fragestellung.[58]

---

57 Es ist kein Zufall, daß dieses Beispiel aus *WEWR* und nicht aus *WuG* stammt. Denn als analytische Abhandlung liefert *WuG* schlicht keine vollständigen Analysen auf der Ebene kausaler Adäquatheit, auch nicht durch eine Rekonstruktion. Dies gilt trotz der durchgehend in *WuG* eingeschobenen kausalen Aussagen und der kurzen Kausalanalysen. Selbst *WEWR* verstößt häufig gegen Webers Verfahren der Kausalanalyse. Beispielsweise behandelt Weber Handlungsorientierungen in der Wirtschaft oder der Religion häufig isoliert statt sich mit den komplexen Formen zu beschäftigen, in denen sie sich vermischen und miteinander in Wechselwirkung stehen. Aus diesem Grund stellt dieses Beispiel eine Rekonstruktion dar. Darüber hinaus muß hervorgehoben werden, daß der Schwerpunkt hier Webers *Verfahren der Kausalanalyse* ist und nicht die Sorgfalt von Webers historischen Kenntnissen. Heutige Forscher haben Webers Datierungen und historische Fakten bei einer Reihe von Gelegenheiten in Zweifel gezogen (vgl. Zingerle 1972; 1981; Rösel 1986; Kantowsky 1986; Schluchter 1983; 1984).

58 Der Gebrauch der Idealtypen in diesem Beispiel entspricht nahezu vollständig dem Gebrauch als „Maßstab" (vgl. Kapitel 3, S. 125-130). Dies ergibt sich aus der Schwerpunktsetzung dieses Kapitels auf Webers Verfahren der Kausalanalyse statt auf seine Modelle (die dynamischen, kontextuellen, Wahlverwandtschafts-, Span-

Hervorgehoben werden muß die maßvolle Art, auf die Weber seinen Orientierungsmechanismus anwendet. Der Bezug auf die gesellschaftlichen Ordnungen und ihre spezifischen Idealtypen aus *WuG* unterstützt die Identifizierung kausal bedeutsamer Handlungsmuster. Auf diese Weise liefert er einen hilfreichen Bezugsrahmen für die Forschung. Er muß jedoch hinsichtlich des untersuchten Falles oder der untersuchten Entwicklung stets als unvollständig angesehen werden: Niemals „umfaßt" er die komplexe empirische Realität. Vielmehr dient er dazu, die historisch-vergleichenden Soziologen aus einer ausschließlichen Konzentration auf die empirische Realität zu „reißen", indem sie zu einer anhaltenden Pendelbewegung zwischen dem jeweiligen Fall und dem heuristischen Konstrukt verpflichtet werden. Obwohl daher der Bezug auf die gesellschaftlichen Ordnungen und ihre zugehörigen spezifischen Idealtypen die Identifizierung vieler bedeutsamer Faktoren unterstützt, die für den untersuchten Fall spezifisch sind, werden andere – im Fall Indiens beispielsweise die hinduistische Restauration, die Wandlungen in der Organisationsform des Hinduismus, das Bündnis der Kschatrija-Fürsten (kṣatriya) mit den Hindu-Brahmanen und eine technologische Neuerung, welche die herrschende Kaste der Kschatrija stärkte – stets aus dem theoretischen Rahmen von *WuG* herausfallen. Insgesamt verfährt die im folgenden rekonstruierte Analyse unter Bezug auf (a) die zentralen Stufen von Webers kausaler Methodologie[59], (b) die von den gesellschaftlichen Ordnungen und ihren spezifischen Idealtypen gelieferten Orientierungshilfen aus *WuG* und (c) die empirischen regelmäßigen Handlungsorientierungen, die einmalig für den jeweils untersuchten Fall sind.

Für Weber erschien die allgegenwärtige Hegemonie des Kastensystems als das kennzeichnende Merkmal der indischen Zivilisation. Seine Herrschaft erwies sich als so stark, daß alle widerstrebenden Gruppen einfach assimiliert wurden, und sein Vorrücken vollzog sich entlang eines unwiderstehlichen Kurses anhaltender Expansion vom dritten Jahrhundert n. Chr. bis zum Beginn der islamischen Herrschaft ein Jahrtausend später. Weber fragt: „Woher ist diese Kastenordnung, welche sich in dieser Art anderwärts gar nicht oder doch nur in Ansätzen findet, gerade in Indien entstanden?" (*HB* 122).

---

nungs- und Entwicklungsmodelle) als solche. Um es nochmals zu verdeutlichen: Die Bildung solcher Modelle stellt für Weber eine *Vorstufe* für die kausale Untersuchung dar; sie unterstützen die begriffliche Erfassung und analytische Ordnung des speziellen empirischen Falles oder der Entwicklung.

59 Aus Platzgründen wurde lediglich einer der zwei Begriffe diachroner Wechselwirkungen (nämlich „Hinterlassenschaften") verwendet.

Zunächst lehnt er unter Hinweis auf Vergleichsbeispiele die Hypothese ab, daß eine „leiturgische Zunftgliederung" oder die Zunahme einer beruflichen Differenzierung am Anfang seiner tiefgreifenden Abtrennungen gestanden haben könnten. Er widerspricht auch den zu seiner Zeit verbreiteten biologischen Theorien, die für Kultur- und Klassenunterschiede eine absonderliche „Rassenpsychologie", „Blut", „Seele" oder „Begabungen" verantwortlich machten (*HB* 123; vgl. auch *Vorb* 15 f.). Weber untersucht statt dessen die klassische (ca. 600 v. Chr. – 700 n. Chr.) und die mittelalterliche (ca. 700 – 1200 n. Chr.) Epoche eingehend nach Hinweisen auf die Ursprünge des Kastensystems. Er ist überzeugt, die „einzelnen Entwicklungsmomente [...] wirkten, als einzelne, auch anderwärts. Nirgends aber trafen sie alle zusammen mit der besonderen Lage Indiens" (*HB* 131). Um die Kastenordnung fest zu verwurzeln, trafen eine ganze Reihe regelmäßiger Handlungsorientierungen in einer dynamischen Wechselwirkung zusammen.[60]

Grade der Kausalität

Ermöglichende Faktoren

Ermöglichende Handlungsorientierungen bilden, wie beschrieben, weitverbreitete Hintergrundkräfte, die für den Aufstieg und die Ausbreitung bestimmter Handlungsmuster von Bedeutung sind. Sie sind nicht machtvoll und unmittelbar kausal, sondern sie dienen als „begünstigende" Kräfte. Auf dieser grundlegenden Stufe seiner Methodologie untersucht Weber in groben Zügen das empirische Feld, und die gesellschftlichen Ordnungen und ihre spezifischen Idealtypen aus *WuG* liefern dabei nur am Rande eine Richtschnur.

Eine hochgradig unterschiedliche ethnische Zusammensetzung Indiens trug zu einer sozialen Landschaft bei, in der sich eine Kastenordnung entfalten konnte. Die Tatsache, daß jedes von Indiens unzähligen Gast- und Pariavölkern ein bestimmtes historisches Erbe und ein spezielles Ritual besaß und, in vielen Fällen, nur einen bestimmten Beruf ausübte, verhinderte die soziale Vermischung von den frühesten Zeiten an. Oft war der Austausch zwischen bestimmten Völkern magisch tabuisiert. Diese Unterschiede im Lebensstil wurden häufig durch Unterschiede in der Hautfarbe sozial sichtbar und zu-

---

60 Weber bietet eine knappe Diskussion in *HB* (121-133). Diese Analyse bildet jedoch nur einen unvollständigen Umriß der Analyse, die in *HB* insgesamt gesehen sowie vereinzelt in *WuG* enthalten ist.

sätzlich verstärkt (*HB* 123-125, 130). Ferner ermöglichte eine Konfiguration von „Bausteinen" die Entwicklung des Kastensystems:

> Die Bausteine lieferten die alten Zustände Indiens: die interethnische Arbeitsspezialisierung und die Entstehung massenhafter Gast- und Pariavölker, die Organisation des Dorfgewerbes auf der Grundlage des erblichen Deputathandwerks, der Binnenhandel in den Händen von Gaststämmen, die quantitativ schwache städtische Entwicklung und das Einlenken der Berufsspezialisierung in die Bahnen erblicher Ständescheidung und erblichen Kundschaftschutzes. (*HB* 130 f.)

Diese rituell sanktionierte, gegenseitige Abgrenzung von Gastvölkern sowie die Sippen- und Dorfendogamie waren außerstande, Handlungsorientierungen zu stützen, die mächtig genug waren, um eine freie Teilnahme am Marktgeschehen oder die Entwicklung einer unabhängigen Bürgerschaft zuzulassen, noch konnten sie religiöse Gruppen hervorbringen, die auf der Bildung von Gemeinden beruhten. Die sich ergebende Entfremdung der verschiedenen ethnischen Gruppierungen hatte die Verstärkung der Möglichkeit zur Folge, daß eine prestigereiche und einheitliche Kaste die ethnischen Gruppen und wirtschaftlichen Klassen in eine soziale Hierarchie einordnen konnte.

Alle diese Kräfte begünstigten die Entwicklung des Kastensystems. Aufgrund einer Reihe direkter Vergleiche schloß Weber jedoch, daß diese Handlungsorientierungen weit verstreut in einer Vielzahl von Zivilisationen vorkamen, von denen keine eine Kastenordnung entwickelte. Folglich bildete keine von ihnen ein machtvolles kausales regelmäßiges Handeln, und keine konnte über den Rang einer ermöglichenden Ursache hinaus erhoben werden. Dennoch half die Einschätzung dieser Handlungsorientierungen Weber dabei, direktere bzw. notwendige Faktoren zu identifizieren.

Notwendige Handlungsorientierungen:
Gentilcharisma, die Brahmanen, klassischer Hinduismus, die hinduistische Restauration und Wandlungen in der Organisationsform des Hinduismus

Auf dieser Stufe von Webers kausaler Methodologie kommen die gesellschaftlichen Ordnungen und ihre spezifischen Idealtypen auf eine einflußreichere Weise als ein theoretischer Bezugsrahmen ins Spiel. Sie leiten seine Versuche, entscheidende kausale Faktoren zu isolieren und zu benennen.

Zugleich weigert sich Weber zu glauben, dieser Bezugsrahmen umfasse die empirische Realität in einem solchen Maß, daß er die verläßliche Grundlage für ein „erschöpfendes" Verzeichnis notwendiger kausaler Handlungsorientierungen böte. Vielmehr wird grundsätzlich ein regelmäßiges Handeln anerkannt, das ein bestimmter empirischer Fall eigengesetzlich aus sich heraus hervorbringt. Webers Suche nach kausal notwendigen Kräften vollzieht sich weder „vollkommen theoretisch" noch „vollkommen induktiv", sondern in einer Pendelbewegung zwischen den Orientierungsmechanismen aus *WuG* und dem spezifischen empirischen Feld. Das heuristische Konstrukt aus *WuG* hilft somit bei der Identifizierung des Gentilcharismas, eines Standes (der Brahmanen) und einer Weltreligion (des Hinduismus) als notwendige kausale Kräfte, während Webers empirische Untersuchung außerdem darlegt, daß zwei völlig jenseits des begrifflichen Rahmens von *WuG* liegende Entwicklungen ebenfalls wirksame und direkte kausale Handlungsmuster bilden: die hinduistische Restauration und die Wandlungen in der Organisationsform des Hinduismus.[61]

Gentilcharisma

Die uneingeschränkte Entwicklung des „politischen Feudalismus" im vorklassischen Zeitalter Indiens führte nicht nur mächtige Heldengötter und einen differenzierteren „Individualismus" ein, als er in China entstand, sondern sie stärkte auch erheblich die Orientierungen des Handelns am Gentilcharisma bzw. den Glauben, daß eine übernatürliche Eigenschaft – nämlich das Charisma – nicht nur an einer einzigen Person, sondern auch an deren Sippe haftet.[62] Die europäische Vorstellung des „göttlichen Rechts der Könige" beruht ebenso auf einem solchen Glauben an die außeralltäglichen Eigenschaften der Sippe wie die von den Bostoner „Blaublütigen" beanspruchte Achtung. Sobald das Charisma über eine Sippe verteilt war, hatte dies zur Folge, die Sippenunterschiede zu verfestigen und damit zur Entfremdung und zur Verstärkung von Tabus der Verbrüderung beizutragen. Für Weber gliederte das Gentilcharisma die indische Zivilisation stärker als jede andere

---

61 In Webers Texten werden notwendige ebenso wie ermöglichende Handlungsorientierungen durch eine vergleichende Analyse identifiziert.

62 Sippencharisma kann durch Bezug auf die gesellschaftlichen Ordnungen aus *WuG* analytisch eingeordnet werden: Es bildet eine Verschmelzung von charismatischer Herrschaft und der universellen Gemeinschaft der Sippe. Vgl. *WuG* 671-673.

Form der sozialen Organisation und wurde in der klassischen Epoche zum „alles beherrschende[n] Prinzip" (*HB* 51 f., 56 f., 105, 124-126).

Ursprünglich widersetzte sich das Charisma als eine magische und außeralltägliche Macht weniger Individuen völlig der Vorstellung seiner Vererblichkeit (vgl. *WuG* 140-144, 654-681), doch diese Nachfolgeregelung setzte sich in Indien schließlich als vorherrschende durch (*HB* 56). Zur Zeit der ältesten Veden (ca. 1200 - 1000 v. Chr.), als ein „vornehme[r] Priesteradel" entstanden war, „dessen einzelne Sippen sich je nach den erblichen Verrichtungen und dem entsprechenden Gentilcharisma in erbliche ‚Schulen' teilten" (*HB* 57), beanspruchte jede Sippe, ein magisches Charisma zu besitzen. Das Gentilcharisma weitete seinen Einfluß in ganz Indien aus, indem sich die Orientierungen des Handelns am magischen Charisma mit allen Herrschaftspositionen verbanden. Schließlich nahm das Prinzip des Gentilcharismas eine allumfassende Stellung ein (vgl. *HB* 52 f., 105; *WuG* 147): „Mochte in noch so vielen Fällen ein charismatischer Emporkömmling mit seiner frei rekrutierten Gefolgschaft das feste Gefüge der alten Sippen sprengen, – stets wieder lenkte die Entwicklung in die feste Bahn der gentilcharismatischen Organisation in Stämmen, Phratrien, Sippen ein" (*HB* 56).

Weber behauptet, daß die erbliche Übertragung von Herrschaft und sozialem Rang durch das Gentilcharisma, indem sie Stellungen und Berufe rituell abschloß, für den „Keim der Kastenbildung" verantwortlich war (*HB* 125). Das am Gentilcharisma orientierte regelmäßige Handeln war in Indien stärker als in jedem anderen Land (*HB* 52, 125).

Die Trägerschicht: die Brahmanen

Webers Erörterung des frühesten Entstehens der Kastenordnung in der späten vedischen und frühen klassischen Zeit der indischen Geschichte (ca. 800 - 500 v. Chr.) konzentriert sich vor allem auf die Entwicklung der Brahmanen zu einer geschlossenen Gruppe von Intellektuellen und auf ihren anschließenden langsamen und wechselhaften Aufstieg zu einer Position der Status- und Machtüberlegenheit gegenüber der traditionellen vedischen Priesterschaft. Ohne den beherrschenden Einfluß der Brahmanen wären die Entstehung und die Dauerhaftigkeit des Kastensystems nicht denkbar gewesen (*HB* 131). Die Brahmanen waren die früheste Kaste und die sozialen Träger sowohl des Hinduismus als auch der indischen Zivilisation insgesamt. Im sechsten Jahrhundert v. Chr. hatten sie ihre Macht als die anerkannten und einzigen Inhaber spiritueller Autorität gefestigt. Im fünften Jahrhundert v. Chr. erlangten sie sogar ein noch höheres Maß an Ansehen: „Die Brahmanen, welche den Veda gelernt haben und ihn lehren, sind menschliche Götter" (*HB* 140).

Der Einfluß der Brahmanen war unangefochten, weil er über die Grenzen der verschiedenen Pariastämme und ethnischen Gruppen hinausging. Sie benutzten ihr Monopol über die Belehrung in magischen Praktiken und ihre heiligen Schriftenkenntnisse, um sowohl die rituellen wirtschaftlichen Unterschiede als auch die Gruppierung von Paria- und Gastvölkern, jedes getrennt von den anderen, zu reglementieren. Allein die Brahmanen besaßen die Macht, jeder ethnischen oder Berufsgruppe einen Kastenrang zuzuweisen; sie taten dies zumeist durch die Bestimmung der sozialen Distanz zwischen einer bestimmten Gruppe und sich selbst (*HB* 49, 129). Aufgrund dieser Macht wurde dieser Stand zur allerwichtigsten Schicht bei der Errichtung der indischen sozialen Hierarchie und des Kastensystems.

Die Stellung und die Macht der Brahmanen konnte jedoch weder die langfristige Stabilität und kompromißlose Verfestigung des Kastensystems, noch seine allgemeine Akzeptanz als legitim erklären.

Religion: die Karma- und Samsara-Lehren des klassischen Hinduismus

Indem sie die Einordnung göttlicher, menschlicher und tierischer Lebewesen in Kasten rechtfertigten, legten die in der *Karma*-Lehre ethischer Vergeltungen wurzelnde „organische Sozialethik" und der *Samsara*-Glaube an die Seelenwanderung die Grundlage für die Koexistenz stark unterschiedlicher ethischer Kodes, die häufig in einem scharfen Konflikt miteinander standen (*HB* 142). Die verschiedenen Kasten wurden als Teil eines Organismus angesehen. Eine günstigere Wiedergeburt konnte nur von denjenigen erwartet werden, die das ihrer schicksalhaft bestimmten Kaste innerhalb der organischen Ordnung auferlegte *Dharma* erfüllten (*WuG* 360). Dies galt für Fürsten, Krieger, Richter, Handwerker und Bauern ebenso wie für Intellektuelle, Könige, Räuber und Diebe.

In dem Maß, in dem sich das an den Lehren des *Karma* und des *Samsara* orientierte Handeln in Indien festsetzte, entstand eine perfekte Harmonie zwischen dem Partikularismus der religiösen Lehren und Kasten. Die Vergeltungslehre des *Karma* lehrte oberflächliche Ausübung des Kastenrituals als höchste Treue und rechtfertigte auf diese Weise die Koexistenz unterschiedlicher ethischer Kodes für verschiedene Stände und die Einordnung aller in Kasten von verschiedenem Rang (*HB* 142 f.). Zugleich lieferte die Lehre des *Karma* den unteren Kasten eine plausible Rechtfertigung für die Einwilligung in die bestehende Sozialordnung, während die höchste Verheißung des Hinduismus, das Erreichen der *Gnosis*, die vollkommene Weltflucht und eine mystische Kontemplation anstelle einer innerweltlichen Lebensführung oder, am wenigsten von allem, einer Revolution als Wert ansah.[63]

Indem sie jeden Einzelnen in einen harmonischen Kosmos von für legitim gehaltenen Pflichten einbanden, lieferten die Kasten und die Lehren des *Karma* und *Samsara* den Hindus eine durch und durch rationale und metaphysisch befriedigende Vorstellung des Universums, die selbst dem niedersten Paria die Hoffnung auf eine höhere Wiedergeburt bot. Für Weber war dieser „ethisch determinierte Kosmos" die „konsequenteste Theodizee, welche die Geschichte je hervorgebracht hat" (*WuG* 361; *HB* 120): „Erst die Vermählung dieses Gedankenprodukts mit der realen sozialen Ordnung durch die Wiedergeburtsverheißungen gab dieser Ordnung die unwiderstehliche Gewalt über das Denken und Hoffen der in sie eingebetteten Menschen, das feste Schema, nach dem die Stellung der einzelnen beruflichen Gruppen und Pariavölker religiös und sozial geordnet werden konnte" (*HB* 131 f.). Als eine Folge des Glaubens, daß auf die korrekte Erfüllung von Kastenritualen gerichtete Handlungsorientierungen zu einer günstigen Wiedergeburt führen würden, erhielt das Kastensystem von dieser Weltreligion einen legitimierenden „Geist" und eine Theodizee von unschätzbarer Macht (*HB* 132).

Die hinduistische Restauration

Die klassischen hinduistischen Lehren gerieten in der Zeit zwischen 200 v. Chr. und 200 n. Chr., als sich der Buddhismus auf der religiösen Landkarte

---

63 Weber argumentiert, daß die fehlende Entwicklung einer revolutionären Ethik unter den hinduistischen Laien nur zu verstehen ist unter Bezug auf die Internalisierung des Glaubens, jeder Versuch eines Mitglieds der niederen Kasten, seine Stellung zu erhöhen, werde zu böser Magie und einer ungünstigen Wiedergeburt führen,. Fromme Hindus niederer Kasten wußten, daß eine getreue Orientierung des Handels am Kasten-*Dharma* sie zu einem Kschatrija oder einem Brahmanen verwandeln konnte – wenn auch erst im nächsten Leben. Da die Ordnung und der Rang der Kasten ewig waren, brauchten sie nur gewissenhaft das *Dharma* zu befolgen und geduldig abzuwarten (vgl. *WuG* 266, 300, 360; *HB* 121 f.).

ausbreitete und der Jainismus seine größte Stärke erreichte, in Mißbilligung.[64] Die Konkurrenz mit diesen jungen Erlösungsreligionen führte letztlich jedoch zu einer Stärkung des Hinduismus im indischen Mittelalter: Um eine Massenanhängerschaft zu gewinnen und zu halten, wurde es erforderlich, einen Kompromiß mit der alten Heilslehre zu schließen und die Erlösungswege des Hinduismus zu „popularisieren". Weil eine tiefe Kluft die in Magie und irrationaler Orgiastik verhafteten Massen von der klassischen Heilslehre trennte, wurde eine qualitative Veränderung des Hinduismus notwendig. Indem die hinduistische Restauration ihre Lehren mit den „religiösen Qualifikationen" der unterprivilegierten Schichten in Einklang brachte und eine Situation beendete, in der die Brahmanen die plebejischen und literarisch ungebildeten Schichten nur als „Klienten" zur Kenntnis nahmen, stellte sie die klare Vorherrschaft des Hinduismus über den Buddhismus und den Jainismus wieder her (*HB* 364, 322, 155; *Einl* 262; *WuG* 296).

Die Metamorphose des klassischen unpersönlichen „Alleinen" zu personalisierten Göttern schuf den metaphysischen Rahmen für weitere Wandlungen. Magie und, bis zu einem gewissen Grad, sogar Orgiastik begannen, den Hinduismus zu durchdringen und dabei den klassischen Erlösungsweg der Einhaltung des Rituals zu beeinträchtigen. Darüber hinaus wurden die Gründer von Sekten ebenso „vergöttlicht" wie Helden; Heiland-Erlöser tauchten auf, um den leidenden Massen zu helfen, ein Glauben an Erlösung durch diese Heilande fand weite Verbreitung, und Gurus traten als unerläßliche spirituelle Ratgeber auf. Schließlich wurden diese selbst angebetet.[65] Demgemäß transformierte sich der Hinduismus in eine Erlösungsreligion, die durch die Anbetung vergöttlichter, innerweltlicher und personalisierter Heilande gekennzeichnet war: „Nicht die neuen Lehren, sondern die Universalität der Guru-Autorität war also das Kennzeichen des restaurierten Hinduismus. [...] Er war ‚Heilands'-Religiosität noch in einem andren sehr besonderen Sinn. Er bot den Massen den leibhaftigen, *lebenden* Heiland, den Nothelfer, Berater, magischen Therapeuten und vor allem: das Anbetungsobjekt, in Gestalt des, sei es durch Nachfolgerdesignation, sei es erblich, seine Würde übertragenden Guru oder Gosain" (*HB* 351; vgl. auch 367 f., 356-358). Mit der Entwertung der traditionellen Elitenposition der Brahmanen akzeptierte der Neo-Brahmanismus des Mittelalters allgemein die Guruschaft für die Massen als die legitime Rolle der Brahmanen.

---

64 Zum Jainismus vgl. *HB* 202-217.
65 Für eine Zusammenfassung von Webers allgemeiner Diskussion des volkstümlichen Hinduismus vgl. Bendix 1964: 138-156.

Kein klassischer Brahmane begrüßte die Popularisierung seiner Religion. Vielmehr gingen die Wandlungen der Erlösungswege und -ziele des Hinduismus sowie seiner Sicht des übernatürlichen Reichs aus einer absoluten Notwendigkeit hervor: Angesichts der bedrohlichen Ausbreitung des Jainismus, des Buddhismus und verschiedener Hindu-Sekten überzeugten konkrete materielle Interessen und Überlebensfragen diese Intellektuellen von der Notwendigkeit einer Veränderung der Heilslehre ihrer Erlösungsreligion[66]: Das Virtuosentum sah sich „zu Konzessionen an die Möglichkeiten der Alltagsreligiosität" genötigt, „um sich, ideell und materiell, die Massenkundschaft zu erwerben und zu erhalten" (*Einl* 261; vgl. auch *HB* 325; *WuG* 284).

Ungeachtet dieser Wandlungen blieben sowohl die organische Sozialethik als auch die Lehren des *Karma* und des *Samsara* für diese Weltreligion von zentraler Bedeutung. Indem sie eine Befreiung vom Leiden versprachen, verlangten sowohl der Guru als auch der Heiland-Erlöser Handlungsorientierungen, die sich streng dem Partikularismus des Kasten-*Dharma* unterwarfen, weil der Gläubige nur auf diese Art auf eine günstige Wiedergeburt hoffen konnte. Durch die Popularisierung des Hinduismus legitimiert, konnte sich der Partikularismus des Kastenrituals nun ungehemmt ausbreiten.

Veränderungen in der Organisationsform des Hinduismus

Die Konkurrenz des Hinduismus mit den jungen Erlösungsreligionen – Buddhismus und Jainismus – in der spätklassischen Zeit (ca. 200 v. Chr. - 700 n. Chr.) führte in dieser Periode und im indischen Mittelalter zu drastischen Veränderungen in der inneren Organisation dieser Weltreligion. Diese Wandlungen stärkten die Macht der Brahmanen und trugen unmittelbar zur Festigung der Kastenordnung auf indischem Boden bei.

Die Wandlungen in der klassischen brahmanischen Heilslehre im Zuge der hinduistischen Restauration und Popularisierung wurden, besonders in der Zeit des Mittelalters, von einer Transformation der Organisationsform des Hinduismus begleitet. Weber beschreibt, daß die Mittel des Ausbreitung des Hinduismus in ganz Indien in ihrer Form denen entsprachen, die zuvor für den Erfolg seiner Herausforderer verantwortlich gewesen waren, besonders für den des Buddhismus: die Entwicklung eines organisierten Berufsmönchtums (*HB* 319 f., 322 f.).

---

66 Und nicht beispielsweise Spekulationen über das Problem der Theodizee, wie Tenbruck (1975b) annehmen würde.

Der Hinduismus entstand als eine freie Gemeinschaft unabhängiger Lehrer und Schüler ohne festgelegte Regeln; für den Lebensunterhalt war durch Geschenke der Laien gesorgt. Die frühen Brahmanen stützten ihren Zusammenhalt ausschließlich auf rein persönliche Beziehungen (*HB* 159). Mit der Anerkennung dieser Schicht gebildeter Intellektueller durch die Kschatrija-Fürsten und Könige zogen viele Brahmanen in die Häuser des weltlichen Adels, wo sie sowohl die Ausführung aller notwendigen Rituale übernahmen als auch zu vertrauten spirituellen Beratern des Königshauses wurden. Die Brahmanen niederen Rangs, unter denen sich viele befanden, denen Kenntnisse der Veden fehlten, nahmen ein Wanderleben als Magier und Sophisten auf und lebten als wandernde Bettler. Diese umherziehenden Gläubigen brachten während der Renaissance des Hinduismus nach und nach das Hindu-Mönchtum hervor.

Im Bewußtsein des größeren Potentials des Hinduismus, die Stimmungen der Massen zu besänftigen, unterstützten die Fürsten und Könige die Hindu-Mönche bei der „äußere[n] Organisation der Klöster und des Tempeldienstes" (*HB* 330). Die alte freie Gemeinschaft der Lehrer und Schüler entwickelte sich nach und nach zu einer formalen Organisation mit Rängen und Ansehen, und in der mittelalterlichen Epoche zahlloser konkurrierender Sekten kamen – zusammen mit den „Berufsmönchen" – die hierarchisch organisierten Klöster auf (*HB* 318, 158 f.). Die hinduistischen Berufsmönche weiteten ihren Einfluß auf die Massen aus.

Die Herausbildung eines organisierten Berufsmönchtums und die Entwicklung von Hierokratien waren nicht die einzigen Aspekte der organisatorischen Metamorphose des Hinduismus, die sich vollzog, als seine „virtuosen" Ursprünge durch Popularisierung veralltäglicht wurden.[67] Als sich die hinduistische Restauration über ganz Indien verbreitete, konnte sich die Stellung der Brahmanen als Hauspriester des Königshauses einer Transformation nicht entziehen. Eine Usurpation der zuvor prestigeträchtigen Stellung des Brahmanen durch im Grunde plebejische Mystagogen und literarisch weniger gebildete Gurus ergab sich aus einer Konstellation von Faktoren, zu denen die Macht der Gurus gehörte, die von ihren immensen, von ihren Massensekten zusammengetragenen Einkünften und von ihrer Stellung als unentbehrliche Nothelfer der Massen herrührte (*HB* 351-353).

Weber betont, daß die Popularisierung der brahmanischen Lehrer und Gurus eine wesentliche Zunahme ihrer Macht mit sich brachte: Sie ermög-

---

67 Weber behandelt „Veralltäglichung" analytisch in *WuG* (142-148 u. 661-681); vgl. auch oben Kapitel 4, S. 175-179.

lichte dem Hinduismus eine Ausdehnung seines Einflusses (*HB* 352 f.). Die Autorität des Guru erreichte ihren Höhepunkt mit der Entwicklung einer festen Organisation seiner Sekte und seines Sprengels: „Der in einem Gebiet leitende Guru ersetzte den Bischof der abendländischen Kirche, visitierte in Begleitung seines Gefolges seinen – traditionell oder auch ausdrücklich gesicherten – Sprengel, exkommunizierte im Fall grober Sünden, erteilte die Absolution gegen Buße, erhob die Abgaben von den Gläubigen und war in allem und jedem Betracht die entscheidende beratende und beichtväterliche Autorität" (*HB* 352).

Jede dieser Entwicklungen in der Organisationsform des Hinduismus – die Einrichtung der hierarchischen Klöster, das Auftreten des Berufsmönchs und die Legitimation des brahmanischen Guru in seinem Sprengel – hatten die gemeinsame Wirkung, den Zugriff der Brahmanen und des Hinduismus auf das indische Volk zu verstärken. Zusammen mit der Anpassung der klassischen brahmanischen Erlösungslehre an die religiösen Bedürfnisse der Laien stellten diese organisatorischen Transformationen sowohl die Unterdrückung des Buddhismus und des Jainismus als auch den Erfolg der hinduistischen Restauration sicher. Und die Ausbreitung des Hinduismus bedeutete stets die Bedeckung der indischen Landschaft mit Kasten.[68]

Eine Berücksichtigung der Grade der Kausalität – ermöglichende und notwendige Muster von Handlungsorientierungen – findet sich weder in der Weltsystem-Schule noch im interpretativen historischen oder im kausalanalytischen Ansatz. Diese Unterscheidung muß als ein Kernmerkmal von Webers praktizierter kausaler Methodologie angesehen werden. Jedoch bilden selbst vielfache notwendige Faktoren, egal wie „erschöpfend" ihre Kombinationen sind, noch keine adäquate kausale Erklärung. Ihre Identifizierung, die stets mit Hilfe der heuristischen Hilfsmittel der gesellschaftlichen Ordnungen und ihren spezifischen Idealtypen aus *WuG* unternommen wird, bildet für Weber nur eine Vorstufe. Als nächstes müssen die synchronen und diachronen *Wechselwirkungen* notwendiger Handlungsorientierungen behandelt werden. Wiederum ermöglicht der theoretische Bezugsrahmen von *WuG* die Identifizierung dieser Wechselwirkungen.

---

68 Zur organisatorischen Schwäche des Buddhismus vgl. *WuG* 663; *HB* 264-279.

Synchrone und diachrone Wechselwirkungen von Handlungen

Für die adäquate kausale Erklärung des Aufstiegs des Kastensystems zur Herrschaft ist eine Bestimmung der Art und Weise entscheidend, in der die verschiedenen notwendigen Handlungsmuster, die Weber identifiziert, miteinander in Wechselwirkung standen. Zunächst müssen Formen der synchronen und diachronen Wechselwirkung behandelt werden.

Synchrone Wechselwirkungen

In der klassischen und der mittelalterlichen Epoche standen in Indien eine Reihe von für die Entwicklung des Kastensystems förderlichen regelmäßigen Handlungsorientierungen in synchronen Wechselwirkungen miteinander. Hierbei verstärkten sie sich gegenseitig. Der Zusammenschluß der Brahmanen-*Schicht* mit der hinduistischen Erlösungs*religion* in der klassischen Epoche und das Bündnis der Kschatrija-*Herrscher* mit den Brahmanen in der spätklassischen Zeit waren von zentraler kausaler Bedeutung.

Anders als der Buddhismus, wurde der Hinduismus nicht von einem charismatischen Propheten gegründet. Vielmehr schuf im sechsten Jahrhundert vor Christus eine lose verknüpfte Gruppe von Intellektuellen diese Weltreligion. Diese an den vorklassischen Veden geschulten Gelehrten entwickelten sich schließlich zu einer erblichen Brahmanenkaste gebildeter Literaten, Mönche und Priester. Als Folge ihrer Fähigkeit, die Grenzen der einzelnen Stämme und ethnischen Gruppen zu überschreiten, und aufgrund ihrer Unterstützung der *Karma*-Lehre dienten die Brahmanen als die Hauptträgerschicht des Hinduismus und als treibende Kraft hinter dieser Weltreligion (*Einl* 239). Diese gebildeten und vornehmen Intellektuellen fanden den Hinduismus attraktiv aufgrund der rein verstandesmäßigen Konsequenz seiner *Karma*-Lehre, seiner eindeutigen Lösung des Theodizeeproblems und seines Grundsatzes, daß nur die brahmanische Autorität das Wissen über das richtige rituelle Handeln liefern könne. Die durch den Hinduismus erfolgte Festlegung der Brahmanenkaste als höchste Kaste in der Ständeordnung erhöhte ebenfalls seine Anziehungskraft. Die Brahmanen ihrerseits beeinflußten den Hinduismus in „außerordentlich starkem Grade", besonders hinsichtlich seiner „institutionellen und sozialen Bestandteile" (*WuG* 305).

Entscheidend für die Entwicklung der Kastenordnung war auch die Art und Weise, auf die der Zusammenschluß zwischen dem auf „politische Herrschaft und ritterliches Heldentum" verpflichteten Kschatrija-Adel (*HB* 58; vgl. 64-77) und den Brahmanen eine machtvolle Konstellation hervorbrachte. Anders als der chinesische Kaiser und als die Feudalherren und Könige des vereinten Königreichs im alten Israel, konnten die Kschatrija-Herrscher nicht in die gesellschaftliche Sphäre der Religion eintreten. Sie waren somit daran gehindert, den Göttern rituelle Opfer darzubringen. Folglich blieben sie von den magischen Kräften der vedischen und dann der brahmanischen Priester abhängig, und dies um so mehr, als die Kriegsgötter zu unbezähmbaren und erschreckenden Gottheiten wurden. Außerdem benötigten sie die Brahmanen als politische Berater, Hauskapläne und spirituelle Leiter, da ohne solche Personen, die ihren Anspruch auf die Königswürde und auf hohen sozialen Status legitimierten, die Herrschaft über die Massen schwierig, wenn nicht unmöglich geworden wäre. Darüber hinaus wurden die Brahmanen aufgrund ihrer Schreibkenntnisse in dem Maß unentbehrlicher, in dem die Fürsten ihre Machtpositionen festigten und im Mittelalter Patrimonialbürokratien errichteten, um über ihre sich erweiternden Königreiche zu herrschen. In der Tat sahen die Kschatrija-Herrscher ihre „allererste Pflicht" – neben der Erfüllung des Kasten-*Dharma* – im Unterhalt der Brahmanen, und besonders darin, sie „bei ihrer autoritären Regelung der sozialen Ordnung gemäß den heiligen Rechten" zu unterstützen (*HB* 144).[69]

Von ihrer Seite aus waren die Brahmanen zunehmend auf die Fürsten angewiesen. Als Mitglieder der fürstlichen Haushalte waren sie sehr oft materiell von ihnen abhängig. Weil ihnen außerdem die notwendige Ergänzung zu den ihnen durch ihre heiligen Gelehrsamkeit verliehenen charismatischen Kräften – eine wirtschaftliche und politische Basis – nur von den Kschatrija-Fürsten geliefert werden konnte, betrachteten die Brahmanen jene Herrscher als unverzichtbar für die Erhaltung ihres hohen Standes und ihrer Macht. Wie Weber bemerkt, leitete sich „die politische und soziale Machtstellung" der Brahmanenkaste vor allem daraus ab, für den Fürsten „Seelendirektor in allen persönlichen und politischen Angelegenheiten zu sein" (*HB* 62).[70]

Der allmähliche Aufstieg der Brahmanen zu einer beherrschenden Stellung war gekennzeichnet durch einen anhaltenden Kampf mit dem „empirischen ‚Können'" der vedischen Priesterschaft und deren Betonung von Traditionen (*HB* 60 f.). Die gedeihende Koalition der Brahmanen mit den

---

69 Vgl. auch *HB* 131, 125, 139, 145. Louis Dumont (1980) bestätigt die Bedeutung dieser Allianz, ihre Folgen für die Geschichte Indiens und ihre Einmaligkeit.

70 Natürlich entstanden fortwährend schwere Konflikte zwischen den Brahmanen und den Fürsten. Jedoch blieb ihre Allianz auf lange Sicht unangetastet.

Kschatrija-Herrschern bildete einen zentralen Faktor in der letztendlichen Unterwerfung dieser Priesterschaft. Sie lieferte den Brahmanen eine Machtbasis, die es ihnen ermöglichte, das Kasten-*Dharma* zu bestimmen, die indische Zivilisation in eine Kastenhierarchie zu gliedern und zu den entscheidenden Trägern des Kastensystems zu werden.

Diachrone Wechselwirkungen: Hinterlassenschaften

Die bloße Macht der Brahmanen in der klassischen Zeit ließ Hinterlassenschaften zurück, die für die feste Verwurzelung der Kastenordnung in der indischen Zivilisation im Mittelalter von zentraler Bedeutung waren. Legitimiert durch ihre unmittelbare Verknüpfung mit den hinduistischen Lehren des *Karma* und des *Samsara* und in der spätklassischen Zeit durch ihr Bündnis mit den Kschatrija-Fürsten sicher in Machtpositionen etabliert, erstreckte sich der Einfluß der Brahmanen überallhin, selbst in nachfolgende Epochen. Das gewaltige Ansehen und die weltliche Macht dieser Trägerschicht des Hinduismus brachte die Ausbreitung der Kasten mit sich, denn so wie sich der Hinduismus ausbreitete, tat dies auch das Kastensystem. Entscheidend war jedoch die Unterdrückung der städtischen Gilden in der spätklassischen Zeit. Sobald dies geschehen war, war eine Konfiguration regelmäßiger Handlungsorientierungen – einschließlich der Orientierungen am Gentilcharisma – sichergestellt, und zwar in dem Ausmaß, daß sie machtvolle Hinterlassenschaften zurückließ. Der Zusammenschluß der Kschatrija-Adligen mit den Brahmanen erwies sich als entscheidend, doch förderlich war auch eine rein technologische Neuerung: die Entdeckung eines neues Systems des finanziellen Unterhalts für ihre Verwaltungen durch die Kschatrija-Herrscher.

Im siebten Jahrhundert vor Christus hatten Kaufleute beachtliche Erfolge erzielt. Die Ältesten der Händlergilden und -zusammenschlüsse standen auf der gleichen sozialen Stufe wie die Brahmanen und die Fürsten und heirateten häufig sogar die Töchter des Adels. Da sie sich in Solidargesellschaften zusammengeschlossen hatten und die Könige und Fürsten auf die Händler für die Finanzierung ihrer Kriege und Anleihen angewiesen waren, waren die adligen Herrscher gezwungen, die Macht der Gilden anzuerkennen. Weber beschreibt, daß die sich ergebende mehrfache Konkurrenz um politische und soziale Überlegenheit zwischen Kaufleuten, Adligen und Brahmanen dem Kaufmannsstand bis dahin unbekannte soziale Privilegien einbrachte. Sie war auch für die Bildung eines egalitären sozialen Milieus verantwortlich, das der gesamten Bevölkerung die Möglichkeit zur Ausübung politischer Macht eröffnete, selbst der niederen Schudra-Klasse (Śūdra) von Handwerkern und Arbeitern ohne Recht auf eigenen Grundbesitz. Wohlhabende Handwerker verkehrten häufig mit den Adligen. Die Brahmanen berieten nicht länger als einzige die Fürsten; die Stadtältesten taten dies ebenfalls (vgl. *HB* 87 f.).

Entscheidend war jedoch, daß die Fürsten – und sie allein – disziplinierte Armeen unterhielten. Als ihre Herrschaft und ihre Patrimonialbürokratien zunehmend mächtiger wurden, wurde die finanzielle Abhängigkeit der Fürsten von den städtischen Händlern immer weniger akzeptabel, besonders im Mittelalter. Sobald sie eine alternative Möglichkeit für die finanzielle Versorgung ihrer Verwaltungen ersannen – „an Stelle der kapitalistischen die leiturgisch-steuerliche Deckung der Verwaltungskosten" und die Stützung auf „die ländlichen Organisationen als Heeres- und Steuerquellen" – war die ständige Ausweitung ihrer Macht über die Gilden gesichert (*HB* 130, 128). Schließlich wurde mit der Stabilisierung der wirtschaftlichen Bedingungen der Erfolg der verbleibenden, frei umherziehenden Händler und Handwerker von deren Befolgung traditioneller ritueller Praktiken abhängig. Berufsverbände wurden aufgelöst.

Mit der Unterwerfung der städtischen Gilden in der spätklassischen Periode wurden alle Möglichkeiten für die Entwicklung eines solidarischen und organisierten unabhängigen Bürgertums sowie für die Ausbreitung einer politisch geschlossenen Verbrüderung über einen breiten Querschnitt des Bürgertums hinweg beseitigt (*HB* 35-38, 130 f.). Als Folge blieben die für das Wachstum des städtischen Handwerks verantwortlichen verschiedenen Gastvölker im allgemeinen voneinander entfremdet und getrennt. Der Sieg der Könige und ihrer Verbündeten, der Brahmanen, über die Gilden verbannte nicht nur eine Kraft, die dem Kastensystem stark entgegenstand, und stärkte außerordentlich die Brahmanen, sondern er bereitete auch den Weg für eine Wiederbelebung des Gentilcharismas. Fachberufe wurden erneut erblich organisiert, Standesunterschiede gewährten bestimmten Gruppen nur Gast- oder Pariastatus, und das Ritual differenzierte sich zunehmend nach ethnischen Gruppen. Als Folge blieb diese für die Kasten höchst förderliche Kraft, das Gentilcharisma, stark. Es begründete sogar eine Hinterlassenschaft, die im Mittelalter eine zentrale Bedeutung für die Bestätigung der Kastenordnung bekommen sollte.

Die Ausbreitung des Gentilcharismas in ganz Indien vollzog sich mit dem Aufstieg der Brahmanen zur sozialen Vorherrschaft. Bald ahmten alle Inhaber von Stellungen mit religiöser Autorität – in der Hoffnung, ihnen werde das brahmanische Ansehen zukommen, und motiviert durch den rein pragmatischen Wunsch, ihren Sippen und Nachkommen privilegierte Stellungen zu sichern – die magischen Praktiken der Brahmanen nach. Ferner wurde die Übernahme des Gentilcharismas als Mittel zur Übertragung von Autorität auch durch herrschende animistische Überzeugungen gefördert, die allgemein mit bestimmten sozialen Stellungen und besonders mit Autoritätsstellungen, egal ob mit priesterlichen oder profanen, ein entsprechend definiertes magisches Charisma verbanden (*HB* 125 f.). Weber bemerkt: „Neben der sozialen rief dies auch die magische Ablehnung der Gemeinschaft mit den Fremden weit stärker als irgendwo sonst auf den Plan und trug dazu bei, das Charisma der vornehmen Sippen und die Schranken zwischen den ethnisch fremden unterworfenen Stämmen, Gastvölkern und Pariastämmen und den Herrenschichten auch nach wirtschaftlicher Einordnung der ersteren in die lokale Wirtschaftsgemeinschaft unübersteiglich zu machen" (*HB* 131). Zusammen mit den „Gegensätze[n] der Rassen", die eine besonders wirksame Stütze boten (*HB* 127), förderte das Gentilcharisma – der „Keim der Kastenbildung" (*HB* 125) – stark den Aufstieg der Kastenordnung in der klassischen Zeit und begründete, nachdem die Gilden abgeschafft worden waren, eine Hinterlassenschaft, die seine Verfestigung in der folgenden Zeit begünstigte.

Trotz des weitverbreiteten Gentilcharismas, der Macht und des Ansehens der Brahmanen, trotz ihres festen Bündnisses mit dem Hinduismus einerseits und mit den Kschatrija-Fürsten andererseits und trotz der Ausbreitung der *Karma-* und *Samsara-*Lehren können allein diese Faktoren Weber zufolge keine Erklärung für die universelle Verbreitung der Kastenordnung, wie sie sich in der Zeit zwischen 700 und 1200 n. Chr. auf dem indischen Subkontinent vollzog, auf der Ebene adäquater Kausalität liefern. Die Verwurzelung des Kastensystems kann nicht einfach durch fördernde synchrone und diachrone Wechselwirkungen notwendiger Handlungsorientierungen erklärt werden. Tatsächlich wurde die Macht der Brahmanen und des Hinduismus trotz eines solchen regelmäßigen Handelns in der spätklassischen Zeit ernstlich von Religionen herausgefordert, die in Gegensatz zum Kastensystem standen: Buddhismus und Jainismus.

Eine Vielzahl einzelner, in der klassischen Epoche hervortretender und den Aufstieg und die Ausbreitung der Kastenordnung begünstigender Faktoren kristallisierte sich im indischen Mittelalter nicht nur zu einem den Aufstieg der Kastenordnung fördernden *Kontext*, sondern auch zu einer Konfiguration von Kräften, die in einer *dynamischen* Wechselwirkung standen.

Dynamische Wechselwirkungen von Handlungen

Langfristige *historische* Entwicklungen brachten schließlich einen geänderten Kontext hervor, in dem sich alte und neue Muster von Handlungsorientierungen vermischten und auf eine besondere und „richtige" Weise in einer dynamischen Wechselwirkung standen und dadurch die Unerschütterlichkeit der Kastenordnung sicherten. Dabei wurde jeder einzelne Faktor verstärkt. Die Kasten verfestigten sich und entwickelten sich zu einer Kasten*ordnung*.

Der Mahajana- oder „Laien"-Buddhismus (vgl. *HB* 265-279) dehnte sich bis zum siebten Jahrhunderten nach Christus weit über die Gebiete Asiens aus, doch sein Einfluß in Indien begann im fünften Jahrhundert mit der langsamen und stetigen Wiederbelebung des Hinduismus zu schwinden. Obwohl der erste der großen Polemiker gegen den Buddhismus, Kumarila Bhatta, im siebten Jahrhundert auftrat, lebte der früheste Begründer der hinduistischen Renaissance „im Sinn einer Verbindung der alten philosophischen Tradition der Intellektuellensoteriologie mit den Propagandabedürfnissen" der Massen, Sankaracharya, im achten oder neunten Jahrhundert (*HB* 327).[71]

Sobald sich das Bündnis zwischen Kschatrija und Brahmanen vollständig gegen den Buddhismus durchgesetzt hatte, wurde diese Weltreligion ebenso wie der Jainismus unterdrückt. Mit der Befriedung konnte daraufhin der Prozeß der Wiedererrichtung der Macht und des Ansehens der Brahmanen einsetzen. Diese Situation lieferte die grundlegende Vorbedingung für die hinduistische Restauration, welche jedoch die Abwertung der Elitestellung der Brahmanen und die Anbetung vergöttlichter, diesseitiger und personalisierter Heilande mit sich brachte. Eine massive Popularisierung und der Aufstieg von Gurus und Mönchen, die nicht in den klassischen Schriften geschult waren, vollzogen sich. Die grundlegenden Lehren des Hinduismus – die Lehren des *Karma* und des *Samsara* sowie die organische Sozialethik – blieben jedoch unangetastet und weitverbreitet, da die neubrahmanischen Gurus und heterodoxen Heilande eine strikte Beachtung des Kasten-Dharma verlangten. Gleichzeitig vollendete sich eine drastische *organisatorische* Umgestaltung des Hinduismus als Antwort auf die Herausforderung durch den Buddhismus und den Jainismus, die das Entstehen hierarchisch organisierter Klöster und Diözesen und die Entwicklung eines Berufsmönchtums einschloß. Alle diese Transformationen verstärkten die Macht der Brahmanen und verankerten zugleich diese Religion fest im sozialen Gewebe Indiens. Sie

---

71 Dies sind die Berechnungen Webers, von denen die meisten die Schätzungen heutiger Forscher um etwa ein Jahrhundert vordatieren.

taten dies um so mehr aufgrund ihrer dynamischen Wechselwirkung mit herausragenden Hinterlassenschaften wie dem Gentilcharisma.

Diese Entwicklungen im Mittelalter lieferten einen geeigneten Kontext für die Entfaltung der Kastenordnung, indem sich die ermöglichenden und die notwendigen Handlungsorientierungen zu einer Konstellation von Kräften verfestigten, die sich gegenseitig verstärkten. Einige dieser Kräfte wurden einzig als Folge des geänderten Kontextes wirksam, in dem sie sich nun vorfanden. Als Ergebnis der dynamischen Wechselwirkung vor allem des Gentilcharismas, des Zusammenschlusses von Brahmanen und Kschatrija und des Hinduismus gelang es selbst der ausgedehnten Entwicklung von patrimonialen Königreichen in Indien nicht, wie Webers Modell des Patrimonialismus annimmt (*WuG* 648-653), starke bürgerliche Schichten hervorzubringen, die in der Lage gewesen wären, sich dem Wachstum der Kastenordnung entgegenzustellen. Die Lehren des *Karma* und des *Samsara* drangen im Gegenteil selbst in diese Schichten tief ein. Die Vorherrschaft der Brahmanen ermöglichte es ihnen, die Herrschaft des Hinduismus zu festigen und ihre Aufgaben wirksamer zu erfüllen als je zuvor: das *Dharma* für verschiedene Kasten zu bestimmen und sie in eine soziale Hierarchie einzuordnen. Noch einmal: „Alle übrigen von diesen einzelnen Entwicklungsmomenten wirkten, als einzelne, auch anderwärts. Nirgends aber trafen sie alle zusammen mit der besonderen Lage Indiens" (*HB* 131). Ein wichtiger Indikator für die Ausbreitung und Verwurzelung des Kastensystems kann in der Transformation der Vorstellung des *Dharma* gesehen werden: von Tabus, magischen Normen und Zauberei in der vorklassischen und klassischen Zeit zur Vorstellung eines „verbindlichen ‚Pfades'" sozialethischer „Pflicht" in der spätklassischen und mittelalterlichen Epoche (*HB* 188).

Diese Untersuchung des Aufstiegs der Kastenordnung zur Herrschaft hat versucht, das tatsächliche *Verfahren der Kausalanalyse* zu veranschaulichen, das Weber in seinen empirischen Texten anwendet. Da er seine Analyse nicht in systematischer Form dargestellt hat, mußte sie rekonstruiert werden. Die drei Stufen seiner kausalen Methodologie haben ebenso als Wegweiser gedient wie der in seiner analytischen Abhandlung *WuG* formulierte theoretische Bezugsrahmen – die gesellschaftlichen Ordnungen und ihre spezifischen Idealtypen. Sie alle haben Orientierungsmittel für diese Untersuchung der diffusen empirischen Tatsachen geboten, die den Aufstieg und die Ausbreitung des Kastensystems umgeben. Es wurde deutlich, daß Webers kausale Methodologie bei ihrem Bemühen um den Nachweis adäquater Kausalität eine Vielzahl kausaler Handlungsorientierungen und eine Unterscheidung zwischen ermöglichenden und notwendigen Handlungsmustern betont. Synchrone und diachrone Wechselwirkungen regelmäßiger Handlungsorientierungen sind ebenso entscheidend gewesen, wobei Weber jedoch außerdem hervorhebt, (a) wie *Kontexte* entstehen, in denen sich wiederkehrendes Handeln herausbildet, und (b) wie die Vermischungen von Handlungsorientierungen zu *dynamischen* Wechselwirkungen führen, die eine Verstärkung der kausalen Rolle einzelner Faktoren mit sich bringen.

In welchem Verhältnis steht Webers Verfahren der Kausalanalyse zu dem der Weltsystem-Schule sowie zu denen des interpretativen historischen und des kausalanalytischen Ansatzes? Diese Rekonstruktion seiner Analyse des Aufstiegs der Kastenordnung zur Herrschaft in Indien hat seine breite Multikausalität veranschaulicht. In dieser Hinsicht ist Weber eng mit dem interpretativen historischen Ansatz verbündet. Jedoch unterscheiden ihn sein Beharren auf einer kausalen Methodologie und seine Abneigung, Kausalität auf Grundlage weniger Hauptbegriffe in Verbindung mit einer stark detaillierten Schilderung nachzuweisen, von diesem Ansatz. Außerdem trennt der interpretative historische Ansatz ebensowenig wie die Weltsystem-Schule und der kausalanalytische Ansatz zwischen ermöglichenden und notwendigen Handlungsorientierungen. Und diese Herangehensweisen bieten auch keinen theoretischen Bezugsrahmen, der mit den gesellschaftlichen Ordnungen und ihren zugehörigen spezifischen Idealtypen aus *WuG* vergleichbar wäre, die alle in erster Linie die klare Identifizierung notwendiger kausaler Kräfte einerseits und synchroner und diachroner Wechselwirkungen andererseits unterstützen. Dieser Bezugsrahmen als solcher unterscheidet Webers Verfahren der Kausalanalyse von der ausschließlichen Schwerpunktsetzung auf Einzelprobleme, die den kausalanalytischen und den interpretativen historischen Ansatz kennzeichnet. Im wesentlichen zwingt dieses heuristische Konstrukt den Forscher, sich auf eine ständige Pendelbewegung zwischen einem Orientierungsrahmen und der untersuchten diffusen empirischen Realität einzulassen. Jedoch treibt es Webers historisch-vergleichende Soziologie nicht in die Richtung der vorformulierten Theorie der Weltsystem-Schule.

Außerdem, und obwohl Weber die Bemühungen kausalanalytischer Forscher begrüßen würde, bei der Feststellung von Kausalität auf eine systematische und strenge Weise vorzugehen, würde er die von ihnen angebotene Methodologie als unvollständig ansehen. Dieser Ansatz widmet, ähnlich wie die Weltsystem-Schule, den Klassenbeziehungen, der Wirtschaft und dem

Staat besondere Aufmerksamkeit, normalerweise auf Kosten kultureller Faktoren. Schon die reine *Vielzahl* der gesellschaftlichen Ordnungen und ihrer spezifischen Idealtypen in *WuG* dient als eine Schranke für die Zuerkennung eines „entscheidenden Status" an einzelne kausale Variablen. Gerade in dieser Hinsicht ist jener theoretische Bezugsrahmen für einen weiteren Unterschied zwischen Weber und dem kausalanalytischen Ansatz wie auch der Weltsystem-Schule verantwortlich: Seine Betonung einer Vielzahl kausaler Kräfte macht es erforderlich, daß der „Kontext" und die „dynamischen Wechselwirkungen" erheblich umfassender verstanden werden, als die Anhänger dieser Ansätze dies tun. Zwar erkennen der kausalanalytische und der Weltsystem-Ansatz soziale Kontexte und die dynamischen Wechselwirkungen von Kräften an, aber beide tun dies nicht mit Bezug auf ein breites Spektrum kausaler Kräfte.

Das vorangegangene Beispiel des Aufstiegs der Kastenordnung zur Vorherrschaft hat versucht, einerseits die von Weber in seinen empirischen Texten tatsächlich verwendete kausale Methodologie und andererseits die Art, in der die gesellschaftlichen Ordnungen und ihre spezifischen Idealtypen aus *WuG* einen theoretischen Bezugsrahmen für seine Untersuchungen liefern, zu verdeutlichen. Hierdurch wollte es zeigen, wie Webers *Verfahren der Kausalanalyse* von heutigen historisch-vergleichenden Forschern genutzt werden kann.[72] Mehrere andere leidlich vollständige Analysen, die eine anhaltende Aufmerksamkeit für ermöglichende und notwendige kausale Handlungsmuster, für synchrone, diachrone und dynamische Wechselwirkungen, für die Kontextabhängigkeit von Handlungsorientierungen und für den theoretischen Rahmen von *WuG* einschließen, sind tief in Webers historisch-vergleichenden Schriften verborgen: der Aufstieg des Monotheismus zur Vorherrschaft im antiken Israel (vgl. Kalberg 1994), des Konfuzianismus (vgl. Kalberg 1999)[73] und des Patrimonialismus in China, der Mystik im

---

72 Ich habe – wenn auch weniger umfassend – zwei *Anwendungen* von Webers praktiziertem Verfahren der Kausalanalyse versucht. Beide Studien wollen dessen Strenge und Einzigartigkeit zeigen. Die eine stellt eine Analyse der Entstehung und der Ausbreitung des Kulturpessimismus in Deutschland um die Jahrhundertwende dar (1987b), die andere bietet eine kausale Erklärung der abweichenden „Orte" der Arbeit in zwei fortgeschrittenen Industrienationen: den Vereinigten Staaten und Deutschland (1992). Vgl. auch Kalberg 1993a; 1998b; 2000c.

73 Aus Platzgründen können die zwei in diesen Aufsätzen enthaltenen Rekonstruktionen, die eigentlich in dieses Kapitel gehören würden, hier nicht berücksichtigt werden.

antiken Buddhismus und des modernen Kapitalismus im Westen.[74] Sie alle könnten unter Bezug auf die Bestanteile von Webers Verfahren der Kausalanalyse, wie sie in diesem Kapitel diskutiert wurden, rekonstruiert werden.

---

74 Die letztgenannte Rekonstruktion, die für sich ein beträchtliches Buch umfassen würde, konnte hier nicht unternommen werden. Eine solche Rekonstruktion würde sich, in Verbindung mit *WuG* und *PE*, auf *Abriß* stützen.

Schluß:
Max Webers historisch-vergleichende Soziologie und neuere Richtungen

Die Strategien und Verfahren der historisch-vergleichenden Soziologie Max Webers können nicht angemessen verstanden werden, wenn die einprägsamen Wendungen, die häufig mit seinen empirischen Texten in Verbindung gebracht werden, als repräsentativ betrachtet werden: „zunehmende Bürokratisierung", „universelle Rationalisierung", „Veralltäglichung des Charismas". Die analytische Kraft und Einzigartigkeit seiner empirischen Soziologie wird auch verschlossen bleiben, wenn eine besondere Betonung auf seine bekanntesten Formulierungen gelegt wird, wie „Entzauberung der Welt" und „eine Polarnacht von eisiger Finsternis und Härte" liege vor uns (*PolB* 559). Andererseits kann Webers historisch-vergleichende Soziologie nicht einfach als eine Reihe von bruchstückhaften, begrenzten und problemorientierten Fallstudien über beispielsweise Charisma, Stände, den „Geist" des Kapitalismus und die Bürokratie verstanden werden. Noch ist sie zutreffend als ein umfangreiches Verzeichnis von Idealtypen zu beschreiben.

Fallstudien, die Begriffsbildung und abgegrenzte Probleme stehen nur am Beginn seiner materialen Soziologie. In Webers empirischen Texten sind eine Reihe von Strategien und Verfahren und sogar eine strenge historisch-vergleichende Soziologie verborgen. Einige seiner grundlegenden Orientierungen (wie der „Maßstab"-Zweck von Idealtypen) sind heute bekannter, andere sind es weniger (wie die Modellbildung); und einige sind noch unbekannt. Es hat sich gezeigt, daß dies besonders für sein Verfahren der Kausalanalyse gilt.

Durch eine synthetische Lektüre seiner empirischen Texte hat diese Studie die den empirischen Schriften Webers zugrundeliegenden Hauptdimensionen systematisiert und in einigen Punkten rekonstruiert. Seine historisch-vergleichende Soziologie wird von ineinandergreifenden Strategien und Verfahren gebildet, die alle einem übergeordneten Zweck dienen: kausale Erklärungen einmaliger Fälle und Entwicklungen zu liefern. Seinen verschiedenartigen Strategien und Verfahren fehlt keineswegs ein innerer Zusammenhang, wie manche behauptet haben, sondern sie werden durch dieses Ziel verbunden. Diese Studie verfolgte jedoch noch eine weitere zentrale Absicht: Durch die Vergleiche zwischen Weber und neueren Ansätzen in der historisch-vergleichenden Soziologie hat sie sich bemüht, die Dilemmata und Probleme zu überwinden, mit denen gegenwärtige Forscher konfrontiert sind, und die Nützlichkeit seiner Strategien und Verfahren für die heutige Forschung zu zeigen.

Die Grundorientierungen von Webers empirischen Texten und seine Beiträge zur heutigen historisch-vergleichenden Forschung müssen nun rekapituliert werden. Hierbei werden bei jedem Schritt Vergleiche und Gegenüberstellungen mit gegenwärtigen Ansätzen unternommen werden.

Zusammenfassung

Kapitel 1 hat untersucht, auf welche Weise Webers empirische Texte Handlung und Struktur verknüpfen. Sie widmen dieser Frage erheblich mehr Aufmerksamkeit als die Weltsystem-Schule und als der kausalanalytische sowie der interpretative historische Ansatz. Das historisch-vergleichende Vorgehen erfordert Weber zufolge eine explizite Behandlung dieser Verknüpfung. Grundlegende Aspekte seiner Soziologie sind hierfür von zentraler Bedeutung: sein methodologischer Individualismus, sein Begriff des *Verstehens* und seine Analyse der verschiedenen Arten, auf die Handeln durch subjektiv gemeintem Sinn gelenkt werden kann. Anders als die Rational Choice-Theoretiker macht Weber geltend, daß der *verstehende* Forscher die Handlungsorientierungen von Menschen unter Bezug auf die Vielfalt von Motiven, die in den vier Typen sozialen Handelns zum Ausdruck kommt, „verstehen" muß. Er argumentiert, daß die ungleiche *Intensität* des Handelns von höchster Bedeutung für historisch-vergleichende Soziologen ist, selbst hinsichtlich solcher Fragen wie der nach den Ursprüngen des modernen Kapitalismus.

Die Diskussion dieser Grundbestandteile der Weberschen Soziologie bereitete den Weg für eine Untersuchung der Art und Weise, auf die in seinen Texten das Handeln mit der sozialen Struktur verbunden wird. Diese Verknüpfung geschieht durch drei *Hauptformen regelmäßigen Handelns*: einerseits durch die Orientierung des Handelns an „Ordnungen" und an „legitimen Ordnungen" und andererseits durch seine Einbettung in gesonderte soziale Kontexte oder „soziologische Orte" („sociological loci"). Regelmäßige Handlungsorientierungen entwickeln und entfalten sich nicht einfach als

Folge der rationalen Entscheidungen von Individuen, sondern sie erhalten eine Prägung und Form durch Milieus bzw. durch „soziale Daseinsbedingungen". Indem die Modelle soziologischer Orte die Aufmerksamkeit direkt auf die Betonung von Kontexten richten, die sich durchgehend in Webers empirischen Texten findet, enthüllen sie die Fähigkeit seiner historisch-vergleichenden Soziologie, Hypothesen über *Wahrscheinlichkeiten* hinsichtlich der Herausbildung bestimmter Muster sozialen Handelns und hinsichtlich der Beschränkung anderer aufzustellen.

Diese Regelmäßigkeiten des Handelns – die strukturelle Dimension Webers – bedeuten jedoch nie einen Verlust des subjektiv gemeinten Sinns der Handelnden als Grundeinheit der Analyse und auch nicht der vielschichtigen Arten von Handlungsorientierungen. Stände, Konventionen, Gesetze und sogar bürokratische Verbände würden sich auflösen, wenn nicht die Einzelnen ihr sinnhaftes Handeln in regelmäßiger Weise an ihnen orientieren würden. Webers Strukturalismus bezieht sich lediglich auf diese drei Formen regelmäßigen Handelns: Ordnungen, legitime Ordnungen und soziologische Orte. Er fragt in seinen gesamten empirischen Schriften danach, wie sich das Handeln aus seinem natürlichen, diffusen Fluß herauslöst und sich, trotz unablässigen Konflikts, in *Regelmäßigkeiten* des Handelns umformt.

Die Weltsystem-Schule sowie der kausalanalytische und der interpretative historische Ansatz bieten weder diese noch andere ausdrückliche Verfahren, Strategien und Begriffe an, um das Handeln mit sozialen Strukturen zu verbinden. Alle diese Ansätze lassen Handlung allgemein außer acht. Darüber hinaus hat Kapitel 1, indem es die grundlegenden „Mikro"-Bestandteile Webers – seinen methodologischen Individualismus, den Begriff des *Verstehens*, die vier Typen sozialen Handelns und die Betonung einer Vielfalt von Motiven – klar definierte und sie dann in Bezug auf die überbrückenden Mechanismen der Ordnung, der legitimen Ordnung und der soziologischen Orte diskutierte, eine weitergehende *verstehende* Absicht hinter Webers historisch-vergleichender Soziologie aufgedeckt: Makrosoziologen auf ganz praktische Weise dabei zu *unterstützen*, vermeintlich irrationale Handlungsorientierungen zu „verstehen". In dem Maß, in dem sinnhaftes Handeln als in Ordnungen, legitimen Ordnungen und sozialen Kontexten angesiedelt identifiziert und dadurch „verstanden" wird, wird es von „fremdem" und „ungewohntem" Handeln zu „verständlichem", subjektiv sinnhaftem und vielleicht sogar „alles in allem logischen" Handeln „umgeformt".

Die Multikausalität von Webers historisch-vergleichender Soziologie war der Gegenstand von **Kapitel 2.** Sein Beharren darauf, daß die kausale Analyse ein ganzes Spektrum von regelmäßigen Handlungsorientierungen in Betracht ziehen muß, stellt ihn in Widerspruch zur Weltsystem-Schule und zum kausalanalytischen Ansatz. Diese Ansätze betonen strukturelle Kräfte – wie Klassenbeziehungen, den Staat, die Interessen der herrschenden Klassen, Urbanisierung und Kapitalakkumulation – auf Kosten kultureller Kräfte wie den Werten einer Religion, eines Standes oder einer Familie. Außerdem unterstellen Vertreter des kausalanalytischen Ansatzes und der Weltsystem-Schule, daß eine einzige soziale Sphäre oder Variable legitimerweise *generell* in eine kausale Vorrangstellung erhoben werden kann.

Demgegenüber macht Weber geltend, daß die Untersuchung aller dauerhaften Strukturen und ökonomischen Beziehungen die Berücksichtigung des Glaubens und der Werte einschließen muß, die diese legitimieren und aufrecht erhalten. Außerdem unterstreicht er, daß diese Werte ihren Ursprung ebenso in universellen Gemeinschaften wie in Ständen oder in religiösen Lehren haben können und daß sie trotz struktureller Transformationen über Jahrtausende fortbestehen können. Auf der analytischen Ebene begreift er Werte als Triebkräfte und erst recht als Kräfte der Stabilität und des Widerstands, ganz genauso wie ökonomische Kräfte. Überdies stellt Weber, anders als die Anhänger der Weltsystem-Schule und des kausalanalytischen Ansatzes, eine komplexe Wechselwirkung zwischen Werten, Traditionen und praktischen Interessen dar. Er beteuert darüber hinaus – insbesondere in ausdrücklichem Gegensatz zur Weltsystem-Schule und zum kausalanalytischen Ansatz, aber auch zu Rational Choice-Theoretikern – die zentrale kausale Bedeutung des unterschiedlichen subjektiv gemeinten Sinns sowie der wechselnden Intensität sozialen Handelns.

Bei der Frage der Kausalität weist Weber den sozialen *Trägern* eine Hauptrolle zu. Regelmäßiges Handeln benötigt, um soziologisch bedeutsam zu werden, zusammenhängende Klassen, Schichten oder Verbände als Träger. Diese Träger können möglicherweise sogar selbst regelmäßige Handlungsorientierungen beeinflussen. Das kann auf eine ausschlaggebende Weise geschehen. Jedoch dürfen Träger, trotz ihrer bedeutenden Einflüsse auf wiederkehrendes Handeln, die analytisch dargestellt werden können, nie isoliert untersucht werden. Einerseits stehen sie in dauerhafter Wechselwirkung mit anderen kausalen Kräften (wie historischen Ereignissen, technologischen Neuerungen und geographischen Faktoren); andererseits muß das Ausmaß an Macht berücksichtigt werden, über das Träger verfügen. Überdies müssen

Weber zufolge auch der Kampf, die Konkurrenz und die Spannung, die häufig zwischen regelmäßigen Handlungsorientierungen bestehen, als kausal bedeutsam angesehen werden. In seiner historisch-vergleichenden Soziologie verfügt jeder dieser Faktoren über die Fähigkeit, regelmäßiges Handeln hervorzubringen.

Webers grundsätzliche und breit angelegte Multikausalität treibt seine empirische Soziologie in die Richtung des interpretativen historischen Ansatzes, der ebenfalls ein breites Panorama kausaler Kräfte berücksichtigt. Dennoch ist Webers Besonderheit auch hier schnell unverkennbar: Dieser Ansatz versäumt es eindeutig, sich mit der zentralen Bedeutung von Trägern und mit der unterschiedlichen Intensität des Handelns zu beschäftigen.

Kapitel 3 bestimmte die **grundlegende** Absicht von Webers Soziologie: die **kausale Analyse einmaliger Fälle und Entwicklungen**. Dieses Ziel verbündet ihn deutlich mit dem interpretativen historischen und dem kausalanalytischen Ansatz. Jedoch hebt sich Webers historisch-vergleichende Soziologie hinsichtlich des Hauptgegenstandes dieses Kapitels scharf von den meisten Vertretern dieser Ansätze ab: ihrer auf Idealtypen beruhenden Analyseebene. Dieses heuristische Werkzeug liefert die Grundlage für Webers kausale Verfahren und Strategien. Ihre Bildung und ihre Hauptmerkmale wurden ebenso behandelt wie ihre grundlegendste Anwendung: ein Orientierungsmittel gegenüber der amorphen sozialen Realität zu liefern und die klare Bestimmung von Fällen zu unterstützen. Die Frage, warum ein einzigartiger empirischer Fall oder eine einzigartige Entwicklung „historisch so und nicht anders" eintrat, kann nur nach der Formulierung klarer Definitionen gestellt werden. Wenn diese begrifflichen Instrumente nicht verfügbar sind, um als „Standards" zu dienen, an denen einzelne Fälle und Entwicklungen „vermessen" werden können, ist Weber zufolge die Durchführung vergleichender „Gedankenexperimente", die bedeutsame kausale Handlungsorientierungen systematisch zu isolieren versuchen, unmöglich. Indem diese „Maßstäbe" Orientierungsmittel anbieten, unterscheiden sie außerdem Webers historisch-vergleichende Soziologie von der Ausrichtung auf einzelne Probleme des interpretativen historischen und des kausalanalytischen Ansatzes. Sie grenzen ihn auch von der vorformulierten Theorie der Weltsystem-Schule ab. Allen diesen Ansätzen fehlt ein vergleichbares heuristisches Konstrukt. Nachdem dies zugunsten der Idealtypen vorgebracht wurde, muß auch angemerkt werden, daß Webers Versäumnis, die Verfahren für ihre Konstruktion klarer zu benennen, ein ernstes Problem darstellt. Sein Verweis auf „Erfahrungsregeln" und „historische Urteile" schützt, nach heutigen Standards, nicht ausreichend gegen subjektives Vorgehen.

Der Idealtypus erfüllt einen weiteren grundlegenden Zweck in Webers kausaler Soziologie, der in Kapitel 4 behandelt wurde: Er formuliert *hypothesenbildende Modelle*. Nahezu alle diese Modelle werden in Webers analytischer Abhandlung *WuG* konstruiert. Indem sie begrenzte, empirisch überprüfbare kausale Hypothesen formulieren, unterstützen sie auf der empirischen Ebene die Isolierung bedeutsamer kausaler Faktoren und widersetzen sich allen narrativen und problemzentrierten Ansätzen. Webers dynamische, kontextuelle, Verwandtschafts-, Spannungs- und Entwicklungsmodelle wurden untersucht.

Seine Modelle der Verwandtschaft und der Spannung entwerfen beispielsweise analytische Beziehungen oder „logische Wechselwirkungen". Diese Wechselwirkungen leiten sich nicht aus historischen oder sich wandelnden Faktoren wie Macht, äußeren Zwängen, Herrschaft oder bestimmten historischen Ereignissen ab, sondern sie ergeben sich aus logischen bzw. „inneren" Verwandtschaften oder Spannungen innerhalb eines *theoretischen Bezugsrahmens*, der von den gesellschaftlichen Ordnungen (den universellen Gemeinschaften, den Klassen und Ständen sowie den Lebenssphären der Religion, des Rechts, der Wirtschaft und der Herrschaft) und von den zu diesen Ordnungen gehörenden spezifischen Idealtypen aus *WuG* (beispielsweise den charismatischen, patriarchalen, feudalen, patrimonialen und bürokratischen Typen von Herrschaft und Ständen wie den Intellektuellen, den Feudaladligen, den Bauern und den Beamten) geliefert wird. Folglich sollten die analytischen Beziehungen unter keinen Umständen als tatsächliche empirische Kausalbeziehungen betrachtet werden. Sie bleiben lediglich Modelle, die streng von der sozialen Wirklichkeit zu trennen sind, in der sich alle logischen Beziehungen andauernd überschneiden. Nichtsdestoweniger besitzen sie als heuristische Modelle eine große Stärke: Hypothesen über Verwandtschaft oder Spannung innerhalb von gesellschaftlichen Ordnungen oder zwischen diesen dienen der Isolierung, Identifikation, klaren begrifflichen Erfassung und analytischen Einordnung empirischer Wechselwirkungen regelmäßigen Handelns. Dadurch wird eine kausale Analyse ermöglicht. Vertiefende historische Untersuchungen dienen dann der Überprüfung jeder hypothetisch angenommenen Beziehung. Obwohl auch der interpretative historische und der kausalanalytische Ansatz sowie die Weltsystem-Schule gleichermaßen die Wechselwirkungen von Faktoren anerkennen, bietet keiner dieser gegenwärtigen Ansätze entweder einen theoretischen Bezugsrahmen, der mit dem Webers vergleichbar wäre, oder Hilfsmittel irgendwelcher Art, um *typische* Wechselwirkungen zu identifizieren.

Webers hypothesenbildende *Entwicklungsmodelle* tragen ebenfalls bedeutend zu der Fähigkeit seiner empirischen Soziologie bei, das historischvergleichende Vorhaben von der Problemzentrierung des kausalanalytischen und des interpretativen historischen Ansatzes abzurücken, hin zur theoretischen Erfassung empirischer Entwicklungen. Diese begrenzten analytischen Verallgemeinerungen (limited analytic generalizations) müssen völlig von seinen übrigen Modellen getrennt werden. Einerseits wird ein Handlungs*verlauf* angenommen, der idealtypische Stadien voraussetzt, die das Handeln durchläuft. Auf jeder Stufe werden begrenzte und empirisch überprüfbare Kausalhypothesen über die weitere Entfaltung regelmäßiger Handlungsorientierungen formuliert. Andererseits beruhen diese Modelle auf einer Triebkraft, die mit dem angenommenen Handlungsverlauf als solchem eigengesetzlich verknüpft ist, und werden durch sie in Bewegung gesetzt.

In der analytischen Abhandlung *WuG* werden wiederholt solche Entwicklungskonstrukte formuliert, die von einer einzigen Gruppe von Handlungsorientierungen vorangetrieben werden. Die angenommenen „Entwicklungspfade" werden in einer innerlich konsistenteren und systematisch vereinheitlichteren Weise dargestellt als jede gegebene empirische Entwicklung. Weber betont aus diesem Grund, daß die Stufen jedes Entwicklungsmodells niemals „unveränderliche Stadien" der Geschichte erfassen noch selbst „wirksame Kräfte" bilden. In empirischer Hinsicht bleibt seine historischvergleichende Soziologie natürlich radikal multikausal. Folglich betont er bei der Diskussion dieser Modelle wiederholt, daß sie nicht „mit der Realität verwechselt" werden dürfen. In jedem empirischen Fall rufen *verschiedene* kausale Kräfte neue Handlungsorientierungen hervor und treten dazwischen, so daß alle vom Modell angenommenen Pfade des Handelns umgestoßen werden. Die wesentlichen Entwicklungsmodelle aus *WuG* einschließlich ihrer Triebkräfte wurden untersucht: die Modelle, die auf Interessen beruhen und durch diese vorangetrieben werden (das Modell der Schließung sozialer Beziehungen und das Modell der Veralltäglichung des Charismas) sowie jene, die auf Prozessen formaler (Markt und Staat) und theoretischer (Religion) Rationalisierung beruhen und durch diese angetrieben werden.

Diese Entwicklungsmodelle entheben alle Weberschen Kausalanalysen ebenso von einem Rückgriff auf eine „dichte Beschreibung" zur Feststellung von Kausalität, wie sie für den interpretativen historischen Ansatz kennzeichnend ist. Wie an der zentralen Bedeutung der dynamischen und der kontextuellen Modelle sowie der Modelle der Verwandtschaft und der Spannung deutlich wird, versucht Weber am allerwenigsten, Geschichte unter Bezugnahme auf ein theoretisches Schema zu verstehen, wie dies die Weltsystem-Schule tut. Jedes dieser begrenzten Modelle dient unverzichtbaren Zwecken in seiner historisch-vergleichenden Soziologie: die klare Definition des besonderen empirischen Falles oder der untersuchten Entwicklung zu fördern und einen theoretischen Bezugsrahmen zu liefern, der einen begrifflichen Zugriff und eine gezielte Untersuchung empirischer Fälle, Beziehungen und Entwicklungen ermöglicht.

Die Modellbildung bleibt in *WuG* durchgehend von zentraler Bedeutung. Hypothesenbildende Modelle sind für historisch-vergleichende Soziologen als organisierende Mechanismen nützlich, die einzig heuristischen Zwecken dienen. Darüber hinaus führt die Modellbildung als solche eine konsistente theoretische Dimension in das absolute Zentrum von Webers Soziologie ein. Unabhängig vom Inhalt des besonderen Modells, das jeweils benutzt wird, beinhaltet für ihn das historisch-vergleichende Vorgehen als ein grundlegendes Verfahren ausdrücklich die theoretische Rahmung empirischer Handlungsorientierungen. Webers Hervorhebung hypothesenbildender Modelle einerseits und gesellschaftlicher Ordnungen und ihrer spezifischen Idealtypen, sowie der Idealtypen als solcher, andererseits dient einem klar erkennbaren Zweck: Er ist bestrebt, die historisch-vergleichende Forschung abzubringen von einer bloßen Problem- oder Fallorientierung und von dem Bemühen, Kausalität entweder durch eine dichte historische Schilderung (wie der interpretative historische Ansatz) oder durch eine Methodologie des Forschungsdesigns (wie der kausalanalytische Ansatz) festzustellen. Begriffe und Verfahren, welche die theoretische Erfassung von Problemen und Fragen in einer Weise unterstützen, die auch nur entfernt mit den Modellen aus *WuG* vergleichbar wäre, werden von den gegenwärtigen Ansätzen an keiner Stelle formuliert.

Natürlich wird, wie in Kapitel 4 beschrieben, die von Weber praktizierte Form der Modellbildung von den gegenwärtigen Ansätzen *bewußt* heruntergespielt oder sogar vernachlässigt. Vertreter des kausalanalytischen Ansatzes erachten solche Modelle als unnötig bescheiden und verkünden statt dessen für sich ein ehrgeizigeres Ziel, das einer positivistischen Erkenntnistheorie entspringt: *empirische* Verallgemeinerungen zu konstruieren. Die Anhänger des interpretativen historischen Ansatzes stehen der Modellbildung ebenfalls grundsätzlich ablehnend gegenüber: Sie weisen die Möglichkeit der Formulierung von Verallgemeinerungen zurück und sind davon überzeugt, daß Kausalität nur durch eine in hohem Maß detaillierte Beschreibung festgestellt werden kann. Für Weltsystem-Theoretiker ist es nicht erforderlich, in der historisch-vergleichenden Forschung eine Modellbildung in diesem Ausmaß und mit dieser zentralen Bedeutung durchzuführen. Detaillierte empirische Studien bilden ein angemessenes Mittel, um die Richtigkeit der vorformulierten Theorie zu zeigen.

Schließlich enthüllte die Untersuchung von Webers auf Modellen und gesellschaftlichen Ordnungen basierendem theoretischen Bezugsrahmen in Kapitel 4 einen weiteren Unterschied gegenüber neueren Richtungen. Anders als die Schwerpunktsetzung dieser Ansätze auf die Bildung des Nationalstaates, auf westliche Modernisierungsprozesse und auf moderne soziale Bewegungen erstrecken sich Webers empirische Texte über ein viel breiteres historisches Panorama. Sie schreiten frei von den klassischen Zivilisationen der Antike bis zur Gegenwart und vom Osten bis zum Westen (vgl. Kalberg 1999; 2000b).

Obwohl die Modellbildung in *WuG* im Zentrum der historisch-vergleichenden Soziologie Webers steht, sollte sie nicht mit seinem *Verfahren der Kausalanalyse* gleichgesetzt werden. Diesem Thema widmet sich Kapitel 5. In seinen empirischen Texten liegen systematische Verfahren und Strategien, die zur Feststellung von Kausalität entworfen wurden, und sogar eine kausale Methodologie mit klar unterschiedenen Stufen verborgen. Dies ist der Fall, obwohl Weber das Ziel der Aufdeckung „allgemeiner Gesetze" in der Geschichte und im sozialen Leben ablehnte, und trotz seines Beharrens darauf, daß „historische Schicksale [...] eine gewaltige Rolle" spielen (*WuG* 702).[1] Sein Ziel, mittels strenger Verfahren und Strategien zu kausalen Erklärungen zu gelangen, schwenkt Weber weg vom interpretativen historischen Ansatz und hin zur kausalanalytischen Schule.

Der interpretative historische Ansatz formuliert keinerlei Verfahren der Kausalanalyse. Weil unterstellt wird, daß das historische Detail Kausalität zum Ausdruck bringt, werden explizite kausale Verfahren und Strategien für entbehrlich gehalten. Kontrollierte Vergleiche werden sogar als unerreichbar erachtet. Allein ein zentraler Begriff, verbunden mit der Formulierung einer

---

1   Weber liefert an dieser Stelle ein interessantes Beispiel: „eine starke Erbmonarchie hätte die abendländische Kirche vielleicht in eine ähnliche Entwicklung gedrängt wie die morgenländische, und ohne das große Schisma wäre der Niedergang der hierokratischen Gewalt vielleicht nie so erfolgt, wie geschehen" (*WuG* 702).

allgemeinen Frage, reicht den Anhängern dieser Richtung als theoretischer Leitfaden. Auf der anderen Seite formulieren die Anhänger des kausalanalytischen Ansatzes explizit und mit Nachdruck eine kausale Methodologie. Ihre Untersuchungen kennzeichnet die Konstruktion und Prüfung kausaler Hypothesen und die Kontrolle verschiedener Variablen. Zentral ist eine experimentelle Methodologie des Forschungsdesigns sowie eine ganze Terminologie der Kausalität. Weber würde genau diese Merkmale lobenswert finden. Sein Verfahren der Kausalanalyse überwindet jedoch die Schwächen des kausalanalytischen Ansatzes – eine Erhebung einzelner Faktoren in Positionen kausalen Vorrangs und ein fehlendes Beachten breit angelegter multikausaler Verfahren – und *verbindet* darüber hinaus ein grundsätzliches Bekenntnis zu einer radikalen Multikausalität mit kontextuellen und dynamischen Verfahren und Strategien.

Eine Unterscheidung zwischen „ermöglichenden" und „notwendigen" Regelmäßigkeiten des Handelns geht der kontextuell-dynamischen Stufe von Webers angewandter kausaler Methodologie voraus. Diese Einteilung trennt ihn ebenfalls von der Weltsystem-Schule sowie vom interpretativen historischen und vom kausalanalytischen Ansatz. Darüber hinaus rückt Webers Verfahren der Kausalanalyse, anders als heutige Ansätze, die wichtigsten gesellschaftlichen Ordnungen und ihre zugehörigen Idealtypen aus *WuG* ins Zentrum. In Verbindung mit einer expliziten kausalen Methodologie ist der *theoretische Bezugsrahmen* von *WuG* somit in der Lage, die kausale Analyse zu leiten.

Zunächst unterstützt er die Identifizierung notwendiger Handlungsorientierungen sowie synchroner und diachroner Wechselwirkungen regelmäßigen Handelns innerhalb und zwischen den gesellschaftlichen Ordnungen. Weber ist insbesondere davon überzeugt, daß in der Vergangenheit eingeführte regelmäßige Handlungsorientierungen – oft in unerwarteter Weise und mit weitreichenden Folgen – bis tief in die Gegenwart hinein fortdauern können. Diachrone Wechselwirkungen innerhalb und zwischen den gesellschaftlichen Ordnungen wurden in Kapitel 5 als „Hinterlassenschaften" und als „Vorbedingungen" diskutiert. Synchrone und diachrone Wechselwirkungen in Form von Hinterlassenschaften veranschaulichen den in Webers Texten verbreiteten Prozeß der „Durchdringung". Obwohl die Vertreter der Weltsystem-Schule sowie die des interpretativen historischen und des kausalanalytischen Ansatzes regelmäßig synchrone und diachrone Wechselwirkungen einräumen, bietet keiner von ihnen einen begrifflichen und theoretischen Bezugsrahmen, der eine klare begriffliche Erfassung ermöglicht.

Die Trennung von ermöglichenden und notwendigen Handlungsorientierungen und die Einschätzung von synchronen und diachronen Wechselwirkungen regelmäßigen Handelns bilden in Webers angewandter Methodologie entscheidende Stufen, die der kontextuell-dynamischen Stufe vorangehen. Nur diese spätere Stufe ist in der Lage, „adäquate Verursachung" festzustellen. Regelmäßige Handlungsorientierungen stehen in Webers Texten nicht allein, sondern treten in definierbaren Kontexten vielfacher Muster von Handlungsorientierungen auf, die auf verschiedene Weise in Wechselwirkung miteinander stehen, und zwar in einem solchen Maß, daß die Hervorbringung einer einzelnen Wirkung äußerst unwahrscheinlich ist. Folglich dienen die Kontexte mehrfacher Handlungsorientierungen als einschränkende oder fördernde Kräfte, wodurch sie die kausale Bedeutung und sogar die Substanz regelmäßiger Handlungsorientierungen beeinflussen. Derselbe Faktor unterscheidet sich in Abhängigkeit von seinem Kontext in seiner Wirkung.

Darüber hinaus hebt die kausale Methodologie Webers hervor, daß die Wechselwirkungen vielfacher Handlungsorientierungen selbst zu einer kausal bedeutsamen Kraft werden können. Als Ergebnis einer Wechselwirkung kann qualitativ *neues* regelmäßiges Handeln entstehen. Neue Handlungsmuster können sogar einen weiten Widerhall finden und dabei ganze Reihen von Handlungsorientierungen umformen. Folglich muß, wenn adäquate Kausalität festgestellt werden soll, nicht nur die kontextuelle Einbettung regelmäßigen Handelns dargestellt werden; Weber macht außerdem geltend, daß regelmäßige Handlungsorientierungen *dynamisch* miteinander in Wechselwirkungen stehen: Dynamische Wechselwirkungen treten in einer solchen Weise auf, daß nicht nur eine Stärkung oder Schwächung regelmäßigen Handelns daraus hervorgeht, sondern auch qualitativ neue, mit kausaler Bedeutung ausgestattete Handlungsorientierungen entstehen können. Er besteht darauf, daß gerade solche dynamischen Effekte klar und angemessen berücksichtigt werden müssen.

Die zentrale dynamische Komponente in Webers angewandter kausaler Methodologie kann als ein kausales Element nur unter Hinweis auf die entscheidende Ebene, auf der sie auftritt, definiert und bewertet werden: die kontextuelle Ebene. Selbst scheinbar eng in lineare kausale Ketten eingebundenes regelmäßiges Handeln wird Weber zufolge grundsätzlich auf dynamische Art durch seinen sozialen Kontext beeinflußt. Obwohl Weber überzeugt ist, daß die isolierte oder in hypothesenbildende Modelle eingebundene *begriffliche Erfassung* regelmäßigen Handelns ebenso wie die synchrone und diachrone Einordnung von Handlungsorientierungen in einen analytischen Bezugsrahmen von gesellschaftlichen Ordnungen und ihren spezifischen Idealtypen eine unentbehrliche heuristische Vorgehensweise darstellt, besteht er darauf, daß diese Verfahren allein der Komplexität der empirischen Wirklichkeit nicht einmal ein Mindestmaß an Gerechtigkeit widerfahren lassen können. Einzelne Muster von Handlungsorientierungen verflechten sich empirisch immer zu Kontexten sozialen Handelns, so daß *dynamische* Wechselwirkungen auftreten. Eine funktionsfähige kausale Methodologie muß klare Stufen und Verfahren formulieren, welche die Wechselwirkung von Vergangenheit und Gegenwart, vielfache Regelmäßigkeiten von Handlungsorientierungen – bzw. Kontexte – und die Veränderung von sozialen Handelungsmustern als Folge der sich daraus ergebenden dynamischen Wechselwirkungen erfassen. Wenn die Herausbildung soziologisch bedeutsamen regelmäßigen Handelns auf der Ebene adäquater Kausalität erklärt werden soll, müssen für Weber notwendige synchrone und diachrone Handlungsorientierungen nicht nur in der gesamten Konstellation auftreten, und zwar gleichzeitig auftreten; sie müssen auch in einer „richtigen" Dynamik in *Wechselwirkung* miteinander stehen. Dementsprechend soll die kontextuell-dynamische Stufe seiner kausalen Methodologie das empirische Vorkommen einer Vielfalt von Handlungsorientierungen, den Einfluß des sozialen Umfeldes auf sie und ihre dynamische Wechselwirkung erfassen. Nur auf diese Weise kann adäquate Kausalität festgestellt werden. Obwohl sie ebenfalls kontextuell und sogar dynamisch argumentieren, gelingt es der Weltsystem-Schule und dem kausalanalytischen Ansatz nicht – durch die Aufstellung eines theoretischen Bezugsrahmens oder irgendeines anderen heuristischen Konstrukts – sicherzustellen, daß synchrone, diachrone und dynamische Wechselwirkungen unter Berücksichtigung eines breiten Spektrums kausaler Kräfte untersucht werden.

Der abschließende Teil von Kapitel 5 veranschaulicht Webers Verfahren der Kausalanalyse. Er rekonstruiert eine seiner eigenen Analysen: den Aufstieg des Kastensystems in Indien in eine alles überragende Stellung. Dieser Abschnitt versuchte insbesondere zu zeigen, daß die Verfahren und Stufen seiner angewandten kausalen Methodologie – die Unterscheidung zwischen ermöglichenden und notwendigen Graden kausaler Bedeutung und die synchronen, diachronen und dynamischen Wechselwirkungen regelmäßigen Handelns – heute von historisch-vergleichenden Soziologen genutzt werden können.

Die wichtigsten gesellschaftlichen Ordnungen und ihre spezifischen Idealtypen aus *WuG* dienten in der gesamten Analyse des Aufstiegs des Kastensystems als heuristische Konstrukte. *WuG* formuliert einen theoretischen
Bezugsrahmen, der die Gewinnung eines Ansatzpunktes für die diffusen
Gegebenheiten, eine klare begriffliche Erfassung und Identifizierung möglicher Kausalfaktoren und die Eingrenzung des sozialen Kontextes, in dem der
untersuchte Fall oder die untersuchte Entwicklung auftrat und sich ausbreitete, ermöglichte. In dem Maß, in dem historisch-vergleichende Soziologen
ihre Forschung durch dieses Konstrukt und die zentralen Verfahren und Stufen der Weberschen kausalen Methodologie leiten lassen, wird die Unmittelbarkeit der empirischen Wirklichkeit und des vorliegenden Problems überwunden und ein Abstand gewonnen. Webers Verfahren der Kausalanalyse
konstruiert Idealtypen, die eine Grundlage für Untersuchungen der empirischen Regelmäßigkeiten des Handelns und begrenzter Probleme bieten; es
hält jedoch auch strikt daran fest, daß der untersuchte Fall oder die untersuchte Entwicklung systematisch erfaßt werden muß. Dies trifft zu, obwohl er
seinen theoretischen Bezugsrahmen – die gesellschaftlichen Ordnungen und
ihre spezifischen Idealtypen aus *WuG* – auf eine bescheidene Weise verwendet: nämlich lediglich als einen Orientierungsmechanismus.

Ausblick

Die bedeutenden Errungenschaften und Beiträge von Webers historisch-
vergleichender Soziologie hinsichtlich der zentralen Dilemmata und Probleme heutiger historisch-vergleichender Soziologie wurden in dieser Studie
durchgehend untersucht und im vorangegangenen Abschnitt zusammenge-
faßt. Es hat sich gezeigt, daß seine empirischen Texte in mehrerer Hinsicht
einzigartig sind. Sie sind auch in einem allgemeineren Sinn ungewöhnlich:
Sie behandeln eindringlich den Bereich von Themen und Dilemmata, denen
historisch-vergleichende Vorhaben heute gegenüberstehen.

Auch wenn Weber das soziale Handeln als Grundeinheit der Analyse
wählt, stellt er explizite und spezifische Möglichkeiten zur Verknüpfung von
Handlung und sozialer Struktur zur Verfügung: Ordnungen, legitime Ord-
nungen und soziologische Orte als Hauptformen regelmäßigen Handelns.
Hierbei stellt er die *verschiedenen* Arten dar, auf die subjektiv gemeinter
Sinn das Handeln leitet, führt die soziologische Bedeutung der ungleichen
Intensität von Handeln vor und zeigt die kontextuellen Zwänge und Mög-

lichkeiten, die regelmäßiges Handeln umschließen. Daraufhin konstruiert er im Dienste seines Ziels, kausale Analysen von Fällen und Entwicklungen anzubieten, ein entscheidendes heuristisches Werkzeug – den Idealtypus – und zeigt dessen Fähigkeit, einzelne Fälle und Entwicklungen zu definieren und eine Vielzahl von hypothesenbildenden Modellen zu formulieren, welche die kausale Analyse unterstützen.

Solche Idealtypen steuern theoretische Bezugsrahmen bei, die Webers Forschung von narrativen Vorgehensweisen und einer bloßen Problemzentrierung abheben. Diese zentrale Leistung wird gestützt durch den Aufbau seiner historisch-vergleichenden Soziologie entlang wichtiger gesellschaftlicher Ordnungen – bzw. entlang einer begrenzten Zahl von analytisch unabhängigen Bereichen, in denen regelmäßiges soziales Handelns in bedeutsamer Form auftritt, – und entlang einer Reihe von Idealtypen, die für eine bestimmte gesellschaftliche Ordnung spezifisch sind. Zusammengenommen konstruieren gesellschaftliche Ordnungen und ihre spezifischen Idealtypen einen weiteren theoretischen Bezugsrahmen, der die Identifikation kausaler Kräfte am Ursprung empirischer Fälle und Entwicklungen unterstützt. Überdies bekräftigen Webers empirische Texte eine umfangreiche Multikausalität, die nicht nur einem breiten Spektrum regelmäßiger Handlungsorientierungen – einschließlich an Werten und Traditionen orientiertem Handeln – ein analytisch gleiches Gewicht zukommen läßt, sondern auch die entscheidende Frage stellt, ob neue Regelmäßigkeiten des Handelns soziale Träger gewinnen, die mächtig sind. Schließlich enthält seine historisch-vergleichende Soziologie eine einmalige und strenge *kausale Methodologie*, die zur Feststellung adäquater Kausalität die Beachtung unterschiedlicher Grade kausaler Bedeutsamkeit mit einem Beharren auf der kausalen Bedeutung von synchronen, diachronen und kontextuell-dynamischen Wechselwirkungen regelmäßiger Handlungsorientierungen verbindet. Diese kausale Methodologie wird in seinen empirischen Texten neben den theoretischen Bezugsrahmen gestellt, den die gesellschaftlichen Ordnungen und ihre zugehörigen Idealtypen in *WuG* bereitstellen, um ein machtvolles *Verfahren der Kausalanalyse* hervorzubringen.

Während Weber die breite Vielfalt von Fragen behandelt, denen sich die historisch-vergleichende Soziologie stellen muß, entsagt er durchweg dogmatischen und extremen Positionen. Er folgt wiederholt einem Mittelweg.

(a) Webers handlungstheoretische Grundlage (agency foundation) – methodologischer Individualismus, *Verstehen*, die vier Typen sozialen Handelns und eine Vielfalt von Motiven – unterstreicht die Wichtigkeit des Handelnden und des subjektiv gemeinten Sinns; indem er jedoch die vielfältigen Arten betont, auf die Handeln *regelmäßig* werden kann und in geschlossenen Gruppen auftritt, erklärt er außerdem die Ursprünge sozialer Strukturen, auch wenn er alle diffusen Begriffe wie „Gesellschaft" oder „soziales System" vermeidet.

(b) Er konstruiert eine historisch-vergleichende Soziologie, die über narrative Verfahren und eine Problemzentrierung hinausgeht, jedoch behält er die zentrale Bedeutung regelmäßigen Handelns, den Begriff des *Verstehens* und die kausale Analyse als sein übergeordnetes Ziel bei und enthält sich der Verteidigung einer abstrakten, ahistorischen Analyseebene oder der Konstruktion allgemeiner Gesetze.

(c) Auch wenn Weber vorschlägt, daß regelmäßiges Handeln als kontextuell in den sozialen Daseinsbedingungen verwurzelt *begrifflich erfaßt* werden kann, weigert er sich, von einem starren funktionalen Determinismus auszugehen.

(d) Er besteht wiederholt auf der soziologischen Bedeutung von Werten und dem potentiell bindenden Charakter von an Werten orientiertem Handeln, selbst gegenüber ökonomischen Interessen, jedoch hütet er sich vor einem Idealismus.

(e) Weber verkündet, daß die kausale Erklärung einmaliger Fälle und Entwicklungen das Ziel der Soziologie sein muß, jedoch macht er geltend, daß nur „adäquate Verursachung" und keine strengen kausalen Zusammenhänge erreicht werden können.

(f) Er formuliert eine historisch-vergleichende Soziologie von universeller Reichweite, die sogar Entwicklungsmodelle langfristiger Rationalisierungsprozesse einschließt, jedoch lehnt er alle evolutionären Grundannahmen ab, und zwar so sehr, daß er unmißverständlich die Dichotomien von Gemeinschaft/Gesellschaft, Partikularismus/Universalismus und Tradition/Moderne zurückweist.

(g) Weber beobachtet, daß sich Regelmäßigkeiten sozialen Handelns wiederholt in begrenzten Gruppierungen herausbilden, jedoch weigert er sich einerseits, seine empirischen Texte entlang der Fragen nach sozialer Ordnung und nach der vermeintlichen Notwendigkeit von „Steigerung der Anpassungsfähigkeit" („adaptive upgrading"), „Verallgemeinerung von Wertmustern" („value-generalization") und „Einbeziehung" („inclusion") (Parsons 1972; 1975) anzulegen, und andererseits macht er unmißverständlich geltend, daß Spannung, Kampf, Herrschaft und Macht im sozialen Leben allgegenwärtig sind.

(h) Er stellt einen allgegenwärtigen Konflikt fest, jedoch entdeckt er auch Konstellationen regelmäßiger Handlungsorientierungen, die wiederholt entstehen und stabile soziale Kontexte bilden, welche wiederum entgegengesetzte Handlungsmuster einschränken und sie davon abhalten, soziologische Bedeutung zu erlangen.

(i) Weber konstruiert verschiedene theoretische Bezugsrahmen für historisch-vergleichende Untersuchungen und besteht auf ihrer zentralen Bedeutung. Indem er jedoch Schemata verurteilt, die vorgeben, die gesamte empirische Realität zu umfassen, und die ein geschlossenes System von Gesetzen aufstellen wollen, tritt er für eine „maßvolle" Verwendung dieser Bezugsrahmen ein, nämlich nur als orientierende analytische Hilfsmittel (orientational analytics).

(j) Er stellt das Verstehen in den Mittelpunkt der Soziologie, beharrt jedoch darauf, daß diese Konzeption nicht nur für die Mikrosoziologie, sondern auch für die Makrosoziologie eine zentrale Bedeutung haben muß.

(k) Weber entwirft ständig Modelle, die beschreiben, wie soziale Zwänge und Möglichkeiten das Handeln in der Gegenwart beeinflussen, jedoch hält er auch fortwährend den Einfluß der Vergangenheit fest und bietet eine Verfahrensweise an, die diese Verknüpfung berücksichtigt. Die Kontexte, in denen regelmäßiges Handeln in der Gegenwart stattfindet, sind stark von der Vergangenheit beeinflußt – und zwar, in einigen Fällen, sogar von einer weit zurückliegenden Vergangenheit.

Für sich genommen und trotz der besonderen Stärken jedes Ansatzes, reichen die Weltsystem-Schule sowie der interpretative historische und der kausalanalytische Ansatz nicht an Webers umfassende Behandlung des weiten Bereichs von Themen heran, die für das historisch-vergleichende Bestreben entscheidend sind. Darüber hinaus schlagen gegenwärtige Ansätze häufig keine strengen Verfahren und Forschungsstrategien vor. In einigen Fällen werden extreme Positionen vorgebracht.

Die zentrale Bedeutung theoretischer Bezugsrahmen in Webers empirischen Texten, die nicht nur gesellschaftliche Ordnungen und die zugehörigen spezifischen Idealtypen umfassen, sondern auch verschiedene hypothesenbildende Modelle, ist nicht zufällig. Er argumentiert wiederholt, daß die Aufgabe der Soziologie stets die Konstruktion von Theorien einschließen muß. Er sieht jedoch eine natürliche Versuchung, der Soziologen ständig ausgesetzt sind: ihren Beruf so zu definieren, daß er, mit der alleinigen Unterstützung einiger Schlüsselbegriffe und einer knappen Definition des vorliegenden Forschungsproblems, lediglich ein tiefes Eintauchen in die empirische Wirklichkeit erfordert. In diesem Punkt stellt sich Weber dem interpretativen historischen Ansatz aufs heftigste entgegen. Der oberste Zweck seines theoretischen Bezugsrahmens ist somit deutlich: Soziologen aus der Unmittelbarkeit des untersuchten Problems zu befreien und ihre Einbindung in eine Pendelbewegung zu *erzwingen* zwischen (a) hypothesenbildenden Modellen und gesellschaftlichen Ordnungen sowie den zugehörigen spezifischen Idealtypen, welche die Identifikation und begriffliche Erfassung empirischer Probleme, Fälle und Entwicklungen in theoretischen Begriffen unterstützen, und (b) der untersuchten empirischen Realität.

Diese theoretischen Bezugsrahmen dienen aber noch einem weiteren unverzichtbaren Zweck. Der starke *Pluralismus* hypothesenbildender Modelle und gesellschaftlicher Ordnungen in Webers historisch-vergleichender Soziologie schließt eine einseitige und enge Erwägung kausaler Fragen aus. Sie *zwingt* gegenwärtige Soziologen, die Bedeutung eines ganzen Spektrums kausaler Kräfte für das vorliegende Problem zur Kenntnis zu nehmen und zu erkunden. Er verhindert beispielsweise, daß eine einzelne kausale Kraft, wie die Wirtschaft oder der Staat, in eine analytische Vorrangstellung gehoben wird. Insbesondere müssen Werte in den Forschungsprozeß einbezogen werden, und zwar sowohl bei der theoretischen Erfassung eines Falles oder einer Entwicklung als auch bei ihrer empirischen Erforschung.

Weber ist besonders am Schicksal kultureller Faktoren interessiert. Selbst in seinen Tagen sah er für Soziologen die Versuchung, sich, einfach aus Gründen der praktischen Handhabbarkeit, ausschließlich auf strukturelle, demographische und wirtschaftliche Kräfte zu konzentrieren. Dieser Versuchung ist heute sogar noch schwerer zu widerstehen, wenn auch nur als Folge der leichten Verfügbarkeit gewaltiger struktureller, demographischer und ökonomischer Datenmengen und der Leichtigkeit der Datenverarbeitung durch statistische Verfahren und Computertechnik. Webers gesamte Soziologie kann heute als ein Versuch betrachtet werden, sowohl auf der analytischen als auch auf der empirischen Ebene „Kultur einzubeziehen" („to keep culture in") und ihre Verflechtung besonders mit Kräften der Wirtschaft und der Herrschaft anzuerkennen (vgl. Kalberg 2000b; 2000c). Die Dringlichkeit dieser Aufgabe nimmt um so mehr zu, je kleiner der Planet, auf dem wir leben, als Folge moderner Satellitentechnik und ständigen interkulturellen

Austauschs wird. Webers historisch-vergleichende Soziologie bietet, besonders im Licht ihrer universalen Reichweite und ihrer Betonung des Verstehens von subjektiv gemeintem Sinn, die geeigneten Verfahren und Strategien, um den Weg ins einundzwanzigste Jahrhundert zu weisen.

Dies gilt weiterhin, auch wenn viele gesellschaftliche Ordnungen, ihre zugehörigen spezifischen Idealtypen und die Modelle, die von Weber definiert und verwendet wurden, für die gegenwärtige Forschung nicht mehr vollständig angemessen sein sollten. Beispielsweise würde der Inhalt einiger Idealtypen in *WuG* – wie der Familie, der Nachbarschaft und der Bürokratie – heute sicherlich etwas anders definiert werden. Doch die strengen und kohärenten Strategien und Verfahren, die Webers empirische Texte kennzeichnen, können beibehalten und angewandt werden. Im Licht der neuen Herausforderungen, denen sich die Soziologie stellen muß, kann die historisch-vergleichende Soziologie Max Webers zur „Erkenntnis tatsächlicher Zusammenhänge" und zur Klarheit (*WisB* 607-609; vgl. *Obj* 149-155) beitragen.

Bibliographie

Abbott, Andrew (1983): „Sequences of Social Events". In: *Historical Methods* 16, 4: 129-147.

—— (1984): „Event Sequence and Event Duration: Colligation and Measurement". In: *Historical Methods* 17, 4: 192-203.

—— (1988): „Transcending Linear Reality". In: *Sociological Theory*, 6, 2: 169-186.

—— (1989): „A Primer on Sequence Methods". In: *Organization Science* 1, 4: 1-18.

—— und John Forrest (1986): „Optimal Matching Methods for Historical Sequences". In: *Journal of Interdisciplinary History* XVI, 3: 471-494.

Abramowski, Günter (1966): *Das Geschichtsbild Max Webers*. Stuttgart: Klett Verlag.

Albrow, Martin (1990): *Max Weber's Construction of Social Theory*. New York: St Martin's Press.

Alexander, Jeffrey (1983): *The Classical Attempt at Theoretical Synthesis: Max Weber*. Berkeley: University of California Press.

——, Bernhard Giesen, Richard Münch und Neil J. Smelser (Hrsg.) (1987): *The Micro-Macro Link*. Berkeley: University of California Press.

Almond, Gabriel A. und James S. Coleman (Hrsg.) (1960): *The Politics of Developing Areas*. Princeton: Princeton University Press.

—— und Bingham Powell, Jr. (1966): *Comparative Politics: a Developmental Approach*. Boston: Little, Brown.

Aminzade, Ronald (1981): *Class, Politics and Early Industrial Capitalism: a Study of Mid-Nineteenth Century Toulouse, France*. Albany: Suny Press.

Antonio, Robert J. (1984): „Weber vs. Parsons: Domination or Technocratic Model of Social Organization". In: Ronald M. Glassman und Vatro Murvar (Hrsg.): *Max Weber's Political Sociology*. New York: Greenwood Press. S. 155-174

Baier, Horst (1969): *Von der Erkenntnistheorie zur Wirklichkeitswissenschaft*. Unveröffentlichte Habilitationsschrift: Universität Münster.

Beetham, David (1974): *Max Weber and the Theory of Modern Politics*. London: Alien & Unwin.

Bellah, Robert, Richard Marsden, William Sullivan, Ann Swidler und Steven Tipton (1987): *Gewohnheiten des Herzens: Individualismus und Gemeinsinn in der amerikanischen Gesellschaft*. Köln: Bund-Verlag.

Bendix, Reinhard (1960): *Herrschaft und Industriearbeit. Untersuchungen über Liberalismus und die Geschichte der Industrialisierung*. Frankfurt a. M.: Europäische Verlags-Anstalt.

—— (1962): *Max Weber: an Intellectual Portrait*. New York: Doubleday Anchor.

—— (1964): *Max Weber – das Werk: Darstellung, Analyse, Ergebnisse.* München: Piper 1964 (leicht gekürzte dt. Übersetzung von Bendix 1962).

—— (1965): „Max Weber's Sociology Today" In: *International Social Science Journal* XVII, 1: 9-22.

—— (1968): „Introduction". In: Reinhard Bendix (Hrsg.): *State and Society.* Berkeley: University of California Press. S. 2-13.

—— (1970): „Concepts and Generalizations in Comparative Sociological Studies" In: Ders.: *Embattled Reason.* New York: Oxford University Press. S. 175-187.

—— (1976): „The Mandate to Rule: an Introduction". In: *Social Forces* 55, 2: 242-256.

—— (1977a): *Nation-Building and Citizenship.* Erw. Aufl. Berkeley: University of California Press.

—— (1977b): „Tradition and Modernity Reconsidered" In: Ders.: *Nation-Building and Citizenship.* Erw. Ausg. Berkeley: University of California Press. S. 361-433.

—— (1980): *Könige oder Volk. Machtausübung und Herrschaftsmandat.* Frankfurt a. M.: Suhrkamp.

—— (1982): *Freiheit und historisches Schicksal.* Frankfurt a. M.: Suhrkamp.

—— und Bennett Berger (1970): „Images of Society and Problems of Concept Formation in Sociology". In: R. Bendix (Hrsg.): *Embattled Reason.* New York: Oxford University Press. S. 116-138.

—— und Guenther Roth (1971): *Scholarship and Partisanship.* Berkeley: University of California Press.

Bergesen, Albert (Hrsg.) (1983): *Crises in the World System.* Beverly Hills: Sage.

Bonnell, Victoria E. (1980): „The Uses of Theory, Concepts & Comparison in Historical Sociology". In: *Comparative Studies in Society & History* 22, 2: 156-173.

—— (1983): *Roots of Rebellion: Workers' Politics and Organizations in St Petersberg and Moscow, 1900-1914.* Berkeley: University of California Press.

Brenner, Robert (1976): „Agrarian Class Structure and Economic Development in Pre-Industrial Europe" In: *Past and Present* 70,1: 30-75.

Bruun, H. H. (1972): *Science, Values and Politics in Max Weber's Methodology.* Copenhagen: Munksgaard.

Bücher, Carl (1894): *Die Entstehung der Volkswirtschaftlehre.* Tübingen: Mohr

Burawoy, Michael (1989): „Two Methods in Search of Science: Skocpol versus Trotsky". In: *Theory and Society* 18: 759-805.

Burger, Thomas (1976): *Max Weber's Theory of Concept Formation.* Durham, NC: Duke University Press.

Buxton, William (1985): *Talcott Parsons and the Capitalist Nation-State*. Toronto: University of Toronto Press.

Calhoun, Craig (1982): *The Question of Class Struggle*. Chicago: University of Chicago Press.

Chase-Dunn, Christopher (1989): *Global Formation: Structures of the World Economy*. Cambridge, MA: Blackwell.

Cohen, Jere, Lawrence E. Hazelrigg und Whitney Pope (1975): „De-Parsonizing Weber" In: *American Sociological Review* 40, 2: 229-241.

Coleman, James (1991-1994): *Grundlagen der Sozialtheorie*. 3 Bde. München: Oldenbourg.

Collins, Randall (1968): „A Comparative Approach to Political Sociology". In: Reinhard Bendix (Hrsg.): *State and Society*. Berkeley: University of California Press. S. 42-68

—— (1975): *Conflict Sociology*. New York: Academic Press.

—— (1980): „Weber's Last Theory of Capitalism: a Systematization". In: *American Sociological Review* 45, 6: 925-42.

—— (1986a): *Max Weber: a Skeleton Key*. Beverly Hills: Sage.

—— (1986b): *Weberian Sociological Theory*. London: Cambridge University Press.

Cook, Karen (Hrsg.) (1990): *The Limits of Rationality*. Chicago: University of Chicago Press.

Coser, Lewis A. (1971): *Masters of Sociological Thought*. New York: Harcourt Brace Jovanovich.

—— (1975): „Two Methods in Search of a Substance". In: *American Sociological Review* 40, 6: 691-700.

Downing, Brian (1988): „Constitutionalism, Warfare, and Political Change in Early Modern Europe". In: *Theory and Society* 17, 7: 7-56.

Dumont, Louis (1980): *Homo Hierarchicus*. Chicago: University of Chicago Press.

Eisenstadt, Shmuel N. (1963): *The Political Systems of Empires*. New York: Free Press.

—— (1968a): „Introduction" In: Ders. (Hrsg.): *Max Weber on Charisma and Institution Building*. Chicago: University of Chicago Press. S. IX-LVI

—— (Hrsg.) (1968b): *The Protestant Ethic and Modernisation*. New York: Basic Books.

—— (1981): „The Format of Jewish History – Some Reflections on Weber's ‚Ancient Judaism'". In: *Modern Judaism* 1, 1 (May): 54-73; 1, 2 (Sept.): 217-234.

Freund, Julien (1969): *The Sociology of Max Weber*. New York: Vintage Books.

Friedman, Debra und Michael Hechter (1988): „The Contribution of Rational Choice Theory to Macrosociological Research". In: *Sociological Theory* 6, 2: 201-218.

—— (1990): „The Comparative Advantages of Rational Choice Theory". In: George Ritzer (Hrsg.): *Frontiers of Social Theory*. New York: Columbia University Press. S. 214-229.

Fulbrook, Mary (1978): „Max Weber's ‚Interpretive Sociology': a Comparison of Conception and Practice". In: *British Journal of Sociology* 29,1: 71-82.

—— (1983): *Piety and Politics: Religion and the Rise of Absolutism in England, Württemberg, and Prussia*. New York: Cambridge University Press.

Geertz, Clifford (1988): *Religiöse Entwicklungen im Islam. Beobachtet in Marokko und Indonesien*. Frankfurt a. M.: Suhrkamp.

Gerth, Hans H. (1946): „Introduction". In: Ders. u. C. Wright Mills (Hrsg.): *From Max Weber*. New York: Oxford. S. 3-74

Girndt, Helmut (1967): *Das soziale Handeln als Grundkategorie erfahrungswissenschaftlicher Soziologie*. Tübingen: Mohr.

Glassman, Ronald und Vatro Murvar (Hrsg.) (1984): *Max Weber's Political Sociology: a Pessimistic Vision of a Rationalized World*. Westport, CT: Greenwood Press.

Goldfrank, Walter (Hrsg.) (1979): *The World-System of Capitalism: Past and Present*. Beverly Hills: Sage.

Goldman, Harvey (1988): *Max Weber and Thomas Mann*. Berkeley: University of California Press.

Goldstone, Jack (1983): „Capitalist Origins of the English Revolution: Chasing a Chimera". In: *Theory and Society* 12: 143-180.

—— (1987): „Cultural Orthodoxy, Risk and Innovation: the Divergence of East and West in the Early Modern World". In: *Sociological Theory* 5, 2: 119-135.

—— (1991): *Revolution and Rebellion in the Early Modern World*. Berkeley: University of California Press.

Green, Martin (1976): *Else und Frieda. Die Richthofen-Schwestern*. München: Kindler.

Green, Robert W. (Hrsg.) (1973): *Protestantism, Capitalism, and Social Science: the Weber Thesis Controversy*. Lexington, MA: D. C. Heath & Co.

Gurr, Ted Robert (1972): *Rebellion: Eine Motivationsanalyse von Aufruhr, Konspiration und innerem Krieg*. Düsseldorf: Econ.

Habermas, Jürgen (1976): „Geschichte und Evolution". In: *Geschichte und Gesellschaft* 2: 310-357.

—— (1981): *Theorie des kommunikativen Handelns*. 2 Bde. Frankfurt a. M: Suhrkamp.

Hamilton, Gary G. (1977): „Chinese Consumption of Foreign Commodities: a Comparative Perspective". In: *American Sociological Review* 42, 6: 877-891.

Hechter, Michael (1987): *Principles of Group Solidarity.* Berkeley: University of California Press.

Hennis, Wilhelm (1982): „Max Webers Fragestellung". In: *Zeitschrift für Politik* 29. S. 241-281. (Wieder in: Hennis 1987. S. 3-58).

—— (1984): „Max Webers Thema: Die Persönlichkeit und die Lebensordnungen". In: *Zeitschrift für Politik* 31. S. 11-52. (Wieder in: Hennis 1987. S. 59-114).

—— (1987): Max Webers Fragestellung. Studien zur Biographie des Werks. Tübingen: Mohr.

Henrich, Dieter (1952): *Die Einheit der Wissenschaftslehre Max Webers.* Tübingen: Mohr.

Holton, Robert J. (1985): *The Transition from Feudalism to Capitalism.* New York: St Martin's Press.

Honigsheim, Paul (1963a): „Erinnerungen an Max Weber". In: *Kölner Zeitschrift für Soziologie und Sozialpsychologie. Sonderheft 7*: 161-271.

—— (1963b): „Max Weber als Soziologie". In: Kölner Zeitschrift für Soziologie und Sozialpsychologie. Sonderheft 7: 82-90 (zuerst 1921).

Hopkins, Terence K. und Immanuel Wallerstein (Hrsg.) (1980): *Processes of the World System.* Beverly Hills, CA: Sage.

—— und Immanuel Wallerstein (1982): *World-Systems Analysis: Theory and Methodology.* Beverly Hills: Sage.

Hoselitz, Bert F. (1960): *Sociological Aspects of Economic Growth.* New York: Free Press. (Teilweise auf deutsch in: ders.: *Wirtschaftliches Wachstum und sozialer Wandel.* Berlin: Duncker & Humblot 1969).

—— und Wilbert E. Moore (Hrsg.) (1963): *Industrialization and Society.* The Hague: Mouton.

Huber, Joan (Hrsg.) (1991): *Micro-Macro Linkages in Sociology.* Newbury Park, CA: *Sage.*

Hughes, H. Stuart (1958):. *Consciousness and Society.* New York: Vintage Books.

Ibaraki, Takeji (1982):. „Die Bedeutung der Rationalisierungskonzeption Max Webers für die Gegenwart". In: Alfred Rupp (Hrsg.): *Jahrbuch für Anthropologie und Religionsgeschichte.* Saarbrücken: Homo et Religio. S. 31-47.

Inkeles, Alex und David Smith (1974): *Becoming Modern.* Cambridge, MA: Harvard University Press.

Janoska-Bendl, Judith (1965): *Methodologische Aspekte des Idealtypus.* Berlin: Duncker & Humblot.

Käsler, Dirk (1975): „Max-Weber-Bibliographie". In: *Kölner Zeitschrift für Soziologie und Sozialpsychologie* 27, 4: 703-730.

—— (1995): *Max Weber. Eine Einführung in Leben, Werk und Wirkung.* Frankfurt a. M.: Campus

Kalberg, Stephen (1979): „The Search for Thematic Orientations in a Fragmented Oeuvre: the Discussion of Max Weber in Recent German Sociological Literature". In: *Sociology* 13, 1: 127-139.

—— (1981): „Max Webers Typen der Rationalität. Grundsteine für die Analyse von Rationalisierungs-Prozessen in der Geschichte". In: Constans Seyfarth u. Walter M. Sprondel (Hrsg.): Max Weber und die Rationalisierung sozialen Handelns. Stuttgart: Enke. S. 9-38.

—— (1985a): „The Role of Ideal Interests in Max Weber's Comparative Historical Sociology". In: Robert J. Antonio und Ronald M. Glassman (Hrsg.): *A Weber-Marx Dialogue*. Lawrence, KS: University Press of Kansas. S. 46-67.

—— (1985b): „Max Weber". In: Adam Kuper und Jessica Kuper (Hrsg.): *The Social Science Encyclopedia*. London: Routledge & Kegan Paul. S. 892-896.

—— (1987a): „Max Webers universalgeschichtliche Architektonik wirtschaftlich orientierten Handelns – Eine vorläufige Rekonstruktion". In: Stefan Böckler u. Johannes Weiß (Hrsg.): Marx oder Weber? Zur Aktualisierung einer Kontroverse. Opladen: Westdeutscher Verlag. S. 104-138.

—— (1987b): „The Origin and Expansion of *Kulturpessimismus:* the Relationship Between Public and Private Spheres in Early Twentieth Century Germany". In: *Sociological Theory 5*, 2: 150-164.

—— (1989a): „Max Webers historisch-vergleichende Untersuchungen und das ‚Webersche Bild der Neuzeit': eine Gegenüberstellung". In: Johannes Weiss (Hrsg.): *Max Weber heute*. Frankfurt a. M.: Suhrkamp. S. 425-444.

—— (1989b): „Vor dem Hintergrund zweier politischer Kulturen: Amerikaner und Deutsche haben ein unterschiedliches Sowjetunion-Bild". In: *Beiträge zur Konfliktforschung* 19, Nov.-Dez.: 45-68

—— (1990): „The Rationalization of Action in Max Weber's Sociology of Religion". In: *Sociological Theory* 8, 1: 58-84.

—— (1992): „Culture and the Locus of Work in Contemporary Western Germany: A Weberian Configurational Analysis". In: Neil J. Smelser und Richard Münch (Hrsg.): *Theory of Culture*. Berkeley: University of California Press. S. 324-365.

—— (1993a): „Cultural Foundations of Modern Citizenship". In: Bryan S. Turner (Hrsg.): *Citizenship and Social Theory*. London: Sage. S. 91-114.

—— (1993b): „Albert Salomon's Interpretation of Weber". In: *International Journal of Politics, Culture and Society* 6, 4: 585-94.

—— (1994): „Max Weber's Analysis of the Rise of Monotheism: a Reconstruction". In: *British Journal of Sociology* 45: 563-583.

—— (1996): „On the Neglect of Weber's Protestant Ethic as a Theoretical Treatise: Demarcating the Parameters of Post-War American Sociological Theory". In: *Sociological Theory* 14: 49-70.

—— (1997): „Max Weber's Sociology: Research Strategies and Modes of Analysis". In: Charles Camic (Hrsg.): *Reclaiming the Sociological Classics: the State of the Scholarships.* Cambridge, MA: Blackwell. S. 208-241.

—— (1998a): „Geschichte und Gegenwart im Werk Max Webers". In: Frank Welz u. Uwe Weisenbacher (Hrsg.): *Soziologische Theorie und Geschichte.* Opladen: Westdeutscher Verlag. S. 82-120.

—— (1998b): „Max Weber über die amerikanische politische Kultur heute: Ein ‚stahlhartes Gehäuse'?". In: *Sociologia Internationalis* 36: 1-14.

—— (1999): „Max Webers Critique of Recent Comparative-Historical Sociology and a Reconstruction of His Analysis of the Rise of Confucianism in China". In: Jennifer Lehmann (Hrsg.): *Current Perspectives in Social Theory.* Bd. 19. Stamford, CT.: Jai Press. S. 207-246.

—— (2000a): „Ideen und Interessen. Max Weber über den Ursprung außerweltlicher Erlösungsreligionen". In: *Zeitschrift für Religionswissenschaft* 8: 43-68.

—— (2000b): „Max Weber". In: George Ritzer (Hrsg.): *The Blackwell Companion to Major Social Theorists.* Oxford: Blackwell. S. 144-205.

—— (2000c): „Tocqueville und Weber zu den sozialen Ursprüngen der Staatsbürgerschaft – die politische Kultur der amerikanischen Demokratie". In: *Soziale Welt* 51: 67-85

—— (2001): „Introduction". In: Max Weber: The Protestant Ethic and the Spirit of Capitalism. 3. rev. edition. Los Angeles, CA : Roxbury Press (im Erscheinen)

—— (im Erscheinen): *Max Weber's Sociology of Civilizations.*

Kantowsky, Detlev (1986): „Die Fehlrezeption von Max Webers Studie über ‚Hinduismus und Buddhismus' in Indien: Ursachen und Folgen". In: *Max Weber e l'India.* Torino: Pubblicazioni del Cesmeo. S. 121-116.

Kiser, Edgar und Michael Hechter (1991): „The Role of General Theory in Comparative-historical Sociology". In: *American Journal of Sociology* 97, 1: 1-30.

Kocka. Jürgen (Hrsg.) (1986): *Max Weber, der Historiker.* Göttingen: Vandenhoeck & Ruprecht.

Lash, Scott und Sam Whimster (Hrsg.) (1987): *Max Weber, Rationality and Modernity.* London: Alien & Unwin.

Levine, Donald N. (1985): „Rationality and Freedom". In: Ders.: *The Flight from Ambiguity.* Chicago: University of Chicago Press. S. 142-178

Levy, Marion J. (1966): *Modernization and the Structure of Societies.* Princeton: Princeton University Press.

Mann, Michael (1990-1991): *Geschichte der Macht.* 2 Bde. Frankfurt a. M.: Campus.

Marshall, Gordon (1980): *Presbyteries and Profits: Calvinism and the Development of Capitalism in Scotland.* Oxford: Clarendon Press.

Mill, John Stuart (1843): *System der deductiven und inductiven Logik. Eine Darlegung der Principien wissenschaftlicher Forschung, insbesondere der Naturfor-*

schung. 2 Bde. Ins Deutsche übertragen von J. Schiel. 3. deutsche, nach der fünften des Originals erw. Aufl. Braunschweig: Vieweg 1868.

Mitzman, Arthur (1970): *The Iron Cage*. New York: Knopf.

Molloy, Stephen (1980): „Max Weber and the Religions of China". In: *British Journal of Sociology* XXXI, 3: 377-400.

Mommsen, Wolfgang J. (1959): *Max Weber und die deutsche Politik 1890-1920*. Tübingen: Mohr.

—— (1974a): *The Age of Bureaucracy*. Oxford: Blackwell.

—— (1974b): *Max Weber: Gesellschaft, Politik und Geschichte*. Frankfurt: Suhrkamp.

—— (1987): „Personal Conduct and Societal Change". In: Scott Lash und Sam Whimster (Hrsg.): *Max Weber, Rationality and Modernity*. London: Allen & Unwin. S. 35-51.

—— (1989): *The Political and Social Theory of Max Weber*. Chicago: University of Chicago Press.

—— und Wolfgang Schwentker (Hrsg.) (1988): *Max Weber und seine Zeitgenossen*. Göttingen: Vandenhoeck & Ruprecht.

Moore, Barrington (1969): *Soziale Ursprünge von Diktatur und Demokratie*. Frankfurt a. M.: Suhrkamp.

Münch, Richard (1982): *Theorie des Handelns*. Frankfurt: Suhrkamp.

—— (1984): *Die Struktur der Moderne*. Frankfurt a. M.: Suhrkamp.

—— (1986): *Die Kultur der Moderne*. 2 Bde. Frankfurt: Suhrkamp.

Murvar, Vatro (1983): *Max Weber Today: Selected Bibliography*. Brookfield, WI: Max Weber Colloquia at the University of Wisconsin-Madison.

Nelson, Benjamin (1949): *The Idea of Usury*. Chicago: University of Chicago Press.

—— (1970): „Weber's Legacy". In: Dennis Wrong (Hrsg.): *Max Weber*. Englewood Cliffs, NJ: Prentice-Hall. S. 99-100.

—— (1974): „Max Weber's ‚Author's Introduction' (1920): a Master Clue to His Main Aims". In: *Sociological Inquiry* 44, 4: 269-278.

—— (1981): *On the Roads to Modernity*. Toby E. Huff. Totowa, NJ: Rowman & Littlefield (einige Teile daraus auf deutsch u. d. T.: *Der Ursprung der Moderne. Vergleichende Studien zum Zivilisationsprozeß*. Frankfurt a. M.: Suhrkamp 1977).

Nichols, Elizabeth (1986): „Skocpol on Revolution: Comparative Analysis vs. Historical Conjuncture". In: *Comparative Social Research* 9: 163-186.

Oakes, Guy (1977): „The Verstehen Thesis and the Foundations of Max Weber's Methodology". In: *History and Theory* XVI, 1:11-29.

—— (1990): *Die Grenzen kulturwissenschaftlicher Begriffsbildung. Heidelberger Max Weber-Vorlesungen 1982*. Frankfurt a. M.: Suhrkamp.

Paige, Jeffery M. (1975): *Agrarian Revolution.* New York: Free Press.

Parsons, Talcott. (1937): *The Structure of Social Action.* New York: McGraw-Hill. Neuauflage: New York: Free Press 1949, 1968.

—— (1963): „Introduction". In: Max Weber: *The Sociology of Religion.* Translated by Ephraim Fischoff. Boston: Beacon Press. S. XIX-LXVII.

—— (1972): *Das System moderner Gesellschaften.* München: Juventa.

—— (1975): *Gesellschaften. Evolutionäre und komparative Perspektiven.* Frankfurt a. M.: Suhrkamp.

Poggi, Gianfranco (1983): *Calvinism and the Capitalist Spirit: Max Weber's Protestant Ethic.* Amherst: University of Massachusetts Press.

Ragin, Charles (1987): *The Comparative Method.* Berkeley: University of California Press.

—— und Daniel Chirot (1984): „The World-System of Immanuel Wallerstein: Sociology and Politics as History". In: Theda Skocpol (Hrsg.): *Vision and Method in Historical Sociology.* New York: Cambridge University Press. S. 276-312.

—— und David Zaret (1983): „Theory and Method in Comparative Research: Two Strategies". In: *Social Forces* 61, 3: 731-754.

Rex, John (1971): „Typology and Objectivity: a Comment on Weber's Four Sociological Methods". In: Arun Sahay (Hrsg.): *Max Weber and Modern Sociology.* London: Routledge. S. 17-36.

Rheinstein, Max (1954): „Introduction". In: *Max Weber on Law in Economy and Society.* Translated by Edward Shils und Max Rheinstein. Cambridge, MA: Harvard University Press. S. III-XXV.

Riesebrodt, Martin (1980): „Ideen, Interessen, Rationalisierung". In: *Kölner Zeitschrift für Soziologie und Sozialpsychologie* 32, 1: 111-129.

Ringer, Fritz (1983): *Die Gelehrten. Der Niedergang der deutschen Mandarine 1890-1933.* Stuttgart: Klett-Cotta.

Rösel, Jakob (1986): „The Link Between Rebirth and Caste Society: Some Questions on Weber's Model of Hinduism". In: *Max Weber e l'India.* Torino: Pubblicazuioni del Cesmeo. S. 147-160.

Roth, Guenther (1968): „Introduction". In: Max Weber: *Economy and Society.* Übersetzt und eingel. v. Guenther Roth und Claus Wittich. New York: Bedminster Press. S. XXVII-CIII

—— (1971a): „The Genesis of the Typological Approach". In: Reinhard Bendix und Guenther Roth: *Scholarship and Partisanship.* Berkeley: University of California Press. S. 253-265.

—— (1971b): „Sociological Typology and Historical Explanation". In: Reinhard Bendix und Guenther Roth: *Scholarship and Partisanship.* Berkeley: University of California Press. S. 109-128

—— (1971c): „Max Weber's Comparative Approach and Historical Typology". In: Ivan Vallier (Hrsg.): *Comparative Methods in Sociology*. Berkeley: University of California Press. S. 75-93

—— (1976): „History and Sociology in the Work of Max Weber". In: *British Journal of Sociology* XXVII, 3: 306-318.

—— (1979): „Abschied oder Wiedersehen?". In: *Kölner Zeitschrift für Soziologie und Sözialpsychologie* 31: 318-327.

—— (1981): „Introduction". In: Wolfgang Schluchter, *The Rise of Western Rationalism*. Berkeley: University of California Press. S. XV-XXVII (dies ist die engl. Übersetzung von Schluchter 1979a).

—— (1987): „Rationalization in Max Weber's Developmental History". In: Scott Lash und Sam Whimster (Hrsg.): *Max Weber, Rationality and Modernity*. London: Alien & Unwin. S. 75-91

—— (1989): *Politische Herrschaft und persönliche Freiheit*. Frankfurt: Suhrkamp.

—— und Wolfgang Schluchter (1979): *Max Weber's Vision of History*. Berkeley: University of California Press.

Rubinson, Richard (Hrsg.) (1981): *Dynamics of World Development*. Beverly Hills: Sage.

Salomon, Albert (1934): „Max Weber's Methodology". In: *Social Research* I, May: 147-168.

—— (1935a): „Max Weber's Sociology". In: *Social Research* II, Feb.: 60-73.

—— (1935b): „Max Weber's Political Ideas". In: *Social Research* II, Aug.: 368-384.

—— (1945): „German Sociology". In: Aaron Gurvitch und Wilbert Moore (Hrsg.): *Twentieth Century Sociology*. New York: The Philosophical Library. S. 586-613.

Scaff, Lawrence (1989): *Fleeing the Iron Cage: Culture, Politics and Modernity in the Thought of Max Weber*. Berkeley: University of California Press.

Schelting, Alexander von (1922): „Die logische Theorie der historischen Kulturwissenschaft von Max Weber und im besonderen sein Begriff des Idealtypus". In: *Archiv für Sozialwissenschaft und Sozialpolitik* 49: 623-752.

—— (1934): *Max Webers Wissenschaftslehre*. Tübingen: Mohr.

Schluchter (1979a): *Die Entwicklung des okzidentalen Rationalismus. Eine Analyse von Max Webers Gesellschaftsgeschichte*. Tübingen: Mohr. Überarbeitete Fassung u. d. T.: *Die Entstehung des modernen Rationalismus. Eine Analyse von Max Webers Entwicklungsgeschichte des Okzidents*. Frankfurt a. M.: Suhrkamp 1998.

—— (1979b): „The Paradox of Rationalization". In: Guenther Roth und Wolfgang Schluchter: *Max Weber's Vision of History*. Berkeley: University of California Press. S. 11-64.

—— (Hrsg.) (1983): *Max Webers Studie über Konfuzianismus und Taoismus.* Frankfurt: Suhrkamp.

—— (Hrsg.) (1984): *Max Webers Studie über Hinduismus und Buddhismus.* Frankfurt: Suhrkamp.

—— (1988): *Religion und Lebensführung. Bd. 2: Studien zu Max Webers Religions- und Herrschaftssoziologie.* Frankfurt a. M.

Schmoller, Gustav (1900/1904): *Grundriss der Volkswirtschaftslehre.* 2 Bde. Leipzig: Duncker & Humblot.

Schönberg, Gustav (Hrsg.) (1882): *Handbuch der Politischen Ökonomie.* Tübingen: Laupp

Schwartz, Michael (1976): *Radical Protest and Social Structure.* New York: Academic Press.

Sewell, William H., Jr. (1985): „Ideologies and Social Revolutions: Reflections on the French Case". In: *Journal of Modern History* 57,1: 57-87.

Seyfarth, Constans und Walter M. Sprondel (Hrsg.) (1973): *Seminar: Religion und gesellschaftliche Entwicklung.* Frankfurt: Suhrkamp.

—— und Gert Schmidt (1982): *Max Weber Bibliographie: eine Dokumentation der Sekundärliteratur.* Stuttgart: Enke Verlag.

Silber, Ilana Friedrich (1985) „‚Opting Out' in Theravada Buddhism and Medieval Christianity". In: *Religion* 15: 251-277.

Skocpol, Theda (1979): *States and Social Revolutions.* New York: Cambridge University Press.

—— (1982): „Rentier State and Shi'a Islam in the Iranian Revolution". In: *Theory and Society* 11: 265-283.

—— (1984a): „Emerging Agendas and Recurrent Strategies in Historical Sociology". In: T Skocpol (Hrsg.): *Vision and Method in Historical Sociology.* Cambridge: Cambridge University Press. S. 356-391.

—— (1984b): „Sociology's Historical Imagination". In: Dies. (Hrsg.): *Vision and Method in Historical Sociology.* Cambridge: Cambridge University Press. S. 1-21.

—— und Margaret Somers (1980): "The Uses of Comparative History in Macrosociological Inquiry". In: *Comparative Studies in Society and History* 22, 2: 174-197.

—— und Margaret Weir (1985): „State Structures and the Possibilities for Keynesian Responses to the Great Depression in Sweden, Britain, and the United States" In: Peter Evans, Theda Skocpol, und Dietrich Rueschemeyer (Hrsg.): *Bringing the State Back In.* New York: Cambridge University Press. S. 107-168.

Smelser, Neil J. (1959): *Social Change in the Industrial Revolution.* Chicago: University of Chicago Press.

—— (1976): *Comparative Methods in the Social Sciences.* Englewood Cliffs, NJ: Prentice-Hall.

Starr, Paul (1982): *The Social Transformation of American Medicine.* New York: Basic Books.

Stephens, John D. (1979): *The Transition from Capitalism to Socialism.* Urbana, IL: University of Illinois Press.

Stinchcombe, Arthur (1978): *Theoretical Methods in Social History.* New York: Academic Press.

Tenbruck, Friedrich (1959): „Die Genesis der Methodologie Max Webers". In: *Kölner Zeitschrift für Soziologie und Sozialpsychologie* 11: 573-630.

—— (1974): „Max Weber and the Sociology of Science: a Case Reopened". In: *Zeitschrift für Soziologie* 3: 312-321.

—— (1975a): „Wie gut kennen wir Max Weber?". In: *Zeitschrift für die gesamte Staatswissenschaft* 131: 719-742.

—— (1975b): „Das Werk Max Webers". In: *Kölner Zeitschrift für Soziologie und Sozialpsychologie* 27: 663-702.

—— (1977): „Abschied von ,Wirtschaft und Gesellschaft'". In: *Zeitschrift für die gesamte Staatswissenschaft* 133: 703-736.

—— (1986): „Das Werk Max Webers: Methodologie und Sozialwissenschaften". In: *Kölner Zeitschrift für Soziologie und Sozialpsychologie* 38: 13-31.

—— (1989): „Abschied von der ,Wissenschaftslehre'?". In: Johannes Weiß (Hrsg.): *Max Weber heute.* Frankfurt: Suhrkamp. S. 90-115.

Thompson, E. P. (1987): *Die Entstehung der englischen Arbeiterklasse.* Frankfurt a. M.: Suhrkamp.

Tilly, Charles (1964): *The Vendee.* New York: John Wiley & Sons.

—— (1978): *From Mobilization to Revolution.* Reading, MA: Addison-Wesley.

—— (1981): *As Sociology Meets History.* New York: Academic Press.

—— (1984): *Big Structures, Large Processes, Huge Comparisons.* New York: Russell Sage.

—— und Edward Shorter (1974): *Strikes in France, 1830-1968.* Cambridge: Cambridge University Press.

——, Louise A. Tilly und Richard Tilly (1975): *The Rebellious Century, 1830-1930.* Cambridge, MA: Harvard University Press.

Traugott, Mark (1985): *Armies of the Poor.* Princeton: Princeton University Press.

Trimberger, Ellen Kay (1978): *Revolution from Above: Military Bureaucrats and Development in Japan, Turkey, Egypt and Peru.* New Brunswick: Transaction Books.

Truzzi, Marcello (1974): *Verstehen: Subjective Understanding in the Social Sciences.* Reading, MA: Addison-Wesley.

Turner, Bryan (1981): *For Weber*. London: Routledge.

Wallerstein, Immanuel (1974): *The Modern World-System*. New York: Academic Press (dt. Übersetzung: *Das moderne Weltsystem. Kapitalistische Landwirtschaft und die Entstehung der europäischen Weltwirtschaft im 16. Jahrhundert*. Frankfurt a. M.: Syndikat 1986).

—— (1979): *The Capitalist World-Economy*. Cambridge: Cambridge University Press.

—— (1980): *The Modern World System II*. New York: Academic Press (dt. Übersetzung: *Das moderne Weltsysytem II. Europa zwischen 1600 und 1750*. Wien: Promedia 1998).

—— (1984): *The Politics of the World-Economy: the States, the Movements and the Civilizations*. Cambridge: Cambridge University Press.

—— (1989): *The Modern World System III*. New York: Academic Press.

Walliman, Isidor, Howard Rosenbaum, Nicholas Tatsis und George Zito (1980): „Misreading Weber: the Concept of ‚Macht'". In: *Sociology* 14, 2: 261-275.

Walton, John (1984): *Reluctant Rebels: Comparative Studies of Revolution and Underdevelopment*. New York: Columbia University Press.

Warner, R. Stephen (1970): „The Role of Religious Ideas and the Use of Models in Max Weber's Comparative Studies of Non-Capitalist Societies". In: *Journal of Economic History* 30: 74-99.

—— (1972): *The Methodology of Max Weber's Comparative Studies*. Unveröffentlichte Dissertation: University of California at Berkeley.

—— (1973): „Weber's Sociology of Nonwestern Religions". In: Robert W. Green (Hrsg.): *Protestantism, Capitalism, and Social Science: the Weber Thesis Controversy*. Lexington, MA: D. C. Heath & Co. S. 32-52.

Watkins, J. W. N. (1953): „Ideal Types and Historical Explanation". In: Herbert Feigl (Hrsg.): *Readings in the Philosophy of Science*. New York: Appleton-Century-Crofts. S. 723-743.

Weber, Marianne (1926): *Max Weber. Ein Lebensbild*. Tübingen: Mohr.

Weber, Max [siehe „Abkürzungen"]

—— (1889): *Zur Geschichte der Handelsgesellschaften im Mittelalter*. Stuttgart: Enke (wieder in: Gesammelte Aufsätze zur Sozial- und Wirtsfhaftsgeschichte, Tübingen: Mohr 1924. S. 312-443).

—— (1891): *Die Römische Agrargeschichte in Ihrer Bedeutung für das Staatsund Privatrecht*. Stuttgart: Enke (Nachdruck: Amsterdam: Verlag P. Schippers N.V.: 1966).

—— (1905): „Zur Lage der bürgerlichen Demokratie in Russland". In: *Gesammelte Politische Schriften*. Tübingen: Mohr 1921. S. 33-68. 5. Aufl. 1988.

—— (1906): „R. Stammlers ‚Überwindung' der materialistischen Geschichtsauffassung". In: *Gesammelte Aufsätze zur Wissenschaftslehre*. Tübingen: Mohr 1922. S. 291-359. 7. Aufl. 1988.

—— (1914): Brief vom Juni 1914 an Georg von Below. Abgedruckt in: von Below: *Der deutsche Staat des Mittelalters*. 2. Aufl. Leipzig: Quelle & Meyer 1925.

—— (1917): „Wahlrecht und Demokratie in Deutschland". In: *Gesammelte Politische Schriften*. Tübingen: Mohr 1921. S. 245-305. 5. Aufl. 1988.

—— (1924): *Gesammelte Aufsätze zur Soziologie und Sozialpolitik*. Tübingen: Mohr. 2. Aufl. 1988.

—— (1947): *The Theory of Social and Economic Organization*. Hrsg. v. T. Parsons. Translated by A. M. Henderson und T. Parsons. New York: Free Press.

Wehler, Hans-Ulrich (1986): „Max Webers Klassentheorie und die neuere Sozialgeschichte". In: Jürgen Kocka (Hrsg.): *Max Weber, der Historiker*. Göttingen: Vandenhoeck & Ruprecht. S. 173-192.

Weiß, Johannes (1975): *Max Webers Grundlegung der Soziologie*. München: UTB.

Whimster, Sam (1980): „The Profession of History in the Work of Max Weber: ist Origins and Limitations". In: *British Journal of Sociology* XXXI, 3: 353-376.

Wiley, Norbert (1988): „The Micro-Macro Problem in Social Theory". In: *Sociological Theory* 6: 254-261.

Winckelmann, Johannes (1965): „Max Weber – das soziologische Werk". In: *Kölner Zeitschrift für Soziologie und Sozialpsychologie* 17, 4: 743-790.

—— (1980): „Die Herkunft von Max Webers ‚Entzauberungs-Konzeption'". In: *Kölner Zeitschrift für Soziologie und Sozialpsychologie* 32, 1: 12-53.

—— (1986): *Max Webers hinterlassenes Hauptwerk: die Wirtschaft und die gesellschaftlichen Ordnungen und Mächte*. Tübingen: Mohr.

Zaret, David (1980): „From Weber to Parsons and Schutz: the Eclipse of History in Modern Social Theory". In: *American Journal of Sociology* 85, 3: 1180-1201.

Zingerle, Arnold (1972): *Max Weber und China*. Berlin: Duncker & Humblot.

—— (1981): *Max Webers Historische Soziologie*. Darmstadt: Wissenschaftliche Buchgesellschaft.

Register

Werner Fuchs-Heinritz/ Rüdiger Lautmann/ Otthein Rammstedt/
Hanns Wienold (Hrsg.)
Lexikon zur Soziologie
3., völlig neubearb. u. erw. Aufl. 1994. 763 S. Br. DM 78,00
ISBN 3-531-11417-4

Das Lexikon zur Soziologie ist das umfassendste Nachschlagewerk für die
sozialwissenschaftliche Fachsprache. Es bietet aktuelle, zuverlässige
Erklärungen von Begriffen aus der Soziologie sowie aus Sozialphilosophie,
Politikwissenschaft und Politischer Ökonomie, Sozialpsychologie, Psycho-
analyse und allgemeiner Psychologie, Anthropologie und Verhaltensfor-
schung, Wissenschaftstheorie und Statistik.

Klaus Feldmann
Soziologie kompakt
Eine Einführung
2000. 370 S. mit 59 Abb. Br. DM 34,00
ISBN 3-531-22188-4

Dieses Buch wendet sich an Studienanfänger und Studierende mit dem
Nebenfach Soziologie. Es bietet eine umfassende und leicht verständliche
Einführung in die Grundlagentheorien und zentralen Bereiche der Soziolo-
gie. Die ausgewählten Daten, Beispiele und empirischen Untersuchungen
beziehen sich primär auf den deutschen Sprachraum. Zusätzlich wurden
Vergleiche mit anderen europäischen Staaten, den USA und auch auße-
reuropäischen Ländern einbezogen. Dadurch kann über das Buch
Anschluss an die internationale soziologische Diskussion erreicht werden.

Rüdiger Jacob
Wissenschaftliches Arbeiten
Eine praxisorientierte Einführung für Studierende der Sozial- und
Wirtschaftswissenschaften
1997. 146 S. Br. DM 26,80
ISBN 3-531-22176-0

Voraussetzung für ein erfolgreiches wissenschaftliches Studium ist das
souveräne Beherrschen der Techniken wissenschaftlichen Arbeitens.
Dazu zählen neben dem Umgang mit wissenschaftlicher Literatur (Litera-
turrecherchen, Lesetechniken, die Anfertigung von Exzerpten), der Archi-
vierung gelesenen Materials und der Erstellung von Manuskripten und
wissenschaftlicher Abhandlungen auch Präsentationstechniken und die
Moderation von Arbeitsgruppen. Allerdings existiert zu all diesen genannten Aspekten bisher keine kompakte Einführung für Studienanfänger und
Studierende im Grundstudium. Die Lücke soll mit diesem Band geschlossen werden.

www.westdeutschervlg.de

Abraham-Lincoln-Str.46
65189 Wiesbaden
Tel. 06 11. 78 78 - 285
Fax. 06 11. 78 78 - 400

Erhältlich im Buchhandel oder beim Verlag.
Änderungen vorbehalten. Stand: November 2000.

West
deutscher
Verlag